Aull·Teschner

Wissen und Können
Drucker

Manfred Aull · Helmut Teschner

# **Drucker**

Wissen und Können für die Prüfungen
Fragen, Aufgaben, Arbeitsproben

Verlag Beruf+Schule · Itzehoe

Die Testaufgaben sind urheberrechtlich geschützt.
Nach dem Urheberrecht sind auch für Zwecke der Unterrichtsgestaltung die Vervielfältigung, Speicherung und Übertragung des ganzen Werkes oder einzelner Textabschnitte, Abbildungen, Tafeln und Tabellen auf Papier, Transparente, Filme, Bänder, Platten und andere Medien nur nach vorheriger Vereinbarung mit dem Verlag gestattet. Ausgenommen hiervon sind die in den §§ 53 und 54 URG ausdrücklich genannten Sonderfälle.

Abweichend vom Urheberrechtsgesetz dürfen die Testaufgaben dieses Buches für Zwischen-, Ausbildungsabschluß- und Meisterprüfungen der zuständigen Stellen (Kammern) auszugsweise vervielfältigt werden.

## Herausgeber: Roland Golpon, Itzehoe

Alle Rechte vorbehalten.
© 1984 by Verlag Beruf + Schule, Postfach 1668, 2210 Itzehoe
Schreibsatz: Verlag Beruf + Schule, Itzehoe
Druck- und Weiterverarbeitung: Brunsdruck Dettmer und Kindt-Kölln oHG, 2082 Uetersen

ISBN 3-88013-316-6

# Ein Wort zuvor

Das vorliegende Buch informiert im Teil A darüber, was im theoretischen und im praktischen Teil der Abschlußprüfung verlangt wird. Im Teil B wird eine sehr umfangreiche Aufgabensammlung mit sogenannten programmierten Fragen (multiple choice), einer Frage-Auswahlantwort-Methode, vorgelegt. Mit diesen Fragen ist das Fachwissen zu testen. Es muß aber hier bereits betont werden, daß dieses Buch intensives Lernen in Betrieb, Berufsschule und durch Fachliteratur nicht ersetzen kann und will.

Im Teil C werden Anforderungen der Zwischenprüfung erläutert. Die Aufgabensammlung hat ihren Schwerpunkt im Flachdruck und Hochdruck mit allen dazugehörenden Fachgebieten.

Ein großer Teil der Aufgaben ist jedoch auch für Druckformhersteller, Tiefdrucker und Siebdrucker verbindlicher Lernstoff, so daß auch diese Berufe mit der Aufgabensammlung sinnvoll ihre Kenntnisse testen können. Für Tiefdrucker und Siebdrucker fehlen nur spezielle Aufgaben zu Druckmaschinen und der Drucktechnik in den jeweiligen Verfahren.

Aufgabensammlungen wie „Wissen und Können für Drucker" können Lehr-, Lern- und Arbeitsbücher nicht ersetzen, sondern nur ergänzen, z.B. zur Lernkontrolle in Schule und Betrieb oder zur selbständigen Vorbereitung auf Zwischen-, Abschluß- und Meisterprüfung.

Insbesondere zur Vorbereitung auf die programmierten Abschlußprüfungen der Druckindustrie haben sie sich bewährt, so z.B. die Aufgabensammlungen „Grundwissen für die Berufe der Druckindustrie", „Programmiert geprüft — Gemeinschaftskunde" und „Schriftsetzer — Wissen und Können für die Abschlußprüfung".

Als Grundlage für die Erarbeitung der Fragen und Auswahlantworten dieses Buches haben im wesentlichen die im Lehrmittelwettbewerb mit dem 1. Preis ausgezeichneten „Lehr- und Arbeitsbücher Druck, Band 1 und Band 2" von Manfred Aull und das bewährte, umfassende Fachbuch „Offsettechnik" von Helmut Teschner gedient. Mehr als 1000 weitere für Ausbildung, Fortbildung und Umschulung geeignete Bücher sind in der Bibliografie „Lieferbare deutschsprachige Fachliteratur Druckindustrie und Randgebiete" aufgeführt. Diese Bibliografie mit über 100 Seiten Umfang erhält man kostenlos und unverbindlich beim Buchhändler oder — falls dort nicht vorrätig — vom Buchdienst B + S, Postfach 1668, 2210 Itzehoe.

Wir wollen nicht versäumen, allen zu danken, die am Zustandekommen dieser umfangreichen Aufgabensammlung für Drucker mitgearbeitet haben. Stellvertretend für andere sei Herr Studiendirektor a.D. Carl-Friedrich Ostermeyer genannt, der viele Jahre lang programmierte Fragen und Aufgaben ausgearbeitet, getestet und für dieses Buch zur Verfügung gestellt hat.

Abschließend noch eine Bitte. Schreiben Sie uns, wenn Sie Verbesserungsvorschläge haben. Wir sind für Anregungen und begründete Kritik dankbar.

Verfasser, Herausgeber und Verlag

Ein Wort zuvor  5

Teil A  7

Prüfungsanforderungen für Drucker in der Abschlußprüfung  7
Kenntnisprüfung  7
1. Technologie  8
2. Technische Mathematik (Fachrechnen)  9
3. Diktat  12
4. Wirtschafts- und Sozialkunde  13
Praktischer Teil der Abschlußprüfung  19
Arbeitsproben für die Fertigkeitsprüfung  19
Drucker mit dem Schwerpunkt Flachdruck  19
Drucker mit dem Schwerpunkt Hochdruck  21
Arbeitsprobe für die Fertigkeitsprüfung im zweiten Druckverfahren  22

Teil B  23

Aufgabensammlung Technologie  23
*1 Grundlagen der Druckverfahren  25*
*2 Grundlagen der Satzherstellung  37*
*3 Grundlagen der Druckvorlagenherstellung  46*
*4 Farbprüfverfahren und Andruck  55*
*5 Grundlagen der Druckformherstellung  58*
*5.1 Druckformherstellung Offsetdruck  65*
*5.2 Druckformherstellung Hochdruck  86*
*6 Druckmaschinen  88*
*6.1 Grundlagen der Maschinentechnik  88*
*6.2 Maschinen des Offsetdrucks  96*
*6.3 Maschinen des Hochdrucks  102*
*6.4 Baugruppen an Druckmaschinen und deren Funktionen  106*
*7 Technik des Druckens  137*
*7.1 Offsetdruck  137*
*7.2 Hochdruck  151*
*8 Meßtechnik und Qualitätssteuerung  159*
*9 Druckfarbe  163*
*10 Bedruckstoffe  176*
*11 Grundlagen der Druckverarbeitung  201*
*12 Arbeitssicherheit und Umweltschutz  208*
*13 Naturwissenschaftliche Grundlagen  215*

Teil C  227

Anforderungen in der Zwischenprüfung  227
Kenntnisprüfung  227
1. Technologie  227
2. Technische Mathematik (Fachrechnen)  230
3. Diktat  230
4. Wirtschafts- und Sozialkunde  230
Praktischer Teil  232

# Teil A

**Prüfungsanforderungen für Drucker in der Abschlußprüfung**

Die Abschlußprüfung erstreckt sich auf die im Ausbildungsrahmenplan festgelegten Kenntnisse und Fertigkeiten der „Verordnung über die Berufsausbildung zum Drucker". Dort wird festgelegt, daß der Drucker in zwei der drei Druckverfahren Hoch-, Flach-, und Tiefdruck ausgebildet werden soll. Dabei wird ein Verfahren als Schwerpunkt gewählt; dazu kommt ein zweites Druckverfahren, das in der Ausbildung mit höchstens 26 Wochen zu berücksichtigen ist.
In jedem Ausbildungsvertrag werden deshalb hinter der Berufsbezeichnung Drucker zwei Verfahren genannt, das erstgenannte als Schwerpunktausbildung, und danach das Zweitverfahren; Beispiel: Drucker Flachdruck/Hochdruck.
Entsprechend erstreckt sich die Abschlußprüfung sowohl auf das Schwerpunktverfahren als auch auf das Zweitverfahren.

**Kenntnisprüfung**

Zum Kenntnisteil der Abschlußprüfung gehören die Fächer Technologie (Fachkunde), Technische Mathematik (Fachrechnen), Diktat sowie Wirtschafts- und Sozialkunde. Die Gewichtung der Fächer ist 4 : 3 : 2 : 1.
Jedes Fach wird mit maximal 100 Punkten bewertet, die erreichte Punktzahl mit den entsprechenden Faktoren multipliziert und die erzielte Gesamtsumme durch 10 dividiert.
Von insgesamt 100 Punkten des Endergebnisses können also in Technologie 40%, in Technischer Mathematik 30%, im Diktat 20% und in Wirtschafts- und Sozialkunde 10% erreicht werden.
Die Kenntnisprüfung gilt als bestanden, wenn im Endergebnis mindestens 50 Punkte erreicht werden. Nach dem Bewertungsschlüssel der Industrie- und Handelskammern ergibt sich folgende Umsetzung der Punkte in Noten.

|   | Punkte | Note | |
|---|---|---|---|
| bestanden | 100 - 92 | 1 (sehr gut) | Eine den Anforderungen in besonderem Maße entsprechende Leistung |
| | 91 - 81 | 2 (gut) | Eine den Anforderungen voll entsprechende Leistung |
| | 80 - 67 | 3 (befriedigend) | Eine den Anforderungen im allgemeinen entsprechende Leistung |
| | 66 - 50 | 4 (ausreichend) | Eine Leistung, die zwar Mängel aufweist, aber im ganzen den Anforderungen noch entspricht |
| nicht bestanden | 49 - 30 | 5 (mangelhaft) | Eine Leistung, die den Anforderungen nicht entspricht, jedoch erkennen läßt, daß Grundkenntnisse noch vorhanden sind |
| | 29 - 0 | 6 (ungenügend) | Eine Leistung, die den Anforderungen nicht entspricht und bei der selbst Grundkenntnisse lückenhaft sind |

Das Berichtsheft (Ausbildungsprotokoll) wird nicht bewertet; ein lückenlos geführtes Berichtsheft ist jedoch Zulassungsvoraussetzung.

Die Erstellung der Aufgaben für die verschiedenen Prüfungen erfolgt durch überregionale Aufgabenerstellungsausschüsse der Industrie- und Handelskammern unter Federführung des Zentralfachausschusses für die Druckindustrie in Heidelberg. Die Ausschüsse sind paritätisch besetzt mit Vertretern der Arbeitgeber, Vertretern der Arbeitnehmer und mit Berufsschullehrern. Sie wählen die Aufgaben aus den vorliegenden Beständen aus und formulieren neue Aufgaben. Anregungen und Vorschläge zu Änderungen und für neue Aufgaben geben Meister und Ausbilder aus den Ausbildungsbetrieben, Berufsschullehrer und auch die einzelnen Prüfungsausschüsse über die Industrie- und Handelskammern.

## 1. Technologie

Die Prüfung in Fachkunde erfolgt mit 50 programmierten Aufgaben mit 4 bis 5 Antworten, von denen jeweils nur eine richtig ist. Die Zeitvorgabe beträgt 60 Minuten. Für jede richtige Lösung gibt es 2 Punkte, also maximal 100 Punkte. Die 50 Aufgaben gliedern sich in 25 Grundfragen und 25 berufsspezifische Fragen. Die Grundfragen sind für alle Drucker (Flach-, Hoch- und Tiefdrucker) gleich und zielen in erster Linie auf das allgemeine Grundwissen des Druckers aus den verschiedenen Bereichen der Druckindustrie. Es ist dies das Fachwissen aus der Grundstufe (1. Berufsschuljahr) und auch aus der Fachstufe I (2. Berufsschuljahr). Mit den 25 speziellen Aufgaben wird schwerpunktmäßig das eigentliche berufliche Fachwissen des Druckers geprüft. Diese Aufgaben sind daher für Hoch-, Flach- und Tiefdrucker verschieden.
Die folgende Aufstellung zeigt, wie sich die 25 Grundfragen und die 25 speziellen Fragen auf die Stoffgebiete verteilen.

**25 Grundfragen,** einheitlich für Hoch-, Flach- und Tiefdrucker

| | | | |
|---|---|---|---|
| Satzherstellung | 2 | Grundbegriffe Druck | 1 |
| Farbenlehre | 2 | Allgemeine Maschinenkunde | 2 |
| Druckfarbe | 2 | Druckverarbeitung | 2 |
| Papier | 5 | Naturwissenschaftliche Grundlagen | 1 |
| Druckvorlagenherstellung | 2 | Arbeitssicherheit | 2 |
| Druckformherstellung | 4 | | 25 Aufgaben |

25 spezielle Fragen für **Flachdrucker**

| | |
|---|---|
| Druckform | 5 |
| Drucktechnik | 8 |
| Maschinenkunde | 6 |
| Druckfarbe | 2 |
| Papier | 3 |
| Farbenlehre | 1 |
| | 25 Aufgaben |

| 25 spezielle Fragen für **Hochdrucker** | | 25 spezielle Fragen für **Tiefdrucker** | |
|---|---|---|---|
| Druckfarbe | 2 | Maschinenkunde | 6 |
| Papier | 3 | Drucktechnik | 4 |
| Satzherstellung | 2 | Zylinderherstellung | 5 |
| Ausschießen | 2 | Messen und Prüfen | 3 |
| Montage | 1 | Farbenlehre | 1 |
| Hochdruckformen | 2 | Druckfarbe | 2 |
| Maschinenkunde | 7 | Papier | 1 |
| Drucktechnik | 5 | Lösemittel | 1 |
| Messen und Prüfen | 1 | Arbeitssicherheit | 1 |
|  | 25 Aufgaben | Geschichte | 1 |
|  |  |  | 25 Aufgaben |

Diese Verteilungsschlüssel sind Anhaltspunkte, die den Bedürfnissen und technischen Entwicklungen angepaßt werden.

## 2. Technische Mathematik (Fachrechnen)

Im Fach Technische Mathematik werden in der Regel fünf Aufgaben gestellt, für deren Bearbeitung 90 Minuten zur Verfügung stehen. Ein Taschenrechner ist als Hilfsmittel zugelassen, weitere Hilfsmittel sind nicht erlaubt.
Der Rechenweg muß bei der Bearbeitung eindeutig zu verfolgen sein. Ohne klare, übersichtliche Bearbeitung mit den einzelnen Rechenschritten wird die Aufgabe mit 0 Punkten bewertet.
In diesem Zusammenhang ein wichtiger Hinweis: *Arbeiten Sie sauber und übersichtlich!*
Sie erleichtern sich selbst die Bearbeitung. Zusammenhänge und Rechenschritte sind leichter zu prüfen.
Daneben ist auch ein prüfungstechnischer Hinweis wichtig. Die Prüfer können einen flüchtigen und unübersichtlichen Rechengang nur sehr mühevoll oder auch gar nicht verfolgen. Bei Fehlern ist es dann kaum möglich, einen konkreten Ansatz für die Bewertung zu finden, wenn ein „Zahlendschungel" ohne Einheitenangabe vorliegt. Daher benennen Sie präzise Ihre Rechenschritte, und unterstreichen Sie das Ergebnis.

**Beispielaufgaben** (Ergebnisse mit Rechenweg finden Sie im Lösungsheft)

1. Eine Druckerei hatte drei Rechnungen beim Papierlieferanten zu begleichen: 486,40 DM, 654,30 DM und 859,30 DM. Sie überwies den vollen Betrag für die ersten beiden Rechnungen, erhielt dann aber nachträglich für alle drei Rechnungsbeträge den gleichen Skontosatz eingeräumt. Die Druckerei verrechnete den Skontoabzug mit der letzten Rechnung und zahlte nur noch 804,30 DM. Wieviel Skonto hatte der Lieferant gewährt?

2. Die Herstellungskosten für einen Roman betragen bei 10000 Auflage 98000,- DM. Hinzu kommt noch ein Aufschlag von 60% der Herstellungskosten für allgemeine Geschäftskosten und die Honorarforderungen von insgesamt 17 200,- DM. Der Buchhandel erhält 40% Rabatt. Welcher Ladenverkaufspreis ergibt sich je Roman, wenn ein Gewinn von 5% erzielt werden soll?

3. Wieviel Überstunden mit 30% Aufschlag leistete ein Tiefdruckätzer, der einen Stundenlohn von 14,50 DM erhält, wenn ihm nach Abzug der Steuern und Sozialversicherungsbeiträge (insgesamt 18% des Bruttolohns) 537,43 DM ausbezahlt wurden?

4. Ein Drucker erhält einschließlich 3% Zuschuß 2472 Druckbogen 43 cm x 61 cm an die Maschine geliefert. Es werden Flugblätter im Format DIN A6 zu 16 Nutzen (Drucknutzen) gedruckt. Wieviel Flugblätter muß der Drucker als Auflage abliefern?

5. Ein Buch, Deckelgröße 17 cm x 24 cm, Rückenbreite 4 cm, soll einen Schutzumschlag erhalten. a) Wie groß wird der Schutzumschlag, wenn der Einschlag je 8 cm beträgt? b) Wieviel Bogen Papier im Format 70 cm x 100 cm werden für 8000 Schutzumschläge plus 6% Zuschuß benötigt?

6. Ein 32seitiger Prospekt im Format DIN A5 wird in einer Auflage von 17 500 Exemplaren gedruckt. Die Prospekte sollen einzeln als Drucksache versandt werden. a) Wieviel wiegt ein Prospekt, wenn das Papier 90 g/m² schwer ist? b) Wieviel Porto würde beim Einzelversand der gesamten Auflage gespart, wenn ein 80-g/m²-Papier verwendet wird? Der Briefumschlag wiegt 8 g.

7. Eine Druckerei bestellt 4000 Bogen Karteikarton, 200 g/m², 43 cm x 61 cm. Kurze Zeit später werden zunächst 800, dann noch einmal 1200 Bogen dieses Kartons nachbestellt. Die Papiergroßhandlung gewährt 3% Skonto. Wieviel DM hätte die Druckerei gespart, wenn sie gleich die gesamte benötigte Menge bestellt hätte? 100 Bogen kosten 28,80 DM, der 1000-Bogen-Preis beträgt 240,- DM, bei Abnahme von mindestens 5000 Bogen 228,- DM.

8. Eine Druckerei hat 4680 kg mittelfeines Papier am Lager, das zum Preis von 2,80 DM je kg eingekauft wurde. Das Papier ist 90 g/m² schwer und hat das Format 65 cm x 100 cm. a) Berechnen Sie den 1000-Bogen-Preis! b) Wieviel Bogen dieses Papiers sind am Lager?

9. Wieviel Bogen Werkdruckpapier 61 cm x 86 cm und wieviel Bogen Umschlagkarton 70 cm x 100 cm werden für 16 000 Broschüren im Format DIN A4 mit Umschlag benötigt? Die Einlage ist 80 Seiten stark. Als Zuschuß sind für die Einlage 5% und für den Umschlag 6% zu berechnen.

10. Ein achtseitiger Prospekt, gefalzt auf 24 cm x 31,5 cm, soll auf einer Rollenrotation gedruckt werden, und zwar in doppelter Produktion. Auflage 600 000 Exemplare, 8% Zuschuß, Rollenbreite 126 cm, Rollenlänge 6000 m. Wie viele Rollen werden benötigt?

11. Für einen beschnittenen Buchblock 13,5 cm x 21 cm (Hochformat), Beschnitt oben und unten zusammen 1 cm, an der Seite 0,5 cm, soll der Broschurumschlag (Rückenbreite 1 cm) mit abschließendem Rand bestellt werden. a) Welches Format hat ein unbeschnittener Broschurumschlag? b) Wie viele Bogen Umschlagkarton 70 cm x 100 cm welcher Laufrichtung benötigt man (ohne Zuschuß) für 45 000 Broschüren?

12. Zum Druck eines Auftrags auf der Rollenrotation wurden 739,2 kg Verdünnung gebraucht, das ist das 1,1fache der Farbe einschließlich Verschnitt. Wieviel kg unverschnittene Farbe waren erforderlich, wenn mit 20% Verschnitt gedruckt wurde?

13. Wie hoch sind die Farbkosten (einschließlich Verschnitt und Verdünnung) für den Druck einer einfarbigen Zeitschrift, Satzspiegel 20 cm x 28 cm, 48 Seiten Umfang, 800 000 Auflage, wenn der voraussichtliche Farbverbrauch je 100 cm² und 1000 Druck einschließlich 10% Verschnitt 22 g beträgt? An Verdünnung benötigt man das 1,1fache der Farbmenge einschließlich Verschnitt. 1 kg Farbe kostet 6,50 DM, 1 kg Verschnitt 4,50 DM, 1 kg Verdünnung 1,20 DM. Verbrauch an Farbe, Verschnitt und Verdünnung für die Preisberechnung auf volle kg aufrunden.

14. 320 000 16seitige Prospekte werden auf der Rollenrotation gedruckt. Die bedruckte Fläche pro Seite ist 12 cm x 18 cm groß. Der voraussichtliche Farbverbrauch je 100 cm² und 1000 Druck beträgt 25 g einschließlich 25% Verschnitt. Welche Farbkosten entstehen voraussichtlich, wenn 1 kg Farbe 6,50 DM, 1 kg Verschnitt 4,20 DM und 1 kg Verdünnung 2,10 DM kosten? An Verdünnung braucht man das 1,1fache der Farbe einschließlich Verschnitt. Auf volle kg aufrunden.

15. 300 000 Kataloge, 64 Seiten stark, Seitenformat DIN A6, sollen einfarbig gedruckt werden. Der Druckbogen ist 65 cm x 95 cm groß. Wieviel Stunden Fortdruckzeit sind bei 8000 Druck/h Laufgeschwindigkeit zur Bewältigung der Auflage zuzüglich 4% Zuschuß erforderlich, wenn 12,5% der reinen Druckzeit für unvermeidlichen Maschinenaufenthalt zu berücksichtigen sind?

16. Eine 16seitige Zeitung wird in einer Auflage von 32 000 Exemplaren auf einer Rollenrotation mit zwei Druckwerken zu 8 Seiten hergestellt. Wieviel Stunden Fortdruckzeit sind erforderlich, wenn die Zylinder 16 000 Umdrehungen pro Stunde machen und 1,25 Stunde für unvermeidlichen Aufenthalt einzurechnen ist?

17. An einer Offset-Zweifarbenmaschine werden vierfarbige Etiketten zu 36 Nutzen gedruckt. Auflage: 400 000 Stück, Zuschuß pro Maschinendurchgang 1,5%. Für das Einrichten und den Farbwechsel sind insgesamt 4 Stunden anzusetzen. Welche Gesamtdruckzeit (in Stunden und Minuten) erfordert die Auflage, wenn die reine Druckleistung 8000 Bogen je Stunde beträgt?

18. Berechnen Sie den Farbverbrauch für die Tonfläche von 15 000 Plakaten, Zuschuß 2%, im Format DIN A1 (Rohbogenfläche), die einen 5 cm breiten unbedruckten Rand haben. In der Tonfläche ist ein Kreis mit einem Durchmesser von 40 cm sowie außerdem ein Dreieck, Grundlinie 20 cm, Höhe 30 cm, ausgespart. Die Druckfläche ist auf volle Quadratzentimeter aufzurunden. Der Farbverbrauch beträgt 2,2 g/m². Für Farbverlust (Waschen, Farbreste u.ä.) werden 250 g Farbe berechnet. Die Gesamtmenge ist auf volle 100 g aufzurunden.

19. Ein achtseitiger Prospekt, gefalzt auf 24 cm x 31,5 cm, soll auf einer Rollenrotation gedruckt werden (doppelte Produktion = 2 Nutzen). Auflage 850 000 Exemplare, 8% Zuschuß, Rollenlänge 6000 m, Papiergewicht 70 g/m². a) Wieviel Rollen werden benötigt? (Auf volle Rollen nach genauer Berechnung aufrunden!) b) Wieviel kg wiegt eine Rolle, wenn die Papphülse 5 kg wiegt?

20. Ein Facharbeiter bekommt einen Nettolohn von 342,51 DM in einer Woche ausbezahlt. In dieser Woche leistete er 6 Überstunden mit je 30% Zuschlag. Seine Abzüge setzten sich aus 17% Lohnsteuer, Kirchensteuer (8% der Lohnsteuer) und 16,5% Sozialversicherungsbeiträgen zusammen. Welchen Stundenlohn hat der Facharbeiter?

## 3. Diktat

Mit dem Diktat, einem zusammenhängenden Text aus ca. 180 Worten, sollen insbesondere Kenntnisse in der Groß- oder Kleinschreibung und der Schreibung gängiger Fremdwörter nachgewiesen werden. Häufig enthält das Diktat aber auch Wörter, deren Getrennt- oder Zusammenschreibung dem Prüfling Schwierigkeiten bereitet. Da beim Diktieren nur die Satzschlußzeichen angegeben werden, jedoch nicht die Zeichen innerhalb des Satzes, sind Kenntnisse der Zeichensetzung unumgänglich. Der Beginn einer wörtlichen Rede wird angekündigt, nicht aber deren Ende.

Das Diktat wird nicht im ganzen vorgelesen, um die Prüfungsteilnehmer nicht von vornherein zu beunruhigen. Um aber das Verständnis für das Ganze sicherzustellen, wird eine Inhaltsangabe vorgelesen.

Vor dem Diktieren der einzelnen Satzteile wird jeder Satz vollständig verlesen.

Es werden nur die Satzschlußzeichen angegeben, die Interpunktionszeichen innerhalb des Satzes werden nicht angegeben und sind vom Prüfungsteilnehmer selbst einzusetzen.

Der folgende Text gibt Anhaltspunkte über Umfang und Schwierigkeitsgrad des Diktats.

---

**Diktat** (Schwierigkeitsgrad der Ausbildungsabschlußprüfung)

*Als der unbekannte Verfasser einer Kölner Chronik im Jahre 1499 den ersten ausführlichen Bericht über die Erfindung und Ausbreitung des Buchdrucks gab, war der Erfinder Johannes Gutenberg seit mehr als dreißig Jahren tot. Zu seinen Lebzeiten hat kein Geschichtsschreiber von ihm und seinem Werk berichtet. Erst als die ungeheure Tragweite seiner Erfindung offenkundig wurde, begann man sich Gedanken darüber zu machen, wann und wie es dazu gekommen war, Bücher zu drucken. Aber schon in den neunziger Jahren des 15. Jahrhunderts war es dem kölnischen Chronisten nicht mehr möglich, Sicheres hierüber in Erfahrung zu bringen. Unzuverlässig ist das Jahr der Erfindung, nämlich 1440, das er angibt. Wir wissen heute aus den Akten eines Prozesses, in den Gutenberg 1439 in Straßburg verwickelt war, daß er bereits Jahre vorher einen Straßburger Goldschmied gegen hohes Entgelt zu Arbeiten heranzog, die zum Drucken gehörten. Noch 1444 war Gutenberg in Straßburg, und nicht vor diesem Jahr kann er in seine Vaterstadt Mainz zurückgekehrt sein, die er als junger Mann wegen der Machtkämpfe zwischen seinen Standesgenossen, den Patriziern, und den Zünften verlassen hatte. Die Kölner Chronik muß dabei im Irrtum sein, wenn sie die Erfindung in das Jahr 1440 und nach Mainz verlegt.*

---

Bewertet wird mit Hilfe des Schlüssels auf der folgenden Seite. Zeichensetzungsfehler zählen als Drittelfehler. Wiederholt gleiche Falschschreibung eines Wortes zählt als ein Fehler. Diese Regelung gilt jedoch nicht für die Wörter „daß" und „das". Mehrere Fehler in einem Wort gelten als 1 Fehler.

Diktat-Bewertungstabelle
für die Ausbildungsberufe der Druckindustrie mit Ausnahme des Schriftsetzers

| Note 1 | | | | | | | Note 2 | | | | | | |
|---|---|---|---|---|---|---|---|---|---|---|---|---|---|
| Fehlerzahl | 0 | ⅓ | ⅔ | 1 | 1⅓ | 1⅔ | 2 | 2⅓ | 2⅔ | 3 | 3⅓ | 3⅔ | 4 |
| Punkte | 100 | 99 | 98 | 96 | 94 | 92 | 90 | 88 | 86 | 84 | 83 | 82 | 81 |

| Note 3 | | | | | | | Note 4 | | | | | | | | |
|---|---|---|---|---|---|---|---|---|---|---|---|---|---|---|---|
| 4⅓ | 4⅔ | 5 | 5⅓ | 5⅔ | 6 | 6⅓ | 6⅔ | 7 | 7⅓ | 7⅔ | 8 | 8⅓ | 8⅔ | 9 | 9⅓ |
| 79 | 77 | 75 | 73 | 71 | 69 | 67 | 66 | 64 | 62 | 60 | 58 | 56 | 54 | 52 | 50 |

Note 5

| 9⅔ | 10 | 10⅓ | 10⅔ | 11 | 11⅓ | 11⅔ | 12 | 12⅓ | 12⅔ |
|---|---|---|---|---|---|---|---|---|---|
| 48 | 46 | 44 | 42 | 40 | 38 | 36 | 34 | 32 | 30 |

Note 6

| 13 | 13⅓ | 13⅔ | 14 | 14⅓ | 14⅔ | 15 | 15⅓ | 15⅔ | 16 | 16⅓ | 16⅔ | 17 | über 17 |
|---|---|---|---|---|---|---|---|---|---|---|---|---|---|
| 28 | 26 | 24 | 22 | 20 | 18 | 16 | 14 | 12 | 10 | 8 | 6 | 3 | 0 |

Drei Interpunktionsfehler gelten als ein ganzer Fehler.

## 4. Wirtschafts- und Sozialkunde

In diesem Prüfungsfach sind Umfang und Inhalt des Prüfungswissens nicht so klar abgegrenzt, wie in der Technologie oder im Fachrechnen. Das äußert sich schon darin, daß die Inhalte der Wirtschafts- und Sozialkunde in den Prüfungsanforderungen ausgeklammert sind. Das ist nicht weiter verwunderlich, denn die Lerninhalte werden als Gemeinschaftskunde, Betriebswirtschaft, Wirtschaftkunde von der Berufsschule vermittelt. Dabei ist leider zu vermerken, daß nicht nur die Bezeichnung für diese Fächer in den Bundesländern unterschiedlich sind, sondern daß vor allem die Lehrpläne von Bundesland zu Bundesland differieren.
Wirtschafts- und Sozialkunde bringt in der Prüfung maximal 10 Punkte. In der Abschlußprüfung erhält der Prüfling — ähnlich wie im Fach Technologie (Fachkunde) — 50 programmierte Aufgaben nach der Frage-Auswahlantworten-Methode. Es stehen in der Regel fünf mögliche Antworten zur Auswahl. Von diesen Auswahlantworten ist nur eine richtig.
Welche Themenbereiche in der Abschlußprüfung bislang vertreten waren und voraussichtlich auch in Zukunft beibehalten werden, zeigt die folgende Testarbeit. Sie ist aus „Programmiert geprüft — Gemeinschaftskunde" entnommen, einer Fragensammlung, die sich gut zur Vorbereitung auf die Abschlußprüfung eignet.

1121

Adoption ist die Annahme eines fremden Kindes an Kindes Statt. Wer darf ein Kind adoptieren?

A. Wer keine eigenen Kinder hat und nicht älter als 21 Jahre ist
B. Wer mindestens ein eigenes Kind hat und nicht älter als 24 Jahre ist
C. Wer das 25. Lebensjahr vollendet hat und geschäftsfähig ist
D. Wer monatlich mindestens 5000,— DM verdient und nicht älter als 25 Jahre ist
E. Keine der vorstehenden Antworten ist richtig

1122

Männer sind vom 18. Lebensjahr ab wehrpflichtig. Welche Tätigkeit befreit jedoch vom Wehr- bzw. Ersatzdienst?

A. Tätigkeit im elterlichen Betrieb
B. Tätigkeit in der Landwirtschaft
C. Tätigkeit als Monteur im Ausland
D. Tätigkeit als Entwicklungshelfer
E. Tätigkeit im öffentlichen Dienst

1123

Um welches Ehrenamt geht es im folgenden Satz? „Sie werden aus den Vorschlagslisten der Gemeinden ausgewählt und dann auf die Dauer von zwei Jahren bestellt."

A. Vormund    B. Schöffe
C. Ehrenbeamter    D. Pfleger
E. Mitglied eines Prüfungsausschusses der IHK

1124

Welches der folgenden privaten Testamente ist rechtswirksam?

A. Eigenhändiges Testament einer 16 jährigen
B. Handschriftliches Testament eines 18 jährigen
C. Maschinegeschriebenes Testament eines 40 jährigen
D. Letzter Wille eines 80 jährigen, auf Tonband gesprochen
E. Letzter Wille eines 70 jährigen, dem Enkel am Sterbebett mitgeteilt

1125

Die Einkommensteuer kann je nach Einkommenshöhe zwischen 22% und 56% liegen. Wonach richtet sich ihre Höhe außerdem noch?

A. Familienstand, steuerfreie Beträge
B. Vorbildung des Steuerpflichtigen
C. Größe der Wohngemeinde
D. Alter: je älter, desto höher der Steuersatz
E. Wirtschaftskraft des jeweiligen Bundeslandes

1126

Während der Ausbildungszeit legt der Auszubildende eine Zwischenprüfung ab. Welchen Sinn und Zweck hat diese Prüfung?

A. Kontrolle des Berufsschulunterrichts
B. Ermittlung des Ausbildungsstandes
C. Eingehende Gesundheitsprüfung, die nach dem Berufsbildungsgesetz vorgeschrieben ist
D. Entscheidungshilfe am Ende der Probezeit, ob das Ausbildungsverhältnis fortbestehen soll
E. Dient statistischen Zwecken, um die Zahl der rechtmäßigen Ausbildungsverhältnisse zu ermitteln

1127

Welcher Grund berechtigt den Arbeitgeber zur fristlosen Kündigung eines Arbeitnehmers?

A. Arbeitsmangel
B. Unzureichende Leistungen des Arbeitnehmers
C. Arbeitsverweigerung    D. Mangelnde Eignung
E. Krankheit des Arbeitnehmers

1128

Was ist nicht im Manteltarifvertrag, sondern im Lohntarifvertrag geregelt?

A. Ecklohn    B. Arbeitszeit    C. Urlaub
D. Lohnzuschläge    E. Kündigung

1129

Man unterscheidet saisonale, konjunkturelle und strukturelle Arbeitslosigkeit. Welches Beispiel steht für konjunkturelle Arbeitslosigkeit?

A. Infolge des harten Winters nahm die Arbeitslosenzahl vorübergehend zu
B. Wegen des rückläufigen Exports infolge der weltweiten Rezession stieg die Arbeitslosenzahl an
C. Den neuen Arbeitstechniken fiel jeder zweite Arbeitsplatz zum Opfer
D. Die Zahl der Arbeitslosen ist im Grenzgebiet zur DDR höher als im übrigen Bundesgebiet
E. Während der Krise des Kohlenbergbaus in den sechziger Jahren wurden viele Bergarbeiter arbeitslos

1130

Die paritätische Mitbestimmung ist 1951 und 1956 in bestimmten Bereichen bereits weitgehend verwirklicht worden. In welchen?

A. Großen Presseunternehmen
B. Gewerkschaftseigenen Unternehmen
C. Bergbau, Eisen- und Stahlindustrie
D. Banken, Sparkassen, Versicherungen
E. Öffentlichen Dienst

1131
Ein Facharbeiter äußert, er erhalte Ecklohn.
Was versteht man darunter?
A. Übertarifliche Bezahlung   B. Leistungslohn
C. Tariflicher Mindestlohn
D. Lohn nach Abzug der Sozialabgaben
E. Durchschnittslohn, der zur Berechnung der Arbeitslosenhilfe dient

1132
Was regelt das Betriebsverfassunggesetz?
A. Arbeitspausen, Arbeitszeit, Urlaub
B. Tariflohn und übertarifliche Bezahlung
C. Manteltarifbestimmungen
D. Gewinnbeteiligung der Arbeitnehmer
E. Mitbestimmung der Arbeitnehmer

1133
Wie lange wird Arbeitslosengeld mindestens, wie lange höchstens gewährt?
A. Mindestens 78 Tage, höchstens 312 Tage
B. Es wird ohne zeitliche Beschränkung gewährt
C. Mindestens 6 Monate, höchstens 365 Tage
D. Mindestens 90 Tage, höchstens 2 Jahre
E. Keine der vorstehenden Antworten ist richtig

1134
Ein Arbeitnehmer hat einen Arbeitsunfall erlitten. Welche Stelle muß benachrichtigt werden?
A. Industrie- und Handelskammer
B. Berufsgenossenschaft
C. Arbeitsamt
D. AOK (Allgemeine Ortskrankenkasse)
E. Handwerkskammer

1135
Wer prüft die Haushaltsführung der Gemeinden und Kreise?
A. Rechnungsprüfungsamt
B. Ordnungsamt   C. Bundesfinanzhof
D. Das regionale Finanzgericht
E. Finanzamt

1136
Welches Ressort (Geschäftsbereich) findet sich in der Bundesregierung und in jeder der zehn deutschen Landesregierungen?
A. Außenministerium
B. Justizressort
C. Schulressort
D. Ministerium für das Post- und Fernmeldewesen
E. Verteidigungsministerium

1137
Lockerster Zusammenschluß ist der Staatenbund. Welche Vereinigung ist ein Staatenbund?
A. Bundesrepublik Deutschland
B. Vereinigte Staaten von Amerika
C. Union der Sozialistischen Sowjet-Republiken
D. Vereinte Nationen
E. Vereinigtes Königreich von Großbritannien

1138
Was steht im Grundgesetz über das Recht, sich zu informieren?
A. Ausländische Sender dürfen nur abgehört werden, wenn sie objektiv berichten
B. Wer eine Zeitung aus der DDR besitzt, wird bestraft
C. Jeder hat das Recht, sich aus allgemein zugänglichen Quellen ungehindert zu unterrichten
D. Wer sich aus ausländischen Zeitungen informieren will, muß zuvor eine Genehmigung einholen
E. Niemand hat das Recht, mehr als zwei Zeitungen zu abonnieren

1139
Zur Zeit sind im Bundestag vier politische Parteien vertreten. Welche Aussage bezieht sich auf die SPD?
A. Grundlage ist immer noch das „Godesberger Programm" von 1959
B. Im „Ahlener Programm" von 1947 trat sie für die Vergesellschaftung des Bergbaus und der Stahlindustrie ein
C. Die Sozialausschüsse sind eine Gruppierung der Arbeitnehmer innerhalb der Partei
D. In den „Freiburger Thesen" hat die Partei 1971 zur Mitbestimmung aus liberaler Sicht Stellung genommen
E. Sie hat seit 1962 die absolute Mehrheit im Bayerischen Landtag inne

1140
Unter welcher Voraussetzung kann eine politische Partei auf Antrag der Bundesregierung verboten werden?
A. Wenn die öffentliche Meinung mehrheitlich dafür ist
B. Wenn ihr Programm gegen das Grundgesetz gerichtet ist
C. Wenn sie bei einer Wahl an der 5%-Klausel gescheitert ist
D. Wenn Parteimitglieder die Regierung wiederholt unberechtigt kritisiert haben
E. Wenn sie sich für die Verstaatlichung der Banken ausspricht

1141
Bundesgesetze werden vom zuständigen Fachminister und vom Kanzler unterschrieben. Wessen Unterschrift ist außerdem noch nötig, damit das Gesetz im Bundesgesetzblatt veröffentlicht werden kann?
A. Fraktionsvorsitzende der Koalition
B. Bundesratspräsident
C. Bundestagspräsident
D. Präsident des Bundesverfassungsgerichts
E. Bundespräsident

1142
Der Bundestagspräsident wird in seinem Amt von einem Gremium aus 20 Abgeordneten unterstützt. Wie heißt es?
A. Fraktion  B. Petitionsausschuß
C. Rechtsausschuß  D. Gemeinsamer Ausschuß
E. Ältestenrat

1143
In der Politik wirft die Regierung der Opposition häufig vor, sie habe keine Alternative. Was versteht man darunter?
A. Parteiprogramm
B. Gegenvorschlag, andere Möglichkeit
C. Zivilcourage, Mut
D. Kompromißbereitschaft
E. Bereitschaft, mit der Regierung zusammenzuarbeiten

1144
Wer berät und verabschiedet den Etat der Bundesrepublik Deutschland?
A. Bundesminister für Finanzen  B. Bundesbank
C. Bundestag  D. Bund der Steuerzahler
E. Bundesversammlung

1145
Welchen Titel führt das Staatsoberhaupt der Bundesrepublik Deutschland?
A. Bundeskanzler  B. Bundestagspräsident
C. Staatspräsident  D. Ministerpräsident
E. Bundespräsident

1146
Der Geheimdienst der USA heißt CIA. Wie nennt sich der entsprechende Geheimdienst der Bundesrepublik?
A. Staatssicherheitsdienst (SSD)
B. Bundesnachrichtendienst (BND)
C. Allgemeiner Deutscher Nachrichtendienst (ADN)
D. Bundesgrenzschutz (BGS)
E. Komitee für Staatssicherheit (BGB)

1147
Nachrichten können unterdrückt oder ganz groß herausgestellt werden. Wer bestimmt in der Regel, welche Meldungen in einer Zeitung erscheinen?
A. Die Leser
B. Die Inserenten
C. Die Nachrichtenagenturen
D. Die Redaktionskonferenz
E. Das Presse- und Informationsamt der Bundesregierung

1148
Welcher Grundsatz gilt für die Rechtsprechung in der Bundesrepublik Deutschland?
A. Die Richter sind unabhängig und nur dem Gesetz unterworfen
B. Richtschnur für die Strafhöhe ist das „gesunde Volksempfinden"
C. Die Richter haben die Beschlüsse der Partei der Arbeiterklasse anzuwenden
D. In Zweifelsfällen der Rechtsprechung gilt die Entscheidung des Justizministers
E. Richter unterliegen in der Rechtsprechung der Dienstaufsicht der Staatsanwaltschaften

1149
Rechtskräftige Urteile sind mit Rechtsmitteln nicht mehr anfechtbar. Unter welcher Bedingung ist aber ein Wiederaufnahmeverfahren zulässig?
A. Wenn neue Tatsachen und Beweismittel vorliegen
B. Wenn der Verurteilte bereits zwei Drittel seiner Strafe verbüßt hat
C. Wenn Geschädigte bzw. Angehörige des Opfers zustimmen
D. Wenn der Angeklagte auf Grund von Indizien verurteilt wurde
E. Bei guter Führung des Verurteilten

1150
Wie verläuft der Instanzenweg beim Arbeitsgerichtsverfahren?
A. Landesarbeitsgericht, Arbeitsgericht, Bundesarbeitsgericht
B. Verwaltungsgericht, Sozialgericht, Arbeitsgericht
C. Bundesarbeitsgericht, Bundesverwaltungsgericht, Bundesgerichtshof
D. Arbeitsgericht, Amtsgericht, Landesarbeitsgericht
E. Arbeitsgericht, Landesarbeitsgericht, Bundesarbeitsgericht

1151

Der Staatsanwalt ist Beteiligter des Strafprozesses. Wobei wirkt er jedoch nicht mit?

A. Anklageerhebung
B. Vernehmung des Angeklagten
C. Vernehmung von Zeugen
D. Anklagerede (Plädoyer)
E. Urteilsberatung und -verkündung

1152

Einer bestimmten Gruppe Verurteilter wird die Strafe durch ein Gesetz erlassen. Wie nennt man diesen Straferlaß?

A. Revision       B. Bewährungsfrist
C. Amnestie     D. Abolition
E. Resozialisierung

1153

Entlassenen Strafgefangenen steht oft ein Bewährungshelfer zur Seite. Was ist dessen Hauptaufgabe?

A. Hinzuwirken, daß der Eintrag im Strafregister gelöscht wird
B. Den Arbeitgeber über die Vorstrafe zu informieren
C. Wiedereingliedern in die Gesellschaft (Resozialisierung)
D. Dem Entlassenen Geld zu leihen
E. Den Entlassenen politisch zu beeinflussen

1154

Man unterscheidet juristische Personen des privaten und des öffentlichen Rechts. Welche der folgenden zählt zu denen des öffentlichen Rechts?

A. Wohnungsbaugesellschaft „Neue Heimat"
B. Hamburger Sportverein
C. Radio Bremen
D. Volkswagenwerk AG
E. Raiffeisen-Organisation

1155

Welche Aussage über die Tätigkeit der Gerichtsvollzieher ist unzutreffend?

A. Der Gerichtsvollzieher ist ein Beamter, der seine Aufträge vom Amtsgericht erhält
B. Er nimmt Pfändungen vor,
C. verhaftet Schuldner, die nicht zahlen wollen,
D. und führt sowohl freiwillige als auch Zwangsversteigerungen durch.
E. Über die Vollstreckung nimmt er ein Protokoll auf.

1156

Worauf ist in der Marktwirtschaft die unternehmerische Betätigung gerichtet?

A. Auf Erfüllung staatlich festgelegter Planziele
B. Auf Gewinn
C. Auf Spekulation
D. Auf Umsatz zu Selbstkosten
E. Auf Bedarfsdeckung, ohne Rücksicht auf die Rentabilität

1157

Wie wirkt sich eine Abwertung der Deutschen Mark auf den Außenhandel aus?

A. Die Einfuhr wird erleichtert
B. Deutsche Waren werden im Ausland teurer
C. Der Export wird erleichtert
D. Der Export wird erschwert
E. Die Abwertung bleibt ohne jeden Einfluß

1158

Ein Hauseigentümer möchte die Fenster seines Hauses streichen lassen und holt ein Angebot ein. Wozu verpflichtet ihn das Angebot?

A. Zur Vergabe des Auftrags an den Anbieter
B. Zur Rücksendung des Angebots, wenn er es nicht annehmen möchte
C. Zur Zahlung von 10 % der Angebotssumme, falls es zu keinem Vertrag kommt
D. Zur Einholung eines Vergleichsangebots
E. Zu nichts

1159

Wenn die gelieferte Ware Mängel aufweist, hat der Käufer vier Möglichkeiten zu reagieren. Welches Recht hat er jedoch nicht?

A. Minderung (Preisnachlaß) zu verlangen
B. Ersatzlieferung (Umtausch) zu verlangen
C. Zahlung zu verweigern und Ware weiterzuverkaufen
D. Wandlung (Rückgabe und Zahlungsverweigerung)
E. Schadenersatzforderung zu stellen

1160

Ein Käufer erwirbt eine Ware unter Eigentumsvorbehalt des Verkäufers. Wann geht sie in das Eigentum des Käufers über?

A. Nach Unterschreiben des Kaufvertrags
B. Nachdem der Käufer die Ware in Besitz genommen hat
C. Nachdem der Käufer eine Anzahlung geleistet hat
D. Nach Zahlung der vorletzten Rate
E. Nachdem die Ware bezahlt ist

1161
Welcher Handwerksbetrieb zählt zum Dienstleistungsgewerbe?
A. Tischlerei
B. Bäckerei
C. Friseursalon
D. Glaserwerkstatt
E. Baugeschäft

1162
Ein Unternehmer entschließt sich, seinen Betrieb wegen unzureichender Erträge zu schließen. Worum handelt es sich?
A. Zwangsversteigerung
B. Liquidation
C. Freiwilliger Vergleich
D. Betrügerischer Bankrott
E. Konkurs

1163
Unlauterer Wettbewerb ist verboten. Welches Verkäuferverhalten ist kein unlauterer Wettbewerb?
A. Vergleichende Werbung
B. Konkurrenten im Preis unterbieten
C. Unwahre Angaben über Wareneigenschaften
D. Konkurrenten anschwärzen (verleumden)
E. Schmiergelder zahlen (Bestechung)

1164
Schuldscheine müssen das Anerkenntnis der Schuld und vier weitere Angaben enthalten. Welche Angabe ist aber überflüssig?
A. Vereinbarung über Rückzahlung
B. Verzinsung
C. Verwendung des Darlehens
D. Datum
E. Unterschrift des Schuldners

1165
Interpol ist eine internationale Zentralstelle. Welche Aussage bezieht sich auf Interpol?
A. Diese Organisation übernahm die Verantwortung für den Bombenanschlag
B. Es handelt sich um eine internationale Parlamentariervereinigung
C. Der von ihr ausgerufene Generalstreik wurde fast überall befolgt
D. Die Entführer entkamen zwar nach Italien, wurden dort aber weiter verfolgt und festgenommen
E. Diese internationale Organisation will den Kindern in aller Welt helfen.

1166
In der UNO haben die Länder der „Dritten Welt" die Mehrheit. Was ist diesen Ländern gemeinsam?
A. Es sind kommunistische Staaten
B. Es sind Entwicklungsländer
C. Die Landessprache ist Englisch
D. Es sind Militärdiktaturen
E. Es sind Länder der nördlichen Erdhälfte

1167
Das Staatsoberhaupt ist höchster Repräsentant des Staates. Seine Kompetenzen sind in der Verfassung geregelt. In welchem Land ist das Staatsoberhaupt gleichzeitig Regierungschef?
A. Bundesrepublik Deutschland
B. UDSSR
C. USA
D. Österreich
E. Deutsche Demokratische Republik

1168
In der politischen Auseinandersetzung mit dem Kommunismus spielt der Begriff „Klassenkampf" eine große Rolle. Wer prägte ihn?
A. Ferdinand Lassalle
B. Karl Marx
C. Josef Stalin
D. Walter Ulbricht
E. Wladimir Iljitsch Uljanow (Lenin)

1169
Am 20. Juli 1944 entkam Hitler nur knapp einem Attentat. Welcher Widerstandskämpfer hat es ausgeführt?
A. Oberst Graf von Stauffenberg
B. Carl Friedrich Goerdeler
C. Hans Scholl
D. Generaloberst Beck
E. Generalfeldmarschall von Witzleben

1170
In einem Rundfunkkommentar ist vom „atomaren Patt" die Rede. Was versteht man darunter?
A. Demonstration von Atomwaffengegnern
B. Bau von Kernkraftwerken, um die Energielücke zu schließen
C. Atomare Abrüstung
D. Gleichgewicht atomarer Rüstung unter den Großmächten
E. Strahlenschädigung durch Radioaktivität

## Praktischer Teil der Abschlußprüfung

Im § 9 der „Verordnung für die Berufsausbildung zum Drucker" wird festgelegt, daß der Prüfling zum Nachweis seiner Fertigkeiten im ersten (Haupt-)Druckberuf drei Arbeitsproben in etwa 18 Stunden ausführen soll. Dazu kommt eine Arbeitsprobe für die Fertigkeit im zweiten Druckberuf.
Im folgenden wird eine Übersicht gegeben über die verlangten Arbeitsproben und deren Bewertungskriterien.
Wo und in welcher Reihenfolge die Arbeitsproben durchgeführt werden, ob in den Werkstätten der Berufsschule, einer überbetrieblichen Ausbildungswerkstätte, im Ausbildungsbetrieb oder in einem Fremdbetrieb, das hängt von den örtlichen Verhältnissen ab und wird von den zuständigen Prüfungsausschüssen der Industrie- und Handelskammern bzw. Handwerkskammern bestimmt.

## Arbeitsproben für die Fertigkeitsprüfung

### Drucker mit dem Schwerpunkt Flachdruck

### Arbeitsprobe 1: Farbmischen (Zeit 2 Stunden)

Es werden drei Farbtöne vorgegeben, die aus den Farben DIN 16538/39 der Europäischen Farbskala unter Verwendung von Transparentweiß und Neutralschwarz nachzumischen sind. Die ermischten Farben sind auf Kunstdruckpapier aufzutragen und in die vorgegebene Vorlage einzukleben. Es wird empfohlen, die Farben aufzuwalzen.
Vorgegeben werden häufig eine Zweitfarbe wie Rot, Grün, Violett, Orange, eine Drittfarbe wie Braun, stumpfes Grün und eine aufgehellte Farbe, häufig Grau.
Bewertet wird für jede Farbe, wie gut das vorgegebene Farbmuster erreicht wurde. Darüber hinaus wird die Arbeitsweise bewertet. Darunter fällt beispielsweise die Sauberkeit des abgegebenen Blattes und des Arbeitsplatzes, die Mischtechnik, ob die richtige Farbmenge gemischt wurde, wie gleichmäßig die Farbe aufgetragen wurde, ob die Farbstärke der eines Maschinendrucks entspricht.
Das Gesamtergebnis dieser Arbeitsprobe wird mit dem Faktor 2 multipliziert.

### Arbeitsprobe 2

Bei dieser Arbeitsprobe wird unterschieden, ob der Prüfling „Flachdrucker" oder „Flachdrucker im Kleinoffsetbetrieb" gelernt hat.

### Für Flachdrucker: Arbeit an der Druckmaschine (Zeit 2 Stunden)

Der Prüfling soll an der Druckmaschine Einstell- und Umstellarbeiten durchführen, beispielsweise Umstellen auf einen anderen Bedruckstoff und auf ein anderes Format. Ferner können Justierungen und Einstellungen von Walzen, Marken und Greifern verlangt werden.
Die örtlichen Prüfungsausschüsse bestimmen detailliert, was geprüft wird. Beispielsweise muß der Prüfling eine Maschine von Papier im kleinen Format auf Karton im großen Format umstellen. Dazu gehören alle Einstellungen vom Anleger, über den Anlegetisch, die Bogenanlage und das Druckwerk bis zur Auslage.

Bewertet wird z.B., wie sachgerecht und zielgerichtet die Umstellung erfolgt und wie gut das Papier anschließend läuft.

Vielfach muß der Prüfling auch Walzen zur Platte und zu Verreibern justieren und Greifer einstellen.

Das Gesamtergebnis wird mit dem Faktor 3 multipliziert.

**Für Flachdrucker im Kleinoffsetbetrieb: Druckvorlagen- und Druckformherstellung**

Der Prüfling bekommt ein Negativ gestellt, von dem er im Kontaktkopiergerät ein Positiv herstellen soll. In der Größe des Motivs soll eine Tonfläche, beispielsweise aus Schneidefilm, angefertigt werden.

Von den beiden Kopiervorlagen sind für DIN A4 zwei Montagen anzufertigen mit allen notwendigen Zeichen wie Paß- und Schneidezeichen. Von den Montagen hat der Prüfling zwei Druckplatten zu kopieren.

Vorzulegen sind das gelieferte Negativ, die beiden Montagen und die Druckplatten.

Bewertet wird am kopierten Positiv, ob es im Rastertonwert dem Negativ entspricht.

Für die Montage ist meist eine Einteilung erforderlich, die in Aufbau, zeichnerischer Ausführung und Vollständigkeit überprüft wird.

Bei der Montage zählen insbesondere Sauberkeit, sachgerechtes Befestigen der Filme, ob die notwendigen Hilfszeichen vorhanden sind, wie genau die Tonfläche geschnitten ist.

Die Druckplatten werden auf ordnungsgemäße Kopie, Entwicklung, Korrektur und Gummierung überprüft.

Das Gesamtergebnis wird mit dem Faktor 3 multipliziert.

**Arbeitsprobe 3: Druck einer vierfarbigen Rasterarbeit (Zeit 11 Stunden)**

Der Ausbildungsbetrieb erhält einen Farbsatz und fertigt davon die Montagen und Druckplatten für den Prüfling an. Für „Flachdrucker" sind 4 Nutzen DIN A4, für „Flachdrucker im Kleinoffsetbetrieb" nur 2 Nutzen zu drucken. Ein betriebsüblicher Farb- und Druckkontrollstreifen ist mitzudrucken. Der Prüfling hat folgende Arbeiten selbständig auszuführen: Einrichten und Drucken auf Kunstdruckpapier von 115 - 135 $g/m^2$ auf einer Ein- oder Zweifarbenmaschine (keine Vierfarbenmaschine). Die Farben sind selbständig nach der gelieferten Andruckskala abzustimmen.

Prüflinge, die ausschließlich im Blechdruck ausgebildet wurden, können die erforderlichen Drucke auf Blech machen, Prüflinge, die ausschließlich im Kartondruck ausgebildet wurden, können die geforderten Drucke auf Karton machen.

Vorzulegen sind: die gelieferten Filme und die gelieferte Andruckskala, der auslinierte Standbogen (nicht der Einteilungsbogen!), eine selbstgedruckte Maschinenandruckskala und sechs Zusammendrucke.

Bei der Bewertung wird insbesondere folgendes beachtet:

Druckergebnis im Vergleich zum vorgegebenen Andruck (Farbdichte, Raster- und Tonwertwiedergabe), Gleichmäßigkeit der Farbführung über die Bogenbreite und durch die „Auflage". Die Drucke werden überprüft auf Fehler wie Filmkanten, Ton, Schmieren, Dublieren, Wasserfahnen u.a. Innerhalb der geforderten Nutzen dürfen keine Farbbezeichnungen, Hilfszeichen und Kenn-Nummern stehen.

Das Gesamtergebnis wird mit dem Faktor 4 multipliziert.
Die Arbeit im zweiten Druckverfahren zählt einfach.
Bei allen Arbeitsproben gibt es Minuspunkte für Zeitüberschreitung. Die Summe aller Arbeitsproben wird durch 10 geteilt, so daß wieder eine Maximalpunktzahl von 100 gegeben ist. Bestanden ist die praktische Prüfung, wenn mindestens 50 Punkte erreicht wurden.

**Drucker mit dem Schwerpunkt Hochdruck**

**Arbeitsprobe 1: Farbmischen (Zeit 2 Stunden)**

Dieser Prüfungsteil ist identisch mit dem des Flachdruckers.
Das Ergebnis wird mit dem Faktor 2 multipliziert.

**Arbeitsprobe 2: Schnellpressenarbeit (Zeit 6 Stunden)**

Es ist eine einfarbige Druckarbeit in Format DIN A2, die aus Satz-, Strich- und Rasterteilen besteht, ein- und zuzurichten. Für die Rasterätzung ist eine mechanische Kraftzurichtung (MKZ, Primaton oder 3 M) anzufertigen. Gedruckt wird auf Kunstdruckpapier 115 - 135 g/m Vorzulegen sind mit Beschriftung (z.B. Abzug ohne Zurichtung, Fortdruckbogen usw.): 1 auslinierter Standbogen, der für das Anzeichnen der Bilder genutzte Bogen, je 1 Abzug mit erkennbarer Schattierung vor und nach der Zurichtung, 3 Fortdruckbogen mit normaler Druckstärke, der gesamte Aufzug mit den aufgeklebten Zurichtungen.
Bewertungskriterien sind die sachgerechte Ausführung aller Arbeiten, insbesondere der Ausgleichs- und Kraftzurichtung und die richtige Farbgebung.
Das Ergebnis wird mit dem Faktor 3 multipliziert.

**Arbeitsprobe 3: Mehrfarbiger Druck mit Haarpasser (Zeit 12 Stunden)**

Der Prüfling erhält Klischees für eine vierfarbige Druckarbeit sowie Angaben über die zu verwendenden Farben (in der Regel nach HKS-Skala). Die Form muß vom Prüfling ein- und zugerichtet werden, wobei an die Passergenauigkeit von der Form her größere Ansprüche gestellt werden.
Vorzulegen sind mit Beschriftung: der auslinierte Standbogen, je Farbe 1 Abzug vor der Zurichtung, der für das Anzeichnen von vorn benutzte Bogen, 1 Abzug nach der Zurichtung, 1 Fortdruckbogen und 10 Abzüge der fertigen Arbeit sowie die gesamten Aufzüge mit den aufgeklebten Zurichtungen.
Bewertet wird: in erster Linie der Passer, die Farbgebung und die Zurichtung. Das Ergebnis wird mit dem Faktor 3 multipliziert.
Die Arbeit im zweiten Druckverfahren zählt zweifach.
Bei allen Arbeitsproben gibt es Minuspunkte für Zeitüberschreitung. Die Summe aller Arbeitsproben wird durch 10 geteilt, so daß wieder eine Maximalpunktzahl von 100 gegeben ist. Bestanden ist die praktische Prüfung, wenn mindestens 50 Punkte erreicht wurden.

## Arbeitsprobe für die Fertigkeitsprüfung im zweiten Druckverfahren

### Hochdruck als zweites Druckverfahren (Zeit 4 Stunden)

Einrichten (mit Formschließen) und Zurichten einer einfarbigen Druckform im Format von mindestens DIN A4, die aus Hand- und Maschinensatz und einer Strichätzung besteht. Papier: holzfreies Schreibmaschinenpapier, 80 bis 100 g/m².

Vorzulegen sind (mit Beschriftung):
1 auslinierter Standbogen, 1 Abzug (mit erkennbarer Schattierung) vor der Zurichtung, 1 Abzug (mit erkennbarer Schattierung) nach der Zurichtung, 3 Fortdruckbogen (normale Druckstärke) und der Aufzug einschließlich der Zurichtung.

Bewertet werden alle abgegebenen Teile auf sachgerechtes Arbeiten. Die Zurichtung wird insbesondere auf ihre Wirkung hin überprüft und natürlich auch, wie sauber und zweckmäßig sie ausgeführt wurde.

### Flachdruck als zweites Druckverfahren (Zeit 4 Stunden)

Einrichten und Drucken einer einfarbigen Arbeit im Format von mindestens DIN A4, die aus Strich- und Rasterteilen besteht.

Die Kopiervorlage wird vom Prüfungsausschuß gestellt. Der Prüfungsteilnehmer erhält die fertige Druckplatte. Papier: holzfreies weißes Kunstdruckpapier, 115 - 135 g/m².

Für den Druck wird vom Prüfungsausschuß entweder ein Farb- und Standmuster vorgelegt, nach dem der Prüfling einrichten und abstimmen soll, oder es wird dem Prüfling überlassen, eine optimale Färbung zu finden.

Vorzulegen sind:
der gelieferte Film, 1 auslinierter Standbogen, 6 Fortdruckbogen.

Bewertet werden der auslinierte Standbogen und der richtige Stand des Druckes. Die Drucke werden überprüft auf Farbführung, Ausdrucken des Rasters, ob Fehler wie Tonen, Wasserfahnen, Filmkanten o.ä. vorhanden sind.

### Tiefdruck als zweites Druckverfahren (Zeit 4 Stunden)

Einrichten und Andrucken einer einfarbigen Form mit Bild und Schrift auf einer Andruck- oder Bogentiefdruckmaschine.

Die Farbe ist so abzustimmen, daß ein guter Gesamteindruck erreicht wird.
Format bei Bogentiefdruck: etwa 50 cm x 70 cm. Rollenbreite bei Rotationsdruck: etwa 70 cm. Papier: mittelfein, satiniert, etwa 70 g/m².

Vorzulegen sind: 5 Bogen mit unverschnittener Farbe, 5 Bogen nach der Farbabstimmung und das Farbrezept.

Bewertet werden die vorgelegten Bogen auf Druckqualität und Farbabstimmung.
Bei allen Arbeiten zählt auch die Arbeitsweise zum Gesamteindruck, d.h., wie zielgerichtet geht der Prüfling an die einzelnen Arbeitsschritte heran, wie sicher beherrscht er die Materie.

# Teil B

Aufgabensammlung

Wie soll man mit der Aufgabensammlung arbeiten?
Lernen heißt, sich durch intensives Studium von Informationen und durch Bearbeitung von Übungsaufgaben Wissen und Kenntnisse anzueignen und dabei gleichzeitig geistige Fähigkeiten zu trainieren. Solche Fähigkeiten sind beispielsweise Erinnern an Gelerntes, Kenntnisse wiedergeben, Probleme lösen, das Gelernte auf neue Situationen anwenden.
Als Abschluß des Lernprozesses kann man sich durch Lösen von Aufgaben überzeugen und selbst prüfen, was und wieviel man gelernt hat, in welchem Wissensbereich noch Lücken sind. Um es noch deutlicher zu sagen: Die vorliegende Aufgabensammlung dient nicht zum Lernen; dazu müssen Sie sich mit Fachliteratur befassen, z.B. mit dem Lehr- und Arbeitsbuch Druck, Band 1 und 2. Mit den Aufgaben können Sie in erster Linie Ihren Wissensstand testen. Stellen Sie Lücken fest, so ist es wenig sinnvoll, sich die im Lösungsheft vorgegebenen Antworten zu merken. Wesentlich besser ist es, sich anhand eines Fachbuches ausführlich zu informieren und die Zusammenhänge des jeweiligen Wissensbereichs zu studieren. Lernen Sie lediglich Antworten auswendig, besteht die Gefahr, daß Sie bei einer Aufgabe, die das gleiche Problem von einer „anderen Seite aus" angeht, wiederum versagen.
Aus diesen Gründen empfiehlt es sich, folgendermaßen vorzugehen:

*Lernen — Testen — Nachlernen. Nach einigen Tagen nochmals testen.*

1. Lernen: Wählen Sie ein Kapitel aus, und studieren Sie diesen Stoffbereich eingehend in einem Fachbuch. Einfaches Durchlesen, womöglich mit Musikberieselung, genügt nicht.

2. Testen: Bearbeiten Sie die programmierten Aufgaben zu diesem Stoffbereich. Schreiben Sie sich die Lösungen auf ein Zusatzblatt, und vergleichen Sie mit den Antworten im Lösungsheft, nachdem Sie eine größere Anzahl Aufgaben bearbeitet haben.

3. Nachlernen: Für alle falsch ausgewählten Antworten sollten Sie sich nicht damit begnügen, die richtige Antwort zur Kenntnis zu nehmen, sondern im Fachbuch nochmals nachlesen.

4. Testen: Überprüfen Sie Ihr Wissen nochmals nach etwa zwei Tagen und dann erneut in größeren Zeitabständen.


Anmerkungen zu den Aufgaben

Sie finden im Teil B über 2200 Aufgaben in programmierter Form, also Aufgaben mit einer Frage und dazu zwischen 3 und 5 Antworten, von denen jeweils nur eine richtig ist. Die übrigen Antworten sind entweder völlig falsch oder nur teilweise richtig. Bei letzterem spricht man vom Prinzip der Bestantwort, d.h. richtig ist nur die beste, vollständigste Antwort, während die anderen Antworten höchstens teilweise richtig sind. In der Regel wird auf dieses Aufgabenprinzip schon durch die Aufgabenformulierung hingewiesen. Beispiel: Welches Papier ist für ein Außenplakat am besten geeignet?

Ferner gibt es Aufgaben mit negativ formulierter Fragestellung. Beispiel: Welche Ursache kommt für das Tonen einer Offsetplatte *nicht* in Frage? Zu solchen Negativfragen muß man immer dann greifen, wenn eine „normale" Fragestellung nicht möglich ist, weil es nicht genügend sinnvolle Auswahlantworten gibt, die falsch sind. Häufig ist das „nicht" in der Fragestellung in anderer Schrift gedruckt, damit es nicht so leicht überlesen wird.

Programmierte Fragen werden in der Abschlußprüfung für Fachtheorie gestellt, weil sie eine schnelle, objektive und gerechte Auswertung zulassen. Das ist ihr großer Vorteil. Als Nachteil wird empfunden, daß ein Großteil der Aufgaben auf rein reproduktives (erinnerungsfähiges) Wissen abzielt, und es zu wenig Aufgaben gibt, die sich mit den praktischen Problemen beim Drucken und an der Maschine oder mit Arbeitsvorgängen befassen. Man bemüht sich deshalb zur Zeit besonders intensiv um praxisnahe Fragen. Auch in der vorliegenden Aufgabensammlung wurde darauf geachtet, daß solche Aufgabenstellungen in angemessener Zahl vertreten sind.

In diesem Buch sind allerdings nicht nur Aufgaben abgedruckt, die in gleicher oder ähnlicher Form in den Prüfungen vorkommen, es sind auch Fragen aufgenommen, die in Umfang und Schwierigkeit über die Prüfung hinausgehen und anregen sollen, sich mit dem Fachstoff intensiver auseinanderzusetzen.


**Checkliste für die Bearbeitung von Aufgaben in der Frage-Auswahlantworten-Technik**

1. Aufgabe sorgfältig und langsam lesen! Sie haben dazu die erforderliche Zeit!

2. Analysieren Sie genau, was und wie gefragt wird. Seien Sie besonders wachsam bei „Negativfragen".

3. Lesen Sie danach *alle* Antwortmöglichkeiten genau durch. Tun Sie es auch dann, wenn Sie meinen, die richtige Lösung sofort zu wissen! Die von Ihnen rasch gefundene Antwort könnte vielleicht nur teilweise, aber nicht vollständig richtig sein. Es gilt, die „richtigste" Lösung auszuwählen und anzukreuzen.

4. Lesen Sie ruhig nochmals die Frage und auch alle Auswahlantworten durch; erst jetzt entscheiden Sie sich endgültig für eine Lösung.

5. Kreuzen Sie diese vorerst *nur* auf dem Aufgabenblatt (empfehlenswert mit Bleistift) bei der Prüfung an. Sie müssen bei der Prüfung die Lösungen auf den Markierungsbogen zur Auswertung übertragen. Nehmen Sie sich diesen Bogen erst dann vor, wenn Sie alle Aufgaben gelöst haben, und übertragen Sie erst jetzt Ihre Lösungen.

6. Aufgaben, die Sie nicht sofort lösen können, lassen Sie vorläufig unbearbeitet. Markieren Sie sich diese Aufgaben, und bearbeiten Sie diese beim zweiten Durcharbeiten des Prüfungssatzes. Nochmals: erst jetzt Lösungen auf den Markierungsbogen übertragen!

7. Streichen Sie in dieser Aufgabensammlung die Lösung nicht an, sondern verwenden Sie einen Markierungsbogen, auf dem Sie die Lösung eintragen.
Vorteile: Sie können Ihre Lösung leichter mit dem Lösungsteil vergleichen. Bei späterem nochmaligem Durcharbeiten der Aufgaben haben Sie nur dann einen echten Test, wenn sich keine Markierung an der Aufgabe befindet.

# 1 Grundlagen der Druckverfahren

Geschichte ● Handwerkliche Drucktechniken ● Grundlagen der Druckverfahren und deren Erkennungsmerkmale

---

**1**

*Welche bedeutsame Erfindung gelang um 1440?*
A. Druck von einem präparierten Solnhofener Schieferstein
B. Eiserne Handdruckpresse
C. Holzstich
D. Langsiebpapiermaschine
E. Guß, Satz und Druck von Einzellettern

**2**

*Welches ist die entscheidende Idee für den Erfolg der Erfindung Gutenbergs?*
A. Druckpresse
B. Tampon
C. Druckfarbe
D. Bewegliche Lettern
E. Schriftlegierung

**3**

*Was erfand Alois Senefelder?*
A. Offsetdruck   B. Hochdruck
C. Tiefdruck     D. Siebdruck
E. Flachdruck

**4**

*Aus welchem Werkstoff bestanden die Druckformen Senefelders?*
A. Freiburger Kalkstein
B. Solnhofener Kalkstein
C. Jurasandstein
D. Zink
E. Aluminium

**5**

*Wie werden Früh- oder Wiegendrucke von Gutenberg bis 1500 mit einem Fachwort genannt?*
A. Viaticum    B. Druckstöcke
C. Textura     D. Inkunabeln
E. Capitalis

**6**

*Auf welchen Erfinder treffen die folgenden biografischen Stichworte zu: „1771-1834, Lithografie 1798, Solnhofener Kalkstein"?*
A. Karl Klietsch
B. Alois Senefelder
C. Caspar Hermann
D. Albrecht Dürer
E. Leonardo da Vinci

**7**

*Welche Angabe zur Entwicklung des Buchdrucks ist falsch?*
A. Der Druck von Holztafeln war bereits vor Gutenberg bekannt.
B. Die entscheidendste Erfindung Gutenbergs war der Guß einzelner Lettern.
C. Gutenberg arbeitete mit einer hölzernen Handpresse.
D. Für das Einfärben der Druckform benutzte Gutenberg eine Gummiwalze.
E. Das bedeutendste Druckwerk Gutenbergs ist die 42zeilige Bibel.

**8**

*Im folgenden Text sind wichtige Erfindungen der Drucktechnik aufgeführt. In den jeweils dazugehörenden Angaben sind Jahreszahl und Erfinder angegeben. Von diesen Angaben ist jedoch nur eine richtig. Welche Erfindung ist richtig angegeben?*
A. Fotosatz: 1932, Ottmar Mergenthaler
B. Papier: 305 v.Chr., Tai Bum
C. Buchdruck: 1525, Johannes Gutenberg
D. Steindruck: 1798, Alois Senefelder
E. Holzschnitt: 1400, Albrecht Dürer

**9**

*Wem schreibt man die Erfindung des Offsetdrucks zu?*
A. Senefelder
B. Rubel    C. Koenig
D. Aristide Roland
E. Edward Miller

**10**

*Wer erfand die erste Flachformzylindermaschine?*
A. Johannes Gutenberg   B. Lord Stanhope
C. Caspar Hermann       D. Karl Klietsch
E. Friedrich Koenig

**11**

*Welche der folgenden Angaben zu wichtigen Erfindungen der Drucktechnik ist falsch?*
A. Karl Klietsch erfand den Rakeltiefdruck.
B. Caspar Hermann erfand die Flachformzylindermaschine.
C. Alois Senefelder erfand die Lithografie und den Steindruck.
D. William Rubel erfand den Offsetdruck.
E. Johannes Gutenberg erfand ein Gießgerät für einzelne Lettern.

# 1 Geschichte der Druckverfahren

**12**
*Wer erfand die Buchdruckschnellpresse?*
A. Albert Frankenthal
B. Johannes Gutenberg
C. Friedrich Koenig
D. Edward Miller
E. Johannes Bauer

**13**
*In welchem (welchen) Druckverfahren wurden farbig illustrierte Bücher (z.B. Lexika) bis zum Anfang unseres Jahrhunderts gedruckt?*
A. Text und Bilder im Buchdruck
B. Text und Bilder im Steindruck
C. Text und Bilder im Tiefdruck
D. Text im Buchdruck, Bilder im Tiefdruck
E. Text im Buchdruck, Farbbilder im Steindruck

**14**
*Auf welche Druckgrafik trifft folgende Beschreibung zu?*
*„Die Zeichnung besteht aus Linien, auf den bildfreien Stellen liegt ein feiner Farbschleier".*
A. Holzstich    B. Lithografie
C. Radierung    D. Serigrafie
E. Holzschnitt

**15**
*Bei welcher manuellen Technik liegen druckende und nichtdruckende Bildelemente in der gleichen Ebene?*
A. Radierung    B. Kupferstich
C. Lithografie  D. Stahlstich
E. Holzschnitt

**16**
*Der Kupferstich ist eine manuelle Druckform des...*
A. Flachdrucks  B. Siebdrucks
C. Tiefdrucks   D. Offsetdrucks
E. Hochdrucks

**17**
*Zu welchem Druckverfahren zählt die Radierung?*
A. Flachdruck   B. Hochdruck
C. Lichtdruck   D. Siebdruck
E. Tiefdruck

**18**
*Welche Aufgabe hatte früher der Lithograf für den Steindruck?*
A. Er machte die Farbdrucke.
B. Er richtete die Steine für den Druck her.
C. Er zeichnete die Abbildungen und „Farbauszüge" auf den Stein.
D. Er kopierte die Filme auf den Stein.
E. Er machte die Andrucke.

**19**
*Welches Material dient als Druckform im Steindruck?*
A. Sandstein    B. Solnhofener Kalkstein
C. Granit       D. Nürnberger Karststein
E. Kalkstein aus Sonthofen

**20**
*Durch welche Maßnahme erreicht man, daß der Lithografiestein an den bildfreien Stellen gut Wasser annimmt und Fett abstößt?*
A. Entwickeln   B. Ätzen
C. Abschleifen  D. Gründliches Wässern
E. Körnen

**21**
*Mit welcher lithografischen Zeichentechnik ist die tonwertreichste Zeichnung im Steindruck möglich?*
A. Punktiermanier
B. Lithografische Federzeichnung
C. Lithografische Tuschezeichnung mit dem Pinsel
D. Lithografische Kreidezeichnung

**22**
*Wie muß eine zu druckende Schrift auf dem Lithografiestein stehen?*
A. Seitenrichtig    B. Seitenverkehrt
C. Seitenrichtig, aber auf dem Kopf
D. Negativ und seitenverkehrt

**23**
*Was bedeutet der Ausdruck Chromolithografie?*
A. Flachdruck von verchromten Platten
B. Von Hand hergestellte Farbauszüge für den mehrfarbigen Steindruck
C. Fotografisch hergestellte Farbauszüge für den Offsetdruck
D. Farbprüfverfahren als Ersatz für den Andruck, um die Qualität der Farbauszüge zu prüfen

**24**
*Welche Hauptfunktion hatte der Lithograf für die Technik des Steindrucks?*
A. „Druckformhersteller" für den Steindruck
B. Korrektur von Farbauszügen und Aufrasterung
C. Körnen, Schleifen und Polieren der benötigten Steine
D. Drucker
E. Manuelle Korrekturen an druckfertigen Steinen

**25**
*Mit welcher Maschine druckte man größere Auflagen vom Stein?*
A. Schnellpresse        B. Tiegelpresse
C. Steindruckhandpresse D. Reiberpresse
E. Bogenrotationsmaschine

Handwerkliche Drucktechniken · Grundlagen der Druckverfahren

**26**
*Wieviel Farben wurden im Steindruck für ein farbiges Bild meist gedruckt?*
A. 4 bis 5     B. 6 bis 7     C. 10 bis 12
D. 18 bis 25   E. über 25

**27**
*Welche Aussage über die handwerklichen Drucktechniken ist richtig?
Die alten Drucktechniken wie Lithografie, Holzschnitt und Radierung werden...*
A. heute nur noch in den Museen und Schulen demonstriert
B. nur noch gezeigt, damit man weiß, wie früher gedruckt wurde
C. für künstlerische Druckgrafik auch heute noch benutzt
D. auch heute noch für die Reproduktion alter Bilder benutzt

**28**
*Was bezeichnet man als Serigrafie?*
A. Steindruck     B. Radierung
C. Handwerklichen Hochdruck
D. Handwerklich-künstlerischen Siebdruck
E. Alle handwerklichen Tiefdruckverfahren

**29**
*Zu welchem Hauptdruckverfahren gehört die Aquatinta?*
A. Hochdruck   B. Flachdruck   C. Tiefdruck
D. Siebdruck   E. Xerografie

**30**
*Welche der folgenden Drucktechniken gehört nicht zur Gruppe der Tiefdruckverfahren?*
A. Serigrafie   B. Radierung   C. Kupferstich
D. Stahlstichprägedruck   E. Heliogravüre

**31**
*Von welcher Technik handelt die folgende kurze Beschreibung: Eine Kupferplatte wird mit einem säurefesten Ätzgrund überzogen. Mit verschiedenen Nadeln wird die Zeichnung in diesen dünnen Ätzgrund eingeritzt. Mit Säure wird an diesen Stellen die Zeichnung in die Kupferplatte eingeätzt.*
A. Kupferstich   B. Radierung   C. Heliogravüre
D. Blechdruck-Formherstellung
E. Manuell hergestellte Original-Hochdruckplatte

**32**
*Welches Druckverfahren ist kein Tiefdruckverfahren?*
A. Heliogravüre     B. Radierung
C. Stahlstich       D. Kupferstich
E. Serigrafie

**33**
*In welcher Antwort werden alle Hauptdruckverfahren genannt?*
A. Buchdruck, Flachdruck, Tiefdruck, Siebdruck
B. Offsetdruck, Buchdruck, Rakeltiefdruck, Siebdruck
C. Flachdruck, Tiefdruck, Siebdruck, Hochdruck
D. Siebdruck, Tiegeldruck, Schnellpressen, Rotationsdruck
E. Tiegeldruck, Flachformzylinderdruck, Rotationsdruck

**34**
*Wann spricht man vom indirekten Druckverfahren?*
A. Wenn die Druckform seitenverkehrt ist
B. Wenn der Druck von der Form auf das Papier erfolgt
C. Wenn der Druck von der Form über ein Gummituch auf das Papier erfolgt
D. Wenn die Druckform nicht direkt kopiert wird, sondern ein Zwischenträger wie Pigmentpapier o.ä. benutzt wird

**35**
*Welches Druckverfahren war bereits mehrere hundert Jahre bekannt, war jedoch erst nach 1940 technisch so weit ausgereift, daß es heute ein wichtiges Druckverfahren ist?*
A. Siebdruck    B. Flachdruck   C. Hochdruck
D. Offsetdruck  E. Tiefdruck

**36**
*Welche Zeile nennt nur indirekte Druckverfahren?*
A. Siebdruck, Offsetdruck
B. Offsetdruck, Letterset
C. Offsetdruck, Hochdruck über ein Gummituch, Flexodruck
D. Druck von Gummiklischees oder anderen elastischen Druckformen
E. Blechdruck, Siebdruck, Stoffdruck

**37**
*Welche Zeile nennt Druckverfahren, die zu dem gleichen Hauptdruckverfahren gehören?*
A. Serigrafie, Blechdruck, Filmdruck
B. Buchdruck, Flexodruck, Lichtdruck
C. Radierung, Stahlstich, Rakeltiefdruck
D. Letterset, Offsetdruck, Blechdruck
E. Offsetdruck, Filmdruck, Steindruck

**38**
*Bei welchem Druckverfahren kann zum Übertragen von Bild und Text auf die Druckform Pigmentpapier verwendet werden?*
A. Tiefdruck     B. Buchdruck
C. Offsetdruck   D. Lichtdruck
E. Flexodruck

# 1 Grundlagen der heutigen Druckverfahren

**39**

*Zu welchem Hauptdruckverfahren zählt der Lichtdruck?*
A. Hochdruck  B. Flachdruck  C. Siebdruck
D. Tiefdruck  E. Buchdruck

**40**

*Welche der genannten Druckverfahren gehören zum gleichen Hauptdruckverfahren?*
A. Buchdruck, indirekter Hochdruck, Flexodruck
B. Lichtdruck, Steindruck, Filmdruck
C. Filmdruck, Serigrafie, Lichtdruck
D. Offsetdruck, Flexodruck, Di-Litho
E. Letterset, Rakeltiefdruck, Stahlstichprägedruck

**41**

*Auf welches Druckverfahren trifft der folgende Satz zu: Je tiefer die Näpfchen, um so kräftiger ist der gedruckte Farbton?*
A. Durchdruck  B. Rakeltiefdruck
C. Holztafeldruck  D. Blechdruck
E. Steindruck

**42**

*Bei welchem Druckverfahren besteht die Druckform aus Gummi oder elastischem Kunststoff?*
A. Stichtiefdruck  B. Blechdruck
C. Flexodruck  D. Offsetdruck
E. Lichtdruck

**43**

*Warum benötigt man für den Offsetdruck seitenrichtige Druckformen?*
A. Weil es sich um ein direktes Druckverfahren handelt
B. Weil druckende und nichtdruckende Elemente in einer Ebene liegen
C. Weil das Prinzip Abstoßung von Fett und Wasser dieses erfordert
D. Weil es sich um ein indirektes Druckverfahren handelt
E. Weil es sich um ein Konversionsverfahren handelt

**44**

*Bei welchem Druckverfahren wird die Schrift ebenso aufgerastert wie die Bilder?*
A. Beim konventionellen Tiefdruck
B. Beim Flexodruck  C. Beim Buchdruck
D. Beim Offsetdruck  E. Beim Siebdruck

**45**

*In welchem Druckverfahren erfolgt der Farbauftrag mit Hilfe einer Gummirakel?*
A. Im Tiefdruck  B. Im indirekten Tiefdruck
C. Im Lichtdruck  D. Im Siebdruck
E. Im Blechdruck

**46**

*Alle Flachdruckverfahren haben ihren Ursprung in der Erfindung der....*
A. Chemie und Physik
B. lithografischen Fotografie
C. Lithografie und des Steindrucks
D. Fotografie  E. Fotolithografie

**47**

*Welche Druckerzeugnisse sind typisch für den Blechdruck?*
A. Bücher, Broschüren, Zeitschriften, Zeitungen
B. Verpackungen, Behälter, Deckel für Gläser
C. Illustrierte Zeitschriften, Prospekte, Kataloge
D. Ansichtskarten, Faksimiledrucke, Gemäldereproduktionen
E. Beutel, Kartonagen, Tüten, Plastikverpackungen

**48**

*Welche Aussage über den Offsetdruck ist falsch?*
A. Druckende und nichtdruckende Elemente liegen in einer Ebene.
B. Offset- und Blechdruck sind indirekte Druckverfahren.
C. Die Druckform ist seitenverkehrt.
D. Der Offsetdruck ist ein Flachdruckverfahren.
E. Bevor eingefärbt wird, muß gefeuchtet werden.

**49**

*Zu welchem Hauptdruckverfahren zählt der Blechdruck?*
A. Hochdruck  B. Siebdruck  C. Offsetdruck
D. Tiefdruck  E. Flachdruck

**50**

*Welches Teil bildet die eigentliche Druckform des Siebdrucks?*
A. Die Schablone  B. Das Gewebe
C. Das Sieb  D. Der Rahmen

**51**

*Weshalb ist es im Siebdruck möglich, auch gewölbte Flächen (z.B. Flaschen) zu bedrucken?*
A. Weil die Druckfarbe seitlich ausläuft
B. Weil ein sehr dicker Farbauftrag möglich ist
C. Weil Siebdruckfarbe sehr schnell trocknet
D. Weil sich das Sieb der Oberfläche des Druckguts anschmiegt und die Rakel angepaßt werden kann
E. Weil man die Rakel beliebig schräg stellen kann

**52**

*Bei welcher Drucktechnik werden Halbtöne einer Vorlage durch tiefen- und flächenvariable Druckelemente wiedergegeben?*
A. Beim Filmdruck
B. Beim konventionellen (tiefenvariablen) Tiefdruck
C. Beim autotypischen Tiefdruck
D. Beim halbautotypischen Tiefdruck
E. Beim Lichtdruck

# Grundlagen der heutigen Druckverfahren

**53**
*Bei welcher Druckform ist kein Höhenunterschied zwischen druckenden und nichtdruckenden Teilen festzustellen?*
A. Flachdruckform
B. Buchdruckform
C. Flexodruckform
D. Lettersetdruckform
E. Tiefdruckform

**54**
*Welcher der folgenden Sätze aus einem Fachbuch handelt vom Offsetdruck?*
A. Die Farbe wird durch die offenen Stellen der Schablone gerakelt.
B. Die nichtdruckenden Stellen sind erhaben.
C. Charakteristisch sind Quetschrand und Schattierung.
D. Von den erhabenen Stellen der Druckform wird die Farbe auf einen Zwischenzylinder übertragen.
E. Druckende und nichtdruckende Elemente liegen in einer Ebene.

**55**
*In welcher Reihenfolge durchläuft die Offsetplatte in der Druckmaschine die genannten Stationen?*
A. Farbwalzen - Feuchtwalzen - Gummizylinder
B. Feuchtwalzen - Gummizylinder - Farbwalzen
C. Farbwalzen - Gummizylinder - Feuchtwalzen
D. Feuchtwalzen - Gummizylinder - Farbwalzen
E. Feuchtwalzen - Farbwalzen - Gummizylinder

**56**
*Warum muß die Druckform des Offsetdrucks gefeuchtet werden?*
A. Um die Farbannahme der Bildstelle zu begünstigen
B. Um die Auflagenbeständigkeit der Druckform zu verbessern
C. Damit die Druckfarbe besser trocknet
D. Um die zeichnungsfreien Stellen farbabstoßend zu machen
E. Damit sich eine Emulsion (Vermischung) aus Druckfarbe und Wasser bilden kann

**57**
*Welches Druckverfahren zählt nicht zum Flachdruck?*
A. Siebdruck   B. Offsetdruck   C. Blechdruck
D. Steindruck   E. Lichtdruck

**58**
*Für welches der nachfolgend aufgeführten Druckverfahren benötigt man seitenrichtige Druckformen?*
A. Lichtdruck   B. Blechdruck
C. Stichtiefdruck   D. Steindruck
E. Flexodruck

**59**
*Bei welchem Druckverfahren kann die Druckform sowohl aus Einzelteilen als auch aus einem Stück bestehen?*
A. Siebdruck   B. Buchdruck
C. Rakeltiefdruck   D. Offsetdruck
E. Blechdruck

**60**
*Welche der folgenden Behauptungen zum Offsetdruck trifft nicht zu?*
A. Papiere und Kartons mit einer Oberflächenstruktur lassen sich im Offsetdruck einwandfrei bedrucken.
B. Der Offsetdruck ist für den Druck feinster Raster geeignet.
C. Zu dem Druckwerk einer Einfarben-Offsetmaschine gehören immer 3 Zylinder.
D. Im Offsetdruck wird nur indirekt gedruckt.
E. Der Rasterpunkt eines Offsetdruckes zeigt einen deutlichen Quetschrand.

**61**
*Für welches Druckverfahren ist charakteristisch, daß die Drucke im Trockenofen getrocknet werden?*
A. Flexodruck   B. Kleinoffsetdruck
C. Rakeltiefdruck   D. Blechdruck   E. Lichtdruck

**62**
*Für welches Druckverfahren sind die Begriffe „Rakel und pastose Druckfarbe, relativ lange Trockenzeit" kennzeichnend?*
A. Tiefdruck   B. Offsetdruck
C. Steindruck   D. Hochdruck
E. Siebdruck

**63**
*Welcher Satz handelt vom Siebdruck?*
A. Charakteristisch ist der dünne Farbauftrag.
B. Die Farbe wird durch die offenen Stellen der Schablone gerakelt.
C. Die Rakel streift die Farbe von den bildfreien Stellen.
D. Die Rakel streift die überflüssige Farbe weg.
E. Die Bildstellen haben Näpfchenform.

**64**
*Was ist die wichtigste Aufgabe des Gewebes beim Siebdruck?*
A. Die Farbe zu tragen
B. An den Bildstellen ein Durchfließen der Farbe zu verhindern
C. Die Druckform zu bilden
D. Die Schablone und deren einzelne Teile zu halten
E. Den notwendigen Anpreßdruck zu erzeugen

# Grundlagen der Druckverfahren

**65**
Zu welchem Verfahren gehört diese Druckform?

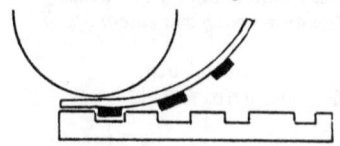

A. Flachdruck  B. Hochdruck
C. Buchdruck  D. Siebdruck
E. Tiefdruck

**66**
In welchem Verfahren druckt man mit dünnflüssiger Farbe von einer elastischen Druckform im Rotationsdruck?
A. Offsetdruck  B. Buchdruck
C. Tiefdruck  D. Lichtdruck
E. Flexodruck

**67**
Woran erkennt man Druckerzeugnisse des Flexodrucks?
A. An den zerfransten Rasterpunkten
B. Am starken Quetschrand, keine Schattierung
C. Am Runzelkorn
D. Am Sägezahnrand
E. An Quetschrand und Schattierung

**68**
Es wird mit einer Druckplatte gedruckt, bei der die Bildteile erhöht und seitenrichtig auf der Platte stehen. Wie heißt dieses Verfahren?
A. Offsetdruck  B. Buchdruck
C. Hochdruck  D. Indirekter Hochdruck
E. Flexodruck

**69**
Welcher Text beschreibt das Lettersetverfahren?
A. Druck von Lithografiestein
B. Druck ohne Feuchtung von Flachdruckplatten über ein Gummituch auf Papier
C. Druck von Hochdruckplatten über ein Gummituch auf den Bedruckstoff
D. Druck von Tiefdruckformen über ein Gummituch auf den Bedruckstoff
E. Druck in Flachoffsetmaschinen

**70**
Für welches Druckverfahren trifft folgende Aussage zu? „Es lassen sich alle Materialien mit materialgerechter und verwendungsgerechter Farbe bedrucken."
A. Siebdruck  B. Flachdruck
C. Hochdruck  D. Offsetdruck
E. Tiefdruck

**71**
Im Tiefdruck sind die Bildstellen der Druckform..
A. seitenrichtig und erhöht
B. seitenverkehrt und erhöht
C. seitenverkehrt und vertieft
D. seitenrichtig und vertieft
E. in einer Ebene mit den bildfreien Stellen

**72**
Welcher Arbeitsablauf ist zum Drucken einer Tiefdruckform notwendig?
A. Einfärben, reinigen der bildfreien Stellen, drucken
B. Einfärben, reinigen der Bildstellen, drucken
C. Reinigen der Bildstellen, einfärben, drucken
D. Reinigen der bildfreien Stellen, einfärben, abdrucken

**73**
Welche Aufgabe hat der Presseur an Tiefdruckmaschinen?
A. Falzen von Produkten
B. Anpreßdruck zu erzeugen
C. Farbe zu trocknen
D. Anpreßdruck zu messen
E. Papierspannung zu regulieren

**74**
Welche Druckmaschine arbeitet nach dem Prinzip Fläche gegen Fläche?
A. Schnellpresse
B. Bogenrotationsmaschine
C. Rollenrotationsmaschine
D. Tiegeldruckmaschine

**75**
Auf welchen Maschinen verwendet man Rundstereos?
A. Buchdruckrotationsmaschine
B. Offsetrotationsmaschine
C. Buchdruckschnellpresse
D. Tiegeldruckmaschine
E. Auf allen Buchdruckmaschinen

**76**
In welchem Druckverfahren wird derzeit fast ausschließlich im Rollenrotationsdruck gedruckt?
A. Offsetdruck  B. Hochdruck
C. Siebdruck  D. Tiefdruck
E. Indirekter Hochdruck

**77**
Wozu gehört das Di-Litho-Verfahren?
A. Zur elektronischen Vervielfältigung
B. Zum Steindruck  C. Zum Flachdruck
D. Zum Hochdruck  E. Zum Siebdruck

Grundlagen der Druckverfahren

**78**
*Welchen Druckmaschinentyp gibt es nur im Buchdruck?*
A. Bogenrotation B. Rollenrotation
C. Flachformzylindermaschine
D. Schnellpresse E. Tiegeldruckpresse

**79**
*Welche Druckmaschine arbeitet nach dem Prinzip rund - flach?*
A. Schnellpresse B. Bogenrotation
C. Tiegeldruckmaschine D. Rollenrotation

**80**
*Welche Zuordnung von Druckform zu Druckverfahren ist nicht richtig?*
A. Abdeckschablone - Siebdruck
B. Holzstich - Buchdruck
C. Linolschnitt - Buchdruck
D. Zinkklischee - Blechdruck
E. Radierung - Tiefdruck

**81**
*In welchem Verfahren wäre der Druck von Büchern unrationell?*
A. Buchdruck B. Bogen-Offsetdruck
C. Rollen-Hochdruck D. Siebdruck
E. Rollen-Offsetdruck

**82**
*Warum wird der Lichtdruck heute kaum noch ausgeführt?*
A. Druckgeschwindigkeit und Haltbarkeit der Druckform sind zu gering.
B. Die Druckqualität ist nicht gut genug.
C. Es sind teure Spezialfarben und Spezialpapiere notwendig.
D. Die Schriftwiedergabe ist schlecht.

**83**
*Aus welchem Material besteht die Druckform des Lichtdruckes?*
A. Glasplatte mit Gelatineschicht
B. Kunststoffolie C. Aluminiumplatte
D. Bromsilberplatte E. Steinplatte

**84**
*Wie erfolgt die Halbtonwiedergabe beim Lichtdruck?*
A. Durch feinen Punktraster
B. Mit handpunktierten Halbtönen
C. Durch feinste Striche
D. Durch Runzelkornstrukturen
E. Mit unterschiedlich dicken Farbstrichen

**85**
*Welche Angabe zur Druckform des Lichtdruckes ist falsch?*
A. Trägermaterial der Druckform ist eine Glasplatte.
B. Als lichtempfindliche Schicht wird eine mit Chromsalzen sensibilisierte Gelatine verwendet.
C. Beim Belichten verliert die Kopierschicht je nach Lichteinwirkung ihre Quellfähigkeit in Wasser.
D. Belichtete Stellen nehmen nach dem Feuchten der Platte Druckfarbe an.
E. Als Kopiervorlage wird ein Positiv mit einem Kornraster verwendet.

**86**
*Welche Zuordnung Druckform - Druckverfahren ist falsch?*
A. Schablone auf einem Sieb - Lichtdruck
B. Radierung - Kupferdruck
C. Mikrogekörnte Aluplatte - Offsetdruck
D. Geätzte Zinkplatte - Buchdruck
E. Metallzylinder - Rakeltiefdruck

**87**
*Welche Kopiervorlage ist bei Bilddrucken für den Lichtdruck erforderlich?*
A. Halbtonpositiv B. Halbtonnegativ
C. Rasterpositiv D. Rasternegativ
E. Strichzeichnung auf Transparentpapier

**88**
*Aus dem Gedächtnis schreibt ein Schüler zu Hause einige Notizen zum Lichtdruck in sein Arbeitsheft. Leider sind 4 Hinweise falsch. Welcher ist nur richtig?*
A. Der Lichtdruck ist ein fotografisches Verfahren.
B. Ungehärtete Stellen quellen auf und stoßen die Druckfarbe ab.
C. Zur Aufrasterung der Vorlage verwendet man einen sehr feinen Runzelraster.
D. Gedruckt wird im Prinzip Fläche gegen Fläche.
E. Die Lichtdruckform eignet sich für eine Auflage bis zu 5000 Druck.

**89**
*Zu welchem Druckverfahren gehört eine Spiegelglasplatte mit einem Quellrelief als Druckform?*
A. Lichtdruck B. Radierung C. Serigrafie
D. Heliogravüre E. Bromsilberdruck

**90**
*Zu welchem Druckverfahren gehört eine sogenannte Ballardhaut?*
A. Rakeltiefdruck B. Siebdruck
C. Offsetdruck D. Flexodruck E. Lichtdruck

## 91

*Welche Zuordnung von Druckform und Druckverfahren ist falsch?*
A. Flexible Gummi- oder Kunststoffplatte - Flexodruck
B. Quellrelief - Lichtdruck
C. Auswaschdruckplatte - Buchdruck
D. Verchromter Kupferzylinder - Tiefdruck
E. Gummidruckplatte - Di-Litho

## 92

*Welches Druckprinzip wird als Di-Litho bezeichnet?*
A. Druck von Stein
B. Druck in Zweifarbenmaschinen
C. Direkter Flachdruck als Zeitungsrotationsdruck
D. Druck über das Gummituch auf das Papier
E. Druck von Hochdruckplatten über ein Gummituch auf den Bedruckstoff

## 93

*Welcher Text trifft auf den Lettersetdruck zu?*
A. Offset mit Alkoholfeuchtung
B. Indirekter Hochdruck
C. Druck mit Flachdruckplatten ohne Feuchtung
D. Druck auf Flachoffsetmaschinen mit Kühlfundament

## 94

*Bei welchen Druckverfahren können an der Druckform noch weitreichende Plus- und Minuskorrekturen ausgeführt werden, um Tonwerte zu verändern?*
A. Hochdruck von Auswaschplatten
B. Tiefdruck  C. Offsetdruck
D. Siebdruck  E. Flexodruck

## 95

*Welches Herstellungsverfahren setzt sich immer mehr zur Tiefdruckzylinderherstellung durch?*
A. Kopie auf Pigmentpapier und Ätzung des Zylinders
B. Kopie auf vorbeschichtete Zylinder und Ätzung
C. Belichtung mit Laser
D. Näpfchenherstellung durch Elektronenbeschuß
E. Elektronische Gravur

## 96

*Warum werden Tiefdruckzylinder häufig verchromt?*
A. Um Korrekturen besser ausführen zu können
B. Für Tonwertkorrekturen
C. Zur höheren Auflagenbeständigkeit
D. Damit die bildfreien Stellen besser von der Rakel gereinigt werden können
E. Um die Zylindergravur besser beurteilen zu können

## 97

*Wie heißt das folgende Verfahren: Es wird mit Druckplatten gedruckt, bei denen die Bildteile erhaben und seitenrichtig auf der Druckplatte stehen.*
A. Buchdruck  B. Flexodruck
C. Indirekter Hochdruck (Lettersetdruck)
D. Hochdruck  E. Holzschnitt

## 98

*Bei welchem Druckverfahren besteht die Druckform aus Gummi oder flexiblem Kunststoff?*
A. Siebdruck  B. Flexodruck
C. Indirekter Hochdruck  D. Di-Litho
E. Buchdruck-Rotationsdruck

## 99

*In welchem Druckverfahren werden vor allem Tüten, Tragetaschen, Kunststoffolien, Verpackungspapiere, Lotto- und Totoscheine gedruckt?*
A. Flexodruck  B. Tiefdruck  C. Buchdruck
D. Di-Litho  E. Offsetdruck

## 100

*Welche Stichworte treffen auf den Flexodruck zu?*
A. Seitenrichtige flexible Druckform, indirekter Druck
B. Flexible Druckform, dünnflüssige Druckfarbe, Rotationsdruck
C. Starre Druckform, Farbwanne, Rasterwalze, oxidativ trocknende Druckfarbe
D. Metalldruckplatte, pastöse Druckfarbe, Rotationsdruck
E. Seitenverkehrte Druckform, indirekter Rotationsdruck

## 101

*In einem „Fachgespräch" werden folgende Behauptungen aufgestellt. Welche dieser Behauptungen ist richtig?*
A. Der Rollentiefdruck ist für Auflagen bis etwa 500 000 Druck kostengünstiger als der Rollenoffsetdruck.
B. Der Lichtdruck wird für Schnelldrucke im Kopierverfahren eingesetzt.
C. Der Blechdruck ist ein Flachdruckverfahren.
D. Der Rollentiefdruck ist im Zylinderumfang nicht variabel.
E. Unter Di-Litho versteht man direkt vom Stein druckende Schnellpressen.

## 102

*Bei welchem der angeführten Druckverfahren findet eine Rasterwalze im Farbwerk Verwendung?*
A. Buchdruck  B. Flachdruck  C. Tiefdruck
D. Flexodruck  E. Siebdruck

# Grundlagen der heutigen Druckverfahren • Erkennungsmerkmale der Druckverfahren

**103**

*Welche Aussage zum Flexodruck ist nicht richtig?*
A. Der Flexodruck ist ein Hochdruckverfahren
B. im Rotationsprinzip;
C. gedruckt wird überwiegend von metallischen Druckformen
D. mit Flüssigkeitsdruckfarben,
E. die durch Verdunsten der Lösemittel trocknen.

**104**

*In einer Fachdiskussion werden die folgenden Thesen aufgestellt. Welche dieser Thesen enthält einen Fehler?*
A. Das Di-Litho-Verfahren wird für den Zeitungsdruck in umgebauten Buchdruckrotationsmaschinen eingesetzt.
B. Der Lichtdruck eignet sich zur rasterlosen Wiedergabe von Kunstwerken.
C. Bei Farbdrucken im Blechdruck muß die Blechtafel mit weißem Farblack vorgedruckt werden.
D. Im Blechdruck kann auch im Naß-in-Naß-Druck gedruckt werden.
E. Im Rakeltiefdruck wird beim Druck von Großformaten ein Zwei-Walzen-System als Druckwerk eingesetzt (Druckformzylinder und Presseur).

**105**

*In welchem Druckprinzip wird im Offsetdruck gedruckt?*
A. Rotationsprinzip, indirekt
B. Rotationsprinzip, direkt
C. Schnellpressen-System    D. Tiegel-Prinzip
E  Flachform-Zylinder-Prinzip

**106**

*Welches der folgenden Merkmale trifft nicht auf den Siebdruck zu?*
A. Kunststoffolien für Verpackungen werden heute überwiegend im Siebdruck bedruckt.
B. Der Siebdruck kennt kaum Formatbegrenzung.
C. Im Siebdruck können sowohl flächige als auch körperhafte Bedruckstoffe bedruckt werden.
D. Siebdruckfarben sind wahlweise stahlstichartig dick bis hauchdünn, absolut deckend bis höchst lasierend, hochglänzend bis matt.
E. Im rakellosen Siebdruck wird die Druckfarbe durch Preßluft durch die Druckform gepreßt oder durch besonderes Vakuum auf den Bedruckstoff angesogen.

**107**

*In welchem Druckverfahren können thermoplastische Druckfarben eingesetzt werden?*
A. Lichtdruck    B. Blechdruck    C. Siebdruck
D. Rakeltiefdruck    E. Rollenoffsetdruck

**108**

*Was ist Filmdruck?*
A. Andere Bezeichnung für Bromsilberdruck
B. Druck auf Klarsichtfolien
C. Durchdruck auf Textilien
D. Diapositiv-Herstellungsverfahren für den Tiefdruck
E. Andere Bezeichnung für den Lichtdruck

**109**

*Welchen wesentlichen Vorteil hat der Siebdruck gegenüber allen anderen Druckverfahren?*
A. Man kann fast alle Werkstoffe und Körper, z.B. Flaschen, bedrucken
B. Man kann feinste Raster problemlos drucken.
C. Man kann Textilien bedrucken.
D. Er eignet sich für Prägedruck.
E. Es gibt keine Farbtrocknungsprobleme.

**110**

*Welches Druckverfahren ist für den Druck von Tageszeitungen nicht geeignet?*
A. Buchdruck    B. Offsetdruck
C. Di-Litho    D. Tiefdruck

**111**

*Welche Drucktechnik wird für den Druck von EDV-Formularsätzen eingesetzt?*
A. Endlosdruck    B. Flexodruck
C. Offsetdruck    D. Buchdruck
E. Tiefdruck

**112**

*Bestimmte Druckprodukte werden heute überwiegend in einem Druckverfahren hergestellt. Welche Zuordnung von Druckprodukt und Druckverfahren ist falsch?*
A. Gedruckte Schaltung - Siebdruck
B. Illustrierte - Tiefdruck
C. Stoffdruck - Filmdruck
D. Verpackungen - Offsetdruck
E. Bildbände - Buchdruck

**113**

*Welche Aussage über die gedruckte Farbschichtdicke stimmt?*
A. Die auf das Papier gedruckte Farbe ist im Buchdruck und Offsetdruck weitgehend gleich dick
B. Die im Offsetdruck aufgebrachte Farbschicht ist dicker als im Buchdruck.
C. Die im Offsetdruck aufgebrachte Farbschicht ist dünner als im Buchdruck.
D. Die Farbschicht im Buchdruck, Offsetdruck und Tiefdruck weitgehend gleich dick, da beispielsweise für einen Vierfarbdruck die gleiche Färbung gedruckt werden muß.

## Grundlagen der heutigen Druckverfahren

**114**

*In welchem Druckverfahren werden farbige Werbedrucksachen, Verpackungen, Landkarten, Ansichtskarten usw. überwiegend hergestellt?*
A. Offsetdruck B. Buchdruck
C. Tiefdruck D. Flexodruck
E. Rotationsdruck

**115**

*Welche beiden Druckverfahren eignen sich besonders gut zum Bedrucken nichtsaugfähiger Materialien?*
A. Buchdruck und Flexodruck
B. Tiefdruck und Offsetdruck
C. Offsetdruck und Buchdruck
D. Flexodruck und Tiefdruck
E. Offsetdruck und Flexodruck

**116**

*Manche Druckereien haben sich auf Endlosdruck spezialisiert. Was stellen sie überwiegend her?*
A. Zeitungen und Zeitschriften
B. Bücher auf Rollenrotationsmaschinen
C. Farbdrucke auf Rollendruckmaschinen
D. Formulare für EDV-Anlagen
E. Durchschreibeblöcke, z.B. Quittungsblöcke, Rechnungsblöcke, Rezeptblöcke für Ärzte

**117**

*Ein Kunde möchte für einen Prospekt einen echten Duplexdruck haben. Wie wird dieser hergestellt?*
A. Je Druck mit zwei verschiedenen Farben - z.B. Tiefe und Grau - von der gleichen Druckform
B. Druck mit einer Farbe und deren Komplementärfarbe, so daß eine dreifarbige Wirkung entsteht
C. Druck mit zwei verschiedenen Farben - z.B. Tiefe und Grau - von zwei Druckformen
D. Druck mit Doppeltonfarben
E. Druck auf der Zweifarbenmaschine

**118**

*Vergleichen Sie den Buchdruck und den Offsetdruck. Welche der folgenden Aussagen dazu ist sachlich falsch?*
A. Der Buchdruck benötigt eine bedeutend höhere Einrichtezeit für einen Vierfarbdruck als der Offsetdruck.
B. Die Druckgeschwindigkeit im Bogenoffsetdruck ist wesentlich höher als im Buchdruck auf Schnellpressen.
C. Die Druckqualität eines Farbdruckes ist im Buchdruck geringer als im Offsetdruck.
D. Die rasche Entwicklung des Fotosatzes hat sich für den Offsetdruck günstig ausgewirkt.
E. Im Offsetdruck ist der Farbdruck besonders im Druck auf Mehrfarbenmaschinen wirtschaftlich, im Buchdruck ist für höhere Qualitäten nur die Einfarbenmaschine einzusetzen.

**119**

*Welches Merkmal trifft bei einem Vergleich zwischen dem Rollenoffsetdruck und dem Rollentiefdruck nicht zu?*
A. Der Rollenoffsetdruck ist auch für mittelgroße Auflagen kostengünstig einzusetzen.
B. Die Druckformherstellung im Tiefdruck ist sehr aufwendig und teuer.
C. Der Tiefdruck ist im Zylinderumfang der Druckform variabel, der Rollenoffsetdruck nicht.
D. Im Tiefdruck ist auch die Schrift gerastert, erreicht wird auch auf satinierten Naturpapieren eine gute Druckqualität.
E. Im Rollenoffsetdruck wird auch für den Druck gestrichener Papiere kein Trockner benötigt, im Tiefdruck muß nach jedem Druckwerk getrocknet werden.

**120**

*Der Anteil des Offsetdrucks an der gesamten Druckproduktion ist in den letzten Jahren erheblich gestiegen. Um das gleiche Maß nahm der Anteil des Buchdrucks ab. Welche der folgenden Angaben ist unbedeutend für diese Entwicklung?*
A. Unkomplizierte Druckformherstellung im Offsetdruck
B. Gute Bedruckbarkeit verschiedenster Papieroberflächen
C. Standfertige Ganzform verkürzt die Einrichtezeit
D. Die Druckqualität ist auf Kunstdruckpapier wesentlich besser als im Buchdruck
E. Im Vierfarbdruck erreicht der Offsetdruck wesentlich höhere Druckleistungen

**121**

*Welches Druckverfahren hat in den letzten Jahren einen erheblichen „Boom" (Aufschwung) erlebt?*
A. Buchdruck B. Offsetdruck
C. Tiefdruck D. Siebdruck
E. Lichtdruck

**122**

*In welchem Druckverfahren wird für einen Prospekt im Vierfarbdruck eine Flachformzylinderdruckmaschine eingesetzt?*
A. Flexodruck B. Tiefdruck
C. Offsetdruck D. Buchdruck
E. Letterset (indirekter Hochdruck)

**123**

*Welches der folgenden Druckverfahren hat in den letzten Jahren seinen Anteil an der gesamten Druckproduktion nur unwesentlich erhöht?*
A. Tiefdruck B. Buchdruck C. Offsetdruck
D. Steindruck E. Lichtdruck

# Grundlagen der Druckverfahren · Erkennungsmerkmale der Druckverfahren

**124**
*Auf welches Druckverfahren treffen folgende Erkennungsmerkmale zu: Quetschrand, keine Schattierung?*
A. Offsetdruck   B. Buchdruck
C. Flexodruck   D. Siebdruck
E. Filmdruck

**125**
*Welche der folgenden Zuordnungen eines Druckverfahrens zu einem besonderen Merkmal ist falsch?*
A. Buchdruck - Quetschrand, Schattierung
B. Offsetdruck - in Spitzlichtern häufig kein Rasterpunkt
C. Lichtdruck - Runzelkorn
D. Flexodruck - keine Schattierung, Quetschrand
E. Endlosdruck - gleichgroße Rasterquadrate in unterschiedlicher Deckung

**126**
*Beim Betrachten eines Vierfarbdruckes mit einem Fadenzähler erkennen Sie an flächenvariablen Rasterpunkten und an der Schrift keinen Quetschrand, die Bogenrückseite zeigt keine Schattierung, und in sehr hellen Partien der Bilder fallen Rasterpunkte heraus. Um welches Druckverfahren handelt es sich?*
A. Um tiefenvariablen Tiefdruck
B. Um autotypischen Tiefdruck
C. Um Offsetdruck
D. Um Siebdruck   E. Um Buchdruck

**127**
*Als Wurfsendung erhalten Sie einen vierfarbigen Möbelprospekt auf einem sehr leichten, dünnen Papier. Die Farben glänzen stark, obwohl der Druck nicht zusätzlich veredelt wurde. Der Raster ist flächenvariabel. In welchem Druckverfahren wurde dieser Druck gedruckt?*
A. Rollentiefdruck
B. Rollenflexodruck   C. Rollenoffsetdruck
D. Bogenoffsetdruck mit UV-Farben
E. Bogenoffsetdruck mit IR-Farben

**128**
*Welches Druckverfahren hat den dicksten Farbauftrag?*
A. Hochdruck   B. Tiefdruck
C. Flexodruck   D. Offsetdruck
E. Siebdruck

**129**
*Bei welchem Druckverfahren werden Halbtöne durch ein Runzelkorn wiedergegeben?*
A. Steindruck   B. Lichtdruck
C. Radierung   D. Siebdruck   E. Tiefdruck

**130**
*An welchen Merkmalen ist ein Offsetdruck zu erkennen?*
A. Quetschrand, Schattierung
B. Kein Quetschrand, Schattierung
C. Quetschrand, keine Schattierung
D. Kein Quetschrand, keine Schattierung
E. Quetschrand, keine Schattierung, Feuchtigkeitsstreifen am Druckbeginn

**131**
*Woran erkennt man, ob eine Drucksache im Buchdruck gedruckt ist?*
A. Am verschwommenen Farbauftrag
B. Am samtartigen Aussehen, keine Quetschränder
C. Die Farbe liegt als Relief auf dem Papier
D. Quetschränder, meist auch Schattierung
E. Am Stegenetz, quadratische Rasterpunkte

**132**
*Für welches Verfahren sind besonders starke Quetschränder charakteristisch?*
A. Offsetdruck   B. Flexodruck
C. Tiefdruck   D. Siebdruck
E. Lichtdruck

**133**
*In welchem Druckverfahren läßt sich fast jedes Material bedrucken?*
A. Tiefdruck   B. Flexodruck
C. Buchdruck   D. Offsetdruck   E. Siebdruck

**134**
*Welcher der folgenden Fachausdrücke ist richtig erläutert?*
A. Imprimatur = Druckreiferklärung („Es werde gedruckt")
B. Impressum = Freigabe der Montage für die Druckformkopie
C. Initiale = Angaben zum Verfasser in einem Werk
D. Xylografie = Technik des Linolschnitts
E. Faksimile = Halbtonwiedergabe einer Vorlage im Siebdruck

**135**
*Was ist ein Exlibris?*
A. Fehlerfrei gesetzte Kolumne
B. Altes Buch aus der Zeit der Frühdrucker
C. Bucheigentumszeichen
D. Druckerlaubnis, Freigabe zum Druck
E. Angabe der Druckerei in einem Werk

**136**
*Was ist ein Faksimile?*
A. Nachdruck alter Drucke   B. Raubdruck
C. Druck mit vielen Farben   D. Falschdruck
E. Originalgetreue Nachbildung einer Vorlage

**137**

Mit dem Fachbegriff „Ente" wird bezeichnet:
A. Eine bewußte Falschmeldung in einer Tageszeitung
B. Ein besonders langsamer Setzer
C. Eine typografisch schlecht gestaltete Kolumne
D. Ein versehentlich doppelt gesetztes Wort in einer Zeile
E. Ein umgestürzter Bleisatz aus Einzelbuchstaben

**138**

Was bezeichnet man als Makulatur?
A. Kunstharzkleber für die Klebeheftung
B. Druckerlaubnis
C. Lädierte Lettern
D. Unbrauchbare Drucke
E. Es ist der Name einer Druckschrift

**139**

Periodika sind Druckerzeugnisse, die...
A. nur wöchentlich erscheinen
B. nur jährlich erscheinen
C. nur monatlich erscheinen
D. in regelmäßigen oder unregelmäßigen Abständen erscheinen
E. einmalig erscheinen

**140**

Was bezeichnet man als Impressum?
A. Alte Druckschriften
B. Erscheinungsvermerk mit Angabe über Verleger, Drucker usw.
C. Erlaubnis zum Druck
D. Eindruck, z.B. des Händlernamens in Bäcker- und Metzgerzeitschriften
E. Mindestschriftmenge, die Schriftgießereien liefern

**141**

Der Kunde verlangt eine Blindprägung. Was meint man damit?
A. Buchdruck mit starker Schattierung
B. Heißfoliendruck
C. Anfertigung einer Duplikatdruckform wie z.B. eines Galvanos oder Stereos
D. Prägedruck mit heller Farbe
E. Prägedruck ohne Farbe

**142**

Was ist ein Plagiat?
A. Druck mehrfarbiger Plakate
B. Rasterprojektion für den Druck von Plakaten
C. Klarschrift eines gespeicherten Textes im Fotosatz
D. Diebstahl geistigen Eigentums
E. Zitat aus dem Text eines Werkes

**143**

Die originalgetreue Wiedergabe, z.B. einer Handschrift, heißt mit einem Fachbegriff...
A. Imprimatur    B. Kapitälchen
C. Feuilleton    D. Faksimile
E. Inkunabel

**144**

Der Auftraggeber erklärt einen Auftrag für druckreif. Nennen Sie den richtigen Fachausdruck dazu!
A. Go-out    B. Ligatur
C. Impressum    D. Imprimatur
E. Viaticum

**145**

Welches der folgenden Fachwörter ist falsch erläutert?
A. Schweizerdegen = früher übliche Bezeichnung für einen Fachmann, der das Setzen und Drucken erlernt hatte
B. Chromolithografie = mehrfarbige Lithografie
C. Akzidenzdruck = „Gelegenheitsdrucksachen", Drucksachen, die weder zum Werksatz noch zum Zeitungssatz gehören
D. Inkunabeln = Nachahmung, Fälschung eines Originals
E. Impressum = Erscheinungsvermerke über Verlag, Druckerei usw. in einem Werk

**146**

Ein Plakat soll im Irisdruck gedruckt werden. Was ist darunter zu verstehen?
A. Farbige Bilder werden mit mehr als vier Farben gedruckt.
B. Originalgetreue Bildwiedergabe einer Vorlage im Nachdruck
C. Farbiger Druck mit ineinander verlaufenden Buntfarben
D. Texte stehen negativ in farbigen Bildern
E. Für den Druck sind Leuchtfarben zu verwenden, die als Tonfläche für Rasterbilder vorgedruckt werden

**147**

Welche Bezeichnung steht für „Druckerlaubnis"?
A. Impressum    B. Imprimatur
C. Signatur    D. Revision
E. Deleatur

**148**

Bei welchen Druckarbeiten werden Guillochen gedruckt?
A. Irisdruck    B. Duplexdruck
C. Vierfarbdruck    D. Werkdruck
E. Wertpapierdruck

# 2 Grundlagen der Satzherstellung

Bleisatz ● Fotosatz ● Typografie und Umbruch ● Korrektur ● Schriftgeschichte und Schriftklassifikation

**1**
*Welches Metall ist im Letternmetall enthalten?*
A. Zink   B. Nickel   C. Antimon
D. Quecksilber   E. Wismut

**2**
*Wieviel typografische Punkt hat die Schrifthöhe?*
A. 62 2/3   B. 32 2/3   C. 50 1/3
D. 43 1/3   E. 66

**3**
*Welche Angabe zum typografischen Maßsystem ist richtig?*
A. Ein Cicero hat eine Stärke von zwei Petit
B. 1 m = 2660 Punkt
C. 1 Cicero = 16 p
D. 1 Punkt = 0,45 mm
E. 1 Petit entspricht 12 p

**4**
*Warum soll man sich die Hände waschen, wenn man Letternmetall angefaßt hat?*
A. Weil Letternmetall Krankheitskeime anzieht
B. Weil Letternmetall zwei giftige Metalle enthält: Blei und Antimon
C. Weil das Antimon im Letternmetall mit dem Handschweiß einen schwer entfernbaren Schmutz ergibt
D. Weil das im Letternmetall enthaltene Zinn stark giftig ist
E. Weil das Blei im Letternmetall mit dem Handschweiß einen schwer entfernbaren Schmutz ergibt

**5**
*Was bezeichnet der Setzer als Dickte?*
A. Den Schriftgrad eines Buchstabens
B. Die Breite der Drucktype
C. Die Höhe des Kegels einer Letter
D. Die Strichführung eines Buchstabens
E. Die Fläche des Druckelementes eines Buchstabens im Verhältnis zur nichtdruckenden Fläche

**6**
*Was bezeichnet man als Ausschließen?*
A. Setzen einer Tabelle
B. Anordnen der Seiten, daß sich im fertigen Buch die richtige Reihenfolge ergibt
C. Umbrechen der Satzspalten auf einzelne Seiten
D. Verändern der Wortzwischenräume, um die richtige Zeilenbreite zu erreichen
E. Verändern des Zeilenabstandes, um die richtige Satzspiegelhöhe zu erreichen

**7**
*In den Steckschriftkästen befinden (befindet) sich...*
A. die Lettern der großen Schriftgrade
B. die Lettern der kleinen Schriftgrade
C. das Blindmaterial   D. die Setzlinien
E. der Ausschluß

**8**
*Was gehört nicht zum Blindmaterial?*
A. Unterbaustege   B. Schließstege
C. Regletten   D. Spatien   E. Ausschluß

**9**
*Was ist eine Kolumne?*
A. Seitenziffer
B. Tabelle
C. Umbrochene Seite Schriftsatz
D. Ausgeschossene Form
E. Satzspalten, wie sie aus der Setzmaschine kommen

**10**
*Wozu dienen die Regletten beim Handsatz?*
A. Den Wortabstand zu erreichen
B. Den Zeilenabstand herzustellen
C. Den Satz auszuheben und auf das Schiff zu bringen
D. Die Zeilen auf Blocksatz zu erweitern
E. Zum Spationieren (Sperren)

**11**
*Das mit dem Pfeil gekennzeichnete Teil der Letter heißt mit dem Fachausdruck...*
A. Reglette
B. Ausschluß
C. Fuß
D. Signatur
E. Punzen

**12**
*Welches Werkzeug nimmt der Setzer in die Hand, um darauf die Lettern zu Zeilen aneinanderzureihen?*
A. Setzschiff   B. Setzkasten
C. Setzhaken   D. Winkelschiff
E. Winkelhaken

**13**
*Das Ausgleichen der Wortabstände beim Setzen, um dadurch eine Zeile gut zu füllen, heißt mit dem Fachausdruck.....*
A. Ausschießen   B. Ausschließen
C. Ausbinden   D. Ablegen
E. Setzen

## Bleisatz

**14**
*Wieviel Millimeter hat ein Cicero (gerundet)?*
A. 4,0 mm  B. 3,5 mm
C. 4,5 mm  D. 5,0 mm  E. 5,5 mm

**15**
*Wieviel typografische Punkte hat 1 Cicero?*
A. 6  B. 8
C. 10  D. 12  E. 14

**16**
*Zu welcher Arbeit benutzt der Handsetzer Spatien?*
A. Zum Vergrößern des Zeilenabstandes
B. Zum Ausfüllen großer druckbildfreier Stellen im Satz
C. Zur Angabe des Impressums
D. Zum Stellen des Winkelhakens auf bestimmte Satzbreite
E. Zum Vergrößern der Wortzwischenräume und zum optischen Ausgleich

**17**
*Welches Werkzeug benutzt der Handsetzer nicht?*
A. Ahle, Kolumnenschnur
B. Setzschiff, Stege
C. Setzlinie, Winkelhaken
D. Pinzette, Typometer
E. Spatienkeile, Matrizen

**18**
*Was bedeutet der Fachausdruck durchschießen?*
A. Stürzenden Bleisatz durch dünnen Papierstreifen senkrecht stellen
B. Auslösen eines Lichtimpulses; durch ein Schriftnegativ einen Film belichten
C. Sehr rasches Setzen von glattem Satz in Bleisetzmaschinen
D. Vergrößern des normalen Abstandes zwischen Schriftzeilen
E. Fallen der Matrizen aus dem Magazin einer Bleisetzmaschine in den Sammler

**19**
*Welche Aussage zur Linotype-Bleisetzmaschine ist falsch?*
A. Der Wortzwischenraum bei Blocksatz ist durch konische Spatienkeile innerhalb einer Zeile gleich groß.
B. Die Linotype-Bleisetzmaschine wurde von Ottmar Mergenthaler 1886 erfunden.
C. Die Linotype liefert Zeilenguß.
D. Vor dem Gießen wird die Matrizenzeile ausgeschlossen.
E. Manuell gesteuerte Linotype-Bleisetzmaschinen setzen bis zu 30000 Buchstaben je Stunde.

**20**
*Welche Aussage trifft nicht auf die Linotype-Bleisetzmaschine zu?*
A. Setzen von Matrizen
B. Steuerung manuell oder durch Lochband
C. Für Wortzwischenräume werden Spatienkeile verwendet
D. Gießen der Zeile und Ablegen der verwendeten Materialien erfolgt selbsttätig
E. Einzelbuchstaben erlauben eine rasche Korrektur des Satzes

**21**
*Wozu verwendet man Barytpapier?*
A. Als Belegleserpapier
B. Für Durchschreibesätze ohne Kohlepapier
C. Als Deckstraffen beim Zylinderaufzug
D. Zur Herstellung reproduktionsfähiger Abzüge
E. Zur Herstellung einer Primatonzurichtung

**22**
*Ordnen Sie dem folgenden Fachbegriff die richtige Bedeutung zu: Ausschießen.*
A. Regletten zwischen einzelne Bleisatzzeilen legen
B. Zeile auf Satzbreite bringen: Wortzwischenräume erweitern oder verringern
C. Einstecken von Makulaturbogen zwischen frisch bedruckte Bogen
D. Anordnungssystem für einzelne Seiten eines Druckbogens, damit nach dem Falzen die richtige Reihenfolge entsteht
E. Anordnungssystem für den Stand von Nutzen auf einem Druckbogen, um mit Programmschneidern rationell einzelne Nutzen zu schneiden

**23**
*Wie unterscheidet sich der Blocksatz vom Flattersatz?*
A. Beim Blocksatz sind alle Zeilen gleich lang, jedoch beliebig angeordnet. Beim Flattersatz sind alle Zeilen unterschiedlich lang, jedoch symmetrisch angeordnet.
B. Blocksatz hat gleiche Wortzwischenräume, der Flattersatz dagegen unterschiedliche Wortzwischenräume.
C. Der Blocksatz hat gleich lange Zeilen, die in Blockform angeordnet sind. Beim Flattersatz kann links- oder rechtsbündig gesetzt werden, die Zeilen laufen frei aus.
D. Blocksatz ist nur von Hand oder in Bleisetzmaschinen zu setzen, Flattersatz kann auch im Fotosatz hergestellt werden.
E. Blocksatz ergibt ein gut lesbares Bild durch eine statische klare Ordnung. Flattersatz ist nur in großen Schriftgraden gut lesbar, sonst tritt eine Störung des Leseflusses auf.

Bleisatz Fotosatz

**24**
*Was bedeutet: Der Text soll kompreß gesetzt werden?*
A. Der Text soll in einer besonders schmal laufenden Schrift gesetzt werden.
B. Die Druckzeilen stehen ohne Durchschuß untereinander.
C. Das Papierformat soll in der Breite im Verhältnis des Goldenen Schnittes der Satzbreite entsprechen.
D. Es soll einspaltig gesetzt werden.
E. Eine Autorenkorrektur ist bei diesem Text nicht erforderlich.

**25**
*Was sind Matrizen?*
A. Metallkörper mit vertieftem Bild zum Gießen von Schriften
B. Duplikatbuchstaben in einem Steckschriftkasten
C. Schriftbildträger für den Fotosatz
D. Speicher für Buchstaben in einer Bleisetzmaschine
E. Spatienkeile in Bleisetzmaschinen

**26**
*Ergänzen Sie sachlich richtig:*
*Eine Legierung für Letternmetall besteht aus...*
A. Blei, Antimon und Zinn.
B. Blei, Antimon und Zink.
C. Blei, Kupfer und Chrom.
D. Blei, Kupfer und Zinn.
E. Blei, Chrom und Antimon.

**27**
*Welche der folgenden Angaben zur Satzherstellung ist falsch?*
A. Zur Satzvorbereitung gehören die Vorauskorrektur des Manuskriptes sowie das Erstellen einer Satzanweisung.
B. Das Manuskript ist die Vorlage für zu setzende Texte.
C. Ein Scribble ist eine flüchtige Gedankenskizze für den Entwurf einer Druckarbeit
D. Beim Blocksatz sind alle Wortzwischenräume und Zeilenbreiten gleich breit.
E. Unter Umbruch versteht man das Zusammenstellen verschiedener Satzteile zu einer Kolumne (Satzseite).

**28**
*Welche technische Anlage eignet sich für Verzerrungen und andere grafische Variationen von Schrift?*
A. Kontaktkopiergerät   B. Brückenkamera
C. Schreibsetzmaschine   D. Composer
E. Titelsetzgerät

**29**
*Warum ist eine Vorauskorrektur des Manuskripts für die Satzherstellung vorteilhaft?*
A. Um unnötige Aufenthalte bei der Texterfassung zu vermeiden und Korrekturen einzuschränken
B. Um den Umbruch schneller zu verwirklichen
C. Damit im Fotosatz keine Korrekturen mehr nötig sind
D. Weil im Fotosatz keine Korrekturfahne möglich ist, wird immer nur auf Film gesetzt

**30**
*Technische Anlagen des Fotosatzes werden unterteilt in Fotosetzgeräte und Fotosetzsysteme. Welche technische Angabe zu Fotosetzgeräten ist falsch?*
A. Alle Fotosetzgeräte werden manuell gesteuert.
B. Zu Fotosetzgeräten gehören Titelsetzgeräte, Liniergeräte und Akzidenzsetzgeräte.
C. Fotosetzgeräte arbeiten ohne automatischen Zeilenausschluß.
D. Viele Fotosetzgeräte arbeiten nach dem Prinzip der Vergrößerungsgeräte.
E. Für die Texterfassung ist ein Programm erforderlich.

**31**
*Welche Behauptung zu Titelfotosetzgeräten ist richtig?*
A. Mit einem Verzerrungsvorsatz ist eine serifenlose in eine serifenbetonte Schrift umzuwandeln.
B. Buchstaben lassen sich mit entsprechenden Optikvorsätzen komprimieren, sperren und verzerren.
C. Satzprodukt ist ein Negativ auf Fotopapier.
D. Es lassen sich alle Zwischengrößen, die auf volle 0,1 mm ausgehen, bis zu 48p setzen.
E. Belichtet wird mit rotem Licht auf panchromatischen Film.

**32**
*Welche Veränderung des Satzes kann man nur im Fotosatz, aber nicht im Bleisatz verwirklichen?*
A. Sperren   B. Buchstaben enger setzen
C. Große und kleine Schrift in eine Zeile
D. Mischung verschiedener Schriftarten
E. Zeilenabstände vergrößern

**33**
*Welche der folgenden Angaben zu Titelsetzgeräten ist falsch?*
A. Mit Titelsetzgeräten kann stufenlos vergrößert werden.
B. Schriften können mit entsprechenden Optikvorsätzen variiert werden.
C. Rundsatz und Bogensatz sind möglich.
D. Als Schriftbildträger werden fast ausschließlich *negative* Schriftplatten oder -scheiben eingesetzt.
E. Durch eine spezielle Ausschließoptik sind auch rechtsbündiger Flattersatz sowie Blocksatz zu setzen.

## Fotosatz

**34**

*Was versteht man im Fotosatz unter Texterfassung?*
A. Vorauskorrektur des Manuskriptes
B. Eingabe des Textes in ein Setzsystem
C. Arbeit des Autors bei der Erstellung der Manuskripte
D. Manuskriptberechnung, Umfangsberechnung eines Werkes
E. Optisches Lesen des Manuskriptes in Lesemaschinen

**35**

*Was sind Fotosetzmaschinen mit Datenträger?*
A. Fotosetzmaschinen mit positiven Schriftbildträgern
B. Fotosetzmaschinen, die mit Matrizen arbeiten
C. Fotosetzmaschinen mit einem Silbentrennungsprogramm
D. Fotosetzmaschinen mit einem Speichermedium für die eingegebenen Texte, Linien, Daten usw.
E. Fotosetzmaschinen mit negativen Schriftbildträgern

**36**

*Moderne Fotosetzsysteme arbeiten mit digitalisierten Schriften. Was ist darunter zu verstehen?*
A. Die Schrift wird von negativen Schriftbildträgern auf die gewünschte Schrifthöhe vor der Belichtung vergrößert.
B. Schriftzeichen sind nicht auf Schriftbildträgern vorhanden, sondern bestehen aus elektronisch gespeicherten Bildpunkten.
C. Schriftzeichen, die von *einem* Schriftbildträger mager, halbfett, fett und kursiv belichtet werden können.
D. Die Schrift ist mit unterschiedlichen Belichtungsgeschwindigkeiten auf Fotopapier zu setzen.
E. Die Schriftzeichen sind über eine Tastatur in das Fotosetzsystem einzugeben.

**37**

*Was bedeutet bei einer EDV-Anlage der Begriff Software?*
A. Maschinentechnische Ausstattung
B. Programm   C. Bedienungselemente
D. Satzrechner, Kernspeicher
E. Tastatur für die Texteingabe

**38**

*Was bedeutet der Begriff Hardware bei Fotosetzsystemen?*
A. Nur Eingabestation   B. Nur Korrekturterminal
C. Nur Gestaltungsterminal
D. Die gesamte maschinentechnische Anlage
E. Programm auf Magnetbandkassetten

**39**

*Ein Akzidenzauftrag ist zu drucken. Warum ist der Fotosatz für den Offsetdruck günstiger einzusetzen als für den Buchdruck? Nennen Sie den wichtigsten Grund!*
A. Für den Buchdruck existieren weniger Schriften zur Auswahl.
B. Das Satzprodukt kann direkt für die Druckformherstellung des Offsetdrucks eingesetzt werden.
C. Der Buchdruck benötigt eine einwandfreie Deckung der Schriftzeichen, im Offsetdruck ist dies nicht so entscheidend.
D. Für den Buchdruck sind spezielle Filmmaterialien erforderlich, die wesentlich teurer sind.
E. Der Fotosatz würde sich im Buchdruck zu schnell abnutzen, so daß keine gute Qualität zu erreichen ist.

**40**

*Welches Satzprodukt stellt der Schriftsetzer im Fotosatz her?*
A. Satz auf Film oder Fotopapier
B. Satz auf Barytpapier
C. Satz auf Kunststoffolien und Barytpapier
D. Satz von Zeilen auf transparente Kunststoffolie
E. Satz auf sensibilisiertes Pigmentpapier

**41**

*Wie wird die Zahl 6 im Dualsystem angegeben?*
A. 12   B. 112   C. 110
D. 101   E. 1110

**42**

*Welcher Vorgang bei der Arbeit mit Fotosetzsystemen gehört nicht zur Textverarbeitung?*
A. Silbentrennung   C. Speichern   D. Belichten
B. Ausschließen   E. Bildschirmkorrektur

**43**

*Welcher Schriftbildträger wird nicht in Fotosetzgeräten eingesetzt?*
A. Negativscheibe   B. Schriftfont
C. Schriftrahmen mit rechtwinklig angeordneten Negativen
D. Negativschriftlineal
E. Schrifttrommel mit auswechselbaren Negativen

**44**

*Für welche Drucktechnik ist der Fotosatz am wenigsten interessant und wirtschaftlich?*
A. Zeitungsrotationsdruck
B. Druck von Katalogen im Rollenoffsetdruck
C. Akzidenzdruck im Buchdruck
D. Druck von Prospekten im Bogenoffsetdruck
E. Zeitschriftendruck im Tiefdruck

## Fotosatz

**45**

*Zu welcher Satztechnik gehören die folgenden Merkmale: On-line-System - Software - Disketten?*
A. Maschineller Bleisatz auf Zeilenmaschinen
B. Fotosatzsysteme mit direkter Verbindung zwischen dem Satzrechner und der Belichtungseinheit
C. Titelsetzgeräte mit stufenlos zu vergrößernder Schrift
D. Akzidenzsetzgerät mit Magnetplattenspeicher für Großmengensatz
E. Titelsetzgerät mit Zoom-Objektiv

**46**

*Was sind Fotosatzsysteme, die nach dem Off-line-Prinzip arbeiten?*
A. Fotosetzgeräte für kleine Satzmengen
B. Fotosetzmaschinen, die ohne Datenträger arbeiten
C. Fotosatzsysteme, bei denen Satzrechner und Belichtungseinheit nicht direkt miteinander verbunden sind
D. Mehrere gleichartige Fotosetzsysteme, die in einer Reihe angeordnet sind und dadurch rationelles Arbeiten ermöglichen
E. Titelsetzgeräte, bei denen der Schriftbildträger durch Tastendruck gesteuert wird

**47**

*Im Fotosatz verwendet man den Begriff Zeilenabstand. Welche Ziffer kennzeichnet ihn?*

A. 1   B. 2   C. 3   D. 4   E. 5

**48**

*Ein Kunde wünscht den Druck einer Montageanleitung für Garagentore. Für die Herstellung des Satzes stehen verschiedene Verfahren zur Verfügung. Ziel ist es, das qualitativ ausreichende und wirtschaftlichste Verfahren einzusetzen. Es soll im Offsetdruck gedruckt werden. An die Satzqualität werden keine sehr hohen Ansprüche gestellt. Welches Verfahren ist zu wählen?*
A. Fotosatz mit Akzidenzsetzmaschinen
B. Bleisatz in Zeilensetzmaschinen
C. Handsatz
D. Schreibsatz
E. Fotosatz in rechnergestützten Textsystemen

**49**

*Welche Angabe zur Fotosatztechnik ist falsch?*
A. Fotosetzgeräte sind nicht für Mengensatz geeignet
B. Fotosetzgeräte können keinen automatischen Zeilenausschluß durchführen.
C. Datenträger werden zur Speicherung von Texten verwendet.
D. Alle Fotosetzgeräte arbeiten mit negativen Schriftbildträgern.
E. Produkt des Fotosatzes ist ein Negativfilm.

**50**

*Ein Hersteller bietet ein Fotosatzsystem mit Software an. Was ist darunter zu verstehen?*
A. Ein System, bei dem mit diffusem Licht belichtet wird
B. Ein System, bei dem alle Aggregate durch Kabel miteinander verbunden sind
C. Ein System, bei dem der Satzrechner nicht direkt mit der Belichtungseinheit verbunden ist
D. Ein System, das mit digitalisierten Schriften arbeitet
E. Ein System, das aus der Maschine und den zum Betrieb notwendigen Programmen besteht

**51**

*Ein weit verbreiteter Datenträger ist die Floppy-Disk, auch Diskette genannt. Worum handelt es sich dabei?*
A. Um eine elastische Kunststoffplatte
B. Um eine Mini-Kassette   C. Um ein Magnetband
D. Um einen Magnetplattenstapel
E. Um einen flexiblen Lochstreifen

**52**

*Was ist eine OCR-Schrift?*
A. Eine Schrift, die von einer Lesemaschine erfaßt werden kann
B. Eine digitalisierte Schrift
C. Eine Schrift, die optisch verzerrt worden ist
D. Eine Schrift, die auf orthochromatischen Film belichtet wurde
E. Eine Schrift, die für die Offsetkopie verwendet wird

**53**

*Wie erfolgt meistens die Korrektur am fertigen Fotosatzfilm?*
A. Mit Überkleben der neu gesetzten Zeile
B. Ausschneiden der falschen Zeile und Einkleben der korrigierten
C. Wegschaben des falschen Textes, Einfügen der Korrektur mit Strippingfilm
D. Den entsprechenden Absatz nochmals setzen und gegen den Absatz mit dem falschen Wort austauschen

**54**
*Für welche Druckverfahren eignet sich der Fotosatz besonders gut?*
A. Buchdruck
B. Für alle direkten Druckverfahren
C. Für alle indirekten Druckverfahren und Flexodruck
D. Für alle Druckverfahren, die zur Formherstellung eine Kopiervorlage benötigen
E. Für alle Hochdruckverfahren

**55**
*Der Fotosatz hat grundsätzlich gegenüber dem Bleisatz wichtige Vorteile. Welche Angabe dazu trifft jedoch nicht zu?*
A. Kein Ablegen und kein Stehsatzlager erforderlich
B. Bei Mengensatz wesentlich höhere Satzleistungen
C. Alle Fotosetzmaschinen haben eine genormte Tastatur und gleiche Bedienungsbefehle
D. Keine Abnutzung der Schrift, vielseitige Gestaltungsmöglichkeiten
E. Produkt ist die Kopiervorlage für den Offsetdruck, den Siebdruck und den Tiefdruck

**56**
*Bei einer fachlichen Diskussion werden einige Behauptungen aufgestellt. Zu den Setzverfahren ist jedoch ein Fehler unterlaufen.*
*Welche Behauptung ist falsch?*
A. Der Handsetzer erreicht eine Satzleistung von ca. 1200 Buchstaben/Stunde.
B. Im Titelsetzgerät werden negative Schriftbildträger verwendet.
C. Der Schreibsatz ist wirtschaftlich für einfachere Satzarbeiten und -qualitäten einzusetzen.
D. Entscheidend für rationelle Arbeit im Fotosatz sind exakte Arbeitsvorbereitung und Vorauskorrektur.
E. Ein Satzrechner berechnet für den Fotosatz den Umfang der Satzarbeit, z.B. eines Werkes.

**57**
*Was versteht man in der Gestaltung einer Druckarbeit unter einem Scribble?*
A. Erste skizzenhafte Überlegungen zur Gestaltung einer Druckarbeit
B. Verbindliche Vorlagen für die Herstellung von Reinzeichnungen
C. Gekritzel in einem Manuskript
D. Fotografische Gestaltungsmittel
E. Schreibendes Skizzieren von Texten

**58**
*Welches Seitenverhältnis hat der Goldene Schnitt?*
A. 4 : 9   B. 5 : 8   C. 5 : 7
D. 6 : 11   E. 7 : 11

**59**
*Wie heißt der Fachausdruck für die veränderte Satzweise, wie sie die Abbildung zeigt?*

**Diese Art des Hervorhebens wurde vor allem bei Frakturschriften angewendet.**

A. Sperren   B. Durchschuß vergrößern
C. Kompreß setzen   D. Ausschließen
E. Einstecken

**60**
*Welchen Nachteil hat Satz in Versalien?*
A. Er wirkt unruhig.
B. Er erfordert einen Spezialwinkelhaken.
C. Er wirkt nicht repräsentativ genug.
D. Er eignet sich nicht für symmetrische Satzanordnung.
E. Er ist in der Regel schwer lesbar.

**61**
*Satz wird umbrochen. Was ist damit gemeint?*
A. Der Bleisatz wird auseinandergenommen und die Einzelteile in die Kästen zurückgelegt.
B. Der Satz wird im Fotosatzsystem automatisch korrigiert.
C. Vorauskorrektur des Manuskripts
D. Im Manuskript wird angezeichnet, welche Teile in welcher Schrift und Schriftgröße gesetzt werden sollen.
E. Zusammenstellen des Satzes — beispielsweise zu einzelnen Buchseiten

**62**
*Wie wird die abgebildete Satzart genannt?*

Schon seit Jahrmillionen schafft und west auf der Erde das Leben. In unzähligen Gestalten ist es dagewesen, hat sich entfaltet, ist ausgestor-

A. Blocksatz   B. Unausgeschlossener Satz
C. Rechtsbündig gesetzter Satz
D. Satz auf Mittelachse   E. Flattersatz

**63**
*Wie wird die abgebildete Satzart genannt?*

Die guten Leutchen wissen nicht, was es für Zeit und Mühe gekostet, um lesen zu lernen. Ich habe achtzig Jahre dazu gebraucht, und

A. Blocksatz   B. Linksaxialer Flattersatz
C. Rechtsbündig gesetzter Satz
D. Symmetrisch gesetzter Satz   E. Rauhsatz

# Typografie und Umbruch

**64**
*Wie wird die abgebildete Satzart genannt?*

> Mein Freund, nun sprichst du wieder klug!
> Dich zu verjüngen, gibt's auch ein natürlich Mittel!
> Allein es steht in einem andern Buch,
> Und ist ein wunderlich Kapitel.

A. Blocksatz    B. Rauhsatz
C. Rechtsbündig gesetzter Satz
D. Satz auf Mittelachse
E. Linksaxialer Flattersatz

**65**
*Bei einem Werk wird eine bestimmte Schrift überwiegend im gleichen Schriftgrad verwendet. Wie wird nach DIN 16514 diese Schrift genannt?*
A. Grundschrift    B. Hauptschrift
C. Klarschrift    D. Akzidenzschrift
E. Periodikum

**66**
*Was sind Akzidenzen?*
A. Drucksachen, die im Bleisatz hergestellt wurden
B. Drucksachen mit hervorragender typografischer Gestaltung
C. Werksatz
D. Zeitungs- und Zeitschriftensatz
E. Familien-, Geschäfts-, Werbe- und ähnliche Drucksachen

**67**
*Was versteht man unter dem Fachbegriff Marginalien?*
A. Kennzeichnung des Bogens für buchbinderische Verarbeitung
B. Am Rand des Druckbogens mitgedrucktes Anlagezeichen
C. Fußnoten außerhalb des Druckbogens
D. Randbemerkungen, Anmerkungen außerhalb des Satzspiegels
E. Kapitelhinweis in Form einer kurzen Überschrift

**68**
*Was ist ein lebender Kolumnentitel?*
A. Im Werksatz ein Kapitelhinweis als kurze Überschrift mit der Seitenzahl
B. Ein mit Vignetten geschmückter Titel eines Werkes
C. Ein im Flattersatz gesetzter kurzer Hinweistext außerhalb des Satzspiegels
D. Der Beginn eines Kapitels in einem Werk mit einem Initial
E. Schmuckelemente im Kopf einer Kolumne bei Gedichtsatz

**69**
*Was ist unter einem toten Kolumnentitel zu verstehen?*
A. Bogenkennzeichnung am Fuß oder im Bund der ersten und dritten Seite jedes Druckbogens
B. Die Seitenzahl (Kolumnenziffer) allein
C. Die Seitenzahl mit Angaben über den Inhalt des Kapitels oder der Seite
D. Bogenkennzeichnung mit Angaben über Verfasser und Kurztitel im Fuß oder im Bund eines Druckbogens
E. Angabe über die an der Herstellung der Drucksache Beteiligten, über die Auflagenhöhe und andere Hinweise

**70**
*Welches Fachwort ist nach der DIN-Norm sachlich identisch mit dem Begriff Entwurf?*
A. Typografie    B. Skizze    C. Manuskript
D. Layout    E. Design

**71**
*Wie heißt der korrekte Fachbegriff für eine verbindliche Anordnungsskizze für den Stand von Texten und Bildern zur Herstellung von Druckarbeiten?*
A. Design    B. Scribble    C. Layout
D. Faksimile    E. Typografie

**72**
*Was sind Initialen?*
A. Schmucklinien    B. Ornamente im Satz
C. Schmückender, manchmal verzierter großer Anfangsbuchstabe
D. Grafische Firmenzeichen
E. Schmuck- und Zierelemente in der Satztechnik

**73**
*Wie werden Kleinbuchstaben fachlich richtig genannt?*
A. Versalien    B. Kapitälchen    C. Gemeine
D. Vignetten    E. Miniaturen

**74**
*Versalien sind...*
A. Großbuchstaben
B. große, verzierte Buchstaben
C. Großbuchstaben auf der Höhe von Kleinbuchstaben
D. Akzentzeichen (Betonungszeichen)
E. Randbemerkungen außerhalb des Satzspiegels

**75**
*Wie heißt der Fachausdruck für eine leere (unbedruckte) Seite in einem Buch?*
A. Vakat    B. Faksimile    C. Schimmelbogen
D. Frontispiz    E. Layout

## 2 Satzkorrektur · Schriftgeschichte und Schriftklassifikation

**76**
*Wie lautet die Hauptregel der Korrekturvorschriften nach DIN 16511?*
A. Um verschmutzte Buchstaben wird eine Linie gezogen.
B. Fälschlich gesetzte Ligaturen werden durch einen Strich getrennt.
C. Jedes eingezeichnete Korrekturzeichen ist auf dem Rand zu wiederholen.
D. Andere Schrift wird verlangt, indem man die betreffende Stelle unterstreicht.
E. Verstellte Wörter werden durch das Umstellungszeichen gekennzeichnet.

**77**
*Welche Bedeutung hat das Korrekturzeichen ⊏ ?*
A. Kennzeichnung eines fehlenden Absatzes
B. Wegfall eines Absatzes
C. Bezeichnung eines fehlenden Einzugs
D. Über- oder Unterschließen
E. Zu tilgender Einzug

**78**
*Welches Korrekturzeichen muß man verwenden, um den Wegfall eines Absatzes zu kennzeichnen?*
A. ◯     B. ⊠     C. ⌐
D. ⊓     E. ⌒

**79**
*Ein Wortteil oder ein ganzes Wort ist im Satz zu tilgen. Mit welchem Zeichen ist die Korrektur richtig nach DIN zu kennzeichnen?*
A. ⟶     B. ⌈
C. ◯     D. ⊢     E. ⌇

**80**
*Mit welchem Korrekturzeichen wird fehlender Zwischenraum angezeigt?*
A. ⊢     B. Y     C. ⌐     D. #     E. ⌒

**81**
*Was sind phonetisierte Schriften?*
A. Wortbilderschriften     B. Ideenbilderschriften
C. Silbenschriften         D. Lautschriften
E. Abstrakte Symbolschriften

**82**
*Welches Volk entwickelte die erste phonetisierte Schrift?*
A. Ägypter   B. Phönizier   C. Griechen
D. Römer    E. Sumerer

**83**
*Welche der folgenden Schriften ist nicht phonetisiert?*
A. Chinesische Schrift     B. Phönizische Schrift
C. Griechische Schrift     D. Antiqua-Schrift

**84**
*Welche „Schrift" ist auch ohne Kenntnis der jeweiligen Sprache verständlich zu deuten, d.h. unabhängig von gesprochener Schrift?*
A. Ideogramme     B. Hieroglyphen
C. Alle Vorstufen der phonetisierten Schriften
D. Piktogramme   E. Wortbildschriften

**85**
*Die abgebildete Schrift wurde in Tontafeln gedrückt. Sie entstand vor mehr als 5000 Jahren in Mesopotamien. Wie heißt diese Schrift?*

A. Tontafelschrift     B. Hieroglyphen
C. Capitalis monumentalis
D. Runen              E. Keilschrift

**86**
*Die abgebildeten Zeichen sind auch ohne Kenntnis einer bestimmten Sprache zu deuten. Wie heißen solche Zeichen korrekt?*

A. Symbolschriften     B. Piktogramme
C. Ideogramme          D. Typogramme
E. Wortbildschrift

**87**
*Was sind Runen?*
A. Bilderschrift der Sumerer
B. Älteste germanische Schriftzeichen
C. Wortbildschrift der Wikinger
D. Rundgotische Schrift in skandinavischen Ländern
E. Vorstufe der lateinischen Schrift in Griechenland

**88**
*Welche Schrift gehört zu den gebrochenen Schriften?*
A. Fraktur     B. Unziale     C. Barock-Antiqua
D. Klassizistische Antiqua
E. Römische Kapitalschrift

**89**
*Mit welcher Schrift druckte Gutenberg seine Bibel?*
A. Gotische Minuskel     B. Unziale
C. Textura     D. Fraktur     E. Mediäval

## Schriftgeschichte und Schriftklassifikation

**90**
*Was sind Kursivschriften?*
A. Fein verzierte Schriften
B. Schräg stehende Schriften
C. Größere Schriftgrade bestimmter Schriftarten
D. Gebrochene Schriften
E. Schriften, die den Charakter einer Handschrift tragen

**91**
*Welchen wesentlichen Vorteil hat die Verwendung von Piktogrammen (= Piktografien) in unserer Zeit?*
A. Piktogramme sind Zeichen, die von Lesemaschinen erfaßt werden können.
B. Piktogramme sind international lesbare Buchstaben.
C. Piktogramme sind abstrakte Zeichen (Symbole) mit festgelegter Bedeutung; ohne Kenntnis der Sprache zu deuten.
D. Piktogramme sind codierte Buchstaben in Lochbändern, die Fotosetzsysteme steuern können.
E. Piktogramme ermöglichen ein Digitalisieren der Schrift.

**92**
*Welche der folgenden Schriften ist keine gebrochene Schrift?*
A. Akzidenz-Grotesk   B. Fraktur   C. Gotisch
D. Rundgotisch   E. Schwabacher

**93**
*Von vielen Schriften gibt es verschiedene Schriftschnitte. Wie heißt der Schriftschnitt in Abb.3?*
A. Gewöhnlich   B. Normal   C. Fett
D. Kursiv   E. Breitfett

```
Abb.1   Univers 49
Abb.2   Univers 83
Abb.3   Univers 46
Abb.4   Univers 55
```

**94**
*Wie heißt der Schriftschnitt in Abb.2?*
A. Normal   B. Halbfett   C. Breitfett
D. Breit   E. Serifenbetont

**95**
*Zu welcher Schriftgruppe gehört die in den Abbildungen 1 bis 4 wiedergegebene Schrift?*
A. Schwabacher   B. Textura
C. Schreibschrift   D. Barock-Antiqua
E. Serifenlose Linear-Antiqua

**96**
*Zu welcher Schriftgruppe gehört die abgebildete Schrift?*

**ABCDEFGHI**

A. Zur Klassizistischen Antiqua
B. Zur Barock-Antiqua
C. Zur Serifenbetonten Linear-Antiqua
D. Zu den Antiqua-Varianten
E. Zur Schreibschrift

**97**
*Ordnen Sie das abgebildete Wort der richtigen Schriftgruppe zu!*

*Chiemsee-Rast*

A. Serifenlose Linear-Antiqua
B. Serifenbetonte Linear-Antiqua
C. Klassizistische Antiqua
D. Französische Renaissance-Antiqua   E. Fraktur

**98**
*Welche Schriftgruppe hat die folgenden Merkmale: Serifen fehlen, Grund- und Verbindungsstriche optisch gleich stark, Symmetrieachse senkrecht?*
A. Barock-Antiqua   B. Schreibschrift
C. Fraktur   D. Klassizistische Antiqua
E. Serifenlose Linear-Antiqua

**99**
*Zu welcher Schriftgruppe zählen alle Grotesk-Schriften, z.B. die Akzidenz-Grotesk?*
A. Zur Serifenbetonten Linear-Antiqua
B. Zur Schwabacher   C. Zur Schreibschrift
D. Zur Französischen Renaissance-Antiqua
E. Zur Serifenlosen Linear-Antiqua

**100**
*Welche Merkmale hat die Klassizistische Antiqua?*
A. Serifen stark betont, optisch gleichstarke Grund- und Verbindungsstriche, Symmetrieachse senkrecht
B. Serifen fehlen, optisch gleichstarke Strichführung, Symmetrieachse senkrecht
C. Serifen stark betont, deutlicher Unterschied in der Strichstärke zwischen Grund- und Verbindungsstrichen
D. Serifen sehr fein waagerecht angesetzt, deutlicher Unterschied in der Strichstärke zwischen Grund- und Verbindungsstrichen
E. Serifen mit flachem Übergang zu Grundstrichen, optisch gleichstarke Grund- und Verbindungsstriche

# 3 Grundlagen der Druckvorlagenherstellung

Vorlagen ● Reprogeräte ● Film und fotografischer Prozeß ● Raster ● Schwarzweiß-Reproduktion
Farbreproduktion ● Reproretusche

**1**
*Welche Vorlage wird unter den Halbton-Vorlagen eingeordnet?*
A. Federzeichnung mit Tusche (Porträt)
B. Barytabzug vom Bleisatz
C. Bleistiftzeichnung nach einer Fotografie
D. Technische Zeichnung
E. Gedruckte Federzeichnung

**2**
*Von welcher Vorlage kann man eine Strichaufnahme anfertigen?*
A. Bleistiftzeichnung    B. Grauleiter
C. Kohlezeichnung    D. Satzabzug
E. Originalradierung

**3**
*Welche Vorlage ist eine Halbtonvorlage?*
A. Aquarell    B. Holzschnittdruck
C. Strichzeichnung mit Tusche
D. Schriftabzug    E. Gedrucktes Rasterbild

**4**
*Welche der nachfolgenden Vorlagen ist keine Halbtonvorlage?*
A. Grauleiter    B. Gedrucktes Rasterbild
C. Aquarell    D. Bleistiftzeichnung
E. Zeichnung mit Kohlestift

**5**
*Von welcher Vorlage muß eine Strichaufnahme reproduziert werden?*
A. Farbdiapositiv    B. Grauskala
C. Pastellzeichnung    D. Hochglanzfoto
E. Holzschnitt (Druck)

**6**
*Welche Vorlage besitzt den größten Dichteumfang?*
A. Halbtonnegativ für den Tiefdruck
B. Rasterpositiv
C. Temperaaufsichtsbild einer Landschaft
D. Farbdia eines Innenraums im Gegenlicht
E. Tuschezeichnung

**7**
*Aus welchen Hauptteilen setzen sich alle Reprokameras zusammen?*
A. Lampen, Spiegelsystem, Mattscheibe
B. Vorlagenebene, Spiegelsystem, Aufnahmebühne
C. Vorlagenhalter, Objektiv, Filmkassette
D. Vorlagenebene, Objektiv, Aufnahmeebene
E. Vorlagenebene, Spiegelebene, Aufnahmebühne

**8**
*Welcher Kameratyp ist mit der folgenden Kurzbeschreibung gemeint? Das Licht reflektiert von der Vorlage senkrecht nach oben in einen Spiegel und wird von diesem horizontal zur Aufnahmeebene weitergeleitet. Der Bereich der Aufnahmeebene ist durch eine Lichtschleuse zu erreichen.*
A. Zweiraum-Vertikalkamera
B. Einraum-Vertikalkamera
C. Vertikal-Kompaktkamera
D. Zweiraum-Horizontalkamera
E. Brückenkamera

**9**
*Bei welchem Kameratyp steht der Vorlagenhalter bei der Aufnahme senkrecht?*
A. Kompaktkamera    B. Horizontalkamera
C. Vertikal-Einraumkamera    D. Zweiraumkamera
E. Vertikal-Zweiraumkamera

**10**
*Welchen Kameratyp zeigt die folgende Prinzipskizze?*

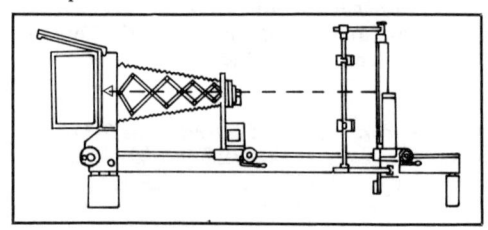

A. Vertikal-Kompaktkamera
B. Horizontal-Zweiraumkamera
C. Vertikal-Einraumkamera
D. Vertikal-Zweiraumkamera
E. Horizontal-Einraumkamera

**11**
*Für welchen Kameratyp stimmt folgende Prinzipskizze?*

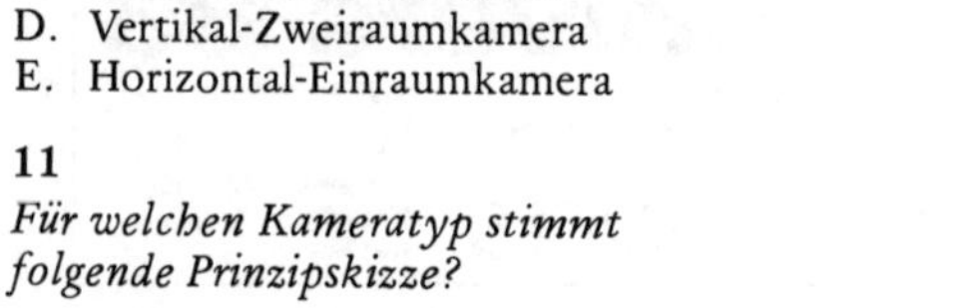

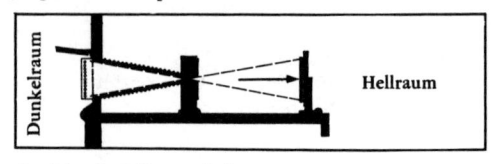

A. Vertikal-Kompaktkamera
B. Horizontal-Zweiraumkamera
C. Vertikal-Einraumkamera
D. Vertikal-Zweiraumkamera
E. Horizontal-Einraumkamera

# Reprogeräte

**12**
*Für welchen Kameratyp stimmt folgende Prinzipskizze?*

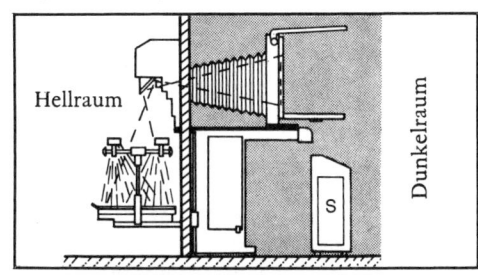

A. Vertikal-Kompaktkamera
B. Horizontal-Zweiraumkamera
C. Vertikal-Einraumkamera
D. Vertikal-Zweiraumkamera
E. Horizontal-Einraumkamera

**13**
*Welche Aufgabe hat die Kameramattscheibe?*
A. Erzeugt diffuses (zerstreutes) Licht
B. Einstellebene für Bildgröße und Bildschärfe
C. Zerlegung von Halbtönen in Rasterpunkte
D. Befestigungsvorrichtung für das lichtempfindliche Material
E. Vorrichtung zur Seitenumkehr (oben - unten, links - rechts)

**14**
*Welche Geräteart zeigt die Skizze?*
A. Horizontalkamera
B. Kompaktkamera
C. Vertikalkamera
D. Reprovergrößerer
E. Repro-Rollfilmkamera

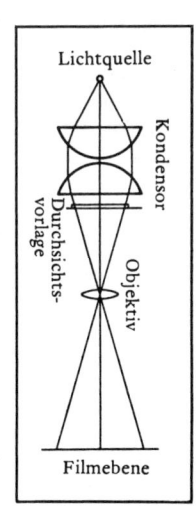

**15**
*Welche Reprovorlagen lassen sich in einem Reprovergrößerungsgerät aufnehmen?*
A. Farbige fotografische Papierbilder
B. Aufsichtsvorlagen
C. Durchsichtsvorlagen
D. Einfarbige fotografische Papierbilder

**16**
*Welches Reprogerät ist bei folgenden Begriffen gemeint? Lichtquelle – Kondensor – Objektiv- Aufnahmeebene*
A. Kontaktkopiergerät      B. Vergrößerungsgerät
C. Horizontalkamera        D. Vertikalkamera
E. Scanner

**17**
*Welche Angabe trifft nicht auf ein Kontaktkopiergerät zu?*
A. Abbildungsmaßstab 1 : 1
B. Kopiervorlage und Aufnahmematerial liegen in direktem Kontakt.
C. Eine Halbtondurchsichtsvorlage kann nur mit Kontaktrastern aufgerastert werden.
D. Das Gerät benötigt eine einfache Optik mit Sammellinsen.
E. Für Nutzenkontakte wird Punktlicht eingesetzt.

**18**
*Was ist ein Scanner?*
A. Elektronisches Gerät zur Herstellung von Filmen nach Schwarzweiß- und Farbvorlagen, ton- und farbwertkorrigiert, Halbton oder Raster
B. Elektronisches Gerät zur Herstellung von ton- und farbwertkorrigierten Diapositiven als Duplikatvorlage
C. Fotomechanisches Gerät für die Farbselektion nach Farbvorlagen sowie für Bildcomposing
D. Elektronisches Seitenmontagesystem für ein- und mehrfarbige Vorlagen, Ton- und Farbwertkorrektur, Positiv- und Negativmontage
E. Elektronisches Gerät für optische Zeichenerkennung von OCR-A-Schriften, als Lesemaschine im Fotosatz eingesetzt

**19**
*Unter welchem Sammelbegriff laufen alle elektronisch gesteuerten Farbauszugs- und Korrekturgeräte?*
A. Scanner              B. Gevarex
C. Helio-Klischograph   D. Scan-A-Graver
E. Multirange

**20**
*Welche Aufgabe hat ein Fotomultiplier in einem Scanner?*
A. Wandelt elektrischen Strom in Licht um
B. Wandelt Licht in schwachen Strom um und verstärkt diesen elektrischen Strom
C. Elektronisches Bauelement zur Datenspeicherung
D. Elektronisches Bauelement zur Farbtrennung (Farbausscheidung)
E. Elektronisches Meßgerät für Dichtesteuerungen

**21**

*Welches Endprodukt liefert ein Scanner ohne Rastereinrichtung?*
A. Gravierte Folien als Dias für den Offsetdruck
B. Unkorrigierte Farbauszugsnegative
C. Ton- und farbwertkorrigierte Halbtonfilme
D. Duplikate von Farbdias
E. Hochlichtmasken für den Offsetdruck

**22**

*Womit werden in modernen Scannern elektronisch gerasterte Positive belichtet?*
A. UV-Licht            B. Glühlampe
C. Infrarot-Licht      D. Laserstrahl
E. Leuchtstofflampe

**23**

*Die Abbildung zeigt in schematischer Darstellung den Aufbau eines fotografischen Films.*
*Welche Ziffer kennzeichnet die lichtempfindliche Schicht?*
A. Ziffer 1    B. Ziffer 2    C. Ziffer 3
D. Ziffer 4    E. Ziffer 5    F. Ziffer 6

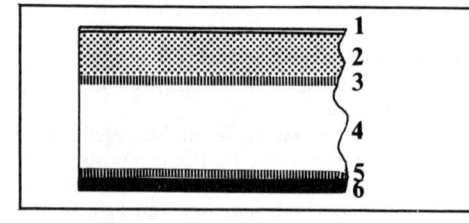

**24**

*Welche Ziffer kennzeichnet den Schichtträger?*
A. Ziffer 1    B. Ziffer 2    C. Ziffer 3
D. Ziffer 4    E. Ziffer 5    F. Ziffer 6

**25**

*Aus welchem Material besteht die Trägerschicht von maßhaltigem Filmmaterial?*
A. Polyester    B. Astralon
C. Zellglas     D. Pergamin
E. Acetat

**26**

*Woran erkennt man die Schichtseite eines noch nicht entwickelten Films bei Dunkelkammerbeleuchtung?*
A. Die Schichtseite glänzt, die Rückseite ist matt.
B. Die Schichtseite ist dunkler als die Rückseite.
C. Die Rückseite ist dünner als die Schichtseite.
D. Die Schichtseite ist heller als die Rückseite.
E. Die Rückseite fühlt sich im Gegensatz zur Schichtseite rauh an.

**27**

*Welchen Film verwendet der Reprofotograf zur Aufnahme einer Federzeichnung für den Offsetdruck?*
A. Lithfilm            B. Halbtonfilm
C. Hellraumfilm        D. Strippingfilm
E. Hartarbeitenden panchromatischen Film

**28**

*Welche Aussage kennzeichnet einen Umkehrfilm?*
A. Vom Negativ erhält man ein Positiv.
B. Er gibt die Farben in natürlichen Farben wieder.
C. Umkehrfilme sind so dünn, daß man sie auch mit der Schicht nach unten montieren kann.
D. Von einem Positiv erhält man sofort wieder ein Positiv.
E. Sie werden bei gedämpftem Tageslicht verarbeitet und müssen mit Laser belichtet werden.

**29**

*Wozu wird Strippingfilm verwendet?*
A. Für Rasteraufnahmen
B. Für Halbtonaufnahmen
C. Für Satzkorrekturen
D. Zum Maskieren
E. Für die Seitenmontage

**30**

*Welches Filmmaterial wird für die Aufnahme einer farbigen Strichvorlage verwendet, bei der Rot vernachlässigt werden kann?*
A. Linefilm, blauempfindlich
B. Lithfilm, orthochromatisch
C. Hart arbeitender Film, panchromatisch
D. Linefilm, orthochromatisch
E. Lithfilm, blauempfindlich

**31**

*Mit welchem Filmmaterial werden überwiegend Nutzen kopiert?*
A. Blauempfindlich, Gradation 5 - 8
B. Blauempfindlich, Gradation 1 - 4
C. Blauempfindlich, Gradation 9 - 12
D. Rotempfindlich, Gradation 5 - 8
E. Rotempfindlich, Gradation 9 - 12

**32**

*Für welches Licht ist der Hellraumfilm empfindlich?*
A. Für weißes Licht    B. Für rotes Licht
C. Für grünes Licht    D. Für Infrarot
E. Für Ultraviolett

**33**

*Welche Filme sind silberfrei?*
A. Hellraumfilme       B. Orthochromatische Filme
C. Umkehrfilme         D. Diazofilme

## Film und fotografischer Prozeß

**34**
Welche Filmeigenschaft wird in ASA angegeben?
A. Maßhaltigkeit  B. Farbempfindlichkeit
C. Dicke des Schichtträgers  D. Gradation
E. Lichtempfindlichkeit

**35**
Welche Filmeigenschaft wird in DIN angegeben?
A. Haltbarkeit  B. Gradation
C. Lichtempfindlichkeit  D. Körnigkeit
E. Maßhaltigkeit

**36**
Für welche Farben ist ein
panchromatischer Film empfindlich?
A. Für Rot und Schwarz
B. Für Blau und Schwarz
C. Für alle Farben außer für Rot
D. Für alle Farben außer für Grün
E. Für alle Farben

**37**
Welche Bezeichnung trifft auf Filmmaterial zu,
das bei rotem Licht in der Dunkelkammer
verarbeitet werden kann?
A. Panchromatisch  B. Orthochromatisch
C. Infrarotfilm  D. Farbnegativfilm
E. Farbumkehrfilm

**38**
Für welche Farben ist ein
orthochromatischer Film empfindlich?
A. Für alle Farben  B. Nur für Rot und Schwarz
C. Nur für Blau und Schwarz
D. Für alle Farben außer für Blau
E. Für alle Farben außer Rot

**39**
Was versteht man in der Reprofotografie
unter dem Begriff Gradation?
A. Wiedergabefähigkeit für Tonwertabstufungen
   der Vorlage
B. Belichtungsintensität der Punktlichtlampe
C. Lichtverteilung auf der Kopierebene
D. Verhältnis der auffallenden zur durchgelassenen
   Lichtintensität
E. Aufrasterung einer Halbtonvorlage mit
   einem Gradarraster

**40**
Der „Steckbrief" eines Reprofilmes ist die
Gradations- oder Schwärzungskurve. Sie besteht
aus bestimmten Abschnitten. Welcher Begriff kommt
als Abschnitt dieser Gradationskurve nicht vor?
A. Schulter  B. Gerader Teil  C. Durchhang
D. Solarisation  E. Gamma

**41**
Welcher Film hat die steilste Gradation?
A. Linefilm  B. Lithfilm
C. Orthochromatischer Film
D. Blauempfindlicher Film
E. Halbtonfilm

**42**
Welche Aufgabe hat die Lichthofschutzschicht
bei einem Reprofilm?
A. Sie reflektiert Lichtstrahlen und verhindert
   dadurch Überstrahlungen bei der Aufnahme.
B. Sie verringert den Diffusionslichthof.
C. Sie bewirkt eine punktscharfe Abbildung der
   Vorlage.
D. Sie absorbiert überschüssiges Licht und
   verhindert so eine Überbelichtung.
E. Sie absorbiert durch den Schichtträger
   durchgehende Lichtstrahlen.

**43**
Was versteht man in der Fotografie
unter einem „latenten Bild"?
A. Besonders schlechte Vorlage
B. Das entwickelte, aber noch nicht fixierte Bild
C. Das belichtete, aber noch nicht entwickelte Bild
D. Das fixierte, aber noch nicht gewässerte Bild
E. Ein überbelichtetes Foto

**44**
Bei welchem Vorgang entsteht das „latente Bild"?
A. Beim Entwickeln
B. Beim Belichten
C. Bei der Zwischenwässerung
D. Bei der Trocknung
E. Beim Fixieren

**45**
Welche Angabe zum Verarbeitungsprozeß
eines Reprofilms ist falsch?
A. Beim Belichten entsteht ein latentes Bild.
B. Das latente Bild wird durch Entwickeln
   sichtbar gemacht.
C. Ein Unterbrecherbad stoppt die Entwicklung.
D. Nichtentwickelte Silberhalogenide werden im
   Fixierbad zu Silber umgewandelt.
E. Durch gründliches Wässern lösen sich alle
   Chemikalienreste aus der Schicht.

**46**
Welche Dunkelkammerbeleuchtung ist für die
Entwicklung eines orthochromatischen Filmes
meist üblich?
A. Gelbes Licht  B. Grünes Licht
C. Völlige Dunkelheit  D. Rotes Licht
E. Weißes Licht

## 47
*Welche Aufgabe hat das Stoppbad bei der fotografischen Verarbeitung des Films?*
A. Es soll den fixierten Film neutralisieren.
B. Es soll das nicht belichtete Silber aus der Filmschicht (Emulsion) lösen.
C. Es soll den Entwicklungsvorgang unterbrechen und das Verschleppen von Chemikalien verhindern.
D. Es dient der Vorkontrolle des Films nach der Entwicklung.
E. Es härtet die Filmschicht.

## 48
*Die fotografische Emulsion verliert ihre Lichtempfindlichkeit.....*
A. beim Belichten  B. beim Entwickeln
C. im Stoppbad    D. im Fixierbad
E. in der Schlußwässerung

## 49
*Weshalb muß der Film nach dem Fixieren gründlich gewässert werden?*
A. Um die Schwärzung des Filmes haltbarer zu machen
B. Um die Schicht lichtunempfindlicher zu machen
C. Um Rückstände der Chemikalien herauszuspülen
D. Um noch vorhandene Schleier zu entfernen
E. Um ein Ausbleichen des Films zu verhindern

## 50
*Woraus besteht das geschwärzte Filmbild?*
A. Aus Bromsilber
B. Aus Bromsilber-Silber-Verbindung
C. Aus einem Farbstoff, der beim Entwickeln gebildet wird
D. Aus einer Schwefelverbindung
E. Aus metallischem Silber

## 51
*Was wird beim Abschwächen „aufgelöst"?*
A. Bildsilber    B. Unbelichtetes Silbersalz
C. Lichthofschutzschicht    D. Gelatineschicht
E. Die Filmemulsion

## 52
*Welche Aussage zum fotografischen Prozeß ist richtig?*
A. Das latente Bild entsteht bei der Entwicklung des Films.
B. Silberionen neutralisieren im Unterbrecherbad.
C. Fixierbad enthält nach dem Gebrauch Silbersalze.
D. Durch ausreichendes Wässern wird der Film lichtempfindlich.
E. Durch stehendes Wasser bleibt das fotografische Bild randscharf.

## 53
*Was besagt die Angabe 24er Raster?*
A. 24 Rasterpunkte je mm
B. 24 Rasterpunkte je cm
C. 24 Rasterpunkte je mm$^2$
D. 24 Rasterpunkte je cm$^2$

## 54
*Was versteht man unter Rasterweite?*
A. Abstand des Rasters vom lichtempfindlichen Film
B. Durchmesser des Rasterpunktes
C. Anzahl der Rasterlinien pro cm
D. Abstand von der Objektivmitte bis zum Raster
E. Dichteumfang, den ein Raster wiedergeben kann

## 55
*Warum werden Rasterungen in verschiedenen Rasterweiten hergestellt?*
A. Damit die Rasterscheiben gleichmäßig beansprucht werden
B. Um mehr Abwechslung in die Drucksachen zu bringen
C. Weil die Rasterweite vom Druckformat abhängt
D. Weil der einwandfrei druckbare Raster von der Glätte der Bedruckstoffoberfläche abhängt
E. Weil für Farbwiedergaben andere Rasterweiten erforderlich sind, als für Schwarzweißzeichnungen

## 56
*Was verstehen Sie unter einem 30%igen Raster?*
A. Er ist mit 30 Grad gewinkelt.
B. Er hat 30 Rasterpunktreihen je cm.
C. Er hat 30 Rasterpunkte je cm$^2$.
D. Die Rasterpunkte bedecken 30% der Fläche.
E. Er hat 30 Rasterlinien je cm.

## 57
*Unter dem Fadenzähler sehen Sie einen Rastertonwert mit Schachbrettmuster.*
*Welche Angabe dazu ist richtig?*
A. Es handelt sich um einen Glasgravurraster.
B. Es handelt sich um einen Kontaktraster.
C. Es ist eine Bildstelle mit 10% Rastertonwert.
D. Es ist eine Bildstelle mit 50% Rastertonwert.
E. Es handelt sich um einen 50er Raster.

## 58
*Der Raster, dessen Bildelemente diese Form haben, heißt...*
A. Stahlstichraster
B. Einlinienraster
C. Wellenlinienraster
D. Kontaktraster
E. Kornraster

# Schwarzweiß-Reproduktion (Strich und Raster)

**59**
*Wodurch unterscheiden sich die Rasterpunkte eines hellen Tonwertes von denen eines dunklen Tonwerts?*
A. In der Dichte der Rasterpunkte
B. In der Anzahl je Quadratzentimeter
C. Im Licht haben sie die Form eines Punktes, in der Tiefe die Form eines Dreiecks
D. In der Schärfe der Rasterpunkte
E. In Form und Größe der Rasterpunkte

**60**
*Was versteht man unter Moiré?*
A. Rasterlinienzähler
B. Entrasterungsgerät (Variomat)
C. Die Rasterdrehung bei der Farbreproduktion
D. Passerdifferenzen im Mehrfarbendruck
E. Störendes Punktmuster in Rasterdrucken

**61**
*Wodurch kann Moiré entstehen?*
A. Durch falschen Rasterabstand
B. Durch falsche Rasterwinkelung
C. Durch zu große Blende
D. Bei Verwendung eines verschmutzten Gravurrasters
E. Bei Reproduktionen nach sehr dunklen Vorlagen

**62**
*Welche Aussage zur Rastertechnik von Halbtonvorlagen ist falsch?*
A. Unter dem Begriff Rasterweite versteht man die Anzahl der (Raster-)Linien pro cm.
B. Grundsätzlich gilt: Je feiner die Oberfläche des Bedruckstoffes ist, desto feiner kann der Raster gewählt werden.
C. Ein 60er Raster hat 3600 Rasterpunkte auf einem Quadratzentimeter.
D. Kontaktraster können in allen Reproaufnahmegeräten in direktem Kontakt mit dem zu belichteten Filmmaterial eingesetzt werden.
E. Der Distanzraster ist in Kameras und Kontaktkopiergeräten mit indirektem Kontakt zum Filmmaterial einzusetzen.

**63**
*Wo (Wie) können Kontaktraster eingesetzt werden?*
A. Im direkten Kontakt mit dem zu belichtenden Film
B. Nur im Kontaktkopiergerät zur Aufrasterung von Halbtonpositiven
C. Nur in der Reprokamera und in einem Vergrößerungsgerät
D. In einem bestimmten Abstand vom Film in der Kamera
E. Nur im Vergrößerungsgerät

**64**
*Welchen Raster kann man nicht im Kontaktkopiergerät zur Rasterung verwenden?*
A. Glasgravurraster   B. Kontaktraster
C. Magentaraster     D. Grauraster

**65**
*Worauf trifft die Bezeichnung Rasterprojektion zu?*
A. Arbeit mit Kontaktraster
B. Vergrößern bereits gerasterter Filme
C. Arbeit mit Distanzraster
D. Rasterung im Vergrößerungsgerät

**66**
*Für welche Druckarbeiten wird häufig die Rasterprojektion angewendet?*
A. Plakate   B. Prospekte   C. Farbsätze
D. Endlosformulare   E. Zeitungsbilder

**67**
*Eine im DIN-A4-Format hergestellte Bildreproduktion (60er Raster) wird für ein Plakat auf das Format DIN A0 projiziert. Welche Rasterweite hat das neue Format?*
A. 120er Raster   B. 15er Raster
C. 80er Raster    D. 30er Raster
E. Der Raster verändert sich gar nicht

**68**
*Warum wird für viele Reproaufnahmen mit der Kamera ein Spiegel am Objektiv eingesetzt?*
A. Um Reflexe (Lichtspiegelungen) auf der Vorlage auszuschalten
B. Um seitenverkehrte Negative zu erhalten
C. Um zu verhindern, daß das Mattscheibenbild kopfsteht
D. Zur Herstellung der Farbauszüge
E. Um seitenrichtige Negative zu erhalten

**69**
*Welche Stichworte handeln vom Kontaktkopieren?*
A. Mattscheibe, Größen- und Schärfeeinstellung
B. Umkehrsystem, seitenrichtiges Negativ
C. Rasterung, Glasstärkeausgleich
D. Farbdia, Bildbühne, Saugplatte
E. Punktlicht, Glasplatte, Vakuumkontakt

**70**
*Von einem seitenrichtigen Positiv wird im Kontaktkopiergerät ein „normaler" Film belichtet. Es wird Schicht auf Schicht kopiert. Welches Ergebnis entsteht?*
A. Seitenrichtiges Negativ
B. Seitenverkehrtes Negativ
C. Seitenrichtiges Positiv
D. Seitenverkehrtes Positiv

## Schwarzweiß-Reproduktion · Farbreproduktion

**71**
Von einem seitenrichtigen Negativ wird im Kontaktkopiergerät ein „normaler" Film belichtet. Es wird nicht Schicht auf Schicht belichtet. Welches Ergebnis entsteht?
A. Seitenrichtiges Negativ
B. Seitenverkehrtes Negativ
C. Seitenrichtiges Positiv
D. Seitenverkehrtes Positiv

**72**
Von einem seitenverkehrten Negativ wird auf dem Kontaktkopiergerät ein Film kopiert. Es wird Schicht auf Schicht belichtet. Welches Ergebnis gibt diese Arbeit?
A. Seitenverkehrtes Negativ
B. Seitenrichtiges Negativ
C. Seitenverkehrtes Positiv
D. Seitenrichtiges Positiv

**73**
Was bedeutet „seitenverkehrt" bei einem Reprofilm?
A. Verzeichnung infolge Abbildungsfehler
B. Hell-Dunkel-vertauscht
C. Negative Bildwiedergabe
D. Positive Bildwiedergabe
E. Spiegelbildliche Abbildung auf der Schichtseite

**74**
Welcher Fehler kann auftreten, wenn das Vakuum beim Kontaktkopieren zu gering ist?
A. Überbelichtung     B. Verschleierte Lichter
C. Unterbelichtung    D. Unschärfe
E. Mitkopieren von Kratzern auf der Spiegelglasscheibe

**75**
Woran erkennt man häufig die Schichtseite eines verarbeiteten Filmes?
A. Die Schichtseite ist dunkler als die Rückseite
B. Die Schichtseite ist matter als die Rückseite
C. Die Schichtseite ist heller als die Rückseite
D. Die Schichtseite ist widerstandsfähiger
E. Die Schichtseite ist oben, wenn die Schrift lesbar ist

**76**
Woran erkennt man Negative?
A. An der schwarzen Filmunterlage
B. An dem seitenvertauschten Bild
C. An dem seitenvertauschten und kopfstehenden Bild
D. An der zur Vorlage entgegengesetzten Tonwertwiedergabe
E. An der durchsichtigen (transparenten) Filmunterlage

**77**
Warum soll man Schicht auf Schicht kopieren?
A. Damit keine Tonwertverschiebungen auftreten
B. Damit keine Newtonschen Ringe entstehen
C. Weil das Bild andernfalls zu körnig würde
D. Um Ausfleckarbeiten zu vermeiden
E. Weil nur so ein einwandfreies Vakuum zu erzielen ist

**78**
Welcher der folgenden Filme wird für die Aufnahme einer Halbtonvorlage eingesetzt, die direkt gerastert werden soll?
A. Umkehrfilm    B. Hellraumfilm    C. Lithfilm
D. Orthochromatischer Film, Gradation 5
E. Panchromatischer Halbtonfilm

**79**
Wie heißt ein transparentes positives Bild in der Fachsprache?
A. Negativ         B. Diapositiv
C. Farbnegativ     D. Aufsichtspositiv
E. Rasternegativ

**80**
Auf welcher Seite sollen Filme ausgefleckt werden?
A. Auf der Schichtseite
B. Auf der matten Seite
C. Auf der Trägerseite
D. Gleichgültig, auf welcher Seite
E. Das kommt darauf an, ob es ein Positiv oder ein Negativ ist

**81**
Mit welchem Farbauszugsfilter wird der Cyanauszug reproduziert?
A. Blaufilter    B. Grünfilter    C. Gelbfilter
D. Rotfilter     E. Graufilter

**82**
Welches Filter wird für den Gelbauszug in der Reprofotografie eingesetzt?
A. Blau    B. Rot    C. Grün    D. Gelb
E. Grün und Rot je zur Hälfte

**83**
Welches Farbfilter wird zur Erstellung des Magenta-Farbauszuges verwendet?
A. Grünfilter    B. Gelbfilter    C. Rotfilter
D. Blaufilter    E. Magentafilter

**84**
Durch welches Farbfilter betrachtet, erscheint eine gelbe Druckfarbe auf einem weißen Papier sehr dunkel (nahezu schwarz)?
A. Gelbfilter    B. Magentafilter
C. Cyanfilter    D. Grünfilter    E. Blaufilter

# Farbreproduktion

**85**
*Welche Farben läßt ein Rotfilter durch?*
A. Nur den Rotanteil in den Farben der Vorlage
B. Nur Magenta   C. Nur Blau
D. Grün und Blau   E. Cyan und Grün

**86**
*Welchen Film verwendet man zur Aufnahme der Farbauszüge?*
A. Panchromatischen Film
B. Hellraumfilm
C. Orthochromatischen Film
D. Unsensibilisierten Film
E. Farbumkehrfilm

**87**
*Wozu benötigt der Reproduktionsfotograf Farbfilter?*
A. Zur Dichtemessung von Rastertonwerten
B. Zum Herstellen von Farbauszügen
C. Um beim Rastern Moiré zu vermeiden
D. Zur Verbesserung der Lichterzeichnung
E. Zur partiellen Ton- und Farbwertkorrektur

**88**
*Wozu dient die Maskierung in der Reprofotografie?*
A. Zur Herstellung der Farbauszüge
B. Zur Rasterung
C. Zum Abdecken des Bildrandes
D. Zum Einkopieren von Schrift in Bildern
E. Zur Ton- und Farbwertkorrektur

**89**
*Warum wird der Raster bei Mehrfarben-Reproduktionen gedreht?*
A. Damit der Raster sich gleichmäßig abnutzt
B. Um das Einpassen zu erleichtern
C. Um störendes Moiré zu verhindern
D. Um Punktschluß zu erzielen
E. Um scharfe Rasterpunkte ohne Hofbildung zu erzielen

**90**
*Welche Rasterwinkelung nach DIN ist beim Vierfarbendruck üblich? (Angaben in Winkelgraden)*
A. 0–15–75–135
B. 0–30–45–65
C. 15–30–45–60
D. 30–60–90–120
E. 0–15–60–75

**91**
*Welcher Farbauszug hat 15° Rasterwinkelabstand zu den Nachbarfarben?*
A. Gelb   B. Magenta
C. Cyan   D. Tiefe

**92**
*Was ist die Hauptursache dafür, daß in der Reproduktionstechnik umfangreiche Farbkorrekturen notwendig sind?*
A. Die spektrale Empfindlichkeit der fotografischen Emulsion
B. Die Sensibilisierung der fotografischen Schicht ist mangelhaft
C. Mangelhafte Selektion der Filter
D. Fehlerhafte Remissionen der Druckfarben
E. Reproduktionstechnische Verfahren wie Aufrasterung, Druckformherstellung usw.

**93**
*Was versteht man unter einer Unterfarbenreduktion?*
A. Das Reduzieren der Schwärzung in den Bildtiefen von Farbauszugsnegativen
B. Die Farbauszugsplatten werden beim Kopieren nur mit Streulicht belichtet
C. Die Verminderung der Schwärzung in den Bildlichtern von Farbauszugspositiven
D. Das Wegbelichten von Rastertönen unter 5% bei Farbauszugspositiven
E. Die Verminderung des Tonwertes der drei Buntfarben in den Bildtiefen von Farbauszugspositiven

**94**
*Immer häufiger werden dem Drucker Farbsätze im Unbunt-Aufbau geliefert. Welche Aussage dazu ist richtig?*
A. Das sind Farbfotos, die in Schwarz-Weiß reproduziert werden.
B. Farbfotos wurden in Duplex, d.h. in einer Tiefe und einer Grauplatte reproduziert.
C. Das sind Farbsätze, bei denen die Schwarzplatte nur eine geringe Schwärzung hat, und nur die Bildtiefen durchzeichnet
D. Das sind Farbsätze, bei denen unter dem Schwarz die Buntfarben reduziert wurden, damit die Ablegegefahr geringer wird.
E. Bei diesen Farbsätzen werden die Drittfarben nicht durch die drei Buntfarben, sondern durch stärkeren Anteil von Schwarz erzeugt.

**95**
*Welchen Vorteil bringen Farbsätze im Unbuntaufbau für den Drucker?*
A. Der Passer wird besser.
B. Farbschwankungen in den Buntfarben wirken sich weniger auf das gesamte Bild aus.
C. Man braucht für ein Farbbild nur drei Farben zu drucken, Tiefe entfällt.
D. Man kann mit weniger Farbe und daher wesentlich punktschärfer drucken.

**96**

*Ein Film wird abgeschwächt. Was wird gemacht?*
A. Das Bild wird etwas verkleinert.
B. Der Film wird mehr belichtet.
C. Der Film wird weniger belichtet.
D. Es werden Bildteile herausgeschabt.
E. Die Filmschwärzung wird auf chemischem Weg verringert.

**97**

*Welche Chemikalie ist im Farmerschen Abschwächer enthalten?*
A. Natriumdisulfit    B. Kaliummetabisulfit
C. Hydrochinon    D. Salpetersäure
E. Rotes Blutlaugensalz (Kaliumferricyanid)

**98**

*Was versteht man unter Minuskorrekturen?*
A. Ausflecken von Negativen oder Diapositiven
B. Ton- oder Farbwertverstärkung (auf das gedruckte Bild bezogen)
C. Verstärken der Schwärzungen im Diapositiv
D. Diapositive verstärken
E. Ton- oder Farbwertverminderung (auf das gedruckte Bild bezogen)

**99**

*Welche Aufgabe gehört nicht zum Aufgabenbereich der Vorlagenretusche?*
A. Ergänzungen und Änderungen an der Vorlage durchführen, die fotografisch nicht zu realisieren sind
B. Fehler der fotografischen Verarbeitung beseitigen, z.B. Staubpünktchen, Kratzer
C. Farbiges Anlegen (Colorieren) einer schwarzweißen Strichzeichnung
D. Programmieren der erforderlichen Korrektur am Scanner
E. Wirkung der abgebildeten Objekte, z.B. Maschinen, Einrichtungen, erhöhen bzw. Details herausarbeiten

**100**

*Welcher Satz stammt aus der Beschreibung der Vorlagenretusche?*
A. Bildteile, die nicht überspritzt werden sollen, schützt man durch Auftragen eines speziellen Abdecklacks.
B. Bildteile, die nicht abgeätzt werden sollen, schützt man durch einen speziellen Abdecklack.
C. Das Abätzen geschieht immer auf der Schichtseite des Positivs.
D. Die Korrektur der einzelnen Filme muß so erfolgen, daß im vierfarbigen Zusammendruck die Farbvorlage erreicht wird.

**101**

*Fotografen, Retuscheure und Ätzer sprechen von Plus- und Minuskorrekturen.*
*Was versteht man unter Pluskorrekturen?*
A. Ausflecken von Negativen oder Diapositiven
B. Ton- oder Farbwertverstärkung (auf das gedruckte Bild bezogen)
C. Verstärken der Schwärzung im Negativ
D. Diapositive durch Abschwächen aufhellen
E. Ton- oder Farbwertverminderung (auf das gedruckte Bild bezogen)

**102**

*Welcher reprotechnische Fachausdruck ist in kurzer Form richtig erläutert?*
A. Freistellen = Hintergrund eines Gegenstandes auf der Vorlage entfernen
B. Maske = Negativer Farbauszug mit einzelnen Teilfarben
C. Schatten = die Mitteltöne einer Bildvorlage oder eines Druckes
D. Duplikatdiapositiv = Kontaktabzug einer Halbtonvorlage auf Fotopapier
E. Decker = Spritzapparat für spezielle Retuschefarben

# 4 Farbprüfverfahren und Andruck

**1**
*Ein Vorteil der Farbprüfverfahren ist, daß ...*
A. eine Farbskala hergestellt wird.
B. kein Andruck hergestellt werden muß.
C. alle Bedruckstoffe benutzt werden können.
D. die Farben beliebig abgestimmt werden können.
E. Originaldruckfarben verwendet werden können.

**2**
*Zu welchem Zweck wird das Cromalin-Verfahren eingesetzt?*
A. Farbprüfverfahren
B. Kopierverfahren für eloxierte Offsetplatten
C. Stabilisierung der Bildstellen vorbeschichteter Offsetdruckplatten
D. Elektronische Seitenmontage für Farbdrucke
E. Prüfverfahren für Montagen mehrfarbiger Druckarbeiten

**3**
*Wozu dient die Andruckskala in erster Linie?*
A. Zur Überprüfung des Passers
B. Zur Abstimmung der Farb- und Tonwerte
C. Zur Überprüfung der Kopiervorlagen
D. Zur Farbdichtemessung
E. Um zu prüfen, ob richtig ausgedruckt wird

**4**
*Warum werden beim Andruck Kontrollstreifen mitgedruckt?*
A. Weil der Kunde es wünscht
B. Damit der Maschinendrucker sieht, um welche Farben es sich handelt
C. Damit der Reprofotograf und der Lithograf ihre Arbeit beurteilen können
D. Damit die Farbdichte kontrolliert werden kann
E. Damit die Farbdichte und der Tonwertzuwachs kontrolliert werden können

**5**
*Was bezeichnet man als Naß-in-Naß-Druck?*
A. Druck auf Mehrfarbenmaschinen
B. Schön- und Widerdruck auf umstellbaren Maschinen
C. Druck auf Einfarbenmaschinen
D. Druck auf Andruckpressen
E. Druck mit viel Feuchtung

**6**
*Was ist ein Blankodruck nach DIN?*
A. Abdruck einer Farbe eines Farbsatzes
B. Unbedruckter Bogen
C. Druckbogen mit unbedruckten Stellen für späteren Eindruck
D. Korrekturabzug     E. Andruckskala

**7**
*Was ist der Hauptunterschied zwischen dem Fortdruck und dem Andruck, wenn der Andruck nicht fortdruckgerecht ausgeführt wird?*
A. Die Farbdichte im Vollton stimmt nicht
B. Es wurden Farben eines anderen Farbherstellers benutzt
C. Der Passer stimmt nicht
D. Die Bilder der Fortdruckform stammen aus verschiedenen Andrucken
E. Der Raster ist im Fortdruck voller

**8**
*Warum wird den Druckfarben im Andruck manchmal Transparentweiß beigemischt?*
A. Damit die Farben „glatter" auf dem Papier liegen
B. Damit die Farben nicht so schnell trocknen
C. Damit die Fortdruckmaschine nicht so kräftig Farbe führen muß
D. Damit es offener druckt
E. Um eine größere Tonwertzunahme zu erzielen

**9**
*Aus wieviel Bogen besteht eine komplette Andruckskala für den Vierfarbendruck in der Regel?*
A. 4     B. 6     C. 7     D. 8     E. 10

**10**
*Aus wieviel Bogen besteht eine vollständige Andruckskala für einen 6farbigen Prospekt?*
A. 6     B. 7     C. 9     D. 10     E. 11

**11**
*Welche Aussage beschreibt das wichtigste Kennzeichen eines fortdruckgerechten Andrucks?*
A. Die Andruckplatte muß voller als die Fortdruckplatte kopiert werden.
B. Die Andruckplatte muß spitzer als die Fortdruckplatte kopiert werden.
C. Der Andruck muß so punktgenau wie möglich gedruckt werden.
D. Der Andruck muß mit einem bestimmten Tonwert spitzer gedruckt werden.
E. Der Andruck muß mit einem bestimmten Tonwertzuwachs gedruckt werden.

**12**
*Eine Forderung an den Andruck ist der fortdruckgerechte Andruck. Dazu kann der Andrucker verschiedene Manipulationen anwenden. Welche ist jedoch nicht geeignet?*
A. Verstärken des Plattendrucks
B. Verschneiden der Farbe mit Lasurweiß
C. Verschneiden der Farbe mit Druckhilfsmittel
D. Weicherer Gummizylinderaufzug
E. Platte spitzer kopieren

**13**
*Welche Angabe über die Rasterwiedergabe beim Andruck ist richtig, wenn dieser fortdruckgerecht ausgeführt wird?*
A. Es wird möglichst punktgenau gedruckt.
B. Es wird etwas voller gedruckt, als dies optimal möglich wäre.
C. Es wird etwas spitzer gedruckt.
D. Ob punktgenau oder spitzer gedruckt wird, hängt von den Lithos und dem Auflagenpaier ab.
E. Ob punktgenau oder voller gedruckt wird, hängt von den Wünschen des Kunden ab.

**14**
*Wozu wird eine Andruckskala hauptsächlich angefertigt?*
A. Für den Kunden
B. Um die Farbdichte besser beurteilen zu können
C. Um dem Retuscheur die Arbeit zu erleichtern
D. Um dem Drucker das Abstimmen zu erleichtern
E. Um den Passer besser beurteilen zu können

**15**
*Warum läßt sich in Flach-Andruckmaschinen das Druckfundament sehr tief absenken?*
A. Damit kann die Druckbeistellung feiner reguliert werden.
B. Damit kann auch bei hohem Gummizylinderaufzug noch der richtige Druck eingestellt werden.
C. Es können somit auch Blechtafeln oder dicke Kunststoffplatten bedruckt werden.
D. Es können somit auch dicke Mehrmetallplatten gedruckt werden.
E. Damit wird die Walzeneinstellung zur besseren Einfärbung reguliert.

**16**
*Welches ist nach DIN die richtige Bezeichnung für eine Flachoffset-Andruckpresse?*
A. Flachbett-Rotationsmaschine
B. Überroll-Offsetdruckmaschine
C. Überroll-Flachbettmaschine
D. Offset-Flachbettmaschine
E. Offset-Andruckmaschine

**17**
*Welchen Hauptzweck hat das gekühlte Plattenfundament in einer Andruckmaschine?*
A. Dadurch lassen sich auch dünnflüssige Farben besser verdrucken.
B. Feuchtwasserzusatzmittel werden dadurch überflüssig.
C. Dadurch können auch bei höheren Raumtemperaturen noch gute Andrucke erzielt werden.
D. Dadurch läßt sich die Farbgebung besser gleichmäßig halten.
E. Dadurch ist eine gleichmäßige geringe Feuchtung besser möglich.

**18**
*Welchen Vorteil bringt es, wenn der Andruck auf einer Bogenoffsetmaschine hergestellt wird?*
A. Der Fortdruck erreicht dann besser das Andruckergebnis.
B. Der Andruck ist so schneller und billiger herzustellen.
C. Es fällt weniger Makulatur an.
D. Der Passer der Andrucke ist genauer.
E. Flächen und Raster drucken besser.
F. Der Tonwertzuwachs ist auf der Bogenoffsetmaschine geringer.

**19**
*Welches war vor der Standardisierung die häufigste Farbreihenfolge beim Druck auf Zweifarben-Offsetmaschinen?*
A. Cyan - Gelb und Schwarz - Magenta
B. Cyan - Magenta und Gelb - Schwarz
C. Cyan - Schwarz und Magenta - Gelb
D. Schwarz - Cyan und Magenta - Gelb
E. Cyan - Gelb und Magenta - Schwarz

**20**
*Welches ist die häufigste Farbreihenfolge auf der Vierfarbmaschine?*
A. Cyan - Gelb - Magenta - Schwarz
B. Cyan - Magenta - Gelb - Schwarz
C. Cyan - Gelb - Schwarz - Magenta
D. Schwarz - Cyan - Gelb - Magenta
E. Schwarz - Cyan - Magenta - Gelb

**21**
*Welches war vor der Standardisierung die gebräuchlichste Farbreihenfolge für den Andruck?*
A. Cyan - Magenta - Schwarz - Gelb
B. Cyan - Gelb - Magenta - Schwarz
C. Schwarz - Cyan - Magenta - Gelb
D. Schwarz - Cyan - Gelb - Magenta

**22**
*Welche Farbreihenfolge wird im Standardisierungskonzept für den Andruck empfohlen, damit die Reihenfolge der Vierfarbmaschine besser angeglichen ist?*
A. Cyan - Gelb - Magenta - Schwarz
B. Schwarz - Cyan - Gelb - Magenta
C. Schwarz - Magenta - Gelb - Cyan
D. Cyan - Gelb - Schwarz - Magenta
E. Cyan - Magenta - Gelb - Schwarz

**23**
*Wie wird an einer Flachoffsetpresse der Druck zwischen Platte und Gummi verändert?*
A. Heben und Senken des Plattenfundaments
B. Heben und Senken des Druckfundaments
C. Gummizylinder tiefer stellen
D. Gummizylinderaufzug verstärken
E. Platte mit Unterlagbogen unterlegen

Farbprüfverfahren und Andruck

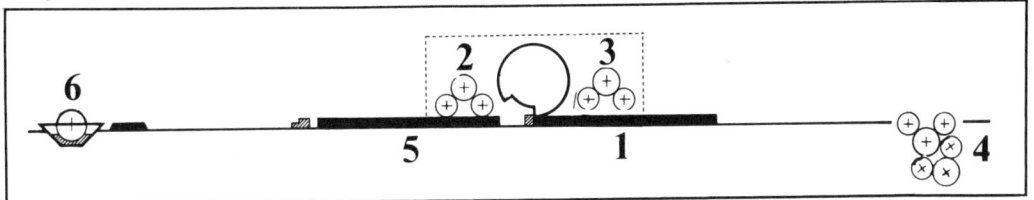

**24**
*Die Zeichnung zeigt stark vereinfacht das Schema einer Flachoffsetpresse. Welche Ziffer kennzeichnet die Farbauftragswalzen?*
A. Ziffer 1   B. Ziffer 2   C. Ziffer 3
D. Ziffer 4   E. Ziffer 5

**25**
*Welche Ziffer kennzeichnet das Druckfundament?*
A. Ziffer 1   B. Ziffer 2   C. Ziffer 3
D. Ziffer 4   E. Ziffer 5

**26**
*Welche Ziffer kennzeichnet die Feuchtwalzen?*
A. Ziffer 1   B. Ziffer 2   C. Ziffer 3
D. Ziffer 4   E. Ziffer 5

**27**
*Was muß beim maschinengerechten Andruck berücksichtigt werden?*
A. Er muß von voller kopierten Platten erfolgen.
B. Er muß von spitzer kopierten Platten erfolgen.
C. Der Tonwertverlust der Fortdruckmaschine muß berücksichtigt werden.
D. Der Tonwertzuwachs der Fortdruckmaschine muß berücksichtigt werden.
E. Der Andruck muß sehr sorgfältig und möglichst punktgenau erfolgen.

**28**
*Welche der nachstehend genannten Aufgaben kommt dem Andruck eigentlich* nicht *zu?*
A. Kontrolle der Retusche an Schwarzweißbildern
B. Korrekturlesen der Texte
C. Kontrolle der Farbkorrektur an Mehrfarbenbildern
D. Vorlage des Reproduktionsergebnisses beim Kunden
E. Herstellen einer Farbskala

**29**
*Wodurch unterscheiden sich Andruckfarben von Fortdruckfarben?*
Andruckfarben....
A. sind pigmentreicher
B. sind pigmentärmer und von weicher Konsistenz
C. sind schneller trocknend und von höherer Viskosität
D. haben mehr Glanz
E. schlagen schneller weg

**30**
*Welcher Hinweis zum standardisierten Andruck ist falsch?*
A. Andruckplatten sind etwa 10% voller zu kopieren.
B. Maschinen- und Andruckplatten sind von gleichen Kopiervorlagen zu kopieren.
C. Es ist möglichst auf Maschinenstand anzudrucken.
D. Die Druckkennlinie der Fortdruckmaschine ist Arbeitsgrundlage für die Reproduktion und den Andruck.
E. Gezieltes Verschneiden der Druckfarbe verringert die Farbzügigkeit, der Andruck wird ähnlich dem Fortdruck voller.

**31**
*Welche Folgen hat ein zu dicker oder zu dünner Gummizylinderaufzug an einer Flachoffset-Andruckmaschine?*
A. Die Abwicklung stimmt nicht, was ein schlechtes Druckergebnis bringt.
B. Der Platten- und Papierdruck ist nicht einstellbar.
C. Die Flächen drucken schlechter.
D. Das Papier bekommt Falten.
E. Die Druckplatte kann nicht gleichmäßig eingefärbt werden.

**32**
*Welches wesentliche Problem zeigt sich im Fortdruck, wenn nicht fortdruckgerecht angedruckt worden ist?*
A. Die Farbdichte im Vollton ist nicht zu erreichen.
B. Der Raster ist im Fortdruck voller.
C. Der Raster ist im Fortdruck spitzer.
D. Der Passer ist kaum zu erreichen.
E. Die Druckfarben verschmutzen leichter.

**33**
*Was unterscheidet einen Andruck auf Flachoffsetpressen zum Fortdruck auf Produktionsmaschinen, wenn in beiden Fällen möglichst punktgenau gedruckt wird?*
A. Die Punktzunahme ist im Andruck geringer.
B. Die Farbstärke ist im Andruck größer.
C. Die Wassermenge ist im Andruck größer.
D. Produktionsmaschinen laufen langsamer.
E. Die Tonwertzunahme ist im Andruck größer.

**34**
*In der Farbreproduktion wurde ein Graukeil mitreproduziert. Wie sollte dieser im Andruck aussehen?*
A. Gleichmäßig schwarz   B. Neutral grau
C. Alle Stufen müssen gleiche densitometrische Meßwerte ergeben   D. Leicht rötlich
E. Die Grauskala darf kein Moiré zeigen

# 5 Grundlagen der Druckformherstellung

Bogenwendung (Umschlagen, Umstülpen) ● Umdrehen ● Trennschnitt, Beschnitt ● Ausschießen

**1**
In einem Lexikon für die Druckindustrie steht folgende Aussage: „Bezeichnung für das erstmalige Bedrucken des Bedruckstoffes bei zweiseitigem Druck." Zu welchem Stichwort gehört dieser Satz?
A. Umschlagen   B. Bogenwendung
C. Umstülpen    D. Schöndruck
E. Widerdruck

**2**
Welches ist keine Bogenwendung für beidseitigen Druck?
A. Umschlagen   B. Umstülpen
C. Umdrehen     D. Schön- und Widerdruck

**3**
Mit Widerdruck bezeichnet man...
A. immer den Druckgang, der in der Maschine rechts auf der Bedienungsseite gezogen wird.
B. immer den Druckgang, der in der Maschine links auf der Antriebsseite gezogen wird.
C. immer den Druck auf der zweiten Bogenseite.
D. immer den Druck, der drucktechnisch anspruchsvoller ist, also z.B. vierfarbige Bilder.
E. immer den Druck auf die erste Bogenseite.

**4**
Der Druckbogen wird wie abgebildet gewendet. Welches ist der richtige Fachausdruck?
A. Umstülpen
B. Umschlagen
C. Umwenden
D. Umlegen
E. Umdrehen

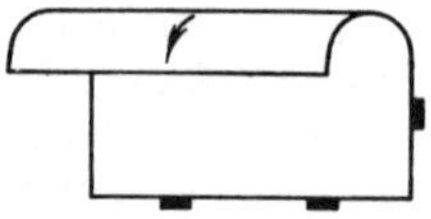

**5**
Wie muß dieser Bogen gedruckt werden?
A. Zum Umschlagen   B. Zum Umstülpen 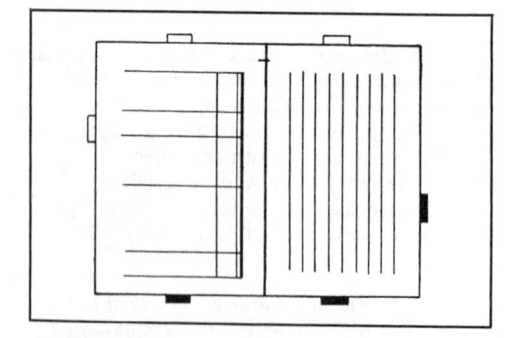
C. Zum Schön- und Widerdruck
D. Zum Umdrehen

**6**
Was bezeichnet man als Register (nach DIN)?
A. Den Passer mehrerer Farben
B. Das Lochsystem bei der Montage und Kopie
C. Das Aufeinandertreffen von Schön- und Widerdruck
D. Die axiale Zylinderverstellung zum Einpassen
E. Die radiale Zylinderverstellung zum Einpassen

**7**
Der abgebildete Bogen soll umschlagen werden. Wie ist er zu drehen?

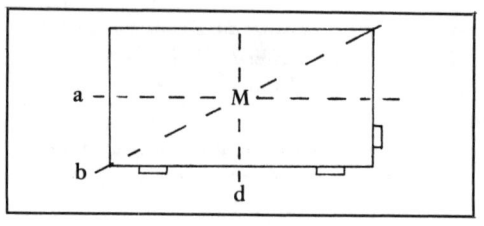

A. Um die Achse a    B. Um die Diagonale b
C. Um den Mittelpunkt M   D. Um die Achse d
E. Keine der Angaben ist richtig

**8**
Wann müssen bei der Einteilung zwei Greiferränder berücksichtigt werden?
A. Immer, wenn umschlagen wird
B. Immer, wenn umstülpt wird
C. Beim Umschlagen mit einer Form
D. Beim Umschlagen mit zwei Formen
E. Nur beim Umstülpen mit einer Form
F. Nur beim Umstülpen mit zwei Formen

**9**
Wann muß der Drucker für den Widerdruck die andere Seitenmarke einschalten?
A. Immer, wenn umschlagen wird
B. Immer, wenn umstülpt wird
C. Nur beim Umschlagen mit einer Form
D. Nur beim Umschlagen mit zwei Formen
E. Nur beim Umstülpen mit einer Form

**10**
Ein Prospekt 4 Seiten, gefalztes Format DIN A4, soll auf einer DIN-A3-Maschine, z.B. GTO, gedruckt werden. Wie kann dies geschehen?
A. Zum Umschlagen mit einer Form
B. Zum Umschlagen mit zwei Formen = Schön- und Widerdruck
C. Mit zwei Nutzen zum Umstülpen
D. Zum Umdrehen mit zwei Formen

## Bogenwendung · Trennschnitt, Beschnitt

**11**
*Welche Aussage trifft auf den Begriff Passer zu? (Festlegung nach DIN)*
A. Beim Mehrfarbendruck das genaue Über- oder Nebeneinander der einzelnen Farben
B. Genaue Bogenanlage
C. Aufeinandertreffen der Vorder- und Rückseite bei doppelseitigem Druck
D. Die Aussagen A und C stimmen
E. Die Aussagen A, B und C stimmen

**12**
*Wann erhält man immer zwei Drucknutzen?*
A. Nur beim Umschlagen mit einer Form
B. Nur beim Umschlagen zum Schön- und Widerdruck
C. Nur beim Umdrehen
D. Beim Umstülpen in der Schön- und Widerdruckmaschine
E. Beim Umschlagen mit einer Form, beim Umstülpen mit einer Form und beim Umdrehen

**13**
*Wie hoch ist die Druckzahl für eine Auflage 10 000 zweiseitiger Prospekte, einfarbig, gedruckt zum Umschlagen mit einer Form?*
A. 2500   B. 5000   C. 10 000
D. 15 000   E. 20 000

**14**
*Wie groß muß der Druckbogen mindestens sein für 8 Seiten A5, gedruckt zum Umschlagen mit einer Form?*
A. DIN A5   B. DIN A4   C. DIN A3
D. DIN A2   E. DIN A1

**15**
*Wie wird der Bogen in umstellbaren Schön- und Widerdruckmaschinen gedruckt?*
A. Er wird umschlagen mit einer Form.
B. Er wird umstülpt mit einer Form.
C. Er wird umschlagen mit zwei Formen.
D. Er wird umstülpt mit zwei Formen.
E. Er wird umdreht mit zwei Formen.

**16**
*Ein achtseitiger Bogen, gefalztes Format DIN A4, wird gedruckt. Wie groß muß das Papier mindestens sein, wenn zum Umschlagen mit einer Form gedruckt wird?*
A. A4   B. A5   C. A3   D. A2   E. A1

**17**
*Ein achtseitiger Bogen, gefalztes Format DIN A4, wird gedruckt. Wie groß muß das Papier mindestens sein, wenn zum Umschlagen mit zwei Formen gedruckt wird?*
A. A4   B. A5   C. A3   D. A2   E. A1

**18**
*Es soll ein einfarbiger Umschlag, vierseitig DIN A5, in mittlerer Auflage gedruckt werden. Zur Verfügung steht eine Maschine mit einem Format etwas über DIN A3. Welches ist die beste und billigste Möglichkeit?*
A. Umschlagen mit einer Form
B. Umschlagen zum Schön- und Widerdruck
C. Umstülpen mit einer Form
D. Umdrehen mit zwei Formen

**19**
*Warum soll beim Umschlagen für den Widerdruck die Seitenmarke in der Maschine gewechselt werden?*
A. Um für den Widerdruck einen guten Passer zu erzielen
B. Damit das Register zwischen Schön- und Widerdruck stimmt
C. Um die Seitenanlage der Bogen besser beobachten zu können
D. Damit der Passer zwischen Schön- und Widerdruck stimmt

**20**
*Wann ist ein dreiseitiger Beschnitt notwendig, um ein gutes Register zu erzielen?*
A. Immer, wenn ein Bogen beidseitig bedruckt werden soll
B. Beim Umschlagen mit einer Form
C. Beim Umschlagen mit zwei Formen
D. Beim Umstülpen
E. Beim Druck auf umstellbaren Schön- und Widerdruckmaschinen

**21**
*Am Buchdruck-Tiegel kann man die Seitenanlage nicht auf die andere Seite umstellen. Welche Anforderungen müssen gestellt werden, damit ein gutes Register zwischen Schön- und Widerdruck erzielt wird?*
A. Das Papier muß etwas größer sein, damit die Nutzen anschließend noch beschnitten werden können.
B. Die Bogen müssen an der Anlegeecke mit einem zweiseitigen Winkelschnitt versehen sein.
C. Das Papier muß mindestens dreiseitig beschnitten sein.
D. Es kann nur Karton benutzt werden, weil er steifer ist und sich besser anlegen läßt.

**22**
*Bei welcher Art, den Bogen zweiseitig zu bedrucken, haben Papiergrößendifferenzen keinen Einfluß auf das genaue Aufeinandertreffen von Vorderseiten- und Rückseitendruck?*
A. Immer, wenn umschlagen wird
B. Immer, wenn umstülpt wird
C. Beim Umschlagen mit einer Form
D. Beim Umschlagen mit zwei Formen
E. Beim Umstülpen mit einer Form

### 23
Ein zweiseitiges Werbeblatt DINA3 wird gedruckt zum Umschlagen mit einer Form. Wie groß muß der Druckbogen mindestens sein?
A. DINA4   B. DINA3   C. DINA2
D. DINA1   E. DINA0

### 24
Vierseitige Prospekte, Endformat DINA5, sollen gedruckt werden zum Umschlagen mit zwei Formen. Wie groß müssen die Druckbogen mindestens sein?
A. DINA5   B. DINA4   C. DINA3
D. DINA2   E. DINA1

### 25
Achtseitige Werkdruckbogen sind zu drucken. Gefalztes Format DINA4. Es wird zum Umschlagen mit einer Form gedruckt. Welches der in der Papierpreisliste aufgeführten Bogenformate ist zu bestellen?
A. 43 cm x 61 cm     B. 50 cm x 70 cm
C. 61 cm x 86 cm     D. 63 cm x 88 cm
E. 70 cm x 100 cm

### 26
Wie hoch ist die Druckzahl für eine Auflage mit 5000 Werbeblättern, DINA4, zweiseitig, einfarbig, gedruckt zum Umschlagen mit 2 Formen?
A. 2000    B. 5000    C. 7500
D. 10000   E. 20000

### 27
Wieviel Druckbogen werden benötigt für 10 000 zweifarbige Prospekte DINA4, wenn zum Umschlagen (mit einer Form) gedruckt wird?
A. 2500 Bogen      B. 5000 Bogen
C. 20 000 Bogen    D. 10 000 Bogen

### 28
Folgende Anweisung für das Umstülpen in einer Einfarbenmaschine enthält einen sachlichen Fehler.
A. Der Schöndruck wird meist auf der Bedienungsseite gezogen (geschoben).
B. Das Papier wird umstülpt, und zwar so, daß die Bogenhinterkante nach vorne kommt.
C. Die Vordermarken bleiben unverändert oder werden nur geringfügig verändert, um für den Widerdruck das richtige Register zu erreichen.
D. Die Seitenmarke auf der Bedienungsseite wird abgestellt und die auf der Antriebsseite angestellt.
E. Der Widerdruck erfolgt mit der gleichen Platte wie der Schöndruck.

### 29
Wieviel Montagen (Platten) müssen gemacht werden für folgende Arbeit? Werkdruckbogen, 8 Seiten; es wird gedruckt zum Umschlagen mit einer Form.
A. 1   B. 2   C. 4   D. 8   E. 16

### 30
Zu welchem Druckvorgang gibt es keinen Widerdruck?
A. Beim Umdrehen
B. Beim Umschlagen mit einer Form
C. Beim Umschlagen mit zwei Formen
D. Beim Umstülpen
E. Beim Umstülpen in umstellbaren S + W-Druckmaschinen

### 31
Wie viele Bogenmontagen (Druckplatten) sind für folgenden Druckauftrag nötig? Werkdruckbogen, 8 Seiten; es wird gedruckt zum Umschlagen zum Schön- und Widerdruck
A. 1   B. 2   C. 4   D. 8   E. 16

### 32
Wie viele Bogenmontagen (Druckplatten) müssen für folgenden Druckauftrag gemacht werden? 16 Seiten; es wird gedruckt auf einer umstellbaren Schön- und Widerdruckmaschine.
A. 1   B. 2   C. 4   D. 8   E. 16

### 33
Wie viele Druckplatten sind notwendig? Vierseitiger Prospekt, 2/2 farbig, gedruckt in einem Durchlauf auf einer umstellbaren Schön- und Widerdruckmaschine (umstülpen).
A. 1   B. 2   C. 4   D. 8   E. 16

### 34
Wieviel Drucke sind notwendig für eine Auflage von 5000 zweiseitigen Prospekten, 1/1 farbig, wenn zum Umschlagen mit zwei Formen gedruckt wird?
A. 2500    B. 5000    C. 10000
D. 20000   E. 25000

### 35
Wie groß soll der Beschnitt mindestens sein?
A. 1mm   B. 3mm   C. 5mm   D. 6mm   E. 10mm

### 36
Die Abbildung zeigt einen 8seitigen Bogen für eine Broschur mit Fadenheftung. Welcher Beschnitt ist falsch?

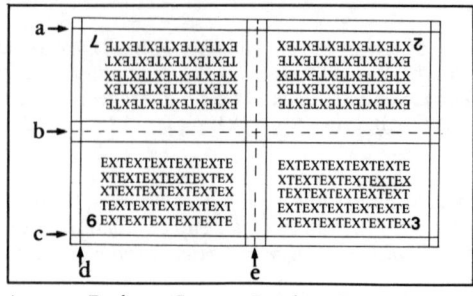

A. a   B. b   C. c   D. d   E. e

**37**
*Diese achtseitigen Bogen werden für ein Buch mit Fadenheftung benötigt. An welcher Stelle ist beim Einteilungsbogen kein Beschnitt vorzusehen?*
A. B. C. D. E. F.

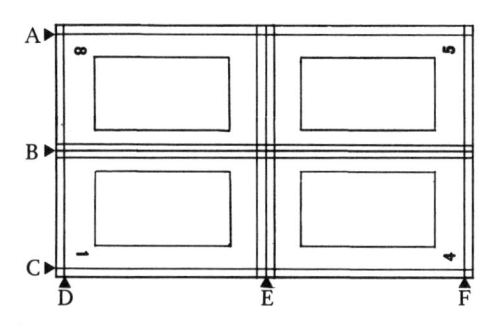

**38**
*Die achtseitigen Bogen werden für eine klebegeheftete Broschur benötigt. Wo wird ein Beschnitt benötigt?*
A. Nur bei B  B. Nur bei E
C. Bei B, C und E
D. A, B, C, D und E  E. A bis F

**39**
*Welcher wesentliche Fehler entsteht, wenn bei randabfallenden Bildern kein Beschnitt vorgesehen wurde?*
A. Unterstrahlen bei der Kopie
B. Weiße Streifen am Bildrand nach dem Schneiden
C. Bildunschärfe am Bildrand
D. Paßungenauigkeiten
E. Am Bildrand „blitzen" die vier Farben

**40**
*Bei welchen Druckerzeugnissen wird der Umschlag (Einband) ebenfalls dreiseitig beschnitten?*
A. Bei Büchern
B. Bei Broschuren
C. Bei Heften
D. Bei Büchern, Heften und Broschuren
E. Bei Broschuren und Heften

**41**
*Postkarten sollen mit angeschnittenen Bildern gedruckt werden. Endformat DIN A6. Wie groß muß das gedruckte Bild mindestens sein?*
A. 10,5 cm x 14,8 cm
B. 10,8 cm x 15,1 cm
C. 11,1 cm x 15,4 cm
D. 14,8 cm x 21 cm
E. 15,1 cm x 21,3 cm

**42**
*Auf einem Druckbogen sind 6 Nutzen vierfarbige randabfallende Bilder. Welche Aussage ist richtig?*
A. Zwischen den Nutzen ist ein Trennschnitt einzuplanen.
B. Zwischen den Nutzen ist ein Beschnitt von 3 mm einzuplanen.
C. Zwischen den Nutzen ist ein Beschnitt von mindestens 2 x 3 mm einzuplanen.
D. Zwischen den Nutzen sind mindestens 2 x 6 mm einzuplanen.

**43**
*Auf einem Bogen werden 8 Nutzen DIN A 4 gedruckt. Innerhalb der Nutzen stehen vierfarbige Bilder 18 cm x 24 cm. Welche Aussage zur Anordnung ist richtig?*
A. Zwischen den Nutzen genügt ein Trennschnitt.
B. Zwischen den Nutzen ist ein Beschnitt von 3 mm vorzusehen.
C. Zwischen den Nutzen ist ein Beschnitt von 2 x 3 mm vorzusehen.
D. Es muß zum Umschlagen gedruckt werden, Zwischenschnitt kann entfallen.
E. Für den Zwischenschnitt sind 4 mm, für den Greiferrand mindestens 20 mm erforderlich.

**44**
*Dieses Etikett, einfarbig schwarz, wird zu mehreren Nutzen auf einem Bogen gedruckt. Es wird randabfallend beschnitten. Welche Aussage ist richtig?*

A. Zwischen den Nutzen genügt ein Trennschnitt.
B. Zwischen den Nutzen muß ein Beschnitt von 3 mm eingeplant werden.
C. Zwischen den Nutzen muß ein Beschnitt von 2 x 3 mm eingeplant werden.

**45**
*Mit dem Fachausdruck „ausschießen" meint man...*
A. das Ausgleichen der Wortabstände beim Setzen, damit Blocksatz erzielt wird.
B. den Bleisatz mit einer Schnur zusammenzuhalten.
C. die Zeilenabstände durch Einfügen von Blindmaterial zu vergrößern.
D. Makulaturbogen zwischen gedruckte Bogen einzulegen.
E. das Anordnen der Seiten bei Einteilung und Montage, damit nach dem Falzen die richtige Reihenfolge entsteht.

# 5                                           Ausschießen

**46**
Welche der nachfolgend abgebildeten Kolumnen (Seiten) hat Querformat?

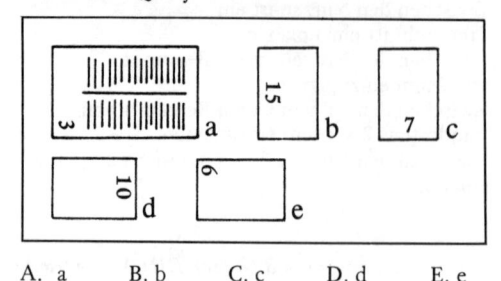

A. a     B. b     C. c     D. d     E. e

**47**
Die üblichen Ausschießregeln gelten für normale Kreuzbrüche. Welche Regel enthält einen sachlichen Fehler?
A. Zwei Seiten über den Bund addiert, ergeben soviel wie die erste und letzte Seite zusammen.
B. Die Seiten stehen Kopf an Kopf.
C. Vom Fuß der Seite aus gesehen, stehen die Seiten mit ungeraden Ziffern rechts vom Bund.
D. Ungerade Seiten haben den Zeilenanfang am Bund.

**48**
An welcher Ecke muß die Bogenanlage in der Druckmaschine erfolgen?

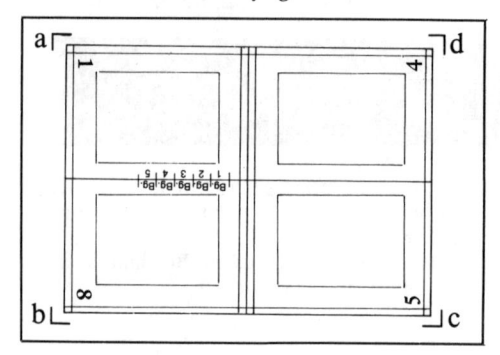

A. An der Ecke a
B. An der Ecke b
C. An der Ecke c
D. An der Ecke d
E. Dies ist ohne Einschränkung an allen vier Ecken möglich

**49**
Welche Seite gehört zur inneren Form des 3. Bogens zu 16 Seiten?
A. 33    B. 40    C. 41    D. 44    E. 47

**50**
Welche Abbildung zeigt das Ausschießschema für 8 Seiten Hochformat zum Umschlagen mit einer Form für gewöhnliches Papierformat?

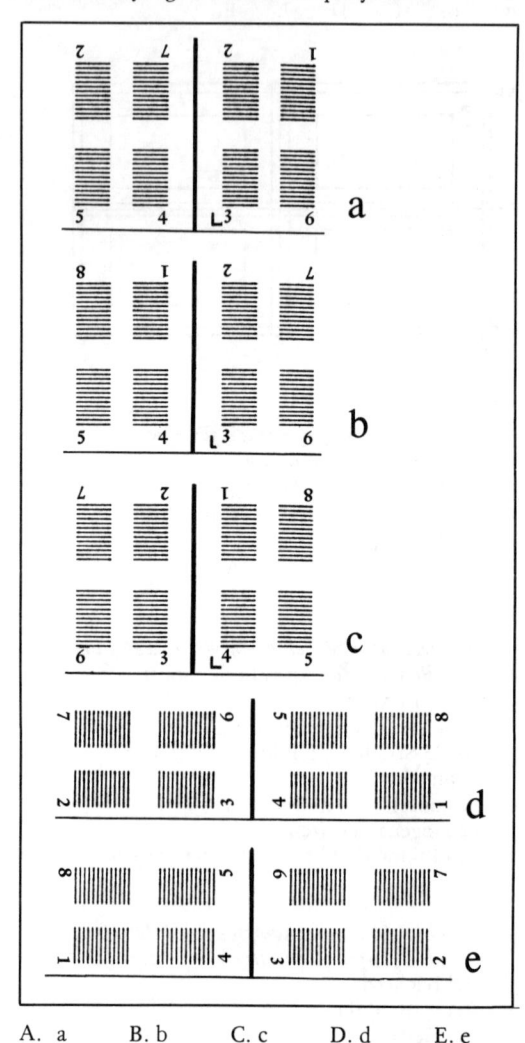

A. a     B. b     C. c     D. d     E. e

**51**
Welche Ausschießaufgabe stellt dieses Schema dar?
A. 4 Seiten zum Umschlagen
B. 4 Seiten zum Umstülpen
C. Äußere Form von 8 Seiten Querformat für Schön- und Widerdruck
D. Äußere Form von 8 Seiten Hochformat für Schön- und Widerdruck
E. Innere Form von 8 Seiten Querformat für Schön- und Widerdruck

Ausschießen

## 52

*Stellen Sie den Fehler des nachfolgenden Ausschießschemas und der Angaben dazu fest!*

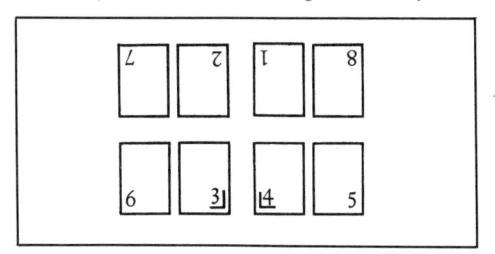

A. Über den Bund addiert, ergibt sich die Zahl 9.
B. Die Seiten 3/4 stehen an der Anlage.
C. Die Seiten stehen Kopf an Kopf.
D. Erste und letzte Seite stehen nebeneinander.
E. Ungerade Seiten stehen rechts vom Bundsteg.

## 53

*Es soll ein Bogen für 8 Seiten Hochformat gedruckt werden. Welches Schema zeigt die Seiten der äußeren Form auf der Montage?*

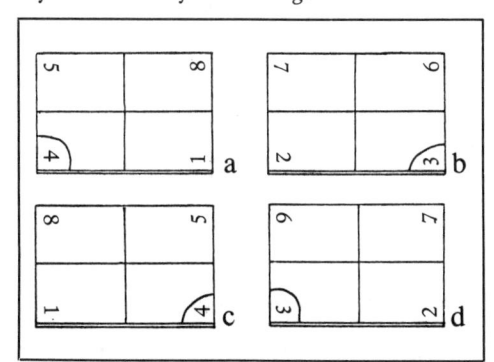

A. a   B. b   C. c   D. d

## 54

*Welches Schema ist für 4 Seiten Querformat zum Umstülpen richtig?*

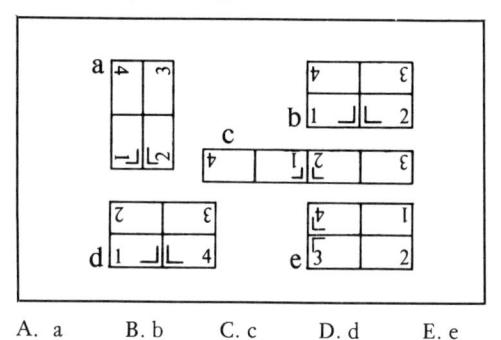

A. a   B. b   C. c   D. d   E. e

## 55

*Bestimmen Sie das zutreffende Ausschießschema für 4 Seiten Hochformat zum Umschlagen! Papier außergewöhnlich.*

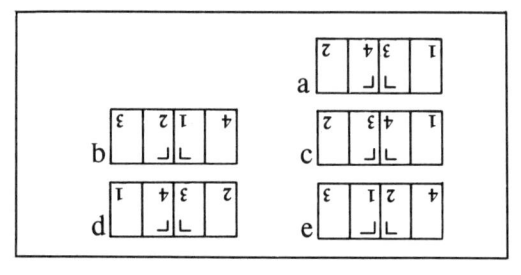

A. a   B. b   C. c   D. d   E. e

## 56

*Welchen Fehler enthält das Ausschießschema?*

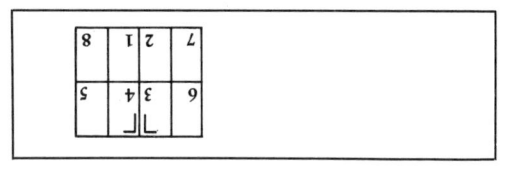

A. Seite 1 steht links vom Bundsteg.
B. Die Seiten 3/4 stehen an der Anlage.
C. Die Seiten stehen Kopf an Fuß.
D. Erste und letzte Seite stehen nebeneinander.
E. Über den Bund addiert, ergibt sich die Zahl 9.

## 57

*Welche Skizze zeigt das richtige Ausschießschema für 8 Seiten zum Umschlagen?*

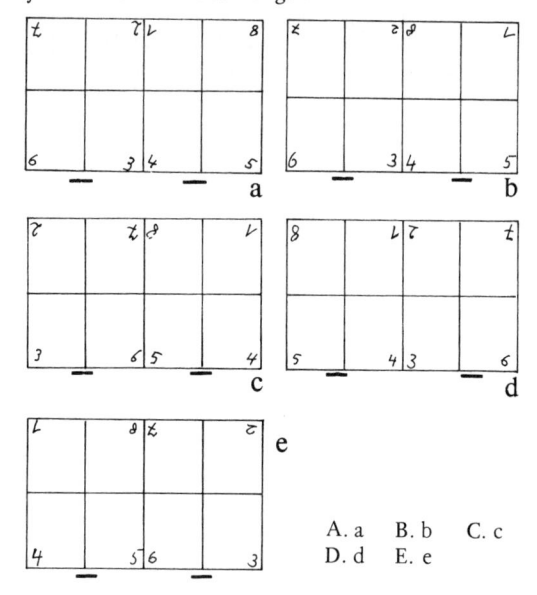

A. a   B. b   C. c
D. d   E. e

# 5

Ausschießen

**58**

*Ein Prospekt, 4 Seiten Einbruchfalz, soll zum Umschlagen für Schön- und Widerdruck gedruckt werden. Bestimmen Sie, welche Skizze als Vorlage für die Montage dienen kann!*

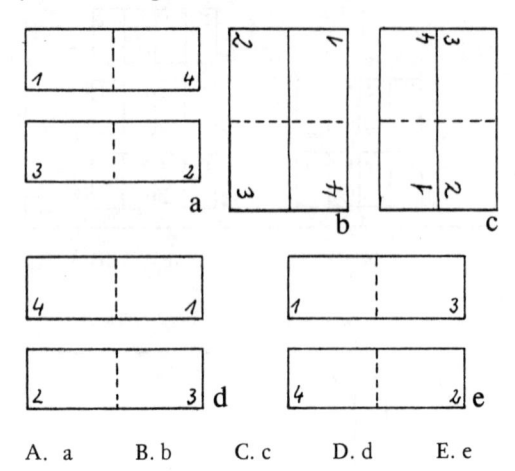

A. a   B. b   C. c   D. d   E. e

**59**

*Welches Ausschießschema ist für den Bogen 3 eines Heftes richtig, das in 12seitigen Bogen Hochformat gedruckt und weiterverarbeitet wird?*

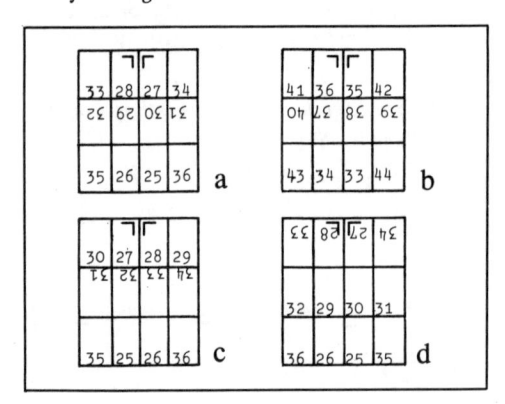

A. a   B. b   C. c   D. d

**60**

*Ein Buch wird in 16seitigen Bogen verarbeitet. Gedruckt wird in 2 Formen zu je 8 Seiten Schön- und Widerdruck. Aus welchen Seiten besteht die äußere Form des 5. Bogens?*
A. 66  67  70  71  74  75  78  79
B. 65  68  69  72  73  76  77  80
C. 81  84  85  88  89  92  93  96
D. 82  83  86  87  90  91  94  95
E. 33  34  35  36  37  38  39  40

**61**

*Die Kolumnenziffern der ersten und letzten Seite einer achtseitigen Druckform werden addiert und ergeben 121. Um welchen Bogen handelt es sich?*
A. Um den 7. Bogen   B. Um den 8. Bogen
C. Um den 15. Bogen   D. Um den 16. Bogen
E. Um den 17. Bogen

**62**

*Bestimmen Sie die Lage der Seite 5 einer 8seitigen Form, ausgeschossen zum Umschlagen, Papier gewöhnlich!*
A. Links neben der Seite 2
B. Rechts vom Bundsteg
C. Links von der Druckmaschinenanlage
D. Links vom Bundsteg

**63**

*Eine Zeitschrift besteht aus drei achtseitigen Bogen, die gesammelt werden. Welche Seiten gehören in den ersten Falzbogen?*
A. Seite 1 bis 8
B. Seite 25 bis 32
C. Seite 1 bis 4 und 21 bis 24
D. Seite 13 bis 16 und 17 bis 20

**64**

*Wie muß für den Offsetdruck ausgeschossen werden?*
A. Immer seitenrichtig, weil es ein indirektes Verfahren ist
B. Immer seitenverkehrt
C. Je nach Wendeart des Bogens seitenrichtig oder seitenverkehrt
D. Das richtet sich nach den Angaben auf der Auftragstasche
E. Ob seitenrichtig oder seitenverkehrt, richtet sich danach, ob Klebebindung oder Fadenheftung

**65**

*Welche Seiten stehen beim Ausschießen einer 16seitigen Form für Schön- und Widerdruck in der äußeren (Schöndruck-) Druckform?*
A. 1–4–5–7–9–10–13–16
B. 2–3–6–7–10–11–14–15
C. 1–4–5–8–10–11–13–16
D. 1–4–5–8–9–12–13–16
E. 1–2–7–8–9–10–15–16

**66**

*Welcher Falzbogen hat die Falzanlage nicht an den Seiten 3/4?*
A. 8 Seiten Hochformat
B. 8 Seiten Querformat
C. 16 Seiten Hochformat
D. 32 Seiten Hochformat

# 5.1 Druckformherstellung Offsetdruck

Einteilung ● Montage ● Druckplatten ● Kopierverfahren: Allgemeine Grundlagen, Positivkopie, Negativkopie, Mehrmetallplattenkopie ● Kopiermaschine ● Kopiekontrolle ● Plattenkorrektur

**1**
*Wozu wird ein Einteilungsbogen hergestellt?*
A. Er dient als Berechnungsbogen für die Maschinenkopie.
B. Als Einteilungsplan für die verschiedenen Druckarbeiten in der Maschine.
C. Er ist die Grundlage für die Druckformmontage.
D. Zum besseren Einpassen von Farbsätzen bei der Montage.
E. Der Druckformhersteller montiert die einzelnen Kopiervorlagen direkt auf den Einteilungsbogen.

**2**
*Welches Zeichengerät ist zum Zeichnen eines Einteilungsbogens nicht gut geeignet?*
A. Bleistift 3B
B. Kugelschreiber Feinstrich
C. Tuschefüller 0,25 mm
D. Tuschefüller 0,35 mm

**3**
*Es wird eine Einteilung erstellt. Welches sind die ersten beiden Linien, die gezeichnet werden?*
A. Mittelsenkrechte, Mittelwaagrechte
B. Druckbeginn, Nutzen
C. Nutzen, Beschnitt
D. Mittelsenkrechte, Satzspiegel
E. Grundlinie, Mittelsenkrechte

**4**
*Welche Linien sollte man im Einteilungsbogen zweckmäßigerweise in einer zweiten Farbe zeichnen?*
A. Grundlinie       B. Falzlinien
C. Beschnitt        D. Schneidelinien
E. Satzspiegel

**5**
*Welche Linien sollte man im Einteilungsbogen zweckmäßigerweise gestrichelt einzeichnen?*
A. Falzlinien       B. Schneidelinien
C. Beschnitt        D. Paßkreuze
E. Greiferrand

**6**
*Was bezeichnet man als Layout?*
A. Skizze für den Einteilungsbogen
B. Muster für einen Farbton
C. Einteilungsbogen
D. Ausschießschema
E. Genaue, verbindliche Anordnung von Bild und Text

**7**
*Welche Arbeitsunterlage muß vor der Einteilung von mehrseitigen Drucksachen (z.B. Broschuren) vorhanden sein?*
A. Stanzkontur
B. Genaues Ausschießschema
C. Blankomuster
D. Blau- oder Rotkopie
E. Einteilungsbogen mit Millimetereinteilung

**8**
*Ein Druckbogen hat ein nutzbares Format von 40 cm x 60 cm. Es sollen Etiketten in der Größe 5 cm x 8 cm untergebracht werden. Wieviel Nutzen passen maximal auf den Bogen?*
A. 49   B. 52   C. 56   D. 60   E. 64

**9**
*Auf Druckbogen 50 cm x 70 cm sollen Karteikarten im Format 10 cm x 15 cm gedruckt werden. Wie viele Nutzen gehen auf den Bogen (Laufrichtung!)?*
A. 25   B. 21   C. 20   D. 15   E. 15

**10**
*Welche Hauptschwierigkeit entsteht durch nicht ganz genau winkelrechtes Arbeiten bei Erstellung einer Einteilung?*
A. Ungenauigkeiten bei der Weiterverarbeitung
B. Erschwertes Anlegen bei der Rahmenkopie
C. Erschwerung des Einrichtens an der Druckmaschine
D. Druckschwierigkeiten
E. Erschwertes Einpassen der Filme bei Montage mehrfarbiger Arbeiten

**11**
*Wie läßt sich die Rechtwinkligkeit einer Einteilung überprüfen?*
A. Durch Messen und Vergleichen der beiden Längs- und Schmalseiten
B. Wendeprobe: beidseitig Grund- und Mittellinie zeichnen und vergleichen
C. Durch Anlegen eines Zeichenwinkels
D. Durch Messen und Vergleichen der Diagonalen

**12**
*Für einen Prospekt soll eine Einteilung auf Karton erstellt werden. Wie muß der Einteilungsbogen für den Offsetdruck gezeichnet sein?*
A. Seitenverkehrt
B. Seitenrichtig
C. Auf dem Kopf stehend
D. Das kommt auf den Auftrag an

## 5.1 Einteilung

**13**

*Wie läßt sich am besten überprüfen, ob ein Liniertisch rechtwinklig genau eingestellt ist?*
A. Den gezeichneten Bogen auf eine Millimeterfolie legen
B. Durch Anlegen eines Zeichendreiecks prüfen
C. Grundlinie und Mittelsenkrechte zeichnen, Papier umdrehen und nochmals eine Mittelsenkrechte zeichnen. In der Durchsicht kontrollieren
D. Einen Einteilungsbogen mit vielen kleinen Etiketten auslinieren, den Bogen in eine Schneidemaschine legen und durch Schneiden prüfen, ob die Linien stimmen

**14**

*Die Abbildung zeigt einen Einteilungsbogen für den Offsetdruck. Welcher Buchstabe kennzeichnet den Druckbeginn?*

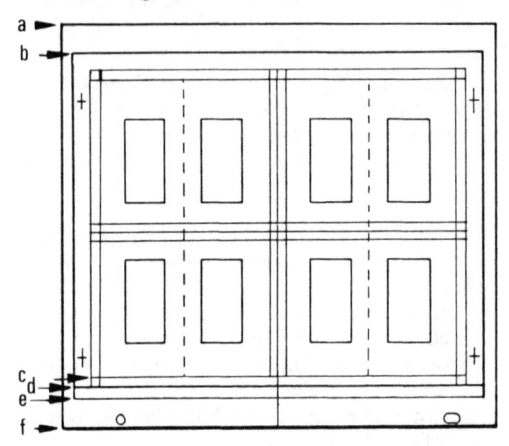

A. a   B. b   C. c   D. d   E. e   F. f

**15**

*Welcher Buchstabe kennzeichnet das Endformat des Nutzens?*
A. a   B. b   C. c   D. d   E. e   F. f

**16**

*Welches ist der Greiferrand?*
A. Abstand f bis e
B. Abstand c bis d
C. Abstand f bis d
D. Abstand d bis e
E. Abstand e bis c
F. Abstand b bis a

**17**

*Welcher Buchstabe kennzeichnet die Druckplattenkante?*
A. a   B. b   C. c   D. d   E. e   F. f

**18**

*Die vordere Druckbogenkante kennzeichnet...*
A. a   B. b   C. c   D. d   E. e   F. f

**19**

*Sie fertigen einen Einteilungsbogen an. Die Grundlinie, der Greiferrand, das Druckformat sind eingezeichnet. Bestimmen Sie, wie die Arbeit richtig weitergeht! Einzuzeichnen sind als nächstes .....*
A. unbeschnittenes Nutzenformat, beschnittenes Nutzenformat, Satzspiegel.
B. beschnittenes Nutzenformat, Satzspiegel, Nutzenrohformat.
C. beschnittenes Nutzenformat, Rohnutzenformat, Satzspiegel.
D. Satzspiegel, beschnittenes Format, unbeschnittenes Nutzenformat.

**20**

*Wie groß ist der Abstand von der Plattenkante bis Druckbeginn bei Offsetmaschinen?*
A. Je nach Maschinentyp etwa 30 - 85 mm
B. Je nach Maschinentyp 10 - 15 mm
C. 5 mm   D. Immer 50 mm   E. Etwa 100 mm

**21**

*Welche Aussage über den Greiferrand ist richtig?*
A. Der Greiferrand beträgt etwa 3 mm
B. Der Greiferrand beträgt je nach Maschine zwischen 50 und 90 mm
C. Der Greiferrand ist bei allen Offsetmaschinen gleich
D. Der Greiferrand beträgt je nach Maschine zwischen 10 und 15 mm

**22**

*Nicht für alle Druckarbeiten ist es erforderlich, einen Einteilungsbogen zu zeichnen. Welche der genannten Druckarbeiten kann man am problemlosesten nach dem für die Druckmaschine mitgelieferten Standbogen montieren?*
A. Vierfarbiges Bild mit einem Nutzen
B. Vierseitigen Prospekt zum Umschlagen
C. Werkdruckbogen
D. Einfarbige Informationszettel zu 6 Nutzen

**23**

*Sie sollen einen Einteilungsbogen mit genauen Maßen zeichnen. Es stehen Ihnen folgende Zeichenmaterialien zur Verfügung: 1. Bleistift 2B, 2. Bleistift B, 3. Bleistift H, 4. Bleistift 5H, 5. Filzstift mittelbreit, 6. Tuschefüller 0,05 mm, 7. Tuschefüller 0,35 mm, 8. Tuschefüller 0,6 mm. Welche Zeichenwerkzeuge sind für die Arbeit am besten geeignet?*
A. Alle Bleistifte
B. Alle Werkzeuge außer dem Filzstift
C. Die Bleistifte Nr. 1 und Nr. 2 sowie der Tuschefüller Nr. 7
D. Bleistift Nr. 3 und Tuschefüller Nr. 6
E. Bleistift Nr. 3 und Tuschefüller Nr. 7
F. Die Bleistifte Nr. 3 und Nr. 4 sowie die Tuschefüller Nr. 6 und Nr. 7

# Einteilung 5.1

**24**

*Für welche Druckerzeugnisse ist bei der Einteilung ein Greiffalz einzuplanen?*
A. Für alle Druckerzeugnisse am Bogenanfang
B. Für alle Erzeugnisse, die maschinell gefalzt werden
C. Für alle Erzeugnisse, die mit der Hand gefalzt werden
D. Für Drucke auf der Rollenrotationsmaschine
E. Für Druckerzeugnisse, deren Falzbogen ineinandergesteckt werden

**25**

*Die Abbildung zeigt eine Musterseite für ein zu druckendes Buch. Der Abstand des Satzspiegels bis zum unbeschnittenen Papier beträgt wie folgt:*
*Bei A 20 mm, B 33 mm, C 45 mm, D 54 mm.*
*Wie groß muß auf dem Einteilungsbogen der gezeigte Abstand Nr. 1 sein?* 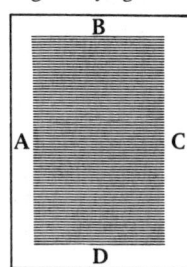
A. 57 mm
B. 114 mm
C. 33 mm
D. 36 mm
E. 66 mm

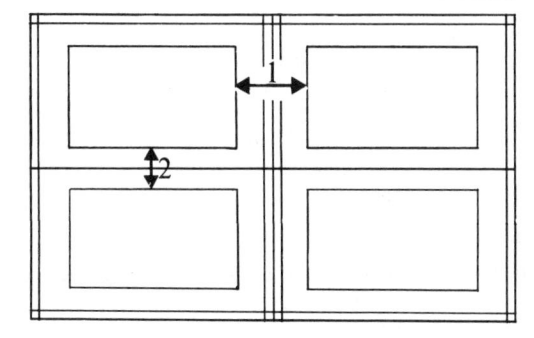

**26**

*Wie groß muß auf dem Einteilungsbogen der Abstand Nr. 2 sein?*
A. 40 mm   B. 66 mm   C. 90 mm
D. 20 mm   E. 45 mm

**27**

*Im Maschinenbuch für eine Offsetmaschine steht: Abstand Plattenkante bis Druckbeginn 35 mm, Greiferrand 10 mm. Bei welchem Maß beginnt auf dem Einteilungsbogen der Druckbogen?*
A. 25 mm
B. 35 mm
C. 45 mm
D. 50 mm
E. 55 mm

**28**

*Wie muß die Laufrichtung für den Druck von Büchern gewählt werden?*
A. Laufrichtung parallel zur Zeilenrichtung
B. Bei Querformat Laufrichtung parallel zur Zeilenrichtung
C. Laufrichtung parallel zum Buchrücken
D. Bei Hochformat beliebig
E. Dehnrichtung parallel zum Buchrücken

**29**

*Welcher Buchstabe kennzeichnet den Bund bei dieser Skizze für einen Einteilungsbogen?*

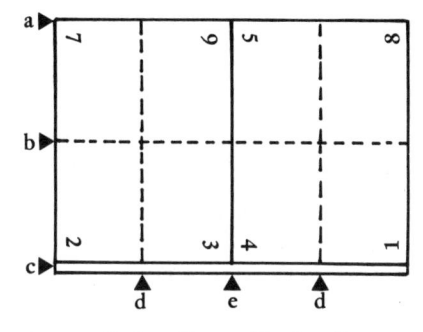

A. a   B. b   C. c   D. d   E. e

**30**

*Mehrfarbige Etiketten, die maschinell auf Flaschen geklebt werden, sollen im Offsetverfahren gedruckt werden. Das gedruckte Bild hat einen genauen Passer. Welche Aussage über die Anordnung auf dem Druckbogen ist richtig? (Laufrichtung beachten!)*

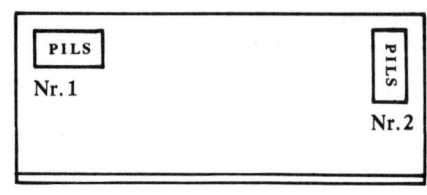

A. Die Etiketten müssen wie Nr. 1 angeordnet werden
B. Die Etiketten müssen wie Nr. 2 angeordnet werden
C. Die Etiketten werden so angeordnet, wie man die meisten Nutzen aus dem Papier bekommt

**31**

*Wozu dient der Greiffalz, der bei der Einteilung einzuplanen ist?*
A. Für maschinelles Falzen in Rollenrotationsmaschinen
B. Für maschinelles Zusammentragen
C. Für maschinelles Ineinanderstecken
D. Für Zusammentragen mit der Hand
E. Für Kollationieren

67

## 5.1 Einteilung · Montage

**32**
Wo steht die Bogensignatur in der
Einteilung und Montage meistens?
A. Im Bund zwischen der ersten und letzten Seite
B. Am Kopf der zweiten Seite
C. Auf der dritten Seite des Bogens
D. Auf der letzten Seite des Bogens
E. Auf der ersten Seite des Bogens

**33**
Welche Zuordnung ist richtig?
A. Standbogen = Einteilungsbogen
B. Standbogen = Layout
C. Standbogen = Revisionsbogen zur Standprüfung
D. Standbogen = abgestimmter Bogen
E. Standbogen = Falzbogen

**34**
Welches Druckformat ist mindestens notwendig für folgenden Auftrag? 8 Seiten DINA4, Hochformat, Druck zum Umschlagen in einer Form, auf den Seiten 1 und 8 stehen anzuschneidende Bilder.
A. 43 cm x 61 cm   B. 44 cm x 64 cm
C. 50 cm x 70 cm   D. 61 cm x 86 cm
E. 63 cm x 88 cm

**35**
Einteilungsbogen werden nicht nur für den Offsetdruck benötigt, sondern für alle Druckverfahren, bei denen Filme montiert werden. Bewerten Sie dazu die folgenden Aussagen!
1. Für Offsetdruck wird die Einteilung seitenverkehrt gezeichnet.
2. Für Siebdruck wird die Einteilung seitenrichtig gezeichnet.
3. Für Tiefdruck muß die Einteilung seitenverkehrt sein.
4. Für Offsetdruck kann man auf Folie auch seitenrichtig zeichnen.
A. Aussage Nr. 2 ist falsch
B. Aussage Nr. 3 ist falsch
C. Aussage Nr. 4 ist falsch
D. Nur Aussage Nr. 1 ist richtig, die übrigen falsch
E. Alle Aussagen sind richtig

**36**
Es sollen 4 Kalenderblätter (Endformat DINA3) allseitig mit randabfallenden Bildern auf 1 Druckbogen zusammen gedruckt werden. Wie groß muß der Druckbogen mindestens sein?
A. 59,4 cm x 84 cm
B. 60,4 cm x 84 cm
C. 61 cm x 86 cm
D. 61,6 cm x 85,5 cm
E. 63 cm x 88 cm

**37**
Welches Format ist handelsüblich für den Druckauftrag in der vorherigen Aufgabe?
A. 61 cm x 86 cm   B. 63 cm x 86 cm
C. 59,4 cm x 84 cm (DINA1)
D. 66 cm x 88 cm   E. 63 cm x 88 cm

**38**
Welche Montagefolie ist für genaue Passerarbeiten am besten geeignet?
A. Astralon       B. Transparentpapier
C. Acetatfolie    D. Mattfolie aus PVC
E. Polyesterfolie

**39**
Was ist eine „maßhaltige Montagefolie"?
A. Die vier Folien für eine vierfarbige Montage haben alle genau die gleiche Größe.
B. Die Folie ist präzise rechtwinklig zugeschnitten.
C. Die Folie verändert sich bei Temperatur- und Feuchtigkeitsschwankungen nicht.
D. Die Folien sind mit Registerstanzung versehen, so daß sie maßgenau aufeinander passen.
E. Die Folien verändern sich bei Temperatur- und Feuchtigkeitsschwankungen minimal.

**40**
Was bedeutet die Angabe, die Montagefolie sei antistatisch behandelt?
A. Sie ist zur besseren Maßbeständigkeit vorbehandelt.
B. Sie ist einseitig etwas mattiert.
C. Sie ist völlig klar und dünn.
D. Sie lädt sich elektrisch weniger auf.
E. Sie ist vorgereinigt.

**41**
Welchen Vorteil bringt es, wenn die Montagefolie antistatisch behandelt ist?
A. Sie zieht weniger Staub an.
B. Klebebänder halten besser.
C. Größere Paßgenauigkeit der Folien
D. Klebebänder und Klebstoff lassen sich einwandfrei wieder abwaschen.
E. Sie verkratzt nicht so leicht.

**42**
Was gehört nicht zu den Werkzeugen bzw. Arbeitsmaterialien des Montierers?
A. Mikrometer       B. Klebeband
C. Montagekleber   D. Fadenzähler
E. Filmreiniger

**43**
Welches Werkzeug ist für Farbmontagen unentbehrlich?
A. Stahllineal   B. Typometer   C. Mikroskop
D. Rasterzähler  E. Fadenzähler

Montage **5.1**

**44**

*Welche der gezeigten Filmbefestigungen ist als optimal zu bezeichnen?*

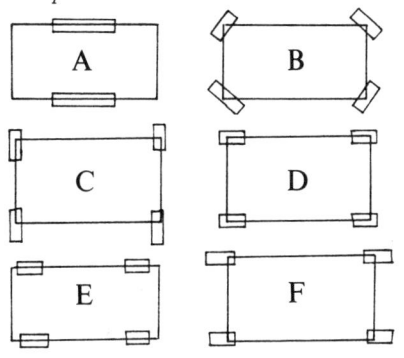

A.　B.　C.　D.　E.　F.

**45**

*Zwei Filme werden mit einem Bildabstand von 5 mm montiert. Welches Klebemittel kommt dafür nicht in Frage?*
A. Klebeband　　B. Sprühkleber
C. Abziehkleber　D. Filmkleber
E. Klebewachsbeschichtung

**46**

*Welche Arten von Klebebändern sind für die Offset-Positivmontage geeignet?*
A. Rote und braune Bänder
B. Nur farblose Bänder
C. Farblose und hellblaue Bänder
D. Nur rote Bänder
E. Nur besonders helle, klare Bänder

**47**

*Ein Rasterpositiv wird mit der Trägerseite nach oben montiert. Welche Aussage über die Kopie ist richtig?*
A. Die Kopie wird spitzer.
B. Die Kopie wird voller.
C. Die Kopie wird punktgenau.
D. Die Kopie wird überbelichtet.
E. Die Kopie wird unterbelichtet.

**48**

*Eine vierfarbige Druckarbeit wird montiert. Welchen Film wählt man für die Grundmontage?*
A. Den Film mit der meisten Zeichnung (Schwärzung)
B. Den Film der Farbe, die zuerst gedruckt wird
C. Den Film mit der detailreichsten Zeichnung
D. Den Tiefe-Film, damit die Texte genauer einmontiert werden können
E. Kopiervorlagen, die Paßkreuze besitzen

**49**

*Wie muß eine positive Kopiervorlage für die Offset-Positivkopie beschaffen sein?*
A. Die Zeichnung muß transparent sein, bei der Montage liegt die Schichtseite immer oben.
B. Alle Strichvorlagen lassen sich auf eine Platte belichten; Halbtonfilme müssen auf hartes Filmmaterial umkopiert sein.
C. Zeichnung nur in Strich oder Raster; sie muß gut gedeckt sein, zeichnungsfreie Stellen müssen transparent sein; seitenrichtig.
D. Zeichnung nur in Strich oder Raster; Zeichnung muß transparent sein, zeichnungsfreie Stellen gut gedeckt; seitenverkehrt.
E. Bildstellen gut gedeckt, zeichnungsfreie Stellen transparent; seitenverkehrt.

**50**

*Was bewirken sich überlappende Filmteile?*
A. Leichteres Kontakten　　B. Grauschleier
C. Hohlkopie (Unterstrahlung)
D. Kürzere Belichtungszeit
E. Längere Belichtungszeit

**51**

*Welche Filme werden meist für die Grundmontage von Vierfarbsätzen verwendet?*
A. Tiefe-Filme　　B. Magenta-Filme
C. Gelb-Filme　　D. Cyan-Filme
E. Magenta- und Cyanfilme für die verschiedenen Bilder in einer Montage

**52**

*Bei der Montage einer vierfarbigen Druckarbeit soll zur Erleichterung des Filmeinpassens mit einer Mattfolie gearbeitet werden. Welche Anordnung auf dem Leuchttisch ist richtig?*

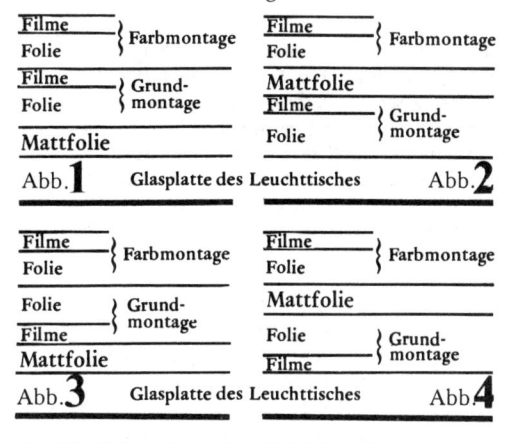

A. Abbildung 1　　B. Abbildung 2
C. Abbildung 3　　D. Abbildung 4

## 5.1 Montage

1      2      3      4

**53**
*Welcher Film ist der Gelbauszug?*
A. Abbildung 1    B. Abbildung 2
C. Abbildung 3    D. Abbildung 4

**54**
*Welches ist der Tiefefilm (Schwarzfilm)?*
A. Abbildung 1    B. Abbildung 2
C. Abbildung 3    D. Abbildung 4

**55**
*Wie schneidet man Filme am sichersten gratfrei zu?*
A. Mit dem Filmschneidegerät
B. Mit dem Schneidemesser (Skalpell)
C. Mit der Papierschneidemaschine
D. Mit dem Papierschneidegerät
E. Mit der Schlagschere

**56**
*Welches sind die wichtigsten Zeichen an Farbsätzen?*
A. Farbauszugsstreifen
B. Begrenzung für den Satzspiegel
C. Schneidezeichen
D. Paßzeichen und Farbnamen
E. Kundennummer oder/und Angabe der Auftragsnummer

**57**
*Manche Betriebe machen von den fertigen Montagen Lichtpausen. Wozu dienen diese?*
A. Der Passer der Farbsätze wird überprüft.
B. Sie ersetzen den Revisionsbogen des Druckers.
C. Sie dienen als Ersatz für Farbandrucke.
D. Sie werden ausliniert und auf Fehler durchgesehen.
E. Sie ersetzen für weitere Montagen den Einteilungsbogen.

**58**
*Was versteht man unter Anhaltskopie?*
A. Kopie zur Stanzformherstellung
B. Verwendung einer blauen Kopierschicht
C. Farbige Kopie der Grundmontage auf Kunststoffolie
D. Lichtpause zur Kontrolle der Montage und Einteilung
E. Sie dient zur Kontrolle von geätzten Filmen

**59**
*Wozu dient eine Anhaltskopie?*
A. Zum Auslinieren und Überprüfen der Texte
B. Um den Passer der Farbplatten zu überprüfen
C. Zur Vorlage beim Kunden
D. Als Grundlage für paßgenaue Montage der weiteren Farben
E. Zur Überprüfung der Farbwirkung der vier Farbauszüge

**60**
*Für welche Druckarbeiten wird eine Anhaltskopie in erster Linie zweckmäßig und notwendig sein?*
A. Für großformatige Bogenmontagen
B. Für alle Farbarbeiten
C. Für Montagen mit vielen Nutzen
D. Für Farbarbeiten mit genauestem Passer
E. Für alle Filmmontagen

**61**
*Welche Methode bietet für mehrfarbige Arbeiten eine genaue und leichte Kontrolle des Passers und ist zugleich sehr billig?*
A. Direkte Farbmontage nach der Grundmontage
B. Direkte Farbmontage nach der Grundmontage mit dazwischenliegender Mattfolie
C. Farbmontage nach positiver Rotkopie
D. Farbmontage nach negativer Rotkopie
E. Farbmontage nach positiver Blaukopie

**62**
*Wie groß soll der Mindestabstand des Klebebands zum Bildraster sein?*
A. 3 mm    B. 1 mm    C. 3 – 5 mm
D. 7 mm    E. 9 mm

**63**
*Warum müssen die Montagen für den Offsetdruck seitenverkehrt sein?*
A. Damit bei der Kopie Schicht auf Schicht belichtet werden kann
B. Damit eine seitenverkehrte Druckform entsteht
C. Damit die Filme seitenrichtig montiert werden können
D. Weil auch die Einteilung seitenverkehrt ausgeführt wird

# Montage 5.1

**64**
*Kann man hellblaue Klebebänder für die Offset-Positivmontage verwenden?*
A. Nein, nur völlig helle und farblose Klebebänder
B. Nein, weil die Klebebänder stärker die Kanten abbilden
C. Ja, weil sich diese Bänder bei der Kopie nicht abbilden
D. Mit Einschränkung. Man muß wesentlich länger belichten, damit sie sich nicht abbilden
E. Ja, weil es gleichgültig ist, welche Farbe die Klebebänder haben, mit denen man die Filme anklebt, solange die Farbe nicht zu kräftig ist

**65**
*Wozu dient eine Lichtpause, die von Filmmontagen angefertigt wird?*
A. Um Stand, Ausschießschema und Texte zu kontrollieren
B. Um den Passer zu kontrollieren
C. Als Standvorlage für das Einrichten
D. Als Andruckersatz
E. Um zu überprüfen, ob die Klebebänder weit genug vom Bildraster entfernt sind, damit bei der Plattenkopie Unterstrahlungen vermieden werden

**66**
*Auf welcher Seite muß auf der Montage das Ziehzeichen montiert werden, wenn der Bogen auf der Bedienungsseite angelegt wird?*
A. Das hängt davon ab, ob es sich um Schön- oder Widerdruck handelt
B. Ob rechts oder links, kommt auf die Druckmaschine an
C. Vom Greifer aus gesehen rechts
D. Vom Greifer aus gesehen links
E. Das hängt davon ab, ob der Bogen in Breit- oder in Schmalbahn liegt

**67**
*Welches Schneidezeichen ist richtig angebracht?*

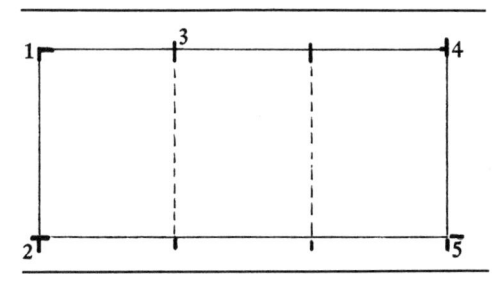

A. Ziffer 1   B. Ziffer 2   C. Ziffer 3
D. Ziffer 4   E. Ziffer 5

**68**
*Bei der Offsetmontage sollen verschiedene Hilfszeichen für Kopie, Druck und Weiterverarbeitung mitmontiert werden. Welches Zeichen dient ausschließlich der Weiterverarbeitung?*
A. Ziehzeichen   B. Paßzeichen
C. Farb- und Druckkontrollstreifen
D. Kolumnenziffer   E. Flattermarke

**69**
*Die Abbildung zeigt einen Einteilungsbogen für Offset. An welcher Stelle muß das Ziehzeichen angebracht werden, wenn auf der Antriebsseite der Druckmaschine gezogen werden soll?*

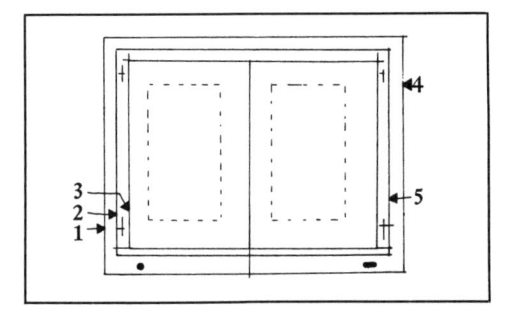

A. Ziffer 1   B. Ziffer 2   C. Ziffer 3
D. Ziffer 4   E. Ziffer 5

**70**
*Wozu dienen Flattermarken?*
A. Kontrollstreifen für die Farbgebung
B. Seitliche Marken, um dem Buchbinder die Anlage des Bogens zu kennzeichnen
C. Sie verhindern beim Falzen ein Flattern des Bogens
D. Passerkontrollmarken
E. Kontrolle für richtiges Zusammentragen

**71**
*Wo steht die Flattermarke in der fertigen Montage?*
A. Im Fuß der ersten Bogenseite
B. Im Bund zwischen erster und letzter Seite
C. Im Kopf zwischen erster und zweiter Seite
D. Im Bund zwischen vorletzter und letzter Seite
E. Im Fuß der dritten Bogenseite

**72**
*Wozu verwendet man das Antistatiktuch bei Filmmontagen?*
A. Um herausgequollenen Filmkleber zu beseitigen
B. Um Kratzer auf den Filmen herauszupolieren
C. Um Fettflecke und Fingerabdrücke wegzupolieren
D. Um die Montage staubfrei zu machen
E. Um mit Spiritus und Antistatiktuch die Folien und Filme zu reinigen

## 5.1 Montage

**73**

Die Anweisung für die Arbeit mit Filmkleber ist feblerhaft. Welcher Abschnitt ist nicht richtig?
A. Den Filmkleber mit einem Pinsel
B. dünn aufstreichen.
C. Dabei ist es vorteilhaft, Bildpartien mit hellem Raster zu meiden.
D. Den Film ohne Antrocknen sofort auf die Montagefolie kleben.
E. Zur besseren Befestigung den Film gut andrücken

**74**

Warum bilden sich hellblaue Montage-Klebebänder bei der Kopie nicht ab?
A. Weil sie das weiße Licht ungehindert durchlassen
B. Weil sie so hell sind, daß kein Lichtverlust auftritt
C. Weil die Kopierschicht für blaues Licht empfindlich ist
D. Weil der Rotanteil des Lichtes zurückgehalten wird

**75**

Weshalb kann man rote Klebebänder für die Positivmontage nicht verwenden?
A. Die Kanten der Klebebänder bilden sich ab.
B. Das führt zu Unterstrahlung.
C. Die Kopierschicht ist für rote Lichtstrahlen empfindlich, so daß sich die Klebebänder abbilden.
D. Die Klebebänder kopieren mit, weil die Schicht von roten Lichtstrahlen nicht belichtet wird.
E. Die Bänder bilden sich ab, weil sie kein Licht durchlassen.

**76**

Der Text gibt Hinweise, wie man die Schichtseite eines Filmes erkennen kann. Welcher Abschnitt enthält einen sachlichen Fehler?
A. Bei manchen Filmen ist die Schichtseite matter als die Trägerseite.
B. Es gibt allerdings auch Filme, bei denen die Schichtseite wie die Trägerseite aussieht
C. Man kann durch Schaben die Schichtseite feststellen.
D. Bei Strichfilmen hört man ein leises Pfeifen, wenn man mit dem Fingernagel über die Schichtseite fährt

**77**

Sie sollen Farbmontagen montieren. Es stehen folgende Klebebänder zur Verfügung: 1. Klebeband farblos, leicht gelblich, wie es für Haushaltszwecke benutzt wird, 2. Klebeband lithorot, 3. Klebeband lithobraun, 4. Klebeband farblos, sehr dünn, vergilbungsfrei, 5. Klebeband hellblau, sehr dünn. Welches Band ist (welche Bänder sind) für die Montage am besten geeignet?
A. Alle Bänder   B. Alle, außer Nr. 2 und Nr. 3
C. Nur Nr. 4    D. Nur Nr. 4 und Nr. 5

**78**

Welchem Zweck dienen u.a. die zu montierenden Druckkontrollstreifen?
A. Kontrolle für den Buchbinder
B. Kontrolle für den Passer
C. Zum Messen der Farbdichte
D. Wichtig für die Standkontrolle
E. Kontrolle der Wasserführung

**79**

Es gibt matte und polierte Folien. Was ist bei der Verwendung mattierter Folien zu beachten?
A. Sie sind für Rasterfilme nicht geeignet.
B. Es muß besonderes Klebeband benutzt werden.
C. Sie müssen besonders gut gereinigt werden.
D. Es darf nur auf die glatte Seite montiert werden.
E. Sie sind nur für kleinere Formate geeignet.

**80**

Welche Folgen hat ein Schneidegrat, wie er beim Zuschneiden der Filme mit dem Schneidemesser (Skalpell) entsteht?
A. Das Klebeband haftet schlechter.
B. Mitkopieren der Filmkante und Unterstrahlung
C. Im Kopierrahmen wird das nötige Vakuum nicht erreicht.
D. Der Passer wird gefährdet.

**81**

Welche Vorsichtsmaßnahme ist angebracht, wenn viel mit Sprühkleber gearbeitet wird?
A. Abgeschirmter Sprühbereich, evtl. mit Absaugung
B. Häufiges Reinigen des Kopierrahmens
C. Atemschutz tragen
D. Schutzhandschuhe tragen

**82**

Eine Firma macht Reklame für hellblaue Klebebänder für die Filmmontage. Welche Aussage ist falsch?
Für die Montage mit hellblauen Bändern sprechen folgende Vorteile:
A. Man sieht besser, wo Klebebänder doppelt oder dreifach liegen.
B. Man erkennt besser den Abstand zum Bildraster.
C. Man erkennt schneller, ob der Film an allen Kanten befestigt ist.
D. Die Unterstrahlung wird geringer, weil die Bänder etwas Licht „schlucken".

**83**

Welche Folgen kann es haben, wenn der Filmkleber unter den Filmen noch feucht ist?
A. Es gibt Unterstrahlungen
B. Passerdifferenzen
C. Unterbelichtung
D. Filmkanten bilden sich ab

Montage  **5.1**

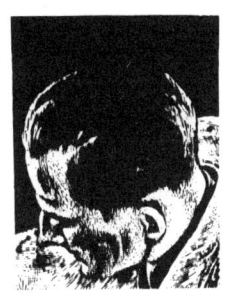

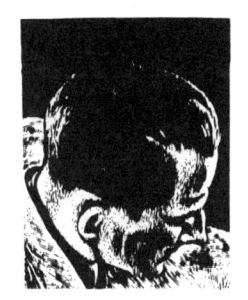

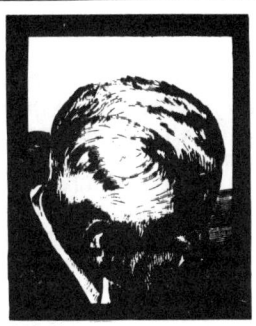

Vorlage und Abb. 1   Abb. 2   Abb. 3   Abb. 4

**84**
Von der obenstehenden Vorlage wurden die
Filme Abb. 1 bis 4 hergestellt. Sie liegen
mit der Schichtseite nach oben.
Welcher Film wird für die Kopie einer Offset-
Positivplatte benötigt?
A. Abbildung 1   B. Abbildung 2
C. Abbildung 3   D. Abbildung 4

**85**
Welcher Film ist richtig für die Offset-Negativkopie?
A. Abbildung 1   B. Abbildung 2
C. Abbildung 3   D. Abbildung 4

**86**
Welcher Film ist richtig für die Kopie einer Auswaschplatte (z.B. Nyloprint) für den Buchdruck?
A. Abbildung 1   B. Abbildung 2
C. Abbildung 3   D. Abbildung 4

**87**
Welcher Film ist richtig für die Kopie einer Auswaschplatte für den indirekten Hochdruck?
A. Abbildung 1   B. Abbildung 2
C. Abbildung 3   D. Abbildung 4

**88**
Was meint man mit Papiermontage?
A. Erstellen eines Ausschießschemas
B. Erstellen eines Layouts mit Papierkopien
C. Umbruch mit Papierkopien
D. Standgerechte Montage der Texte, die auf
   Fotopapier belichtet wurden

**89**
Von der untenstehenden Vorlage wurden die
Filme Abb. 5 bis 8 hergestellt. Sie liegen
mit der Schichtseite nach oben.
Welcher Film wird für die Kopie einer
Offset-Positivplatte benötigt?
A. Abbildung 5   B. Abbildung 8
C. Abbildung 7   D. Abbildung 6

**90**
Welcher Film ist richtig für die Offset-Negativkopie?
A. Abbildung 5   B. Abbildung 6
C. Abbildung 7   D. Abbildung 8

**91**
Welcher Film ist richtig für die Kopie einer
Auswaschplatte für den Flexodruck?
A. Abbildung 5   B. Abbildung 6
C. Abbildung 7   D. Abbildung 8

**92**
Welcher Film ist richtig für die Kopie einer
Auswaschplatte für den indirekten Hochdruck?
A. Abbildung 5   B. Abbildung 6
C. Abbildung 7   D. Abbildung 8

**93**
Wie kann man bei Papiermontagen
am einfachsten korrigieren?
A. Mit Strippingfilm
B. Durch Überkleben mit der Korrekturzeile
C. Durch Wegschaben und Überschreiben
D. Mit Abdeckfarbe und darüber den Korrekturfilm

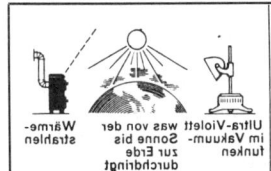

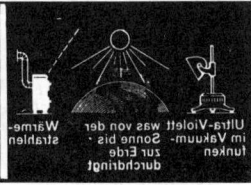

Abb. 5   Vorlage und Abb. 6   Abb. 7   Abb. 8

## 5.1 Montage · Druckplatten

**94**
Als Montageträger für Papiermontagen dient häufig ein festes holzfreies Papier mit blau eingedrucktem Liniennetz. Warum muß die Einteilung blau gedruckt sein?
A. Weil Blau beruhigend und augenschonend wirkt
B. Weil Blau durch das Fotopapier besser zu erkennen ist als andere Farben
C. Weil Blau sich bei der Reproduktion auf Film nicht abbildet
D. Weil blaue Linien keine Überstrahlungen geben

**95**
Die Filmmontage führt in der Regel zu einer besseren Montage- und Druckqualität als Papiermontage. Was spricht aber für die Papiermontage?
A. Günstiger Preis, leichte Montage, einfache Überklebkorrektur
B. Bessere Maßhaltigkeit des Schichtträgers
C. Höhere Schwärzung (Dichte) und stärkerer Kontrast
D. Bessere Konturenschärfe und weitgehende Dichtekonstanz
E. Gute Eignung für Rasterbilder

**96**
Ein Schüler hat im Unterricht einige Merksätze zur Offsetmontage in seinen Unterlagen notiert.
1. Der Einteilungsbogen ist für den Offsetdruck und den Tiefdruck seitenverkehrt, für den Siebdruck seitenrichtig zu zeichnen.
2. Bei randabfallenden (angeschnittenen) Bildern an der Greiferkante ist der Druckbeginn der Maschine genau zu beachten.
3. Bei sehr knappen Filmrändern von Rasterkopiervorlagen ist zum Montieren flüssiger Filmkleber zu verwenden.
4. Beim Umschlagen halten Schön- und Widerdruck auch dann ein genaues Register, wenn die Bogengröße in Länge und Breite schwankt.
5. Für eine Grundmontage mehrfarbiger Montagearbeiten werden meist die Kopiervorlagen des Cyanauszuges verwendet.
Bewerten Sie die aufgeschriebenen Merksätze!
A. Alle Aussagen sind falsch.
B. Alle Aussagen sind richtig.
C. Der Merksatz Nr. 1 enthält einen Fehler.
D. Die Merksätze Nr. 1, 2 und 3 sind fehlerhaft.
E. Merksatz Nr. 4 ist fehlerhaft.

**97**
Einmetallische Offsetplatten werden gekörnt. Welche Struktur bietet die Gewähr für sehr geringen Feuchtigkeitsbedarf und dafür, daß die Feuchtigkeit gut gehalten wird?
A. Grobe Körnung
B. Feine Körnung
C. Feinste Kapillaren
D. Glatte Oberfläche

**98**
Offsetdruckplatten benötigen eine bestimmte Oberflächenbeschaffenheit als Voraussetzung für den Druck. Welche der genannten bietet die beste Voraussetzung für guten Druck?
A. Grobe, gleichmäßige Struktur
B. Grobe, ungleichmäßige Struktur
C. Feine, gleichmäßige Struktur
D. Feine, ungleichmäßige Struktur
E. Glatte, völlig ebene, geschlossene Oberfläche

**99**
Welcher Satz beschreibt die Aufgabe der Plattenkörnung richtig? Die Plattenkörnung.......
A. dient zur Wasserführung.
B. ist notwendig zur Wiedergabe von feinem Raster.
C. dient zur Verankerung der Bildstellen.
D. ermöglicht eine gleichmäßige Farbannahme der Bildstellen.
E. dient zur Wasserführung und Bildstellenverankerung.

**100**
Welches ist das Grundmaterial für eloxierte Platten?
A. Zink   B. Zinn   C. Aluminium
D. Chrom   E. Schwarzblech

**101**
Welches Material ist nicht wasserfreundlich?
A. Aluminium   B. Chrom   C. Zink
D. Messing   E. Kalkstein

**102**
Die Abbildung zeigt den schematischen Aufbau eines Offsetplattentyps. Um welche Plattenart handelt es sich?

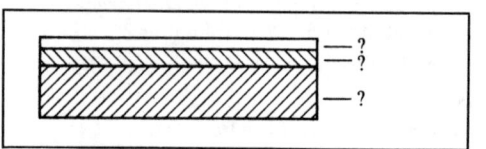

A. Mikrogekörnte Aluplatte
B. Zinkplatte   C. Bimetallplatte
D. Trimetallplatte   E. Eloxierte Platte

**103**
Was versteht man unter einer eloxierten Aluminiumplatte?
A. Aluminiumplatte, die vorbeschichtet wurde
B. Feinstgekörnte Aluminiumplatte
C. Aluminiumplatte, deren Oberfläche elektrolytisch behandelt wurde
D. Platte aus Hartaluminium
E. Mechanisch aufgerauhte Aluminiumplatte

# Druckplatten 5.1

**104**

*Auf welche Flachdruckplatte trifft folgende Charakterisierung zu: „Die Oberfläche weist eine elektrolytisch oxidierte Schicht auf; sie ist nahezu glatt und läßt daher exakte Schärfe der Rasterpunkte zu."?*
A. Eloxierte Aluminiumplatte
B. Mikrogekörnte Zinkplatte
C. Vorbeschichtete Aluminiumplatte
D. Bimetallplatte  E. Trimetallplatte

**105**

*Welche Platten haben an der Oberfläche Kapillaren?*
A. Eloxierte Platten  B. Mehrmetallplatten
C. Bürstengekörnte Platten
D. Alle vorbeschichteten Positivplatten
E. Alle vorbeschichteten Negativplatten

**106**

*Was ist eine Trimetallplatte?*
A. Dreifach verchromte Aluminiumplatte
B. Verkupferte Chromplatte
C. Dreimetallische Offsetplatte
D. Verkupferte und versilberte Stahlplatte
E. Eloxierte Aluminiumplatte

**107**

*Was bezeichnet man bei Offsetdruckplatten als Kapillaren?*
A. Mikrofeine Körnung  B. Oxidschicht
C. Die feinen Rillen der Bürstenkörnung
D. Grobe Körnung  E. Mikrofeine Poren

**108**

*Welche der aufgeführten Druckplatten hat den geringsten Feuchtigkeitsbedarf?*
A. Lithostein  B. Mikrogekörnte Platte
C. Eloxierte Platte  D. Zinkplatte
E. Bürstengekörnte Platte

**109**

*Welche Skizze zeigt den Aufbau der gebräuchlichen Bimetallplatte?*

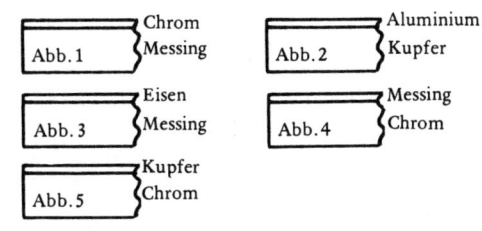

Abb. 1: Chrom / Messing
Abb. 2: Aluminium / Kupfer
Abb. 3: Eisen / Messing
Abb. 4: Messing / Chrom
Abb. 5: Kupfer / Chrom

A. Abbildung 1  B. Abbildung 2
C. Abbildung 3  D. Abbildung 4
E. Abbildung 5

**110**

*Welche Skizze zeigt den Aufbau der gebräuchlichen Trimetallplatte?*

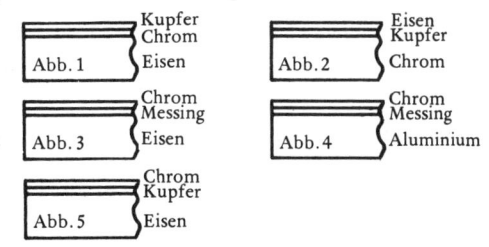

Abb. 1: Kupfer / Chrom / Eisen
Abb. 2: Eisen / Kupfer / Chrom
Abb. 3: Chrom / Messing / Eisen
Abb. 4: Chrom / Messing / Aluminium
Abb. 5: Chrom / Kupfer / Eisen

A. Abbildung 1  B. Abbildung 2
C. Abbildung 3  D. Abbildung 4
E. Abbildung 5

**111**

*Mehrmetallplatten haben verschiedene Vorteile. Welche Aussage ist jedoch falsch?*
A. Hohe Auflagenbeständigkeit
B. Wenig Pflege während des Fortdrucks
C. Geringer Wasserbedarf
D. Sehr schnelle Herstellung in der Kopie
E. Farbsatter Druck

**112**

*Welche der aufgeführten Platten läßt sich in der Bild- und Feuchtigkeitsverankerung mit dem Lithografiestein vergleichen?*
A. Zinkplatte  B. Eloxierte Platte
C. Mikrogekörnte Platte  D. Bimetallplatte
E. Bürstengekörnte Platte

**113**

*Welche der aufgezählten Platten wird ausschließlich im Kleinoffsetverfahren benutzt und hat nur eine geringe Auflagenbeständigkeit?*
A. Eloxierte Platte  B. Papierfolie
C. Zinkplatte  D. Bimetallplatte
E. Gekörnte Aluminiumplatte

**114**

*Welche Offsetdruckplatte wird nicht mehr benutzt?*
A. Gekörnte Aluminiumplatte  B. Zinkplatte
C. Mehrmetallplatte  D. Anodisierte Platte
E. Kunststoffolie

**115**

*Bei welcher Offsetdruckplatte kommt bei der Farbannahme zum Flachdruckeffekt eine Art Tiefdruckeffekt hinzu, so daß die übertragene Farbschichtdicke größer sein kann als bei den anderen Offsetdruckplatten?*
A. Gekörnte Platte  B. Eloxierte Aluminiumplatte
C. Kunststoffolie  D. Trimetallplatte
E. Bei allen vorbeschichteten Platten mit Druckschicht

## 5.1 Druckplatten · Kopierverfahren

**116**
Welche der aufgeführten Platten wird auch als anodisierte Platte bezeichnet?
A. Bürstengekörnte Platte   B. Zinkplatte
C. Mikrogekörnte Platte   D. Trimetallplatte
E. Eloxierte Platte

**117**
Aus welchem Grund werden vereinzelt Mehrschichten-Platten mit besonders dicker Chromschicht angeboten?
A. Wegen der größeren Auflagenbeständigkeit
B. Wegen der genaueren Punktwidergabe
C. Um einen stärkeren Farbauftrag – beispielsweise für Golddruck – zu erreichen
D. Um bei langem Durchätzen eine Beschädigung der Kupferschicht zu vermeiden
E. Um einen schärferen Druck zu erzielen

**118**
Welches Metall wird heute ausschließlich für einmetallische Druckplatten im Offsetdruck verwendet?
A. Kupfer   B. Zink   C. Stahl
D. Chrom   E. Aluminium

**119**
In welcher Reihenfolge liegen die Schichten einer Trimetallplatte, von der Basis her gesehen, übereinander?
A. Aluminium - Kupfer - Chrom
B. Kupfer - Aluminium - Chrom
C. Chrom - Schwarzblech - Messing
D. Chrom - Messing - Kupfer
E. Kupfer - Messing - Chrom

**120**
Bei einem Auftrag muß eine Auflage von 1,5 Mill. im Rollenoffsetdruck gedruckt werden; welche Druckplatte wählen Sie?
A. Mehrmetallplatte   B. Nyloprintplatte
C. Vorbeschichtete Zinkplatte
D. Vorbeschichtete Alu-Platte
E. Im Thermodurverfahren eingebrannte Alu-Platte

**121**
Welches Verfahren eignet sich nicht zum Körnen von einmetallischen Druckplatten?
A. Trockenbürsten   B. Naßbürsten
C. Schleifen   D. Elektrolytisches Anodisieren

**122**
Nichtbildstelle (hydrophil) auf einer einmetallischen Offsetdruckplatte ist.....
A. Messing   B. Lack   C. Chrom
D. Restkopierschicht   E. Aluminiumoxid

**123**
Welcher Stoff ist ein synthetisch (künstlich) hergestelltes Kolloid für die Herstellung von lichtempfindlichen Kopierschichten?
A. Polyvinylchlorid   B. Gelatine
C. Gummiarabikum   D. Polyvinylalkohol
E. Eiweiß

**124**
Welches Material ist ein Sensibilisator?
A. Gummiarabikum   B. Polyvinylalkohol
C. Eiweiß   D. Diazofarbstoff
E. Kunststoffe wie Polyvinylalkohol

**125**
Welche Aufgabe haben Chromatsalze, die in manchen Kopierschichten sind?
A. Stabilisator
B. Lichtempfindlichmacher
C. Anfärber
D. Schicht
E. Grundstoff

**126**
Warum sind Kopierschichten mit Chromatsalzen als lichtempfindliche Schicht für vorbeschichtete Druckplatten ungeeignet?
A. Sie sind infolge Dunkelhärtung nur begrenzt haltbar
B. Sie sind nicht lichtempfindlich genug
C. Sie vertragen keine Alkoholfeuchtung
D. Weil Dichromatsalze giftig sind
E. Diese Platten neigen zum Tonen

**127**
Was versteht man unter dem Begriff Dunkelhärtung?
A. Härtung der Kopierschicht ohne Belichtung
B. Eine höchst lichtempfindliche Kopierschicht
C. Eine schwach lichtempfindliche Kopierschicht
D. Eine Härtung der abgedeckten Schichtpartien während der Belichtung
E. Härtung der Kopierschicht durch die unsichtbaren Lichtstrahlen

**128**
Welche Angabe zu Kopierschichten der Druckindustrie ist falsch?
A. Als Schichtbildner werden Kolloide eingesetzt.
B. Natürliche Kolloide sind Gelatine, Gummiarabikum, Eiweiß, Schellack u.a.
C. Das wichtigste künstliche Kolloid ist Polyvinylchlorid (PVC).
D. Schichtbildner werden durch Sensibilisatoren lichtempfindlich gemacht.
E. Die meisten Kopierschichten werden durch Lichteinfluß gehärtet.

# Kopierverfahren 5.1

**129**

*Welches ist eine lichtempfindliche Substanz, die nur für die Negativkopie eingesetzt werden kann?*
A. Polyvinylalkohol    B. Fotopolymere
C. Diazoverbindungen    D. Kaliumdichromat
E. Ammoniumdichromat

**130**

*Ein Auszubildender hat sich Merkmale zu Kopierverfahren notiert. Welche Angabe ist jedoch falsch?*
A. Die Art der verwendeten Schichtbildner entscheidet wesentlich über die Art der Entwicklung.
B. Synthetische Kolloide sind relativ unempfindlich gegenüber Klimaschwankungen.
C. Polyvinylalkohol-Kopierschichten können mit Wasser entwickelt werden.
D. Diazoverbindungen können chemisch so aufgebaut werden, daß sie durchgehärtet oder zersetzt werden.
E. Fotopolymere eignen sich nur für die Positivkopie.

**131**

*Welcher Hinweis zur Wirkung des Lichtes auf vorbeschichtete Offsetdruckplatten ist nicht richtig?*
A. Negativkopie auf Einmetallplatten: Licht härtet!
B. Negativkopie auf Mehrmetallplatten: Licht zersetzt!
C. Positivkopie mit Druckschicht auf Einmetallplatten: Licht zersetzt!
D. Positivkopie mit Schablonenschicht auf Einmetallplatten: Licht zersetzt!
E. Positivkopie auf Mehrmetallplatten: Licht härtet!

**132**

*Für welchen Lichtanteil sind die Kopierschichten empfindlich?*
A. Rotes Licht
B. Gelbes Licht
C. Grünes Licht
D. Alle Anteile des weißen Lichts
E. Blaue und ultraviolette Strahlen

**133**

*Welchen Vorteil bieten vorbeschichtete Offsetplatten im Vergleich zu selbstbeschichteten?*
A. Höhere Auflagenbeständigkeit
B. Bessere Schärfen- und Detailwiedergabe
C. Wesentlich lichtempfindlicher als selbstbeschichtete Platten
D. Schneller in der Verarbeitung, gleichmäßiger in der Qualität
E. Feuchtung beim Druck entfällt

**134**

*Welche der aufgeführten Lampenarten bringt die kürzeste Belichtungszeit für vorbeschichtete Offsetplatten?*
A. Xenon-Impulslampe
B. Metallhalogenid-Lampe
C. Kohlebogenlampe
D. Quecksilberdampf-Lampe
E. Halogen-Glühlampe

**135**

*Der Spektralbereich einer Lichtquelle ist zur Erreichung kurzer Belichtungszeiten von besonderer Bedeutung. In welchem Spektralbereich muß eine Lichtquelle Energie abstrahlen, wenn sie für vorbeschichtete Positivplatten optimal wirken soll?*
A. 300 - 450 nm    B. 400 - 500 nm
C. 450 - 550 nm    D. 450 - 650 nm
E. 500 - 700 nm

**136**

*Es gibt den Fachausdruck „aktinisches Licht". Welche Begriffsbestimmung ist richtig?*
A. Kopierwirksames Licht
B. Streulicht    C. Helles Licht
D. Gelblicht    E. UV-Licht

**137**

*Wozu dient das Vakuum im Kopierrahmen?*
A. Um Platte und Kopiervorlage plan zu halten
B. Für guten Kontakt von Film und Folie
C. Für einwandfreien Kontakt von Film und Platte
D. Zur Vermeidung von Newtonschen Ringen
E. Um Über- oder Unterbelichtung zu vermeiden

**138**

*Warum muß die Belichtung der Offsetdruckplatten bei einem Vakuum erfolgen?*
A. Um Unterbelichtung zu vermeiden
B. Um Unterstrahlung zu vermeiden
C. Damit zwischen Film und Montagefolie kein Hohlraum entsteht, der zum Unterkopieren führen könnte
D. Damit die Filmkanten wegbelichten
E. Damit keine Newtonschen Ringe entstehen

**139**

*Welchen Zweck hat es, das Vakuum im Kopierrahmen langsam aufzubauen?*
A. Die Montage kann dadurch auf der Platte weniger verrutschen.
B. Die Filme können sich auf der Montage weniger leicht verschieben.
C. Um die Druckplatte vor Verbiegungen zu bewahren.
D. Um ein stärkeres Vakuum zu erzielen.
E. Um Luftblasen innerhalb der Montage zu vermeiden.

## 5.1 Kopierverfahren

**140**
Welcher Fehler kann auftreten, wenn bei der Kopie einer Offsetplatte das Vakuum zu gering ist?
A. Überbelichtung     B. Unterbelichtung
C. Unterstrahlung
D. Mitkopieren von Filmkanten
E. Die Platte läßt sich schlecht aufentwickeln

**141**
Bewerten Sie folgende Aussagen!
Bei der Positivkopie auf Druckschichtplatten kann die Kopie gegenüber der Kopiervorlage (Film) sein:
1. punktgenau, 2. zu spitz, 3. zu voll.
A. Nur Aussage 1 ist richtig.
B. Nur Aussage 2 ist richtig.
C. Nur Aussage 3 ist richtig.
D. Alle Aussagen sind richtig.
E. Aussagen 1 und 2 sind richtig.

**142**
Welche Zuordnung ist richtig?
A. Diffuses Licht - Streufolie
B. Punktlicht - Streufolie
C. Diffuses Licht - Punktlicht
D. Gerichtetes Licht - Streufolie
E. Gerichtetes Licht - diffuses Licht

**143**
Welche Arbeitsplatzbeleuchtung empfiehlt sich im Raum für die Druckformkopie?
A. Sehr schwaches Grünlicht
B. Rotlicht     C. Blauviolette Beleuchtung
D. Gelblicht     E. Helles Tageslicht

**144**
Was bewirkt diffuses Licht bei der Plattenkopie?
A. Scharfe Bilddetails
B. Kopierfähigkeit mangelhaft gedeckter Filme
C. Filmränder belichten weg
D. Spitzer Raster kommt punktgenau
E. Kürzere Belichtungszeit

**145**
Was meint man mit „überstrahlen"?
A. Zu lange Belichtung
B. Zur kurze Belichtung
C. Licht fällt unter die gedeckten Filmstellen
D. Vorbelichtete Platte
E. Zu geringes Vakuum bei der Belichtung

**146**
Welche beiden Begriffe haben die gleiche Bedeutung?
A. Überstrahlen = unterstrahlen
B. Unterstrahlen = unterbelichten
C. Überstrahlen = überbelichten
D. Unterbelichten = überbelichten
E. Überstrahlen = nachbelichten

**147**
Was versteht man unter: „Die Kopie ist spitzer"?
A. Die Bildteile sind auf der Platte kleiner als auf der Kopiervorlage.
B. Die Platte ist vorbelichtet.
C. Die Platte ist zu lange entwickelt.
D. Die Bildteile sind etwas größer als auf der Kopiervorlage.
E. Die Kopie wurde mit Streulicht belichtet.

**148**
Welche Faustregel gilt für den Abstand der Lichtquelle zum Kopiergut?
A. Abstand = Länge mal Breite des Kopierformats
B. Abstand = Diagonale des auszuleuchtenden Formats
C. Abstand = Länge des Kopierrahmens
D. Abstand = Umfang des Kopierrahmens
E. Abstand = Diagonale des Kopierrahmens zum Quadrat

**149**
Welche Regel über die Belichtungszeit bei verändertem Abstand der Kopierlampe ist richtig?
A. Doppelter Lampenabstand: doppelte Belichtungszeit
B. Doppelter Lampenabstand: halbe Belichtungszeit
C. Doppelter Abstand: dreifache Belichtungszeit
D. Doppelter Lampenabstand: vierfache Belichtungszeit
E. Doppelter Lampenabstand: sechsfache Belichtungszeit

**150**
Warum soll bei der Positivkopie nicht zu lange mit Streufolie (Streulicht) belichtet werden?
A. Die Kopie wird zu spitz.
B. Die Kopie wird zu voll.
C. Die Belichtungszeit wird zu lang.
D. Die Entwicklung der Platte wird erschwert oder unmöglich.
E. Die Auflagenbeständigkeit der Platte verringert sich.

**151**
Womit kann man genau feststellen, wie gleichmäßig der Kopierrahmen ausgeleuchtet wird?
A. Messung mit dem Lichtdosiergerät
B. Messung in der Mitte und am Rand mit dem Luxmeter
C. Durch eine Probebelichtung mit Kopiervorlagen mit feinstem Raster
D. Messung in der Rahmenmitte und am Rand mit einem Belichtungsmesser

# Kopierverfahren 5.1

**152**
*Die zu belichtende Platte wird am Rand nicht ausgeleuchtet. Was ist zu tun?*
A. Lampe von halber auf volle Leistung umschalten
B. Belichtung verlängern
C. Lampenabstand vergrößern
D. Lampenabstand verringern
E. Streufolie verwenden

**153**
*Welche negativen Folgen hat es, wenn der Kopierrahmen nicht gleichmäßig genug ausgeleuchtet wird?*
A. Rasterbilder kopieren in der Rahmenmitte spitzer als am Rand.
B. Filmkanten kopieren in der Rahmenmitte stärker mit.
C. Am Plattenrand ist die Unterstrahlung stärker.
D. Die Belichtungszeit schwankt von Kopie zu Kopie.

**154**
*Wie ist meistens die Lichtverteilung an den Kopierrahmen?*
A. Völlig gleichmäßig
B. In der Mitte heller als am Rand
C. Am Rand heller als in der Mitte
D. Wellenförmig über die ganze Fläche verteilt
E. Stufenförmig abnehmend von außen nach innen

**155**
*Warum kann es bei der Plattenbelichtung nach Zeit zu unterschiedlich kopierten Platten kommen?*
A. Die einfachen Uhren gehen zu ungenau, so daß es zu unterschiedlicher Belichtung kommen kann.
B. Unterschiedliche Spannungen im elektrischen Netz führen zu Helligkeitsschwankungen der Kopierlampe und damit zu unterschiedlich belichteten Platten.
C. Die Platten sind zu schnell hintereinander kopiert worden.
D. Die Leuchtenergie der Kopierlampe ändert sich im Laufe des Tages, je nachdem, wie oft sie gebraucht wird, so daß gleichmäßige Belichtung nicht möglich ist.

**156**
*Wozu wird bei der Plattenkopie ein Lichtdosiergerät verwendet?*
A. Regulierung der Lichtstärke der Lampe
B. Regulierung der Stromstärke der Kopierlampe
C. Regulierung der elektrischen Spannung für die Kopierlampe
D. Regulierung der auf die Platte gelangenden Lichtmenge
E. Die Lichthelligkeit der Lampe wird stabilisiert

**157**
*Welche Aufgabe hat ein Lichtdosiergerät?*
A. Sparschaltungsanlage zur Stromersparnis
B. Verminderung des Streulichtes
C. Steuerung des Streulichtes zum Vermeiden von Filmkanten
D. Messung der Farbtemperatur einer Lichtquelle
E. Messung der Lichtmenge

**158**
*An einem Kopierrahmen mit Lichtdosiergerät wird der Lampenabstand verringert. Welche Aussage über die Belichtungszeit ist richtig?*
A. Die Belichtungszeit bleibt gleich, weil das Lichtdosiergerät die Lampe steuert.
B. Die Belichtungszeit verringert sich, weil das Lichtdosiergerät die Lampe steuert.
C. Die Belichtungszeit verlängert sich, weil das Lichtdosiergerät die Lampe steuert.
D. Die Abstandsveränderung der Lampe hat keinen Einfluß auf die Belichtungszeit der Platte.

**159**
*An einem Kopierrahmen mit Lichtdosiergerät wird der Lampenabstand zur besseren Ausleuchtung vergrößert. Welche Aussage ist richtig?*
A. Der Kopierer muß die am Lichtdosiergerät eingestellte Taktzahl zur Belichtung verringern.
B. Der Kopierer muß die bisher eingestellte Taktzahl vergrößern.
C. Die Taktzahl am Lichtdosiergerät bleibt wie bisher.
D. Das Lichtdosiergerät ist nun nicht mehr einsetzbar.

**160**
*Welche der aufgeführten Kopierlampen hat den höchsten Anteil an kopierwirksamem Licht für vorbeschichtete Offsetplatten?*
A. Xenonimpulslampe  B. Kohlebogenlampe
C. Leuchtstoffröhren  D. Glühlampen
E. Metallhalogenidlampen

**161**
*Von welchem Faktor ist die Belichtungszeit auf einer Druckplatte nicht abhängig?*
A. Von der Intensität der Lichtquelle
B. Vom UV-Anteil der Lichtquelle
C. Vom Abstand der Lichtquelle
D. Von der Art des verwendeten Plattenmetalls
E. Von der Kopierschicht

**162**
*Welches Kopierergebnis entsteht, wenn der Rasterpunkt auf einem Positivfilm einen Hof mit zu geringer Schwärzung hat?*
A. Die Kopie wird punktgenau
B. Die Kopie wird spitzer
C. Die Kopie wird voller
D. Der Rasterpunkt kopiert weg

## 5.1 Positivkopie

**163**
Welche Aussage über die Seitenlage der positiven und negativen Kopiervorlagen für die Offsetkopie ist richtig?
A. Positive seitenrichtig, Negative seitenrichtig
B. Positive seitenrichtig, Negative seitenverkehrt
C. Positive seitenverkehrt, Negative seitenverkehrt
D. Positive seitenverkehrt, Negative seitenrichtig
E. Die Seitenlage kann beliebig gewählt werden

**164**
Welches Kopierergebnis entsteht, wenn der Film bei der Positivkopie nicht genügend Deckung besitzt?
A. Die Kopie wird punktgenau.
B. Die Kopie wird voller.
C. Die Kopie wird spitzer.
D. Das Bild kopiert weg.

**165**
Was geschieht, wenn eine vorbeschichtete Positivplatte zu lange belichtet wird?
A. Die Schicht härtet stärker durch.
B. Die Schicht wird aufgelöst.
C. Die Schicht hält nur eine geringere Auflage.
D. Die Kopie wird spitzer.
E. Die Kopie wird voller.

**166**
Früher wurde vorwiegend mit sogenannter Schablonenschicht-Kopie gearbeitet. Wofür wird diese heute in der Offsetkopie noch verwendet?
A. Positivkopie auf Mehrmetallplatten
B. Negativkopie mit Selbstbeschichtung
C. Positivkopie auf vorbeschichteten Platten
D. Negativkopie auf vorbeschichteten Platten
E. Für wasserlose Offsetplatten

**167**
Woraus bestehen bei einer Positivkopie mit Druckschichtplatten die druckenden Teile auf der Platte nach der Entwicklung?
A. Aus Aluminium
B. Aus Aluminiumoxid
C. Aus gehärteter Schicht
D. Aus zersetzter Kopierschicht
E. Aus unbelichteter Kopierschicht

**168**
Eine Positivkopie wird mit Streulicht belichtet. Welche Aussage ist falsch?
A. Die Filmkanten werden wegbelichtet.
B. Es ist weniger Korrektur von feinem Staub notwendig.
C. Es darf nicht zu lange mit Streulicht belichtet werden.
D. Die Kopie kann spitzer werden.
E. Die Kopie kann voller werden.

**169**
Was geschieht beim Belichten einer Positivkopie auf sogenannten Druckschichtplatten an den bildfreien Stellen?
A. Sie werden gehärtet.   B. Sie werden zersetzt.
C. Sie bleiben unverändert.
D. Sie werden nur umgefärbt.

**170**
Welche Schichtteile lösen sich beim Entwickeln einer Positivkopie im Druckschichtverfahren?
A. Die unbelichteten Schichtteile
B. Die gehärteten Schichtteile
C. Die belichteten Schichtteile
D. Die polymerisierten Schichtteile

**171**
Warum werden Platten „fixiert"?
A. Um die Platte haltbar zu machen
B. Um die Platte vor Oxidation zu schützen
C. Um die Bildstellen farbfreudiger zu machen
D. Um bildfreie Stellen wasserfreundlicher zu machen
E. Um die Aussagen von C. und D. zu erreichen

**172**
Was bewirkt das Korrekturmittel für Druckschichtplatten?
A. Zersetzung der Schichtteile
B. Ätzen der bildfreien Stellen
C. Fixieren der Schichtteile
D. Härtung der Schichtteile
E. Aufrauhen der bildfreien Stellen

**173**
Welcher Fehler führt nicht zur Unterstrahlung?
A. Filme an den Kanten übereinander montiert
B. Klebeband über Raster
C. Klebeband genau bis an den Raster
D. Filmrest zwischen Montage und Kopierschicht
E. Zerkratzte Filmschicht, Kratzer im Bild

**174**
Wann kommt es zu Unterstrahlungen bei der Plattenkopie?
A. Bei Kopie Schicht-auf-Schicht
B. Bei Verwendung von Punktlichtkopierlampen
C. Bei seitenverkehrten Filmen
D. Bei seitenrichtigen Filmen
E. Bei der Verwendung von Anhaltskopien

**175**
Was geschieht, wenn ein Rasterkeil auf eine Positivplatte nur mit Streulicht belichtet wird?
A. Alle Stellen des Rasterkeils werden etwas dunkler.
B. Alle Stellen des Rasterkeils werden etwas heller.
C. Nur die hellen Rasterpartien verändern sich.
D. Nur die Mitteltöne verändern sich.
E. Nur die Dreivierteltöne verändern sich.

# Positivkopie 5.1

**176**
*In welchem Bereich wirkt sich zu viel Streulicht am deutlichsten sichtbar aus?*
A. Im gesamten Bereich von 10%igem bis zum 95%igen Rasterton
B. In erster Linie bei den hellen Rastertönen
C. In erster Linie bei den mittleren Rastertönen
D. Am deutlichsten bei den dunklen Rastertönen
E. Vor allem im Bereich zwischen 60% und 80%

**177**
*Welches ist die sicherste Methode, um unerwünschte Tonwertveränderungen beim Wegbelichten von Film- und Klebebandkanten zu vermeiden?*
A. Belichten nur mit Punktlicht
B. Belichten mit Punkt- und Streulicht zu etwa gleichen Teilen
C. Belichten mit möglichst wenig Streulicht
D. Zweitbelichtung mit einem Decker

**178**
*Moderne Kopierrahmen haben ein Vorvakuum und erst nach einiger Zeit das Vollvakuum. Wozu dient das Vorvakuum?*
A. Zur schnellen Absaugung der Luft
B. Zur Schonung der Pumpe
C. Damit ist es möglich, kleinere Pumpen zu benutzen (Energieeinsparung)
D. Um Luftinseln z.B. in der Montage- und Plattenmitte zu vermeiden
E. Um Spannungen in der Glasscheibe des Kopierrahmens so gering wie möglich zu halten

**179**
*Für welchen Zweck setzt der Kopierer eine Küvette ein?*
A. Zur Kontrolle der richtigen Lichtmenge
B. Zur Entwicklungskontrolle
C. Zum Belichten der Druckplatten
D. Zum Einbrennen von Druckplatten
E. Zur Entwicklung von Druckplatten

**180**
*Welche der folgenden Behauptungen zur Druckformherstellung für den Offsetdruck ist falsch?*
A. Alle Kopiervorlagen für den Offsetdruck müssen seitenverkehrt sein.
B. Eloxierte Aluminiumplatten sind nur für Auflagen bis 50000 Druck einzusetzen.
C. Eine Anhaltskopie ist ein Hilfsmittel für das Einpassen bei Montagen für mehrfarbigen Druck.
D. Aufbau einer Trimetallplatte von der Basis: Aluminium - Kupfer - Chrom.
E. Durch das Thermodurverfahren wird die Auflagenbeständigkeit vorbeschichteter Druckplatten erhöht.

**181**
*Welche Arbeiten führen in der Regel sogenannte Plattenverarbeitungsanlagen aus?*
A. Entwickeln, Abbrausen
B. Entwickeln, Abbrausen, Fixieren
C. Entwickeln, Abbrausen, Fixieren, Gummieren und Trocknen
D. Entwickeln, Abbrausen, Gummieren
E. Entwickeln

**182**
*Was bezeichnet man als Thermodurverfahren?*
A. Herstellen von Bimetallplatten unter Wärmeeinwirkung
B. Entwickeln von Offsetdruckplatten mit wärmeentwickelnden Entwicklern
C. Einbrennen der nach dem Entwickeln auf der Platte verbliebenen Schicht
D. Korrekturverfahren an mehrmetallischen Offsetdruckplatten durch Galvanisieren
E. Belichtung mit Temperaturstrahlern

**183**
*Welchen Vorteil haben „eingebrannte" Platten?*
A. Sie drucken besser.
B. Sie halten eine größere Auflage aus.
C. Sie benötigen weniger Feuchtigkeit.
D. Sie tonen nicht so leicht.
E. Die Aussagen A, B und C sind richtig.

**184**
*Welche Folgen kann eine zu dicke Gummierung bei einer Aluminium-Offsetdruckplatte haben?*
A. Die Platte druckt zu voll.
B. Die Platte tont leichter.
C. Die Zeichnung druckt zu spitz.
D. Die Gummierung frißt Löcher in das Aluminium.
E. Die Bildstellen nehmen keine Farbe mehr an.

**185**
*Welchen Zweck erfüllen das Ätzen (= Fixieren) und Gummieren einer Offsetdruckplatte?*
A. Verbessern die Rasterpunktwiedergabe
B. Erhöhen die Auflagenfestigkeit der Platte
C. Verbessern die Farbannahme der Bildstellen
D. Verbessern die Wasserannahme der bildfreien Stellen
E. Verbessern die Farb- und die Wasserannahme

**186**
*Welcher Abschnitt über das Gummieren ist fehlerhaft?*
A. Beim Gummieren werden die bildfreien Plattenstellen wasserfreundlich.
B. Die Bildstellen werden gehärtet.
C. Die Gummierung schützt vor „Oxidation"
D. und Schmutzablagerungen.

## 5.1 Positivkopie · Negativkopie

**187**

*Warum werden Offsetplatten am Schluß des Kopiervorganges gummiert?*
A. Die Gummierung schützt die Bildstellen vor Lichteinfluß.
B. Die Bildstellen werden härter und halten eine größere Auflage aus.
C. Die bildfreien Stellen werden von „Oxidstellen" gereinigt.
D. Die Bildstellen werden fettfreundlich und damit farbannehmend.
E. Die nichtdruckenden Plattenstellen werden dadurch besser wasserannehmend und vor „Oxidation" geschützt.

**188**

*Welche Angabe beschreibt die Wirkung der Plattengummierung richtig?*
A. Die Gummierung beseitigt „Oxidation".
B. Die Gummierung schützt vor „Oxidation" und macht wasserfreundlich.
C. Die Gummierung festigt die Bildstellen.
D. Die Gummierung härtet die Bildstellen.
E. Die Gummierung macht die Bildstellen farbfreundlich.

**189**

*Welcher Textteil zur Gummierung einmetallischer Offsetplatten ist falsch?*
A. Die Gummierung muß dünn und streifenfrei aufgetragen werden.
B. Die Wasserfreundlichkeit der Nichtbildstellen wird verbessert.
C. Das Festsetzen von Ablagerungen in der Körnung wird verhindert.
D. Die Gummierung bildet eine Schutzschicht gegen mechanischen Abrieb.

**190**

*Welche Kopiervorlage wird für die Offset-Negativkopie benötigt?*
A. Seitenrichtiges Negativ
B. Seitenrichtiges Negativ auf Mattfilm
C. Seitenverkehrtes Negativ
D. Ein Negativ, gleichgültig, ob seitenrichtig oder seitenverkehrt
E. Das ist je nach Plattentyp verschieden

**191**

*Für welche der genannten Arbeiten ist die Negativmontage nicht geeignet?*
A. Einfarbige Stricharbeit
B. Zweifarbige Stricharbeit (schwarz = Text, Farbe = Fläche)
C. Vierfarb-Rasterbild
D. Einfarbige Rasterbilder
E. Zweifarbige Raster-Stricharbeit (Schwarz = Rasterbild, Farbe = Fläche)

**192**

*Warum müssen bei der Negativkopie alle Stellen außerhalb der Negative mit Rotfolie o.ä. abgedeckt werden?*
A. Diese Stellen würden sonst wegbelichten.
B. Diese Stellen würden später mitdrucken.
C. Die Gefahr der Überstrahlung wäre zu groß.
D. Damit sich die Filmkanten nicht abbilden.

**193**

*Warum können bei der Negativkopie die bildfreien Stellen statt mit schwarzem Papier auch mit einer roten Folie abgedeckt werden?*
A. Diese Folie läßt kein Licht durch.
B. Diese Folie schwächt das Kopierlicht so stark, daß bei der normalen Belichtungszeit keine Belichtung stattfindet.
C. Diese Folie läßt nur rotes Licht durch, das die Kopierschicht wegbelichtet.
D. Diese Folie läßt nur rotes Licht durch, das auf die Kopierschicht nicht wirkt.

**194**

*Worin liegt der Hauptnachteil der Negativkopie für Farbarbeiten?*
A. Im Abdecken der bildfreien Stellen
B. In der geringen Auflagenbeständigkeit
C. Im schwierigen Einpassen der Teilfarben-Filme
D. In der Tonwertverschiebung bei der Kopie
E. In der umständlichen Herstellung der Kopie

**195**

*Die Bildstellen bei einer Negativkopie auf Aluminiumplatten bestehen aus...*
A. Kopierlack   B. Aluminiumoxid   C. Kupfer
D. gehärteter Kopierschicht   E. Aluminium

**196**

*Welchen Fehler wird diese Kopie aufweisen?*

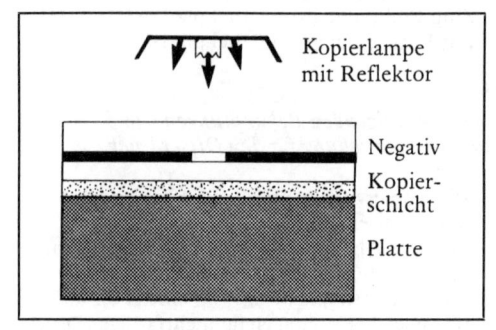

A. Schnittkanten müssen abgedeckt werden.
B. Das Bild (die Kopie) wird zu voll.
C. Die Kopie wird zu spitz.
D. Die Kopie wird unterbelichtet.
E. Die Kopie wird überbelichtet.

## Negativkopie · Mehrmetallplattenkopie 5.1

**197**
*Welche Klebebänder sind für die Filmbefestigung auf einer Negativmontage geeignet?*
A. Farblose   B. Rote
C. Braune   D. Rote und braune
E. Farblose, rote und braune

**198**
*Warum soll die Rotfolie nicht direkt auf die Negative, sondern auf die Montagenrückseite montiert werden?*
A. Es könnte zu Unterstrahlungen kommen.
B. Beim Schneiden der Fenster würde die Filmschicht beschädigt.
C. Es könnte dadurch zu unnötigen Plattenkorrekturen kommen.
D. Die Aussagen A und B sind richtig.
E. Die Aussagen A, B und C sind richtig.

**199**
*Welches kann eine Ursache für eine zu volle Negativkopie sein?*
A. Die Belichtungszeit war zu lang.
B. Der Entwickler war zu schwach.
C. Die Fixierung war zu stark.
D. Montage mit seitenverkehrten Negativen
E. Die Belichtungszeit war zu kurz.

**200**
*Welcher Arbeitsvorgang ist charakteristisch für die Kopie einer Mehrmetallplatte?*
A. Entwickeln   B. Fixieren
C. Gummieren   D. Abdecken
E. Durchätzen

**201**
*Welche Wirkung hat das Licht beim Belichten einer Positivkopie auf Mehrmetallplatten?*
A. Die unbelichtete Schicht wird gehärtet.
B. Die belichteten Schichtteile werden zersetzt.
C. Die belichteten Schichtteile verlieren ihre Löslichkeit.
D. Ob Härtung oder Zersetzung, das kommt darauf an, ob vorbeschichtete oder selbstbeschichtete Platten benutzt werden.
E. Die belichteten Schichtteile schwärzen sich.

**202**
*Wie werden bei der Kopie (Plattenherstellung) auf Mehrmetallplatten mitkopierte Filmkanten vor dem Ätzen beseitigt?*
A. Mit Korrekturmittel entfernen
B. Durch Abdecken mit Abdeckmittel
C. Durch Schaben
D. Mit dem Kupferstift
E. Durch Ätzen mit starker Phosphorsäure

**203**
*Was geschieht beim Entschichten einer Mehrmetallplatte?*
A. Die vom Licht zersetzten Schichtteile werden wegentwickelt.
B. Die Chromschicht wird mit Ätze entfernt.
C. Die Schichtschablone wird mit Chemikalien aufgelöst.
D. Fehlstellen werden abgedeckt.
E. Fehlstellen werden verchromt.

**204**
*Was geschieht beim Durchätzen einer Mehrmetallplatte?*
A. Das Kupfer wird weggeätzt.
B. Die Kopierschicht wird weggeätzt.
C. Chrom wird an Bildstellen weggeätzt.
D. Chrom wird an Bildstellen freigelegt.
E. Kupfer *und* Chrom werden weggeätzt.

**205**
*Welche Aussage über das Durchätzen von Mehrmetallplatten ist richtig?*
Zu langes Ätzen.....
A. macht Kupfer blind und verringert die Farbannahme,
B. verringert die Tonwertgenauigkeit der Kopie, weil die Kopierschicht angeätzt wird,
C. bewirkt ein Mitätzen der Filmkanten,
D. bewirkt ein Spitzerwerden der Kopie,
E. bewirkt ein Vollerwerden der Kopie.

**206**
*Welcher Abschnitt in folgender Beschreibung enthält einen sachlichen Fehler?*
A. Die beschichtete Mehrmetallplatte wird unter einem seitenverkehrten Positiv belichtet.
B. Das Licht zersetzt die Kopierschicht an den bildfreien Stellen.
C. Anschließend wird durch Abbrausen mit Wasser entwickelt.
D. Nach dem Trocknen wird mit Abdeckmittel korrigiert.
E. Beim Wegätzen der Chromschicht müssen die giftigen Dämpfe abgesaugt werden.

**207**
*Bei der Kopie einer Bimetallplatte wurde vergessen, eine Filmkante abzudecken. Wie kann nachträglich eine Korrektur erfolgen?*
A. Durch Schaben
B. Durch Wegschleifen der Cu-Schicht
C. Durch Verchromen
D. Durch Verkupfern
E. Durch Wegätzen der Bildstellen mit Korrekturmittel

## 5.1 Kopiermaschine · Plattenkorrektur

**208**

*Was wird als Grundlage für die Kopie mit einer Kopiermaschine benötigt?*
A. Ein Einteilungsbogen   B. Ein Fahrplan
C. Ein Standbogen   D. Eine Anhaltskopie
E. Ein Ausschießschema

**209**

*Für welche der genannten Arbeiten ist eine Kopiermaschine am rentabelsten einzusetzen?*
A. Kopie von farbigen Zigarettenschachteln zu 12 Nutzen
B. Kopie von Werkdruckbogen zu 16 Seiten
C. Kopie einer Zeitschrift zu Doppelnutzen
D. Kopie für einen Prospekt zum Umschlagen
E. Großflächiges Plakat

**210**

*Für welche der genannten Druckaufträge ist der Einsatz einer Kopiermaschine am besten geeignet?*
A. Werkdruck   B. Zeitschriftendruck
C. Etikettendruck zu Vielfachnutzen
D. Plakatdruck   E. Bilderdruck

**211**

*Welche Aussage zu modernen Kopiermaschinen stimmt nicht?*
A. Sie fahren die gewünschte Position automatisch an und belichten.
B. Sie legen den nicht mehr gebrauchten Film ab und fahren in die Ausgangsposition.
C. Sie holen sich aus einem eingelegten Vorrat den nächsten zu belichtenden Film.
D. Sie erreichen einen genauen Passer von wenigen Hundertstel Millimetern.
E. Sie passen die Filme der einzelnen Farben mittels Paßkreuzen genau aufeinander ein.

**212**

*Welches ist der Hauptvorteil einer Kopiermaschine?*
A. Genauer Passer
B. Gleichmäßige Belichtung aller Kopien
C. Weniger Abdeckarbeit
D. Bessere Rasterkopien
E. Zeit- und Materialersparnis

**213**

*Welche Aussage über die Filmmontage für eine Kopiermaschine ist falsch?*
A. Die Filme werden mit der Schichtseite nach oben auf eine Folie montiert.
B. Die Filme werden in die Mitte der Folie montiert.
C. Es muß ein Decker angefertigt werden, der den freien Raum um den Film abdeckt.
D. Es können nur Positive, aber keine Negative verwendet werden.

**214**

*Wofür kann man eine Kopiermaschine mit Magazinwechsel nicht einsetzen?*
A. Zur Plattenkopie für mehrfarbige Etiketten
B. Zur Kopie einer Platte mit drei verschiedenen Etiketten, die je zu 10 Nutzen kopiert werden
C. Zur Plattenkopie einer Form für den Werkdruck
D. Zur Kopie eines Plakates 70 cm x 100 cm zu zwei Nutzen
E. Zur Kopie mit einem Film, der 5 Nutzen eines Aufklebers enthält (Sammeldia)

**215**

*Was versteht man unter dem Begriff „Sammeldia"?*
A. Sämtliche Dias eines Auftrags heißen im fachlichen Sprachgebrauch „Sammeldia".
B. Eine größere Sammlung von Diapositiven für die Rahmenkopie
C. Eine Kopiervorlage für mehrfarbige Kopien
D. Eine Sammlung von Diapositiven
E. Ein Sammeldiapositiv enthält mehrere Kopiervorlagen; es verringert die Anzahl der Belichtungen in der Kopiermaschine.

**216**

*Das Korrekturmittel für vorbeschichtete Platten bewirkt das*
A. Zersetzen der Schicht   B. Ätzen der Schicht
C. Abwaschen der Schicht
D. Fixieren der Schicht   E. Härten der Schicht

**217**

*Welche der aufgeführten Plattenkorrekturen wird durch Galvanisieren ausgeführt?*
A. Minuskorrektur auf Mehrmetallplatten
B. Minuskorrektur auf eloxierten Platten
C. Pluskorrektur auf eloxierten Platten
D. Pluskorrektur auf gekörnten Platten

**218**

*Was geschieht auf einer Mehrmetallplatte, wenn druckende Stellen entfernt werden sollen?*
A. Chrom wird entfernt.
B. Chrom wird aufgebracht.
C. Kupfer wird abgeätzt.
D. Bildstellen werden mit Korrekturmittel entfernt.
E. Die Platte wird fürs Einkopieren erneut beschichtet.

**219**

*Welche angeführte Korrektur ist keine Minuskorrektur?*
A. Wegschaben an Aluminiumplatten
B. Wegätzen der Chromschicht bei Mehrmetallplatten
C. Arbeiten mit Korrekturmittel an Druckschichtplatten
D. Verchromen an Mehrmetallplatten

## Kopiermaschine · Plattenkorrektur · Standardisierung 5.1

**220**
*Was meint man mit Minuskorrektur auf Mehrmetallplatten?*
A. Entchromen   B. Verkupfern
C. Verchromen   D. Wegschaben
E. Durchätzen

**221**
*Die entwickelte Offsetplatte zeigt folgenden Fehler. Was ist die Ursache?*

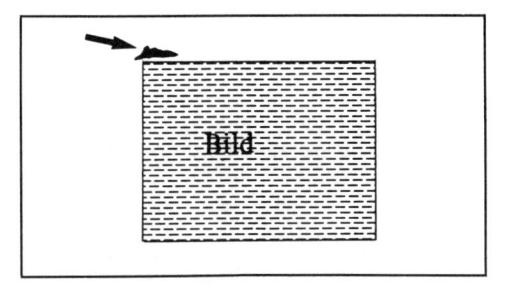

A. Abdeckfehler   B. Filmschnipsel
C. Schmutzige Montagefolie
D. Staub am Filmrand
E. Herausgequollener Kleber

**222**
*Welche Linien im Feld K des FOGRA-PMS-I müssen als erstes vorhanden sein, wenn die Kopie exakt punktgenau sein soll?*

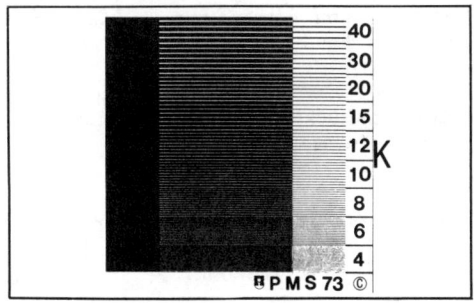

A. 8 µm    B. 10 µm    C. 10 oder 12 µm
D. 15 µm   E. 4 µm

**223**
*Wie ist bei einer positiven Offsetdruckplattenkopie visuell die richtige Belichtung zu kontrollieren?*
A. Wenn Filmkanten sich leicht abzeichnen, ist die Platte richtig kopiert.
B. Der Drucker vergleicht mit einem Fadenzähler den Fortdruck mit dem Andruck.
C. Der Drucker vergleicht mit einem Meßmikroskop den Druck mit der Kopiervorlage.
D. Sind feinste Linien oder Rasterpunkte der Vorlage auf der Platte vorhanden, so ist richtig kopiert.
E. Auf der Platte müssen feinste Lichtpunkte im 95%igen Rasterton offen stehen.

**224**
*Warum wird die Kopierzeit nicht so gewählt, daß die 4µm-Linien noch einwandfrei vorhanden sind?*
A. Der Raster wäre zu voll.
B. Der Raster wäre zu spitz.
C. Die Druckplatte wäre nur für kleine Auflagen geeignet.
D. Es muß zu lange entwickelt werden.
E. Filmkanten und Staub würden sehr stark mitkopiert.

**225**
*Welche Linien im Feld K des FOGRA-PMS-I müssen als erstes vorhanden sein, wenn die Platte nach den Vorschriften der Standardisierung kopiert wurde?*
A. 4 µm    B. 6 µm    C. 10 oder 12 µm
D. 15 oder 20 µm   E. 30 µm

**226**
*Welche Aussage trifft für eine Positivkopie zu, die nach den Vorschriften der Standardisierung kopiert ist?*
A. Die Kopie ist exakt punktgenau.
B. Die Kopie ist etwas spitzer als die Kopiervorlage.
C. Die Kopie ist etwas voller als die Kopiervorlage.
D. Die Kopie ist viel spitzer.
E. Die Kopie ist viel voller.

## 5.2 Druckformherstellung Hochdruck

**1**
Warum wird heute im Buchdruck mehr und mehr eine Auswaschdruckplatte anstelle einer Metallplatte eingesetzt?
A. Bei der Herstellung der Auswaschdruckplatte ist sowohl eine Negativ- als auch eine Positivkopie möglich.
B. Die Auswaschdruckplatte ermöglicht Korrekturen an der fertigen Platte.
C. Einfache, schnelle Herstellung und für hohe Auflagen ohne Qualitätsverlust einzusetzen.
D. Metallplatten oxidieren sehr leicht und sind für Nachauflagen nicht mehr einzusetzen.
E. Die Auswaschdruckplatte eignet sich besser für die Kopie feinster Raster.

**2**
Welche Stichworte beschreiben den Herstellungsweg einer Druckplatte mit Fotopolymerschicht?
A. Kunststoffplatte, Messer, Stichel, nichtdruckende Stellen ausheben
B. Belichtung, Entwicklung, Ätzreserve, Salpetersäure
C. Lichtempfindlicher Kunststoff, Belichtung, Auswaschen
D. Abtastung, Stromimpulse, Verstärkung, Stichel
E. Kunststoffmatrize, Verkupferung, Hintergießen

**3**
Welche Angabe zur Metallätzung von Hochdruckformen (Autotypien) ist richtig?
A. Druckformmetall ist Aluminium.
B. Vor der Ätzung sind Druckelemente mit Kopierschicht bedeckt.
C. Geätzt wird in einem mehrstufigen Verfahren mit Eisen(III)-chlorid.
D. An der fertigen Druckform sind keine Ton- und Farbwertkorrekturen mehr möglich.
E. Der Raster ist tiefenvariabel.

**4**
Welche Druckform wird für den Flexodruck eingesetzt, wenn höhere Qualität gefordert wird?
A. Auswaschdruckplatte    B. Gummidruckform
C. Rasterätzung    D. Aluminiumdruckplatte
E. Kunststoffstereo

**5**
Um welche Druckform für den Flexodruck handelt es sich bei der Nachformung einer Strichätzung?
A. Bleistereo    B. Kunststoffstereo
C. Auswaschdruckplatte    D. Metallätzung
E. Gummidruckplatte

**6**
Warum werden Rasterklischees in verschiedenen Rasterweiten hergestellt?
A. Um eine schnellere Verarbeitung zu erreichen
B. Um den Farbverbrauch zu vermindern
C. Um dem Kunden eine größere Auswahlmöglichkeit zu bieten
D. Damit die Glasgravurraster gleichmäßig abgenutzt werden
E. Um die Druckeigenschaften dem Auflagenpapier anzupassen

**7**
Im Letterset (indirekter Hochdruck) sind Verpackungen zu drucken. Welche Druckform wird dafür eingesetzt?
A. Galvano    B. Bleistereo
C. Auswaschdruckplatte
D. Metallätzung    E. Kunststoffstereo

**8**
Welche Rasterwinkelung wird für eine Autotypie nach einer einfarbigen Vorlage gewählt?
A. 90°    B. 75°    C. 135°
D. 45°    E. 15°

**9**
Für welche Hochdruckplatte gelten folgende Angaben? Für die Kopie eignen sich nur negative Kopiervorlagen mit einwandfreier Deckung und mattierter Rückseite. Die Druckplatte ist für höchste Auflagen geeignet.
A. Galvano    B. Kunststoffstereo
C. Auswaschdruckplatte    D. Zinkklischee
E. Gummiklischee

**10**
Welche Platte ist keine Hochdruckform?
A. Auswaschdruckplatte    B. Trimetallplatte
C. Autotypie    D. Galvano    E. Strichätzung

**11**
Welche der folgenden Druckplatten ist eine Original-Hochdruckplatte?
A. Kunststoffstereo    B. Bleistereo    C. Galvano
D. Gummiklischee    E. Auswaschdruckplatte

**12**
Für welches Druckverfahren ist kennzeichnend, daß die druckenden Elemente erhaben sind und seitenrichtig auf der Druckform stehen?
A. Indirekter Tiefdruck    B. Offsetdruck
C. Indirekter Hochdruck    D. Buchdruck
E. Flexodruck

## Druckformherstellung im Hochdruck 5.2

**13**
*Welcher Vorgang ist charakteristisch für die Herstellung eines Nyloprintklischees?*
A. Ätzen
B. Belichten mit UV-Streulicht
C. Belichten mit UV-Punktlicht
D. Belichten mit Infrarotlicht
E. Ätzen mit Flankenschutzmittel

**14**
*Zu welcher Gruppe gehören Galvanos?*
A. Zu den Mehrmetalldruckplatten
B. Zu den Autotypien
C. Zu den Hochdruckplatten-Nachformungen
D. Zu den Original-Hochdruckplatten
E. Zu den Strichätzungen

**15**
*Welches Material wird für Druckformen verwendet, die ausgewaschen werden?*
A. Zink
B. Fotopolymere Kunststoffe
C. Magnesium
D. Duroplaste
E. Thermoplaste

**16**
*Welche Druckform gehört nicht zu manuell hergestellten Original-Hochdruckplatten?*
A. Linolschnitt
B. Holzschnitt
C. Kupferstich
D. Holzstich
E. Bleischnitt

**17**
*Was ist ein Galvano?*
A. Galvanisch hergestellte Original-Hochdruckplatte
B. Hochdruckplatten-Nachformung: Kupferhaut, hintergossen mit einer Bleilegierung
C. Durch Prägen und galvanisches Verstärken hergestellte Hochdruckplatten-Nachformung, flexibel
D. Prägung einer Original-Hochdruckform in Duroplaste
E. Zwischenprodukt bei der Herstellung von Bleistereos in Spezialpappe

**18**
*Welche Zuordnung von Druckform zu Druckverfahren ist richtig?*
A. Gummidruckform - Offsetdruck
B. Kupferzylinder - Blechdruck
C. Stereo - Hochdruck
D. Lithografie - Tiefdruck
E. Schablone - Offsetdruck

**19**
*Für welches Hochdruckverfahren wird eine seitenrichtige Druckform benötigt?*
A. Flexodruck
B. Indirekter Hochdruck
C. Di-Litho
D. Buchdruck
E. Zeitungs-Rotationsdruck

# 6 Druckmaschinen
## 6.1 Grundlagen der Maschinentechnik

Mechanik ● Schmierung ● Messen, Steuern, Regeln

---

**1**
*Welche Abbildung zeigt einen Gewindestift?*

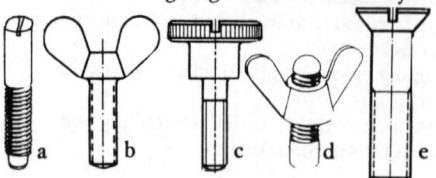

A. a   B. b   C. c   D. d   E. e

**2**
*Welche Abbildung zeigt eine Flügelmutter?*
A. a   B. b   C. c   D. d   E. e

**3**
*Welche Benennung ist falsch?*

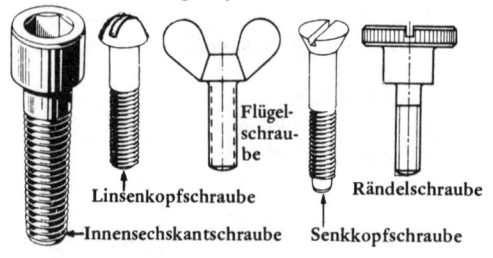

A. Innensechskantschraube
B. Linsenkopfschraube   C. Flügelschraube
D. Senkkopfschraube   E. Rändelschraube

**4**
*Welche Abbildung zeigt eine Hutmutter?*

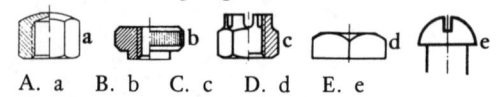

A. a   B. b   C. c   D. d   E. e

**5**
*Welche Abbildung zeigt eine Blechschraube?*

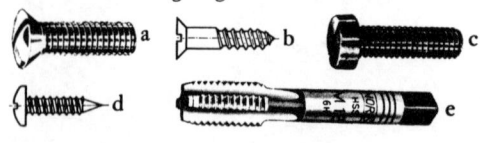

A. a   B. b   C. c   D. d   E. e

**6**
*Welche Abbildung(en) zeigt (zeigen) Schraubendreher?*

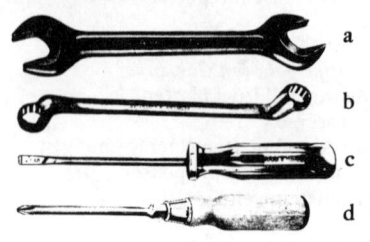

A. Alle Abbildungen   B. Abbildung a und b
C. Abbildung c        D. Abbildung c und d
E. Abbildung b

**7**
*Welche Abbildung zeigt keine Schraubensicherung?*

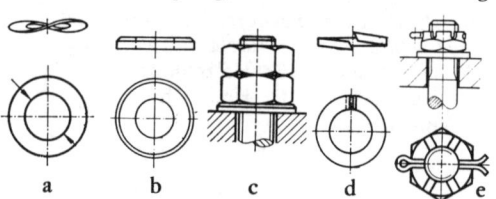

A. a   B. b   C. c   D. d   E. e

**8**
*Welches Maschinenelement ist abgebildet?*

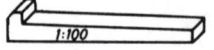

A. Keil    B. Federhülse   C. Kegelstift
D. Stift   E. Paßfeder

**9**
*Auf welche Abmessung bezieht sich die in der folgenden Bezeichnung unterstrichene Angabe?*

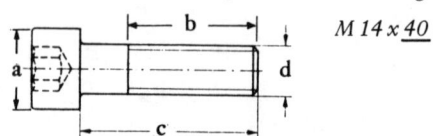

M 14 x <u>40</u>

A. a   B. b   C. c   D. d

---

88

# Mechanik 6.1

**10**

*Auf welche Abmessung bezieht sich die in der folgenden Bezeichnung unterstrichene Angabe?*

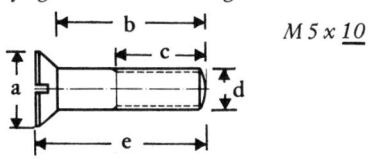

M 5 x <u>10</u>

A. a   B. b   C. c   D. d   E. e

**11**

*Ordnen Sie dem Begriff „Federring" die richtige Abbildung zu!*

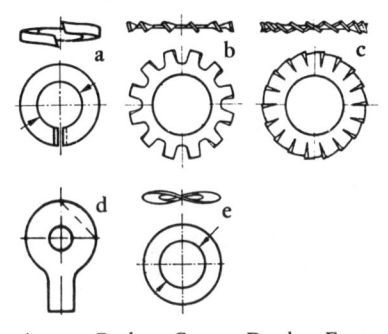

A. a   B. b   C. c   D. d   E. e

**12**

*Ordnen Sie dem Begriff „Federscheibe" die richtige Abbildung zu!*

A. a   B. b   C. c   D. d   E. e

**13**

*Welche Abbildung zeigt eine Drehstabfeder?*

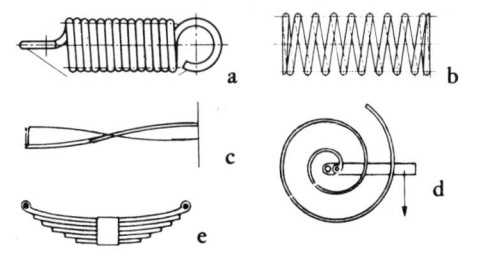

A. a   B. b   C. c   D. d   E. e

**14**

*Welche Abbildung zeigt eine Druckfeder?*
A. a   B. b   C. c   D. d   E. e

**15**

*Welches Maschinenelement ist abgebildet?*
A. Keil
B. Federhülse
C. Körner
D. Stift
E. Paßfeder

**16**

*Welches Beispiel gehört zu den unlösbaren Verbindungen?*
A. Verschraubung mit Sechskantschraube
B. Verbindung mit Blechschraube
C. Verschraubung unter Verwendung einer selbstsichernden Mutter
D. Nieten
E. Verbindung mit einem Kegelstift

**17**

*Wieviel ist 1 µm?*
A. 1 mm   B. 0,1 mm   C. 0,01 mm
D. 0,001 mm   E. 0,0001 mm

**18**

*Wie heißt dieses Werkzeug?*

A. Körner   B. Durchschlag   C. Versenker
D. Schraubendreher   E. Stift

**19**

*Wozu braucht man dieses Werkzeug?*
A. Zum Ankörnen vor dem Bohren
B. Zum Anreißen vor dem Schneiden
C. Zum Austreiben von Stiften
D. Zum Einschlagen von Kugellagern, z.B. auf Walzenspindeln
E. Zum Abziehen von Kugellagern

**20**

*Ordnen Sie den Ringschlüssel der Schraubenverbindung zu, die sich damit lösen bzw. anziehen läßt!*
A. Flügelmutter          B. Rändelmutter
C. Senkkopfschraube   D. Sechskantmutter
E. Innensechskantschraube

**21**

*Ordnen Sie den Steckschlüssel der Schraubenverbindung zu, die sich damit lösen bzw. anziehen läßt!*
A. Flügelmutter          B. Rändelmutter
C. Senkkopfschraube   D. Sechskantmutter
E. Innensechskantschraube

# 6.1

Mechanik

**22**

*Ordnen Sie nebenstehend abgebildetes Werkzeug der Schraubenverbindung zu, die sich damit lösen bzw. anziehen läßt!*
A. Flügelmutter  B. Rändelmutter
C. Senkkopfschraube  D. Sechskantmutter
E. Innensechskantschraube

**23**

*Im Maschinenbuch wird für das Farbmesser ein Abstand von 0,3 mm zum Duktor angegeben. Womit läßt sich diese Einstellung am besten kontrollieren?*
A. Meßschraube
B. Meßschieber
C. Maßband mit Halbmillimetereinteilung
D. Maßband mit Millimetereinteilung
E. Fühllehre

**24**

*Wofür dient dieses Werkzeug?*

A. Zum Körnen  B. Zum Anzeichnen
C. Zum Lösen von Schrauben  D. Zum Senken
E. Zum Gravieren, z.B. einer Zahl

**25**

*Was meint man mit Ankörnen?*
A. Anzeichnen, wo gebohrt wird
B. Anritzen, wo gebohrt wird
C. Für die Bohrung eine Vertiefung in das Material schlagen
D. Das Bohrloch für eine Senkschraube vertiefen

**26**

*Welche Abbildung zeigt einen Spannstift?*

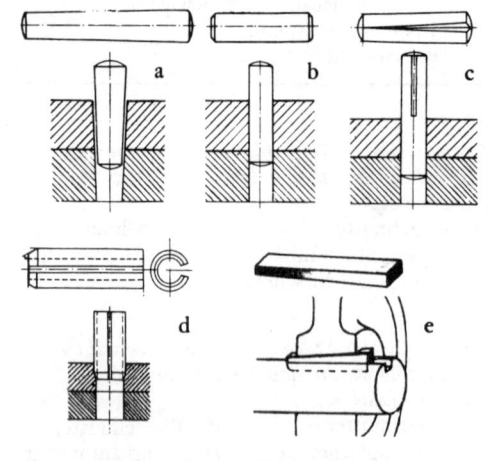

A. a  B. b  C. c  D. d  E. e

**27**

*Wozu dient dieses Teil?*
A. Zur Vergrößerung der Auflagefläche der Mutter
B. Um selbständiges Lösen der Mutter zu verhindern
C. Als Beilagscheibe
D. Damit die Mutter oder Schraube nicht mehr lösbar ist

**28**

*Es gibt zwei Gruppen von Verbindungen: lösbare und unlösbare. Welches Beispiel paßt nicht in die Aufzählung einer dieser beiden Gruppen?*
A. Löten  B. Kleben  C. Schweißen
D. Nieten  E. Verbinden mittels Stift

**29**

*Welches der abgebildeten Verbindungselemente bezeichnet man als Gewindestift?*

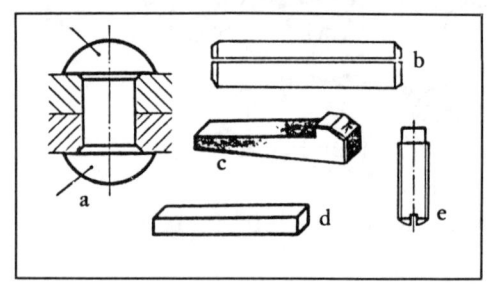

A. a  B. b  C. c  D. d  E. e

**30**

*Welche Stichworte handeln vom autogenen Schweißen?*
A. Punktförmiges Zusammenheften von Blechen
B. Elektrischer Lichtbogen, Elektrode
C. Gasflamme, Schweißdraht
D. Gasflamme, Elektrode, aneinandergestoßene Teile
E. Schweißelektrode mit Spezialummantelung

**31**

*Welche Stichworte handeln vom elektrischen Lichtbogenschweißen?*
A. Punktförmiges Zusammenheften von Blechen, Transformator
B. Schweißelektrode mit Spezialummantelung, elektrischer Flammbogen
C. Gasflamme, Schweißdraht
D. Elektrischer Lötkolben und ein Draht aus Bleilegierung
E. Elektroden, Zusammenpressen der Teile, kurzer Stromstoß

# Mechanik    6.1

**32**

*Welches Teil ist beim abgebildeten Getriebe das Abtriebsglied?*

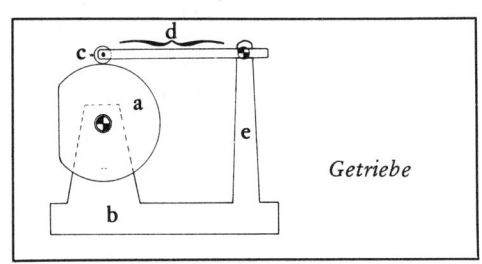

*Getriebe*

A. a  B. b  C. c  D. d  E. e

**33**

*Welches Teil ist beim abgebildeten Getriebe das Antriebsglied?*
A. a  B. b  C. c  D. d  E. e

**34**

*Welche Aussage trifft für ein Schraubengetriebe zu? Das Schraubengetriebe formt .....*
A. eine Schubbewegung in eine Drehbewegung um
B. eine Drehbewegung in eine gradlinige Bewegung um
C. eine Drehbewegung um in eine Drehbewegung mit gleicher Drehrichtung
D. eine Drehbewegung um in eine Drehbewegung mit umgekehrter Drehrichtung
E. eine Drehbewegung in eine Schwingbewegung um

**35**

*Wie sollen die Zahnräder eines Getriebes montiert sein?*
A. Die Teilkreise sollen sich fast berühren.
B. Der Teilkreis des einen Zahnrades soll sich auf dem Fußkreis des anderen Rades abrollen.
C. Der Fußkreis des einen Zahnrades soll sich auf dem Kopfkreis des anderen Zahnrades abrollen.
D. Die Teilkreise sollen sich minimal überschneiden.
E. Die Teilkreise sollen sich genau aufeinander abrollen.

**36**

*Welches Teil gehört nicht in ein Zahnradgetriebe?*
A. Gestell          B. Antriebsglied
C. Abtriebsglied    D. Koppelglied

**37**

*Welches Getriebe verwandelt eine Drehbewegung wieder in eine Drehbewegung mit gleicher Drehrichtung?*
A. Rädergetriebe        B. Rollengetriebe
C. Exzentergetriebe     D. Schraubengetriebe
E. Indirektes Rollengetriebe

**38**

*Welches Getriebe verwandelt eine Drehbewegung in eine gleichmäßige Schwingbewegung?*
A. Sperrgetriebe        B. Kurvengetriebe
C. Kurbelgetriebe       D. Schraubengetriebe
E. Malteserkreuzgetriebe

**39**

*Welches Grundgetriebe zeigt die nebenstehende Zeichnung?*
A. Rollengetriebe
B. Schraubengetriebe
C. Kurbelgetriebe
D. Kurvengetriebe
E. Sperrgetriebe

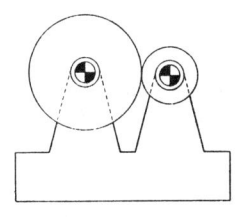

**40**

*Welches Getriebe stellt die Abbildung dar?*

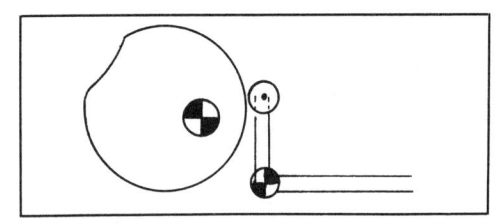

A. Exzentergetriebe     B. Kurbelgetriebe
C. Kurvengetriebe       D. Rollengetriebe
E. Sperrgetriebe

**41**

*Welches der genannten Maschinenelemente ist ein Exzenter?*
A. Kreisförmige Scheibe mit aus der Mitte gelagertem Drehpunkt
B. Kurvenscheibe mit wenigen Erhebungen und Vertiefungen
C. Um 15° gewinkelte Kardanwelle
D. Laufrolle mit Hebelsystem
E. Kreisförmige Scheibe mit einer Abflachung

**42**

*Zu welchem Grundgetriebe gehört das Exzentergetriebe?*
A. Schraubengetriebe    B. Kurbelgetriebe
C. Rollengetriebe       D. Kurvengetriebe
E. Sperrgetriebe

**43**

*Zu welchem Grundgetriebe gehört das Malteserkreuzgetriebe?*
A. Schraubengetriebe    B. Rollengetriebe
C. Rädergetriebe        D. Kurvengetriebe
E. Sperrgetriebe

## 6.1
Mechanik

**44**
Beim Verdrehen des Teiles A im Uhrzeigersinn bewegt sich das rechte Ende des Teiles B .....
A. nach rechts
B. nach links
C. nach oben
D. nach unten
E. überhaupt nicht

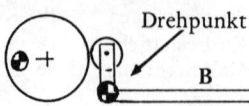

**45**
Welche Angabe zur Übersetzung oder Untersetzung ist für das abgebildete Getriebe richtig?

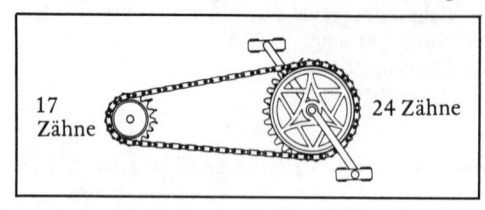

17 Zähne  24 Zähne

A. 1 : 2   B. 2 : 1
C. Die Übersetzung richtet sich nach der Kettenlänge
D. Die Untersetzung richtet sich nach der Kettenlänge

**46**
Mit welchem Getriebe läßt sich eine regelmäßige Schwingbewegung in eine Drehbewegung verwandeln?
A. Exzentergetriebe   B. Kurvengetriebe
C. Schraubengetriebe   D. Sperrgetriebe
E. Kurbelgetriebe

**47**
Welches Grundgetriebe veranschaulicht die Zeichnung?
A. Zahnradgetriebe
B. Malteserkreuzgetriebe
C. Schraubengetriebe
D. Kurbelgetriebe
E. Sperrgetriebe

**48**
Die Rollen haben den angegebenen Durchmesser. Die Drehzahl von Rolle 1 beträgt 100 U/min. Wieviel Umdrehungen pro Minute macht die Rolle 2?

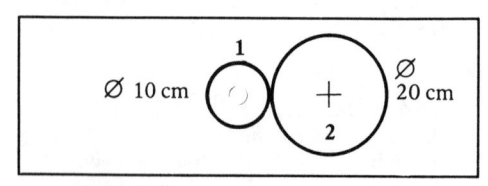

Ø 10 cm   Ø 20 cm

A. 100   B. 200   C. 400   D. 50   E. 25

**49**
Um welches Maschinenteil handelt es sich?
A. Kurvenscheibe
B. Rolle
C. Welle
D. Exzenter
E. Maltesergetriebe

**50**
Wie erfolgt meistens die Kraftübertragung vom Motor zur Druckmaschine?
A. Durch Zahnräder   B. Durch Ketten
C. Durch Schneckengetriebe
D. Durch Flachriemen   E. Durch Keilriemen

**51**
Welche Getriebeart erzeugt die Drehbewegung des Greifersystems am Tiegel?
A. Rollengetriebe   B. Kurvengetriebe
C. Kurbelgetriebe   D. Keilriemenantrieb
E. Malteserkreuzgetriebe

**52**
Bei welchem Treibriemen ist der Schlupf am geringsten?
A. Flachriemen   B. Keilriemen
C. Rundriemen   D. Textilriemen
E. Kunststoffriemen

**53**
Welche Aussage über die Umfangsgeschwindigkeit dieses Getriebes ist richtig?

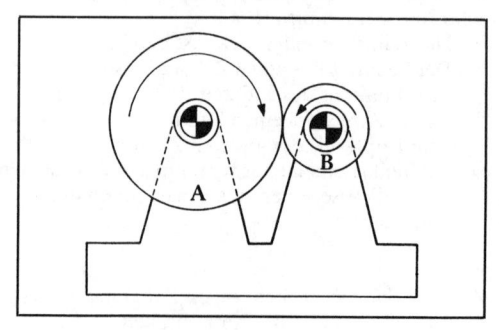

A. Beide Rollen haben die gleiche Umfangsgeschwindigkeit.
B. Die Umfangsgeschwindigkeit der Rolle A ist doppelt so groß wie die der Rolle B.
C. Die Umfangsgeschwindigkeit der Rolle A ist halb so groß wie die der Rolle B.
D. Man kann bei einem solchen Getriebe nicht von Umfangsgeschwindigkeit sprechen, sondern nur von der Drehzahl.

Mechanik **6.1**

**54**

*Wie ist das Übersetzungsverhältnis in einem Zahnradgetriebe?*
A. Wie das Verhältnis der Außendurchmesser der Zahnräder
B. Umgekehrt wie das Verhältnis der Außendurchmesser der Zahnräder
C. Wie das Verhältnis der Teilkreisdurchmesser
D. Wie das Verhältnis der Zähnezahl
E. Umgekehrt wie das Verhältnis der Zähnezahl

**55**

*Welches ist der Hauptgrund für die Verwendung von schrägverzahnten Zahnrädern in Druckmaschinen?*
A. Mit diesen Zahnrädern ist eine größere Kraftübertragung möglich.
B. Nur schrägverzahnte Zahnräder gestatten eine Zylinderverstellung.
C. Nur schrägverzahnte Zahnräder erlauben eine Registerverstellung in axialer Richtung.
D. Schrägverzahnte Zahnräder ergeben einen ruhigeren Maschinenlauf.

**56**

*Wie ist die genaue Bezeichnung für dieses Getriebe?*
A. Propellergetriebe
B. Sperrgetriebe
C. Kurbelgetriebe
D. Malteserkreuzgetriebe

**57**

*Welche Abbildung zeigt ein Schraubenradgetriebe?*

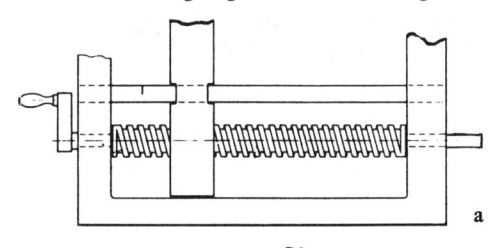

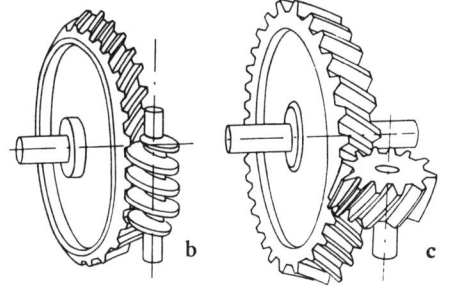

A. a  B. b  C. c

**58**

*Welches Getriebe hat immer eine relativ große Untersetzung (z.B. 30 : 1)?*
A. Kegelzahnradgetriebe
B. Stirnradgetriebe
C. Schraubenradgetriebe
D. Schneckenradgetriebe
E. Kettengetriebe

**59**

*An manchen Druckmaschinen — wie dem Tiegel oder der GTO — erfolgt die Regelung der Druckgeschwindigkeit nicht über den Motor, sondern über ein Getriebe. Welches Getriebe wird eingesetzt?*
A. Keilriementrieb   B. PIV-Getriebe
C. Flachriementrieb  D. Kettentrieb
E. Kegelscheibenantrieb

**60**

*Welche Abbildung zeigt ein Gleitlager?*

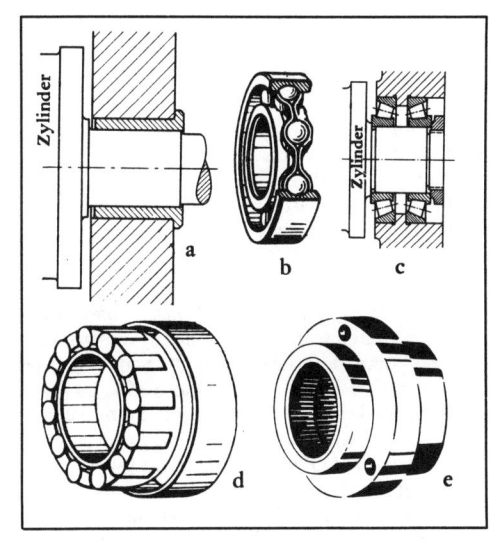

A. a  B. b  C. c  D. d  E. e

**61**

*Welches Lager ist kein Wälzlager?*
A. a  B. b  C. c  D. d  E. e

**62**

*Welche Abbildung zeigt ein Nadellager?*
A. a  B. b  C. c  D. d  E. e

**63**

*Welches der genannten Lager ist gegen Stoßbelastung am wenigsten empfindlich?*
A. Gleitlager    B. Wälzlager
C. Kugellager   D. Kunststofflager

## 6.1 Mechanik · Schmierung

**64**
*Bei welchem indirekten Getriebe wird das Übersetzungsverhältnis auch bei Belastung eingehalten?*
A. Nur beim Kettengetriebe
B. Nur beim Rollengetriebe mit Flachriemen
C. Nur beim Keilriementrieb
D. Nur beim Zahnriementrieb
E. Beim Ketten- und Zahnriementrieb

**65**
*Bei welchem Getriebe wird das Übersetzungsverhältnis am wenigsten eingehalten?*
A. Kettengetriebe   B. Keilriementrieb
C. Rollengetriebe   D. Zahnradgetriebe
E. Schraubengetriebe

**66**
*Welches zwangsläufige Getriebe verwendet man, wenn größere Achsabstände zu überbrücken sind?*
A. Rollengetriebe   B. Flachriemengetriebe
C. Kettengetriebe   D. Direktes Rädergetriebe
E. Differentialgetriebe

**67**
*Welche Zuordnung ist richtig?*
A. Kugellager - Gleitlager
B. Nadellager - Gleitlager
C. Rollenlager - Wälzlager
D. Wälzlager - Gleitlager

**68**
*Welcher Satz handelt von der Zentralschmierung?*
A. Viele Stellen werden von einer Stelle aus über eine Pumpe und Leitungen mit Schmiermittel versorgt. Das Öl fließt in eine Wanne ab.
B. Viele Stellen werden durch eine Pumpe über Leitungen mit Schmiermittel versorgt, und das rücklaufende Öl wird gefiltert und wieder umgepumpt.
C. Das sich drehende Teil wird von einem Schmiernippel aus mit Schmiermittel versorgt.
D. Die sich drehenden Teile tauchen immer wieder in ein Ölbad und werden so durch diesen Ölvorrat geschmiert.

**69**
*Worauf ist bei der Auswahl des Öls für die Zentral- oder Umlaufschmierung einer Druckmaschine besonders zu achten?*
A. Richtige Viskosität des Öls
B. Nur Öl der gleichen Firmenmarke einfüllen wie das vorherige Öl
C. Auf das Abfülldatum
D. Richtige Öltemperatur
E. Das Öl muß klopffest sein

**70**
*Welcher Text beschreibt eine Umlaufschmierung?*
A. Das umlaufende Teil taucht in ein Ölbad.
B. Versorgung vieler Schmierstellen mit Öl in einem Ölkreislauf
C. Versorgen vieler Schmierstellen durch eine Pumpe über Ölleitungen von einer Stelle aus
D. Die umlaufende Kette wird in regelmäßigen Abständen automatisch geschmiert
E. Auf einem sich drehenden Teil sitzt ein Schmiernippel

**71**
*In welchem Zeitabstand sind rot gekennzeichnete Nippel abzuschmieren?*
A. Täglich   B. Wöchentlich   C. Monatlich
D. Vierteljährlich   E. Halbjährlich

**72**
*Welches Maschinenteil bedarf besonders sorgfältiger Schmierung, um Maschinenschaden zu vermeiden?*
A. Kugellager   B. Gleitlager
C. Kettenantrieb   D. Nadellager
E. Kurbelantrieb

**73**
*Welches Schmiermittel muß für diese Schmierstelle verwendet werden?*
A. Schmierfett   B. Gleitspray
C. Kettenschmiermittel
D. Schmieröl   E. Kunststoffschmiermittel

**74**
*Womit muß geschmiert werden?*
A. Fett   B. Öl   C. Gleitmittel
D. Je nach Angabe Fett oder Öl

**75**
*Welche Folgen kann es haben, wenn ein Gleitlager mit zu dünnflüssigem Öl geschmiert wird?*
A. Das Lager erhält über die Leitungen der Zentralschmierung zu viel Öl.
B. Das Lager erhält zu wenig Öl.
C. Keine Folgen, solange genug Öl eingefüllt ist.
D. Es läuft zu viel Öl aus der Maschine.
E. Der Ölfilm reißt ab, das Lager läuft heiß.

**76**
*Manche Druckmaschinen haben Tropfgläser für Öl. Wozu dienen diese?*
A. Zur Kontrolle des Ölumlaufs
B. Zur Ölstandskontrolle in der Ölpumpe
C. Um den Verschmutzungsgrad des Schmieröls beurteilen zu können
D. Zur Viskositätsprüfung des Öls
E. Zum Ölen handgeschmierter Maschinenteile

## Schmierung · Messen, Steuern, Regeln 6.1

**77**
*Welche Schmierung ist für Ketten zu empfehlen?*
A. Graphit
B. Schmierfett
C. Mehrzwecköl
D. Schmieröl niedriger Viskosität
E. Schmieröl hoher Viskosität

**78**
*Welche Gefahr besteht, wenn der Ölstand in der Zentralschmierung unter die unterste Grenze absinkt?*
A. Es kommt Luft in die Leitungen, und die Schmierung ist gefährdet.
B. Die Ölpumpe bekommt Luft und geht kaputt.
C. Auch beim Wiederauffüllen wird kein Öl mehr weitergepumpt.
D. Durch Luftbeimischung schäumt das Öl.

**79**
*Was versteht man unter einem Soll-Wert in der Regelungstechnik?*
A. Die tatsächlich erreichte Größe, z.B. Druckfarbenmenge auf einem Druckbogen
B. Die vorgegebene Größe, z.B. bestimmte Temperatur und Luftfeuchtigkeit im Drucksaal
C. Die Größe der Korrektur in einem Regelkreis, z.B. das Verstellen des Farbduktors um 3 „Zähne"
D. Das Programm mit einer Befehlsfolge für die EDV-Anlage
E. Das Messen einer Größe aus der laufenden Produktion

**80**
*Welcher der folgenden Begriffe aus der Elektronik ist fehlerhaft beschrieben?*
A. Die maschinentechnische Ausstattung einer Datenverarbeitungsanlage wird Hardware genannt.
B. Eine Floppy Disk ist eine flexible Magnetplatte zur Speicherung von Daten.
C. Ein Digitalrechner arbeitet mit Werten und Befehlen, die durch Ziffern dargestellt werden.
D. Mit Input bezeichnet man die Eingabe von Daten in eine Datenverarbeitungsanlage.
E. Das Programm zur Steuerung einer Datenverarbeitungsanlage ist der Modem.

**81**
*Welcher der folgenden Vorgänge ist keine Steuerung, sondern eine Regelung?*
A. Bedienung einer Setzmaschine durch einen Lochstreifen
B. Der Drucker stellt die benötigte Druckfarbenmenge am Farbkasten ein
C. Schneiden von Etiketten mit einem Programmschneider
D. Elektronische Zylindergravur im Tiefdruck
E. Konstanthalten einer bestimmten Farbmenge im Farbkasten mit Farbspiegeltaster und Farbpumpe

**82**
*Welcher Begriff aus der Steuer- und Regeltechnik ist korrekt erläutert?*
A. Charakteristisch für die Regelung ist ein geschlossener Regelkreis mit laufendem Soll-/Ist-Vergleich.
B. Als Soll-Wert bezeichnet man die tatsächlich gemessene Größe.
C. Steuern ist nur mit elektronischen Bauelementen möglich.
D. Das selbsttätige Konstanthalten des Passers an einer Rollenrotationsdruckmaschine ist — technisch gesehen — eine Steuerung.
E. Der Ist-Wert ist ein Maß für die Differenz zwischen tatsächlich erreichtem und dem gewünschten Ergebnis bei einem beliebigen Vorgang.

**83**
*Welcher der folgenden Sätze ist falsch?*
A. Für Regelungsvorgänge ist ein geschlossener Regelkreis kennzeichnend.
B. Das Setzen an einer Setzmaschine ist ein Steuervorgang.
C. Das Steuern ist das Auslösen von Abläufen zur Erreichung einer vorgeplanten Steuerwirkung, z.B. der Übereinstimmung von Ist- und Sollwert.
D. Unter Regeln versteht man das automatische Regulieren des Passers im Mehrfarbendruck.
E. Einrichtungen zur selbsttätigen Konstanthaltung des Klimas in einem Drucksaal sind Steuerungsanlagen.

## 6.2 Maschinen des Offsetdrucks

**1**

*Wie ist das Papier bedruckt, das durch ein Drei-Zylinder-Offsetdruckwerk gelaufen ist?*
A. 1/0   B. 1/1   C. 2/0   D. 3/0   E. 2/1

**2**

*Bei welchem Bauprinzip des Bogen-Offsetdrucks werden zwei Farben Schöndruck in einem Greiferschluß gedruckt?*
A. Reihenbauweise
B. Drei-Zylindersystem
C. Gummi gegen Gummi
D. Fünf-Zylinder-System
E. Vier-Zylinder-System

**3**

*Welche Aussage ist für eine nicht umstellbare Schön- und Widerdruckmaschine falsch?*
A. Es sind zwei Greiferkanten zu berücksichtigen.
B. Der Bogen wird auf beiden Seiten gleichzeitig bedruckt.
C. Der Bogen wird nicht umstülpt.
D. Die Maschine ist billiger als eine umstellbare Schön- und Widerdruckmaschine im gleichen Format.
E. Die Maschine arbeitet im Vier-Zylinder-Prinzip.

**4**

*Für welches Konstruktionsprinzip von Zweifarben-Offsetdruckmaschinen gilt folgende Aussage? Zwangsläufiger Passer von zwei Farben, da in einem Greiferschluß gedruckt wird.*
A. Reihenbauweise
B. Vier-Zylinder-Bauweise
C. Sechs-Zylinder-System
D. Drei-Zylinder-System
E. Fünf-Zylinder-System

**5**

*Wie ist die Papierbahn bedruckt, wenn sie durch ein Satellitendruckwerk mit vier Einzeldruckwerken gelaufen ist?*
A. 1/1farbig   B. 2/2farbig   C. 1/3farbig
D. 4/0farbig   E. 4/4farbig

**6**

*Wieviel Zylinder hat eine Vierfarbenmaschine, die im Fünf-Zylinder-Prinzip gebaut ist?*
A. 10   B. 12   C. 9   D. 16   E. 8

**7**

*Wie ist eine Papierbahn bedruckt, die durch ein Vier-Zylinder-Druckwerk gelaufen ist?*
A. 1/0farbig   B. 2/0farbig   C. 4/0farbig
D. 1/1farbig   E. 2/2farbig

**8**

*Wieviel Zylinder hat ein Druckwerk für Rollenoffset, das nach dem Prinzip Gummi/Gummi gebaut ist?*
A. 3   B. 4   C. 5   D. 6   E. 7

**9**

*Wieviel Zylinder hat ein Druckwerk im Bauprinzip Semi-(Halb-)Satellit?*
A. 3   B. 4   C. 5   D. 6   E. 8

**10**

*Wieviel Zylinder hat eine Rollenrotations-Offsetmaschine, die ein Vierfarben-Satellitendruckwerk aufweist?*
A. 8   B. 4   C. 9   D. 10   E. 12

**11**

*Welche der Aussagen trifft für umstellbare Schön- und Widerdruckmaschinen nicht zu?*
A. Es sind am Druckbogen zwei Greiferkanten zu berücksichtigen.
B. Der Schöndruck kann durch Ablegen auf dem zweiten Druckzylinder dublieren.
C. Der Bogen wird in der Maschine umstülpt.
D. Schon bei kleinen Größendifferenzen des Papiers stimmt das Register nicht.
E. Der Schön- und Widerdruck auf gestrichenen Papieren kann eher Probleme bringen als ein Druck auf Naturpapier.

**12**

*Wie heißt das abgebildete Druckwerk?*

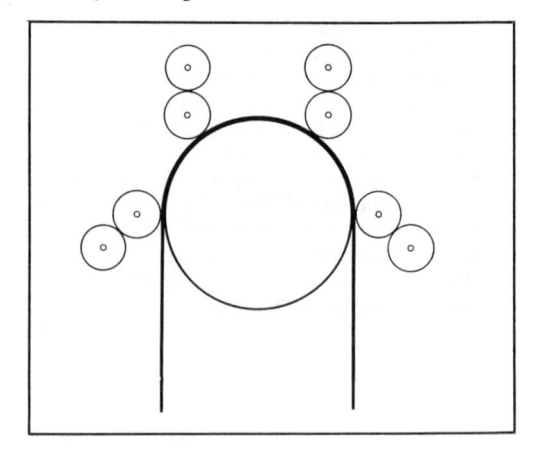

A. Gummi gegen Gummi
B. Satelliten-System
C. Fünf-Zylinder-System
D. Drei-Zylinder-System
E. Sterndruckwerk

# Druckmaschinen des Offsetdrucks　　6.2

**13**

*Welche Druckwerkart wird für Bogenoffsetmaschinen üblicherweise nicht verwendet?*
A. Satellitendruckwerk
B. Drei-Zylinder-Druckwerk
C. Vier-Zylinder-Druckwerk
D. Fünf-Zylinder-Druckwerk

**14**

*Welche Gegenüberstellung der Druckprinzipe ist richtig?*

|   | Offset-Flachbett-Andruckmaschine | | Offset-Rotationsdruckmaschine | |
|---|---|---|---|---|
|   | Platte | Gegendruck | Platte | Gegendruck |
| A. | rund | rund | flach | flach |
| B. | rund | flach | flach | rund |
| C. | flach | rund | rund | flach |
| D. | flach | flach | rund | rund |
| E. | flach | flach | rund | flach |

**15**

*Welcher Buchstabe kennzeichnet die Wendetrommel?*

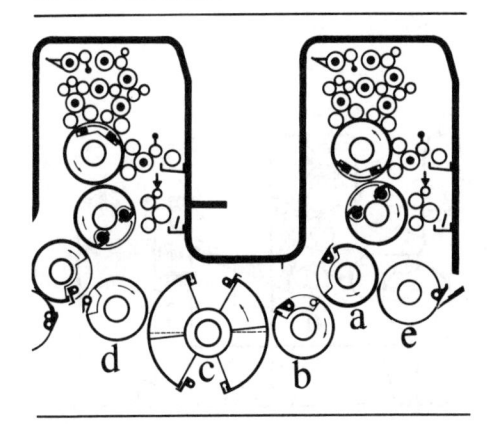

A. a　B. b　C. c　D. d　E. e

**16**

*Welche Aussage trifft für umstellbare Schön- und Widerdruckmaschinen zu?*
A. Sie bedrucken den Bogen zum Umschlagen mit einer Form.
B. Sie bedrucken den Bogen zum Umschlagen mit zwei Formen.
C. Sie bedrucken den Bogen zum Umstülpen mit einer Form.
D. Sie bedrucken den Bogen zum Umstülpen mit zwei Formen.
E. Der Bogen wird ohne Wendung beidseitig bedruckt.

**17**

*Welche Aussage trifft für eine nicht umstellbare Schön- und Widerdruckmaschine zu?*
A. Sie bedruckt den Bogen zum Umschlagen mit einer Form.
B. Sie bedruckt den Bogen zum Umschlagen mit zwei Formen.
C. Sie bedruckt den Bogen zum Umstülpen mit einer Form.
D. Sie bedruckt den Bogen zum Umstülpen mit zwei Formen.
E. Der Bogen wird ohne Wendung beidseitig bedruckt.

**18**

*Welches Druckprinzip wird auch als Flachoffset bezeichnet?*
A. Kleinoffsetdruck
B. Druck von Steinplatten
C. Druck von dünnen Offsetplatten
D. Druck von planliegenden Druckplatten auf planliegendes Papier
E. Druck direkt von der Offsetplatte auf das Papier

**19**

*Wieviel Zylinder hat eine Vierfarben-Offsetmaschine in Reihenbauweise?*
A. 10　B. 12　C. 21　D. 16　E. 4

**20**

*Welche Aussage trifft auf den einmaligen Papierdurchlauf für die abgebildete Maschine zu?*

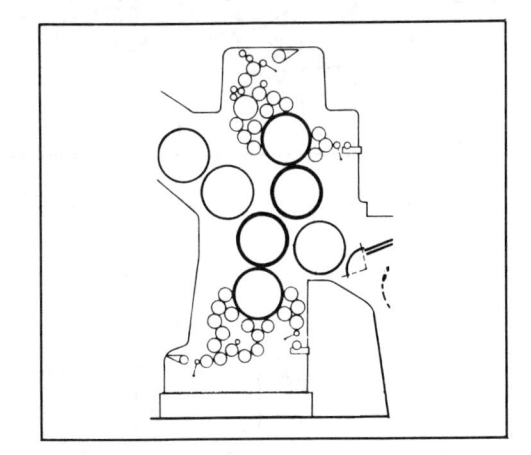

A. Einseitig einfarbiger Druck
B. Einseitig zweifarbiger Druck
C. Einseitig vierfarbiger Druck
D. Zweiseitig einfarbiger Druck
E. Zweiseitig zweifarbiger Druck

## 6.2 Druckmaschinen des Offsetdrucks

**21**

*Welche der genannten Offsetdruckmaschinen kann im Fünf-Zylinder-Prinzip gebaut sein?*
A. Umstellbare Schön- und Widerdruckmaschine 2/0, 1/1
B. Nicht umstellbare Schön- und Widerdruckmaschine
C. Rollenoffsetmaschine Gummi/Gummi
D. Zweifarbenmaschine
E. Einfarbendruckmaschine

**22**

*Wie ist das Papier bedruckt, das durch ein 5-Zylinder-Druckwerk gelaufen ist?*
A. 1/0 farbig
B. 2/0 farbig
C. 0/5 farbig
D. 1/1 farbig
E. 2/2 farbig

**25**

*Wieviel Zylinder hat eine umstellbare Schön- und Widerdruckmaschine, die 1/1 druckt?*
A. 3   B. 4   C. 5   D. 6   E. 8

**26**

*Wieviel Zylinder hat eine nicht umstellbare Schön- und Widerdruckmaschine?*
A. 2   B. 3   C. 4   D. 5   E. 6   F. 7

**27**

*Welcher Maschinentyp besitzt einen Gummizylinder mit Greifer zum Festhalten der Druckbogen?*
A. Manche Einfarben-Offsetmaschinen
B. Manche Zweifarben-Offsetmaschinen
C. Manche Vierfarben-Offsetmaschinen
D. Satelliten-Druckmaschinen
E. Nichtumstellbare Schön- und Widerdruckmaschinen

**23**

*An welcher Stelle wird bei dieser Maschine meist die Bogenwendung eingebaut?*
A. a   B. b   C. c   D. d   E. e

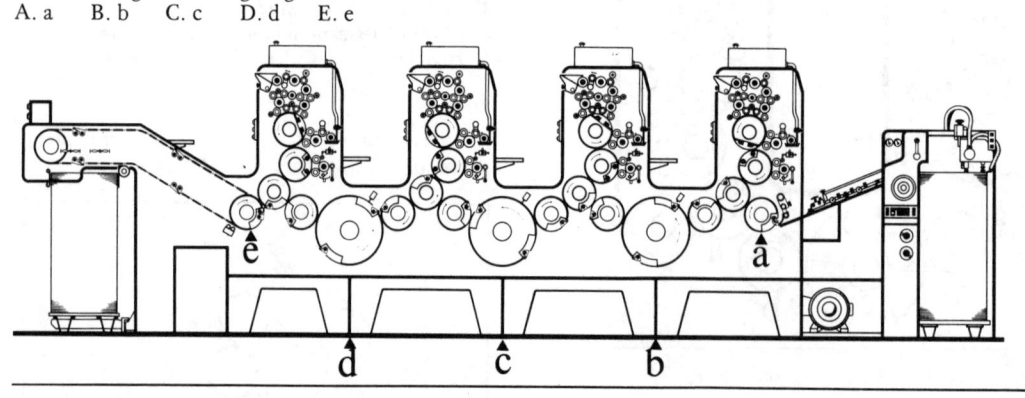

**24**

*An welcher Stelle wird bei diesem Maschinentyp die Bogenwendung meistens eingebaut?*
A. a   B. b   C. c   D. d   E. e

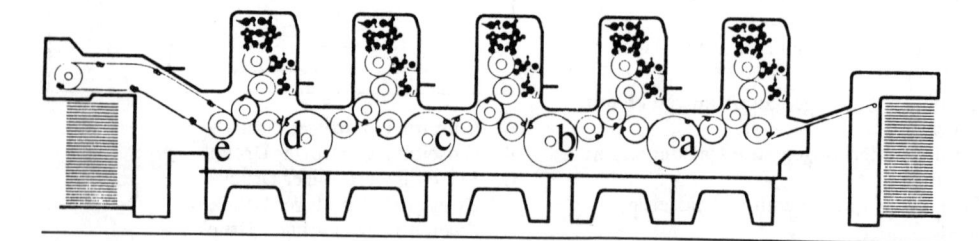

Druckmaschinen des Offsetdrucks **6.2**

**28**
*Welcher Vorgang wird in der hier wiedergegebenen Zeichnung vereinfacht dargestellt?*

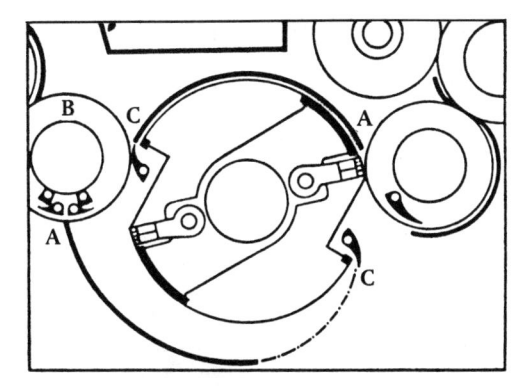

A. Umstülpen in einer SW-Maschine
B. Umdrehen in einer Maschine
C. Umschlagen in einer SW-Maschine
D. Arbeitsweise der Punkturen im Falzapparat einer Rollenoffsetmaschine
E. Sammelzylinder im Falzapparat

**29**
*Wie erfolgt die Bogenübergabe von einem Greifersystem zu einem zweiten?*
A. Das zweite Greifersystem schließt, nachdem sich kurz zuvor das erste Greifersystem geöffnet hat.
B. Während sich das zweite Greifersystem schließt, öffnet sich das erste.
C. Beide Greifer halten den Bogen über eine Wegstrecke von etwa 20 mm, damit eine wirklich sichere Bogenübergabe gewährleistet ist.
D. Beide Greifer halten den Bogen gemeinsam auf etwa 3 - 5 mm.

**30**
*Welche maschinentechnische Angabe zu Offsetdruckmaschinen ist falsch?*
A. Bei umstellbaren Schön- und Widerdruckmaschinen wird der Druckbogen von einer Wendeeinrichtung umstülpt.
B. Der Gummizylinder kann doppelexzentrisch gelagert sein.
C. Dagegen ist der Druckzylinder immer nur in einem Exzenter gelagert.
D. Durch die Schrägverzahnung ist ein radiales Verstellen des Plattenzylinders während des Laufs der Maschine möglich.
E. Mit Zusatzeinrichtungen kann bei einigen Offsetdruckmaschinen während des Drucks numeriert, perforiert und eine zusätzliche Farbe eingedruckt werden.

**31**
*In welchem Bauprinzip werden die meisten Rollenoffset-Akzidenzmaschinen, z.B. für Prospektdruck, gebaut?*
A. Satellitensystem  B. Fünf-Zylinder-System
C. Drei-Zylinder-System
D. Gummi gegen Gummi
E. Kombiniertes System

**32**
*Rollenoffsetdruck bietet gegenüber dem Bogenoffsetdruck verschiedene Vorteile. Welche Aussage ist falsch?*
A. Höhere Druckgeschwindigkeit
B. Druck leichterer Papiere
C. Verschiedenartige Falzungen
D. Geringer Makulaturanfall
E. Hoher Farbglanz

**33**
*Welches Bauprinzip bei Rollenoffset-Maschinen bringt konstruktionsbedingt den besten Passer im Mehrfarbendruck?*
A. Satellitensystem
B. Gummi gegen Gummi
C. Kombiniertes System
D. Drei-Zylinder-System
E. Fünf-Zylinder-System

**34**
*Welches der beschriebenen Druckergebnisse kann auf einer Satelliten-Druckeinheit mit fünf Druckwerken erzielt werden?*
A. Einseitig fünffarbig
B. Zweiseitig fünffarbig
C. Einseitig dreifarbig und auf der anderen Seite zwei Farben
D. Das kommt auf die Papierbahnführung an

**35**
*Für welche Rollenoffsetmaschine ist kein Heißlufttrockner notwendig?*
A. Akzidenzmaschine mit 4 Doppeldruckwerken
B. Schmalrollenmaschine
C. Satellitendruckmaschine
D. Zeitungsdruckmaschine

**36**
*Durch welche zusätzlichen Einrichtungen am Trichter und an den Wendestangen kann das Verschmieren der Farbe auf den Papierbahnen verhindert werden?*
A. Durch Zugveränderung im Apparat
B. Durch Anbringen von Metallfolien
C. Durch Einreiben mit Anti-Schmierpaste
D. Durch Veränderung des Papierwegs im Apparat
E. Durch Luftumspülung

**37**

*In der Praxis des Rollenoffsetdrucks hat sich der Einsatz von Heat-set-Farben und von gasbeheizten Trockenöfen durchgesetzt. Welches Problem ergibt sich daraus?*
A. Es können nur bis 80 cm breite Papierbahnen bedruckt werden.
B. Es ist eine Nachverbrennung der verdampften Mineralöle notwendig.
C. Die Papierbahn dehnt sich.
D. Die Papierbahn kann nicht sofort verarbeitet werden.
E. Die Farbbrillanz leidet darunter, der Druck wird matt.

**38**

*Welche der Angaben trifft auf eine Rollenoffsetmaschine zu?*
A. Der Zylinderkanal ist sehr schmal.
B. Nur amerikanische Modelle sind Schmitzringläufer.
C. Filmfarbwerke sind für schnellaufende RO-Maschinen ungeeignet.
D. Das Gummi-Gummi-System wird selten eingesetzt.
E. Ein Trockner ist beim Druck mit Heat-set-Farben auf gestrichenen Papieren nicht notwendig.

**39**

*Was versteht man unter Autopaster?*
A. Automatische Farbregulierung
B. Automatische Registersteuerung
C. Nonstop-Anlage an Bogenmaschinen
D. Automatische Regulierung der Alkoholkonzentration bei Offsetmaschinen
E. Automatischer Papierrollenwechsler an Rotationsmaschinen

**40**

*In den folgenden Notizen zum Rollenoffsetdruck ist lediglich ein Fehler enthalten.*
*Welche Aussage ist falsch?*
A. Rollenpapier ist kostengünstiger als in Bogen geschnittenes Papier.
B. Beim Flattern der Bahn kommt es zu Passerdifferenzen sowie zum Dublieren.
C. Überwiegend wird heute die direkte Trocknung mit offener Gasflamme verwendet.
D. Durch Farbpumpe und Farbspiegeltaster kann in einer Rollenoffsetmaschine das Farbniveau im Farbkasten konstant gehalten werden.
E. Ein Autopaster ist eine Anlage für einen automatischen Rollenwechsel bei laufender Maschine.

**41**

*Der Rollenoffsetdruck hat einige Vorteile gegenüber dem Bogenoffsetdruck. Was ist jedoch kein Vorteil?*
A. Variabel im Zylinderumfang
B. Druck niedrigerer Papiergewichte
C. Mehrfarbiger Schön- und Widerdruck in einem Maschinendurchlauf
D. Druckverarbeitung in der Maschine
E. Höhere Stundenleistung

**42**

*Welches Maschinenaggregat einer Offsetdruckmaschine zeigt die schematische Darstellung?*

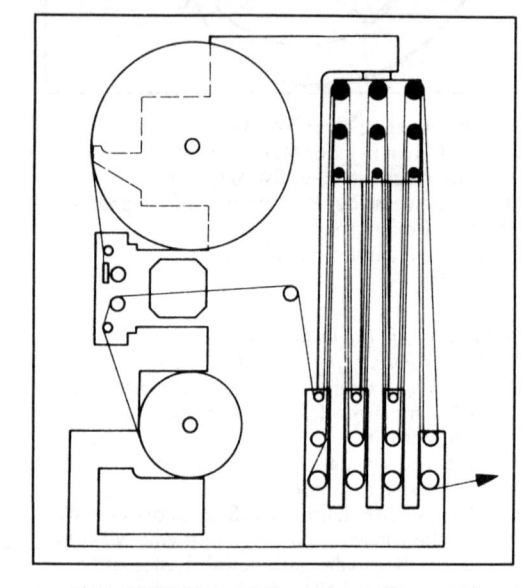

A. Streckwerk einer Rollenoffsetdruckmaschine
B. Autopaster
C. Doppelrollenwechsler
D. Speicher-Rollenwechsler
E. Falzwerk

**43**

*Welche technischen Merkmale beschreiben das Satellitensystem einer Rollenoffsetdruckmaschine?*
A. Mehrere Druckwerke haben einen gemeinsamen Druckzylinder.
B. Vier Plattenzylinder drucken gegen einen gemeinsamen Gummizylinder.
C. Jeder Platten- und Gummizylinder ist doppelt so groß wie der Druckzylinder.
D. Bei beidseitigem mehrfarbigen Druck wird die Bahn unmittelbar vor dem Falzapparat getrocknet.
E. Die Druckwerke sind vertikal um den Trockner angeordnet.

## Druckmaschinen des Offsetdrucks 6.2

**44**

*Bei den folgenden Hinweisen zur Drucktechnik einer Rollenoffsetdruckmaschine ist eine Angabe fehlerhaft. Welche ist es?*
A. Bei einem Speicher-Rollenwechsler wird die neue Bahn bei stillstehender Rolle und laufender Maschine an die ebenfalls stehende vorherige Bahn angeklebt.
B. Im Akzidenzdruck werden fast ausschließlich Druckwerke im Gummi-Gummi-System eingesetzt.
C. Gedruckt wird im Akzidenzdruck mit Heatset-Farben; die bedruckte Bahn trocknet, indem Mineralöle im Heißlufttrockner verdampfen.
D. Die Druckfarbe ist durch Oxidation der flüchtigen Bestandteile im Trockner sofort nagelhart durchgetrocknet.
E. Für die verdunsteten Abgase ist aus Gründen des Umweltschutzes eine Nachverbrennungsanlage erforderlich.

**45**

*Welche Aussage trifft für den Trichterfalz an Rollenrotationsmaschinen zu?*
A. Der Trichterfalz ist der erste Längsfalz.
B. Der Trichterfalz ist der erste Querfalz.
C. Der Trichterfalz ist der zweite Längsfalz.
D. Der Trichterfalz ist der zweite Querfalz.

**46**

*Welche technische Angabe zur Produktion im Falzapparat einer Rollenoffsetdruckmaschine ist fehlerhaft?*
A. Längsschneiden der Bahn mit einem Kreismesser möglich
B. Wenden, Mischen und Übereinanderführen mehrerer Bahnen möglich
C. Längsfalzen über Falzklappenzylinder
D. Querschneiden des Stranges durch Rotationsquerschneider
E. Punkturen halten die gefalzte Bahn und ziehen sie weiter.

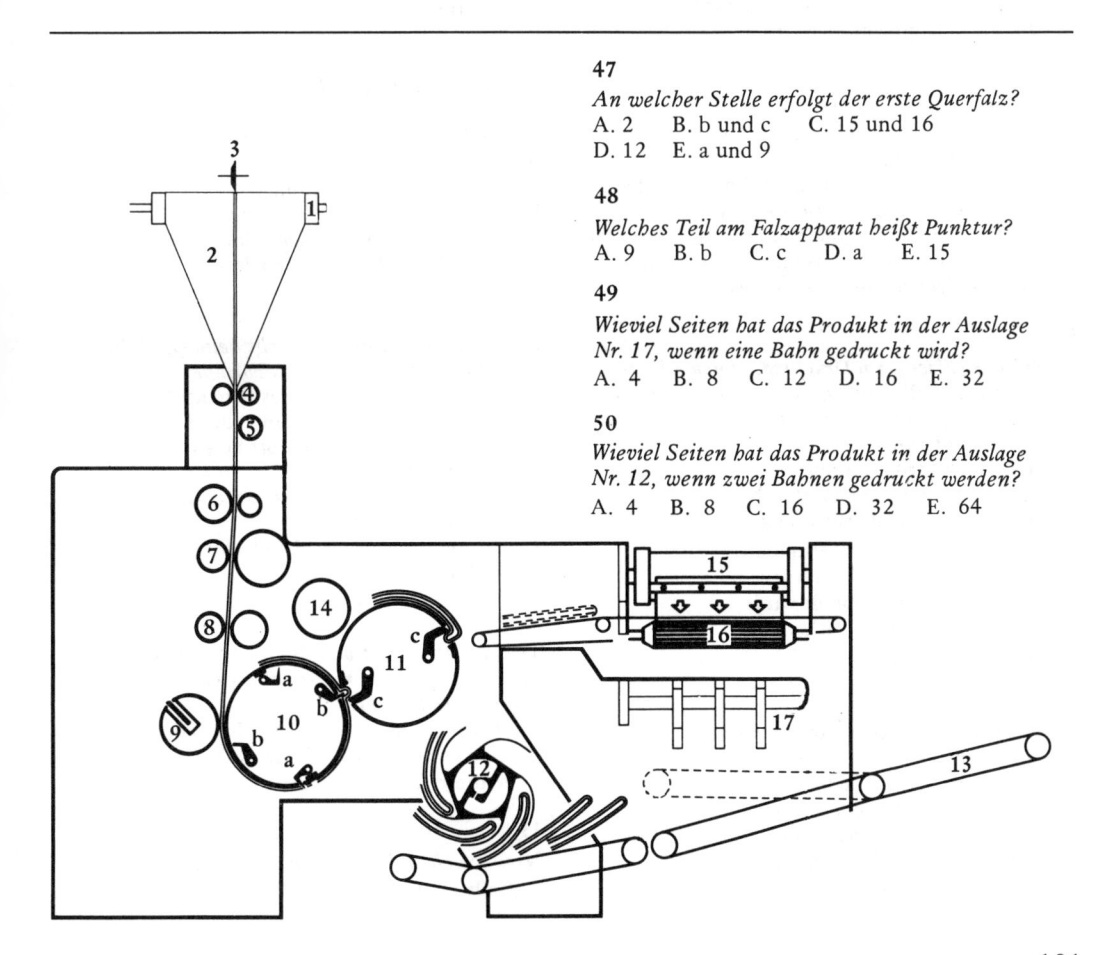

**47**

*An welcher Stelle erfolgt der erste Querfalz?*
A. 2   B. b und c   C. 15 und 16
D. 12   E. a und 9

**48**

*Welches Teil am Falzapparat heißt Punktur?*
A. 9   B. b   C. c   D. a   E. 15

**49**

*Wieviel Seiten hat das Produkt in der Auslage Nr. 17, wenn eine Bahn gedruckt wird?*
A. 4   B. 8   C. 12   D. 16   E. 32

**50**

*Wieviel Seiten hat das Produkt in der Auslage Nr. 12, wenn zwei Bahnen gedruckt werden?*
A. 4   B. 8   C. 16   D. 32   E. 64

# 6.3 Maschinen des Hochdrucks

**1**
*Durch welche Maßnahme wird es möglich, den OHT zurückzudrehen?*
A. Kupplung umstellen, ruckweise zurückdrehen
B. Motor ausschalten, Kupplung einschalten, am Schwungrad zurückdrehen
C. Sicherung gegen Drucküberlastung lockern
D. Durch Anheben der Sperre in der Nähe der Schwungradachse bei stehendem Motor
E. Kupplung muß frei von Öl und Fett sein, dann kann die Maschine zurückgedreht werden

**2**
*Durch welche konstruktive Einrichtung der Druckmaschine OHZ ist beim Fortdruck der ungehinderte Rücklauf des Formbetts möglich?*
A. Der Zylinder wird gehoben wie bei der Zweitouren-Druckmaschine.
B. Der Karrenrücklauf ist stark beschleunigt.
C. Der Zylinder ist teilweise ausgespart.
D. Es sind keine Zahnkränze vorhanden.
E. Durch ein Doppelkurbelgetriebe

**3**
*Was versteht man unter Druckeinsatz?*
A. Den Streifen des Abdruckes bei einer Zylindermaschine
B. Den Beginn des Druckes an Zylindermaschinen
C. Den Einsatz von Numerierwerken
D. Hilfszeichen für den Buchbinder am Bogenrand
E. Eine Markierung, die das falsche Einsetzen von frischen Drucken beim Vorstapeln verhindert.

**4**
*An Zylinder-Flachform-Druckmaschinen gibt es eine Verstellung für leichte, mittlere und schwere Formen. Was geschieht, wenn diese von leicht auf schwer verstellt wird?*
A. Der Druck wird schwächer.
B. Die Abwicklung verändert sich; dadurch ist Kartondruck möglich.
C. Schmitzbildung wird verhindert.
D. Aufzug muß verstärkt werden, weil er zusammengepreßt wird.
E. Druckzylinder wird stärker auf Schmitzleisten gezogen.

**5**
*Zu welchem Maschinensystem gehört der Heidelberger Zylinderautomat?*
A. Eintouren-Druckmaschinen
B. Stoppzylinder-Druckmaschinen
C. Zweitouren-Druckmaschinen
D. Schwingzylinder-Druckmaschinen
E. Rotations-Buchdruckmaschinen

**6**
*Wodurch unterscheiden sich in der Hauptsache Eintouren-, Zweitouren- und Stoppzylinderdruckmaschinen?*
A. Durch die Größe der Maschine
B. Durch die Fortdruckgeschwindigkeit
C. Durch die Einrichtezeit
D. Durch die Zylinderbewegung pro Druckgang
E. Durch die Bogenanlegeapparate

**7**
*Auf welche Hochdruckmaschine treffen die folgenden Stichworte zu: Farbwanne, Rasterwalze, Rakel, Druckformzylinder?*
A. Buchdruck-Rotationsdruckmaschine
B. Flexodruckmaschine, Rollenrotationsmaschine
C. Lettersetdruckmaschine für Bogendruck
D. Flexodruckmaschine für indirekten Druck auf Bogen
E. Di-Litho-Druckwerk in einer Zeitungsrotationsdruckmaschine

**8**
*An welchen Hochdruckmaschinen gibt es eine Vorspannung?*
A. An Zylinder-Flachform-Druckmaschinen
B. An Tiegeln
C. An Flexodruckmaschinen
D. An Rollenrotationsmaschinen
E. An allen Hochdruckmaschinen, außer Flexodruckmaschinen

**9**
*Welche Vorrichtung verursacht beim OHZ die Rücklaufbeschleunigung des Formbetts?*
A. Die abgeflachte Form des Druckzylinders
B. Eine elektrische Schaltung, die eine Verlangsamung des Motors bewirkt
C. Der Motor
D. Die gleitende Zahnstange unter dem Rollrad des Antriebs
E. Ein Doppel- oder Schleppkurbelgetriebe im Räderkasten

**10**
*Welche Getriebeart wird für die schrittweise Weiterbewegung beim Propellergreifer am OHT verwendet?*
A. Rollengetriebe  B. Kurvengetriebe
C. Schneckengetriebe  D. PIV-Getriebe
E. Malteserkreuzgetriebe

**11**
*Nach welchem System arbeitet der OHT?*
A. Gally  B. Liberty  C. Boston  D. Gordon

# Druckmaschinen des Hochdrucks 6.3

**12**
*Warum sind die Druckformate der Tiegel beschränkt?*
A. Das Farbwerk an Tiegeln kann nicht so umfangreich gebaut werden, um alle größeren Formate ausreichend einzufärben.
B. Der Druckbogen kann durch Propellergreifer maximal nur bis zum Format DIN A3 geführt werden.
C. Die Maschinen sind alle sehr leicht gebaut und halten größere Belastungen nicht aus.
D. Drucktechnische Schwierigkeiten und extrem hohe Druckkräfte schränken das Format ein.
E. Im Druckprinzip Fläche gegen Fläche ist bei größeren Formaten kein paralleles Zusammenwirken zwischen Drucktiegel und Druckfundament möglich.

**13**
*Am Tiegel kann man die Seitenanlage nicht auf die andere Seite umstellen. Welche Forderung muß erfüllt sein, damit ein gutes Register beim Schön- und Widerdruck erzielt wird?*
A. Das Papier muß etwas größer sein, damit die Nutzen anschließend noch beschnitten werden können.
B. Keine besondere Voraussetzung, da beim Umschlagen das gute Register immer gegeben ist.
C. Die Bogen müssen an der Anlageecke zweiseitig beschnitten sein, um einen guten rechten Winkel zu haben.
D. Das Papier muß mindestens dreiseitig beschnitten sein.
E. Es muß dickeres Papier verwendet werden, damit eine einwandfreie Anlage erzielt wird.

**14**
*Welches Maschinenelement ist nicht am Heidelberger Tiegel zu finden?*
A. Kniehebelsystem
B. Einhebel-Zentralschmierung
C. Drucktiegelachse
D. Gleitschienen und Knaggen
E. Stufenlose Druckverstellung

**15**
*Welcher Antriebsmechanismus besorgt die Auf- und Zubewegung des Drucktiegels beim OHT?*
A. Kniehebelsystem  B. Zweiarmiger Hebel
C. Einarmiger Hebel  D. Malteserkreuz
E. Hydraulik

**16**
*An welcher Buchdruckmaschine wird der Anpreßdruck mit einem Kniehebel erzeugt?*
A. Gally-Tiegel  B. Stoppzylindermaschine
C. Heidelberger Tiegel (OHT)
D. Heidelberger Zylinder (OHZ)  E. Handpresse

**17**
*Der Drucker bemerkt beim Druck am Heidelberger Tiegel erst beim Anlaufenlassen der Maschine, daß sich ein Schließzeug in der Druckform gelöst hat und schräg in der Form steht. Er hält die Maschine kurz vor dem ersten Druck an. Was kann er tun?*
A. Maschine langsam weiterlaufen lassen
B. Maschine mit hoher Drehzahl weiterlaufen lassen
C. Motor ausschalten und Maschine am Schwungrad vordrehen, Kupplung einschalten
D. Motor ausschalten, Sperre an Schwungradachse anheben und zurückdrehen
E. Sperre am Schwungrad ausschalten und Maschine bei stehendem Motor zurückdrehen

**18**
*Bei welcher Buchdruckmaschine ist der Druckzylinder während des Drucks im Zahneingriff mit den Zahnstangen des Formenbettes, beim Rücklauf des Fundamentes jedoch nicht?*
A. Heidelberger Zylinder (OHZ)
B. Stoppzylindermaschine
C. Zweitourenmaschine  D. Eintourenmaschine
E. Schwingzylindermaschine

**19**
*Durch Verstellung des Exzenters im Kniehebelsystem beim OHT reguliert man...*
A. die Laufgeschwindigkeit der Maschine
B. die Druckstärke und die Druckan- und Druckabstellung
C. nur die Druckanstellung
D. nur die Druckabstellung
E. nur die Druckstärke

**20**
*Welche Bedeutung hat das Doppelkurbelgetriebe am OHZ?*
A. Die Maschine erreicht eine höhere Druckgeschwindigkeit als Maschinen mit kombiniertem Kurbel-/Rollenantrieb.
B. Der Druckvorgang läuft gegenüber dem Rücklauf des Formenbettes wesentlich langsamer ab.
C. Das Formenbett läuft wesentlich ruhiger und gleichmäßiger in seiner Geschwindigkeit.
D. Durch diese Vorspannung im Getriebe wird eine höhere Druckkraft erzeugt.
E. Die Doppelkurbel bremst den Zylinder am Druckende jeweils leicht ab, um einen Drehrichtungswechsel zu ermöglichen.

**21**
*Welche Druckmaschine arbeitet mit einer Fanggabel?*
A. Eintourenmaschine
B. Stoppzylindermaschine
C. Schwingzylindermaschine
D. Zweitourenmaschine  E. Gally-Tiegel

## 6.3 Druckmaschinen des Hochdrucks

**22**

*Welche Angabe trifft nicht auf eine Stoppzylindermaschine zu?*
A. Beim Druck macht der Druckzylinder *eine* Umdrehung.
B. Durch die Fanggabel wird der Druckzylinder beim Rücklauf des Formenbettes angehalten.
C. Der Umfang des Druckzylinders ist gleich *einer* Weglänge des Formenbettes.
D. Die Fanggabel führt den Druckzylinder vor Druckbeginn mit seinen Zahnrädern synchron in die Zahnstange des Formenbettes.
E. Beim Rücklauf des Formenbettes wird der Druckzylinder leicht angehoben.

**23**

*Bei welcher Druckmaschine entspricht der Zylinderumfang dem Hin- und Herweg des Fundamentes bei einem Druck?*
A. Eintourenmaschine
B. Zweitourenmaschine
C. Schwingzylindermaschine
D. Dreitourenmaschine
E. Stoppzylindermaschine

**24**

*Bei welcher Schnellpressenkonstruktion wird der Druckzylinder vom Formbett angetrieben?*
A. Bei jeder Schnellpresse
B. Bei der Eintourenmaschine
C. Bei der Zweitourenmaschine
D. Bei der Stoppzylindermaschine
E. Druckzylinder und Formbett haben immer getrennten Antrieb

**25**

*Welche der aufgeführten Druckmaschinen hat beim gleichen Druckformat den größten Umfang des Druckzylinders?*
A. Die Stoppzylindermaschine
B. Die Eintourenmaschine
C. Die Zweitourenmaschine
D. Die Bogenrotation

**26**

*Der Kniehebel gehört zum Antrieb einer bzw. eines ...*
A. Stoppzylindermaschine
B. Eintourenmaschine    C. Gally-Tiegels
D. Boston-Tiegels    E. Gordon-Tiegels

**27**

*Welcher Begriff ergänzt den folgenden Satz richtig? Bei Stoppzylindermaschinen führt ein(e) ..... den Druckzylinder nach erfolgtem Druck in die Ruhelage.*
A. Zahnstange    B. Kurbelrad    C. Exzenter
D. Fanggabel    E. Kurvenscheibe

**28**

*Welche Aussage trifft für das Eintourensystem zu?*
A. Fundament und Druckzylinder werden getrennt angetrieben.
B. Druckzylinder wird vom Fundament angetrieben.
C. Fundament wird vom Druckzylinder angetrieben.
D. Der Druckzylinder treibt über die Fanggabel das Fundament an.
E. Die Fanggabel treibt den Druckzylinder an.

**29**

*Die Abbildung zeigt den Fundamentantrieb ...*

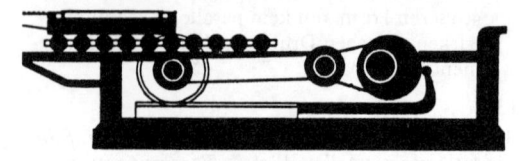

A. einer Zweitourenmaschine
B. eines Stoppzylinders
C. einer Offset-Andruckpresse
D. einer Bogenoffsetmaschine
E. des Heidelberger Zylinders

**30**

*Welche Antriebsart hat das Formbett des OHZ?*
A. Kurbel-Karrenrad-Antrieb
B. Mangelradantrieb
C. Kreisradantrieb    D. Wurfhebelantrieb
E. Schwinghebelantrieb

**31**

*Welche technische Angabe beschreibt eine Eintourenmaschine?*
A. Der Druckzylinderantrieb erfolgt über das Fundament.
B. Die Bewegung des Fundamentes erfolgt mit gleichbleibender Geschwindigkeit.
C. Pro Druck macht der Druckzylinder eine Umdrehung, beim Rücklauf des Karrens wird er leicht angehoben.
D. Pro Druck macht der Druckzylinder eine Umdrehung, ein Teil des Zylinders ist abgeflacht.
E. Pro Druck macht der Druckzylinder zwei Umdrehungen, ein Teil des Druckzylinders ist abgeflacht.

**32**

*Die Abbildung zeigt die Seitenansicht des Druckzylinders einer ...*
A. Eintourenmaschine
B. Zweitourenmaschine
C. Schwingzylindermaschine
D. Stoppzlindermaschine

Druckmaschinen des Hochdrucks  **6.3**

**33**
*Durch welche Einrichtung erfolgt der beschleunigte Rücklauf des Formbettes am OHZ?*
A. Durch die bewegliche Zahnstange im Zusammenhang mit dem Doppelkurbelgetriebe
B. Durch automatische Geschwindigkeitsregelung des Motors
C. Durch den gesonderten Antrieb von Druckzylinder und Formbett
D. Durch den langsameren Lauf des Druckzylinders

**34**
*Wie wird der Druckzylinder an Stoppzylindermaschinen angetrieben?*
A. Durch Übertragung vom Antrieb auf den Räderkasten
B. Durch die Zahnstangen am Formbett
C. Durch Übersetzungen von ungleichen Zahnrädern
D. Mittels des Doppelrechenantriebes
E. Durch den Mangelradmechanismus

**35**
*Welche Aufgabe haben Schmitzleisten?*
A. Den Auftragswalzen eine Führung zu geben
B. Den Druckzylinder während des Druckvorganges zu führen
C. Starke Schattierung zu vermeiden
D. Zu verhindern, daß die Aufzugstärke überschritten wird
E. Fallschmitzbildung auszuschalten und den Druckzylinder zu führen

**36**
*Was versteht der Drucker unter ,,Vorspannung"?*
A. Verformen der Seitenteile bei hoher Druckkraft
B. Anpreßdruck zwischen den Schmitzleisten des Druckfundamentes und den Schmitzringen des Zylinders
C. Oberflächenkrümmung des Druckzylinders
D. Druckkraft zwischen Druckzylinder und Druckform

**37**
*Welche Aufgabe hat der Fanggabelmechanismus an Stoppzylindermaschinen?*
A. Die Umkehr des Formbettes gleichmäßig zu gewährleisten
B. Den Druckzylinder nach erfolgtem Druck aufzufangen und wieder in Gang zu setzen
C. Zusammen mit den Schmitzleisten Schmitzbildung zu verhindern
D. Den Rücklauf des Formbettes zu beschleunigen
E. Kräfteverluste durch Abstoppen des Zylinders zu vermeiden

**38**
*Um welche Druckmaschine handelt es sich bei dieser Abbildung?*

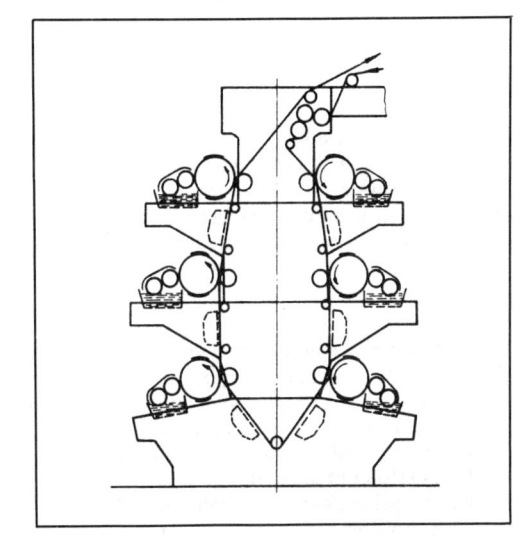

A. Buchdruck-Rollenrotationsmaschine
B. Tiefdruck-Rollenrotationsmaschine
C. Rollen-Offsetmaschine
D. Einzylinder-Flexodruckmaschine
E. Mehrzylinder-Flexodruckmaschine

# 6.4 Baugruppen an Druckmaschinen und deren Funktion

Anlegeapparate ● Anlagetisch ● Bogenkontrolleinrichtung ● Bogenanlage ● Übergabesystem
Bogenauslage ● Farbwerk ● Feuchtwerk ● Plattenzylinder, Gummizylinder, Druckzylinder ● Abwicklung

**1**

*Welches der aufgeführten Teile gehört nicht zum Einzelbogenanleger?*
A. Schleppsauger   B. Saugerstange
C. Vorbläser   D. Abstreiffedern oder -bürsten
E. Blasluftsteuerung

**2**

*Welches Teil gehört nicht zum Schuppenanleger?*
A. Blas- und Saugluftregulierung
B. Schleppsauger   C. Drückerfuß
D. Vordere Bogenklappe   E. Saugstange

**3**

*Welchen Vorteil haben Schuppenanleger an Druckmaschinen?*
A. Es kann dünneres Papier bedruckt werden.
B. Es gibt keine Doppelbogen.
C. Trotz hoher Druckgeschwindigkeit ruhige Anlage.
D. Das Papier kann ungleich groß sein.
E. Schuppenanleger sind einfacher zu bedienen.

**4**

*Welches ist die richtige Aussage über die Stapelhöhe am Schuppenanleger?*
A. Der Stapel wird so hoch gerückt, bis er etwa 5 mm Abstand zum Schleppsauger hat.
B. Der Stapel muß so hoch stehen, daß der Drückerfuß fest aufsitzt.
C. Der Stapel muß etwa 6-8 mm unter den vorderen Bogenanschlägen stehen.
D. Der Stapel muß so hoch stehen, daß die Abstreifbürsten aufsitzen.
E. Der Stapel muß so hoch gerückt werden, daß die Hubsauger etwa 5 mm Abstand haben.

**5**

*Für welchen Bedruckstoff ist der abgebildete Sauger nicht geeignet?*

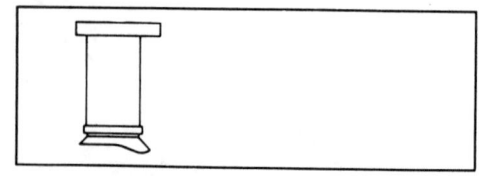

A. Dünne Papiere   B. Gestrichene Papiere
C. Lockere Papiere, die Luft durchlassen
D. NCR-Papiere   E. Karton

**6**

*Wofür sind die Abstreiffedern in erster Linie gedacht?*
A. Für sehr dünne Papiere
B. Für dünne bis normale Papiere
C. Für ungestrichene Papiere
D. Für gestrichene Papiere
E. Für dicken Karton

**7**

*Für welchen Bedruckstoff ist in der Regel die stärkste Kippung der Saugerstange beim Einzelbogenanleger erforderlich?*
A. Luftpostpapier   B. 80 g/m²-Schreibpapier
C. Folien   D. Postkartenkarton
E. Chromoluxkarton 300 g/m²

**8**

*Sie drehen an der Rändelschraube.*
*Welche Aussage beschreibt die Wirkung richtig?*

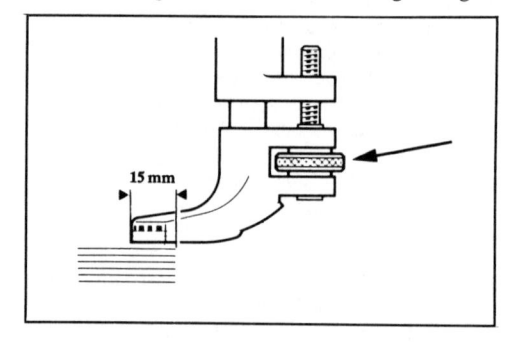

A. Der Stapel rückt näher an die Trennsauger.
B. Die Stapelhöhe zur Maschine ändert sich.
C. Die Bogentrennung wird verändert.
D. Der Stapel rückt häufiger höher als bisher.
E. Der Stapel rückt näher an die Trennsauger und höher zur Maschine.

**9**

*Zu welchem Zweck kann man am Anleger einen Schräglauf der Druckbogen einstellen?*
A. Um Doppelbogen zu vermeiden
B. Um einen ruhigeren Bogenlauf zu erzielen
C. Damit die Seitenmarke den Bogen nicht zu stark ausrichten muß
D. Damit der Bogen an den Vordermarken nicht zu viel rücken muß
E. Damit der Bogen bei Papier nicht zu früh an die Bogenanlage kommt

## 6.4 Anlegeapparate

**10**
*Wofür sind die großen Saugscheiben am Anleger einer Bogenoffsetdruckmaschine gedacht?*
A. Dünnes Papier    B. Gestrichenes Papier
C. Karton    D. Dünne Folien
E. Geprägte Papiere

**11**
*Wie stark soll die Luft aus dem Drückerfuß blasen? Sie soll so stark blasen...*
A. daß der Bogen auf einem ruhigen Luftkissen schwebt
B. daß der Bogen stark flattert
C. daß der Bogen nicht abhebt
D. daß 2 Bogen aufgeblasen werden

**12**
*Was passiert, wenn der Drückerfuß zu weit im Stapel steht?*
A. Der Stapel wird nicht getastet.
B. Die Bogen fallen vom Sauger ab oder reißen ein.
C. Die Bogen lockern nicht auf.
D. Der Transport funktioniert nicht.
E. Die Maschine läuft nicht.

**13**
*Welchen Vorteil bringt die Nonstop-Anlage?*
A. Einen erschütterungsfreien Bogenlauf
B. Stapelwechsel bei laufender Maschine
C. Eine immer richtige Stapelhöhe
D. Eine hohe Druckgeschwindigkeit
E. Keine Doppelbogen

**14**
*Welches ist kein Vorteil des Einzelbogenanlegers gegenüber dem Schuppenanleger?*
A. Einfache Bedienung
B. Billige Herstellung
C. Verarbeitung auch nicht ganz trockener Drucke
D. Höhere Druckgeschwindigkeit
E. Verarbeitung von dünnsten Papieren

**15**
*Zwei Maschinen, eine mit Schuppenanleger, die andere mit Einzelbogenanleger, laufen im gleichen Bogenformat mit je 5000 Bogen pro Stunde. Welche Aussage stimmt?*
A. Die Bogen haben auf beiden Anlegetischen die gleiche Geschwindigkeit.
B. Die Bogen sind auf dem Anlegetisch des Schuppenanlegers nicht so schnell wie auf dem Anlegetisch des Einzelbogenanlegers.
C. Die Bogen sind auf dem Anlegetisch des Einzelbogenanlegers nicht so schnell wie auf dem Anlegetisch des Schuppenanlegers.

**16**
*Die Beschreibung gibt Hinweise für die Umstellung eines Einzelbogenanlegers (z.B. am Tiegel oder an der GTO oder am OHZ) von Papier auf Karton. Welcher Abschnitt ist sachlich falsch?*
A. Kippung verstärken    B. Saugluft verstärken
C. Blasluft verstärken
D. Stapelhöhe (Stapeltransport) höher
E. Gummischeiben auf Sauger setzen

**17**
*Der Text beschreibt die Arbeitsweise eines Schuppenanlegers. In welchem Abschnitt ist die Beschreibung fehlerhaft?*
A. Die Trennsauger erfassen den obersten Bogen mit Saugluft.
B. und ziehen ihn hoch, an den Abstreifbürsten vorbei.
C. Abstreifbürsten sollen Doppelbogen vermeiden helfen.
D. Einen Moment später, als die Sauger den Bogen ansaugen, blasen die Vorbläser Luft ein, um Doppelbogen zu vermeiden.
E. Die Schleppsauger übernehmen den Bogen und transportieren ihn zu den Bogentransportrollen am Anlegetisch.

**18**
*Die Beschreibung gibt Hinweise für die Umstellung eines Schuppenanlegers von $100 g/m^2$-Papier auf $350 g/m^2$-Karton. Welcher Hinweis enthält einen sachlichen Fehler?*
A. Blasluft verstärken    B. Saugluft verstärken
C. Abstreifbürsten gegen Abstreiffedern austauschen
D. Abstand der Trennsauger zur Stapeloberfläche vergrößern
E. Auf die Sauger größere Saugscheiben setzen

**19**
*Wie soll die Stapelhöhe beim Schuppenanleger sein?*
A. Etwa 10 - 15 mm unter dem vorderen Bogenanschlag
B. Etwa 6 - 8 mm unter der vorderen Bogenklappe
C. Etwa 5 - 6 mm unter den Hubsaugern
D. Etwa 10 mm unter den Schleppsaugern
E. Etwa 5 - 8 mm unter den hinteren Bogenanschlägen

**20**
*Die Aussagen beschreiben Einstellungen am Schuppenanleger. Welche Zuordnung ist falsch?*
A. Abstreiffedern nur für sehr dünne Papiere einsetzen
B. Größere Gummischeiben an den Saugern für Karton
C. Mehr Blasluft für dickere Bedruckstoffe
D. Weniger Saugluft für leichte Papiere
E. Höherer Abstand der Trennsauger für leichte Papiere

## 6.4 Anlegeapparate

**21**

*Diese Beschreibung der Funktion eines Schuppenanlegers ist fehlerhaft. Welcher Abschnitt macht eine falsche Aussage?*
A. Vorbläser lockern die Bogen auf.
B. Die Hub- oder Kippsauger saugen den Bogen ruckartig an und heben ihn an den Abstreifbürsten vorbei.
C. Der Drückerfuß bläst unter den Bogen, und der Bogen schwebt auf einem Luftkissen.
D. Die Schleppsauger übernehmen den Bogen einen kurzen Moment, nachdem ihn die Trennsauger vorher ausgelassen haben,
E. und schieben ihn unter die Taktrollen des Anlegetisches.

**22**

*Die Beschreibung über die Funktion eines Einzelbogenanlegers ist fehlerhaft. In welchem Abschnitt steckt der Fehler?*
A. Die Lockerungsbläser bereiten die Bogenabnahme vor.
B. Die Saugstange zieht den Bogen auf den Anlegetisch.
C. Ihre Kippung ist einstellbar: stärker für dickere Papiere, schwächer für dünne Papiere.
D. Ebenso ist die Stapelhöhe regulierbar: höher für Karton, tiefer für dünnere Bedruckstoffe.
E. Die Abstreiffedern sollen Doppelbogen zurückhalten.

**23**

*Der Text beschreibt Aufgaben und Funktionen des Stiefels (Drückerfuß) des Schuppenanlegers. Welcher Abschnitt macht eine falsche Aussage?*
A. Er steuert die Stapelhöhe.
B. Er preßt auf den Stapel und hält die Bogen fest.
C. Mittels Blasluft trennt er den oberen Bogen vom Stapel.
D. Durch Einblasen von Luft hilft er mit, daß die Trennsauger nur einen Bogen nehmen.
E. Die Blasluftstärke muß dem Papier angepaßt werden.

**24**

*Welche Aussage gilt für den Schuppenanleger, wenn dieser auf sehr dicken Karton umgestellt wird?*
A. Der Anleger muß im Arbeitstakt zur Maschine etwas später eingestellt werden.
B. Der Anleger muß im Arbeitstakt zur Maschine etwas früher eingestellt werden.
C. Am Zeitpunkt des Anlegers zur Maschine wird nichts verändert.
D. Die Taktrollen müssen etwas fester angestellt werden.
E. Der Bogenschräglauf muß neu eingestellt werden.

**25**

*Die folgenden Sätze geben Hinweise für die Umstellung des Anlegers von dünnem Papier auf sehr dicken Karton. Welche Aussage ist falsch?*
A. Abstand der Trennsauger zum Stapel verringern
B. Größere Saugscheiben aufsetzen
C. Blasluft verstärken
D. Saugluft verstärken
E. Arbeitstakt des Anlegers früher zur Maschine einstellen

**26**

*Es wird ein Einzelbogenanleger für dicken Karton umgestellt. Der Drucker tut folgendes: 1. Kippung der Sauger verringern, 2. Stapel näher an Sauger bringen, 3. Saugluft stärker einstellen, 4. Gummiringe von den Saugern entfernen. Beurteilen Sie die Tätigkeiten!*
A. Nr. 1 mit 4 ist richtig.
B. Nr. 2 ist falsch.
C. Nur Nr. 3 ist falsch.
D. Nur Nr. 4 ist falsch.

**27**

*Im folgenden werden Aussagen über den Einzelbogenanleger gemacht. Beurteilen Sie diese!
1. Der Einzelbogenanleger hat kurze Rüstzeiten. 2. Er kann auch Bogen verarbeiten, die noch relativ druckfrisch sind. 3. Er ist leicht einzustellen. 4. Es kann sowohl Seidenpapier wie auch dicker Karton eingesetzt werden. 5. Er ist billiger in der Herstellung als ein Schuppenanleger.*
A. Alle Aussagen sind richtig.
B. Keine Aussage ist richtig.
C. Lediglich Nr. 4 ist falsch.
D. Lediglich Nr. 2 ist falsch.

**28**

*Wie ist die richtige Reihenfolge des Bogendurchlaufs an den genannten Maschinenteilen einer Bogenmaschine?*
A. Anlagestapel, Saugkopf, Abnahmerollen, Bändertisch, Kammblech, Vordermarken, Seitenmarke, Schwinggreifer oder Registertrommel, Druckzylinder, Trommelwelle mit Auslagegreifer, Bremswalzen, Auslagestapel.
B. Anlagestapel, Bändertisch, Saugkopf, Abnahmerollen, Kammblech, Seitenmarke, Vordermarken, Schwinggreifer oder Registertrommel, Gummizylinder, Trommelwelle mit Auslagegreifer, Bremswalzen, Auslagestapel.
C. Anlagestapel, Abnahmerollen, Bändertisch, Saugkopf, Kammblech, Vordermarken, Seitenmarke, Schwinggreifer oder Registertrommel, Plattenzylinder, Trommelwelle mit Auslagegreifer, Bremswalzen, Auslagestapel.

## 6.4 Anlegeapparate · Anlagetisch

**29**
*Welche Folgen können ungleich gespannte Transportbänder auf dem Anlagetisch haben?*
A. Die Bogen kommen zu spät an die Vordermarken.
B. Die Bogen kommen zu früh an die Vordermarken.
C. Die Bogen können schräg an die Anlage kommen.
D. Die Bogen werden in den Vordermarken gestaucht.
E. Die Doppelbogenkontrolle stellt die Maschine ab.

**30**
*Wie ist die Optimalstellung der Taktrollen?*
A. Möglichst weit außen
B. Am Drittelbruch    C. Am Viertelbruch
D. In der Nähe der Schleppsauger
E. In Richtung auf die Trennsauger

**31**
*Es wird dünnes Papier gedruckt und anschließend extrem dicker Karton. Welche Aussage über die Ankunft des Bogens an der Bogenanlage stimmt?*
A. Der Karton kommt zum gleichen Zeitpunkt an die Anlage wie das dünne Papier.
B. Der Karton kommt etwas früher an die Anlage als das dünne Papier.
C. Der Karton kommt etwas später an die Anlage als das dünne Papier.

**32**
*Einige Maschinenelemente sollen an oder in der Nähe des Viertelbruchs stehen (Optimaleinstellung). Für welches Teil gilt diese Empfehlung nicht?*
A. Schleppsauger    B. Trennsauger
C. Taktrollen    D. Kugelreiter
E. Tragende Vordermarken

**33**
*Sie stellen die Maschine mit Schuppenanleger um, und zwar von 80 g/m² -Papier im Minimalformat auf 80 g/m² -Papier im Maximalformat der Maschine. Welche Aussage ist richtig?*
A. Die Doppelbogenabfühlung muß auf keinen Fall umgestellt werden, weil es das gleiche Papier ist.
B. Die Doppelbogenabfühlung muß u.U. höher eingestellt werden, weil jetzt mehr Bogen unter der Abfühlrolle liegen.
C. Die Doppelbogenabfühlung muß u.U. tiefer eingestellt werden, weil nunmehr weniger Bogen unter der Abfühlrolle liegen.
D. Für das große Format muß eine stärkere Ziehfeder eingebaut werden.
E. Die Vordermarken sind niedriger einzustellen, damit sich der große Bogen nicht staucht.

**34**
*Welches Maschinenelement soll an der gezeigten Stelle eingesetzt werden?*

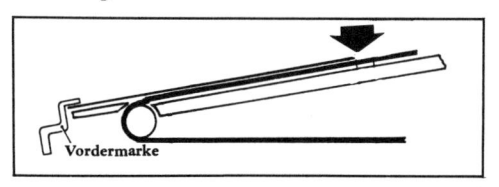

A. Rolle für Doppelbogenkontrolle
B. Transportrolle aus Metall oder hartem Kunststoff
C. Transportrollen aus Gummi
D. Kugelreiter    E. Bürstenrolle

**35**
*Welches ist die optimale Stellung der Bürstenräder (Kugelreiter)?*
A. Ziemlich genau am Viertelbruch
B. In der Nähe des Drittelbruchs
C. Möglichst weit außen am angelegten Bogen
D. An der Hinterkante des angelegten Bogens
E. In Richtung auf die tragenden Vordermarken

**36**
*Welches ist die richtige Stellung der untersten Transportrollen auf dem Anlagetisch bei Maschinen ohne Bogenvorausrichtung?*
A. Etwa 1 - 2 mm auf dem Bogen
B. Direkt an der Bogenkante
C. 1 - 2 mm hinter der Bogenkante
D. Etwa 5 mm hinter der Bogenkante
E. Etwa in der Mitte des angelegten Bogens

**37**
*An welcher Stelle sollen Kugelreiter eingesetzt werden?*
A. Etwa 5 mm von der hinteren Bogenkante des angelegten Bogens entfernt
B. 1 - 2 mm hinter der Bogenkante
C. Im hinteren Teil des angelegten Bogens
D. Im vorderen Teil des angelegten Bogens
E. Direkt an der hinteren Bogenkante des angelegten Bogens

**38**
*Welche Aussage über Bürstenräder auf dem Anlagetisch ist falsch?*
A. Sie können auf den angelegten Bogen gestellt werden.
B. Sie geben dem Bogen einen leichten Schub in die Vordermarken.
C. Sie sorgen für eine gute Anlage des Bogens in den Vordermarken.
D. Sie verhindern ein Zurückfedern des Bogens aus den Vordermarken.
E. Sie verhindern Dublieren.

## 6.4 Bogenanlage (Vorder-, Seitenmarken, Vorausrichtung)

**39**

Welches Transportelement stellt man an die Bogenhinterkante, wenn der Bogen in den Vordermarken liegt?
A. Gummitransportrollen
B. Bürstenrollen
C. Kugelreiter
D. Transportrollen ohne Gummiüberzug
E. Bogenniederhalter

**40**

Auf welches Maschinenteil trifft folgende Beschreibung zu: „Der Bogen wird verlangsamt an die Vordermarken übergeben"?
A. Transportbänder
B. Transportrollen
C. Schwinggreifer oder Übergabetrommel
D. Bogenniederhalter
E. Bogenvorausrichtung

**41**

Welchen Hauptvorteil bringen von unten wirkende Vordermarken?
A. Der Drucker kann das Einlaufen und Anlegen der Druckbogen besser beobachten.
B. Die Anlegezeit des Bogens an den Marken ist länger als bei Marken von oben und dadurch sicherer.
C. Bessere Zugänglichkeit zum Einstellen der Marken durch den Drucker.
D. Der Druckbogen wird durch die Marken nicht so leicht verkratzt.
E. Die Ziehmarke kann den Bogen besser ziehen und dadurch genauer anlegen.

**42**

Wie stellt man die Höhe der Vordermarken an Maschinen ohne Einstellskala ein?
Die Höhe soll so eingestellt werden, ...
A. daß 1 Papierstreifen leicht einzuschieben ist und 2 klemmen
B. daß 2 Papierstreifen leicht einzuschieben sind und 3 klemmen
C. daß 3 Papierstreifen leicht einzuschieben sind und 4 klemmen
D. auf 0,05 mm höher als die Papierdicke
E. auf 4/10 mm höher als die Papierdicke

**43**

Was meint man, wenn man sagt: „Die Vordermarke wird nicht tragend eingestellt"?
A. Sie schwingt nicht mehr auf und ab.
B. Sie wird seitlich verrückt.
C. Sie wird ausgebaut.
D. Sie wird höher gestellt.
E. Sie wird weiter nach vorne gestellt.

**44**

Der Drucker dreht an der Schraube (5) im Uhrzeigersinn. Welche Aussage ist richtig?

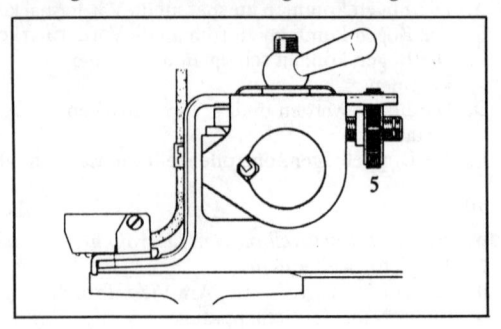

A. Der Druck verschiebt sich auf dem Bogen nach hinten.
B. Der Druck verschiebt sich auf dem Bogen nach vorne.
C. Er stellt die Vordermarke höher ein.
D. Er stellt die Vordermarke tiefer ein.
E. Er verstellt mit der sogenannten Gesamtverstellung die Marken weiter nach vorne.

**45**

Sie richten die zweite Farbe ein (gestrichelte Paßkreuze) Welche minimale Korrektur ist erforderlich?

A. Vordermarken höher   B. Vordermarken vor
C. Vordermarken tiefer
D. Vordermarken zurück

**46**

Was meint der Drucker mit dem Ausdruck „Die Vordermarke wird tragend eingestellt"?
A. Die Höhe wird entsprechend der Bedruckstoffdicke eingestellt.
B. Die Höhe wird auf Bedruckstoffdicke plus 2/10 mm höher eingestellt.
C. Die Vordermarke wird weiter nach vorne hine eingestellt als die übrigen.
D. Die Marke wird etwas weiter zum Anlegetisch herausgestellt als die übrigen.
E. Die Vordermarken-Gesamtverstellung wird auf Null gebracht.

Teil A: Technische Mathematik in der Abschlußprüfung

**Lösungsschlüssel „Drucker"**
**Ausgabe 1991**

**Aufgabe 1**
486,40 DM + 654,30 DM = 1140,70 DM; 1140,70 DM + 859,30 DM = 2000,- DM;
1140,70 DM + 804,30 DM = 1945,- DM gezahlt; (100 · 1945) : 2000 = 97,25%
100% - 97,25% = 2,75% Skonto

**Aufgabe 2**
98 000,- DM + (60 · 98 000) : 100 + 17 200,- DM = 174 000,- DM; (174 000 · 5) : 100 = 8700,- DM
174 000,- DM + 8700,- DM = 182 700,- DM; (182 700 · 100) : 60 = 304 500,- DM;
304 500,- DM : 10 000 = 30,45 DM

**Aufgabe 3**
(537,43 · 100) : 82 = 655,40 DM brutto; 40 · 14,50 DM = 580,- DM brutto ohne Überstunden
655,40 DM - 580,- DM = 75,40 DM für die Überstunden; 75,40 DM : (14,50 DM · 1,3)
= 4 Überstunden

**Aufgabe 4**
[(2472 · 100) : 103] · 16 = 38 400 Flugblätter

**Aufgabe 5**
a) 2 · 17 cm + 4 cm + 2 · 8 cm = 54 cm; 24 cm · 54 cm
b) 70 cm · 100 cm        8000 + (6 · 8000) : 100 = 8480
   54 cm · 24 cm         8480 : 4 = 2120 Bogen 70 cm · 100 cm
   1 · 4 = 4 Nutzen

**Aufgabe 6**
a) 32 S. = 16 Blatt; 5 - 0 = 5; $2^5$ = 32; (16 · 90 g) : 32 = 45 g
b) (16 · 80 g) : 32 = 40 g; 45 g + 8 g = 53 g ≙ 1,10 DM Porto (Stand: 1.7.82)   **1,40**
40 g + 8 g = 48 g ≙ 0,80 DM Porto (Stand: 1.7.82); 1,10 DM - 0,80 DM = 0,30 DM;   **1,00**
17 500 · 0,40 DM = 5 250 DM Einsparung         1,40 - 1,00 = 0,40 DM
         **7000 DM**

**Aufgabe 7**
(4 · 240,- DM) + (8 · 28,80 DM) + (1,2 · 240,- DM) = 1478,40 DM; 1478,40 DM - 44,35 DM
= 1434,05 DM; 6 · 228,- DM = 1368,- DM; 1368,- DM - 41,04 DM = 1326,96 DM;
1434,05 DM - 1326,96 DM = 107,09 DM

**Aufgabe 8**
a) (90 · 65 · 100) : 10 000 = 58,5 g; 1000 Bg ≙ 58,5 kg; 58,5 · 2,80 = 163,80 DM
b) 4 680 000 g : 58,5 g = 80 000 Bogen

**Aufgabe 9**
a) 16 000 + (5 · 16 000) : 100 = 16 800; 4 - 1 = 3; $2^3$ = 8 Nutzen ≙ 16 Seiten
80 : 16 = 5 Bogen; 16 800 · 5 = 84 000 Bogen 61 cm · 86 cm
b) 70,0 cm · 100 cm     16 000 + (6 · 16 000) : 100 = 16 960
   29,7 cm · 42 cm
   2 · 2 = 4 Nutzen     16 960 : 4 = 4240 Bogen 70 cm · 100 cm

Aufgabe 10
2 · 24 cm = 48 cm.   4 · 31,5 = 126 cm;   2 Prospekte ≙ 48 cm · 126 cm
600 000 cm : 48 cm = 12 500 Exemplare;   12 500 · 2 = 25 000 Prospekte je Rolle
600 000 + (8 · 600 000) : 100 = 648 000;   648 000 : 25 000 = 25,92 ≙ 26 Rollen

Aufgabe 11  a) 13,5 cm · 21 cm                          b)
             +0,5 cm · 1 cm Beschnitt                    70 cm · 100 cm
             ─────────────────────────                   22 cm · 29 cm
             14 cm · 22 cm für 1 Seite                   ─────────────
             28 cm · 22 cm für 2 Seiten                  3 · 3 = 9 Nutzen
             +1 cm Rückenbreite
             ─────────────────────────                   45 000 : 9 = 5000 Bogen 70 cm · 100 cm
             29 cm · 22 cm

Aufgabe 12
739,2 : 1,1 = 6 72 kg verschnittene Farbe;   (672 · 100) : 120 = 560 kg Farbe ohne Verschnitt

Aufgabe 13
(20 · 28 · 48 · 800 000 · 22) : (1000 · 100 · 1000) = 4730,88 kg;   (4730,88 · 100) : 110
= 4300,8 kg Farbe;   4730,88 kg - 4300,8 kg = 430,08 kg Verschnitt; 4730,88 · 1,1 = 5203,968 kg
Verdünnung;   4301 · 6,50 DM + 431 · 4,50 DM + 5204 · 1,20 DM = 36 140 DM

Aufgabe 14
(25 · 100) : 125 = 20 g Farbe ohne Verschnitt;   (12 · 18 · 16 · 320 000 · 20) : (1000 · 100 · 100)
= 221,184 kg Farbe;   221,184 : 4 = 55,296 kg Verschnitt;   1,1 (221,184 + 55,296)
= 304,128 kg Verdünnung;   222 · 6,50 DM + 56 · 4,20 DM + 305 · 2,10 DM = 2318,70 DM

Aufgabe 15
4 · 8 = 32 Nutzen ≙ 64 Seiten ≙ 1 Katalog;   300 000 + (4 · 300 000) : 100 + (4 · 300 000) : 100
= 312 000;   (2 · 312 000) : 8000 = 78 Stunden reine Druckzeit;
78 + 9,75 = 87 Stunden 45 Min. Fortdruckzeit

Aufgabe 16
32 000 : 16 000 = 2 Stunden reine Druckzeit;   2 Std. + 1 Std. 15 Min. = 3 Std. 15 Min.
                                                                              Fortdruckzeit
Aufgabe 17
400 000 + (1,5 · 400 000) : 100 = 406 000;   (406 000 · 2) : 36 ≈ 22 556;
22 556 : 8000 = 2,8195 ≈ 2,82 Stunden;   2,82 + 4 = 6,82 Std. ≈ 6 Stunden 50 Minuten

Aufgabe 18
15 000 + (2 · 15 000) : 100 = 15 300;   61 - (2 · 5) = 51 cm, 86 - (2 · 5) = 76 cm
(51 · 76) - (20 · 20 · 3,14) - (20 · 30) : 2 = 2320 cm²
(15 300 · 2320 · 2,2) : 10 000 + 250 = 8059,12 g ≈ 8100 g

Aufgabe 19
a) 126 : 31,5 = 4 Blatt:   126 · 48 = 2 Exempl./Rolle:   (6000 · 2) : 0,48 = 25 000 Prospekte
850 000 + 8% = 918 000;   918 000 : 25 000 = 36,72 ≈ 37 Rollen
b) (1,26 · 6000 · 70) + 5 : 1000 = 534,2 kg/Rolle       *Rollenbreite 126 cm (4 x 31,5 cm)*

Aufgabe 20
[17 + (8 · 17) : 100] + 16,5 = 34,86%;   100% - 34,86% = 65,14% netto
(342,51 · 100) : 65,14 ≈ 525,81 DM brutto;   525,81 : (40 + 7,8) = 11,- DM

Teil A: Wirtschafts- und Sozialkunde in der Abschlußprüfung

| | | | | | | | | | |
|---|---|---|---|---|---|---|---|---|---|
| 1121 C | 1126 B | 1131 C | 1136 B | 1141 E | 1146 B | 1151 E | 1156 B | 1161 C | 1166 B |
| 1122 D | 1127 C | 1132 E | 1137 D | 1142 E | 1147 D | 1152 C | 1157 C | 1162 B | 1167 C |
| 1123 B | 1128 A | 1133 A | 1138 C | 1143 B | 1148 A | 1153 C | 1158 E | 1163 B | 1168 B |
| 1124 B | 1129 B | 1134 B | 1139 A | 1144 C | 1149 A | 1154 C | 1159 C | 1164 C | 1169 A |
| 1125 A | 1130 C | 1135 A | 1140 B | 1145 E | 1150 E | 1155 C | 1160 E | 1165 D | 1170 D |

## Teil B: Technologie (Fachkunde) in der Abschlußprüfung

**1**

| | | | | | | | | | | |
|---|---|---|---|---|---|---|---|---|---|---|
| | 39 B | 78 E | 117 C | 6 D | 45 B | 84 D | 21 C | 60 E | 99 D | 34 B | 37 B |
| 1 E | 40 A | 79 A | 118 C | 7 A | 46 C | 85 E | 22 D | 61 B | 100 A | | 38 E |
| 2 D | 41 B | 80 D | 119 E | 8 A | 47 C | 86 B | 23 B | 62 E | 101 B | **5** | 39 B |
| 3 E | 42 C | 81 D | 120 D | 9 C | 48 D | 87 B | 24 D | 63 A | 102 A | 1 D | 40 E |
| 4 B | 43 D | 82 A | 121 B | 10 B | 49 E | 88 A | 25 A | 64 A | | 2 C | 41 C |
| 5 D | 44 A | 83 A | 122 D | 11 D | 50 E | 89 C | 26 D | 65 B | **4** | 3 C | 42 C |
| 6 B | 45 D | 84 C | 123 A | 12 E | 51 A | 90 B | 27 A | 66 A | 1 B | 4 A | 43 C |
| 7 D | 46 C | 85 E | 124 C | 13 B | 52 A | 91 C | 28 D | 67 B | 2 A | 5 D | 44 A |
| 8 D | 47 B | 86 A | 125 E | 14 C | 53 C | 92 A | 29 C | 68 E | 3 B | 6 C | 45 C |
| 9 B | 48 C | 87 C | 126 C | 15 D | 54 D | 93 D | 30 B | 69 E | 4 E | 7 D | 46 B |
| 10 E | 49 E | 88 B | 127 C | 16 E | 55 C | 94 C | 31 A | 70 B | 5 A | 8 B | 47 C |
| 11 B | 50 A | 89 A | 128 E | 17 E | 56 E | 95 E | 32 E | 71 C | 6 C | 9 A | 48 D |
| 12 C | 51 D | 90 A | 129 B | 18 D | 57 A | 96 C | 33 D | 72 D | 7 E | 10 B | 49 E |
| 13 E | 52 D | 91 E | 130 D | 19 E | 58 B | 97 C | 34 E | 73 E | 8 E | 11 A | 50 B |
| 14 C | 53 A | 92 C | 131 D | 20 E | 59 A | 98 E | 35 C | 74 D | 9 C | 12 E | 51 C |
| 15 C | 54 E | 93 B | 132 B | 21 D | 60 E | 99 E | 36 E | 75 C | 10 E | 13 C | 52 E |
| 16 C | 55 E | 94 B | 133 E | 22 D | 61 E | 100 D | 37 B | 76 D | 11 E | 14 D | 53 A |
| 17 E | 56 D | 95 E | 134 A | 23 C | 62 A | | 38 E | 77 A | 12 E | 15 D | 54 E |
| 18 C | 57 A | 96 C | 135 C | 24 B | 63 C | **3** | 39 A | 78 C | 13 B | 16 E | 55 C |
| 19 B | 58 B | 97 C | 136 E | 25 A | 64 E | 1 C | 40 E | 79 B | 14 D | 17 D | 56 C |
| 20 B | 59 B | 98 B | 137 A | 26 A | 65 A | 2 D | 41 B | 80 C | 15 C | 18 A | 57 D |
| 21 D | 60 E | 99 A | 138 D | 27 D | 66 E | 3 A | 42 E | 81 D | 16 B | 19 B | 58 A |
| 22 B | 61 D | 100 B | 139 D | 28 E | 67 D | 4 B | 43 C | 82 A | 17 E | 20 D | 59 A |
| 23 B | 62 E | 101 C | 140 B | 29 A | 68 A | 5 E | 44 B | 83 A | 18 A | 21 C | 60 C |
| 24 A | 63 B | 102 D | 141 E | 30 E | 69 B | 6 D | 45 D | 84 E | 19 A | 22 A | 61 B |
| 25 A | 64 D | 103 C | 142 D | 31 B | 70 D | 7 D | 46 D | 85 A | 20 E | 23 C | 62 D |
| 26 C | 65 E | 104 E | 143 D | 32 B | 71 C | 8 A | 47 C | 86 C | 21 B | 24 B | 63 C |
| 27 C | 66 E | 105 A | 144 D | 33 E | 72 C | 9 B | 48 D | 87 B | 22 E | 25 C | 64 B |
| 28 D | 67 B | 106 A | 145 D | 34 B | 73 C | 10 E | 49 E | 88 E | 23 A | 26 D | 65 D |
| 29 C | 68 D | 107 C | 146 C | 35 D | 74 A | 11 B | 50 E | 89 C | 24 C | 27 B | 66 C |
| 30 A | 69 C | 108 C | 147 B | 36 B | 75 A | 12 D | 51 A | 90 A | 25 A | 28 D | |
| 31 B | 70 A | 109 A | 148 E | 37 B | 76 C | 13 B | 52 C | 91 A | 26 B | 29 A | **5.1** |
| 32 E | 71 C | 110 D | | 38 D | 77 C | 14 D | 53 B | 92 D | 27 D | 30 A | 1 C |
| 33 C | 72 A | 111 A | **2** | 39 B | 78 E | 15 C | 54 C | 93 E | 28 B | 31 B | 2 A |
| 34 C | 73 B | 112 E | 1 C | 40 A | 79 E | 16 B | 55 D | 94 E | 29 B | 32 B | 3 E |
| 35 A | 74 D | 113 C | 2 A | 41 C | 80 B | 17 D | 56 D | 95 B | 30 A | 33 C | 4 E |
| 36 B | 75 A | 114 A | 3 B | 42 D | 81 D | 18 A | 57 D | 96 E | 31 A | 34 C | 5 A |
| 37 C | 76 D | 115 D | 4 B | 43 E | 82 B | 19 A | 58 E | 97 C | 32 B | 35 B | 6 E |
| 38 A | 77 C | 116 D | 5 B | 44 C | 83 A | 20 B | 59 E | 98 E | 33 A | 36 E | 7 B |

Teil B: Technologie (Fachkunde) in der Abschlußprüfung

| | | | | | | | | | | | |
|---|---|---|---|---|---|---|---|---|---|---|---|
| 8 D | 47 A | 86 C | 125 B | 164 D | 203 C | 14 C | 32 D | 71 A | 25 D | 12 D | 11 A | 50 D |
| 9 C | 48 C | 87 D | 126 A | 165 D | 204 C | 15 B | 33 A | 72 B | 26 C | 13 D | 12 B | 51 D |
| 10 A | 49 E | 88 D | 127 A | 166 A | 205 E | 16 C | 34 B | 73 D | 27 E | 14 D | 13 B | 52 C |
| 11 B | 50 C | 89 A | 128 C | 167 E | 206 B | 17 B | 35 E | 74 A | 28 A | 15 A | 14 D | 53 B |
| 12 A | 51 D | 90 D | 129 B | 168 E | 207 C | 18 C | 36 D | 75 E | 29 D | 16 C | 15 B | 54 A |
| 13 C | 52 B | 91 C | 130 E | 169 B | 208 B | 19 B | 37 E | 76 A | 30 C | 17 D | 16 A | 55 D |
| 14 C | 53 B | 92 D | 131 D | 170 C | 209 A | | 38 C | 77 B | 31 D | 18 B | 17 D | 56 D |
| 15 C | 54 D | 93 B | 132 E | 171 D | 210 C | **6.1** | 39 A | 78 A | 32 D | 19 B | 18 D | 57 B |
| 16 D | 55 A | 94 C | 133 D | 172 A | 211 E | 1 A | 40 C | 79 B | 33 A | 20 B | 19 B | 58 B |
| 17 F | 56 D | 95 A | 134 B | 173 E | 212 E | 2 D | 41 A | 80 E | 34 A | 21 B | 20 A | 59 B |
| 18 E | 57 D | 96 E | 135 A | 174 D | 213 D | 3 B | 42 B | 81 E | 35 D | 22 E | 21 D | 60 D |
| 19 A | 58 C | 97 C | 136 A | 175 B | 214 D | 4 A | 43 E | 82 A | 36 E | 23 A | 22 C | 61 E |
| 20 A | 59 D | 98 C | 137 C | 176 B | 215 E | 5 D | 44 C | 83 E | 37 B | 24 D | 23 D | 62 C |
| 21 D | 60 D | 99 E | 138 B | 177 D | 216 A | 6 D | 45 A | | 38 A | 25 B | 24 A | 63 B |
| 22 A | 61 B | 100 C | 139 E | 178 D | 217 A | 7 B | 46 E | **6.2** | 39 E | 26 D | 25 E | 64 A |
| 23 E | 62 A | 101 D | 140 C | 179 E | 218 B | 8 A | 47 E | 1 A | 40 C | 27 D | 26 D | 65 B |
| 24 E | 63 A | 102 D | 141 E | 180 B | 219 B | 9 C | 48 D | 2 D | 41 A | 28 A | 27 A | 66 E |
| 25 E | 64 C | 103 C | 142 A | 181 C | 220 C | 10 E | 49 D | 3 A | 42 D | 29 E | 28 A | 67 C |
| 26 A | 65 A | 104 A | 143 D | 182 C | 221 E | 11 A | 50 E | 4 E | 43 A | 30 A | 29 C | 68 D |
| 27 A | 66 D | 105 A | 144 C | 183 B | 222 E | 12 E | 51 E | 5 D | 44 D | 41 D | 30 C | 69 A |
| 28 C | 67 E | 106 C | 145 C | 184 E | 223 D | 13 C | 52 B | 6 A | 45 A | 32 D | 31 B | 70 B |
| 29 B | 68 E | 107 E | 146 A | 185 D | 224 E | 14 B | 53 A | 7 D | 46 C | 33 A | 32 B | 71 D |
| 30 A | 69 E | 108 C | 147 A | 186 B | 225 C | 15 D | 54 E | 8 B | 47 B | 34 B | 33 B | 72 E |
| 31 C | 70 E | 109 A | 148 B | 187 E | 226 B | 16 D | 55 D | 9 C | 48 D | 35 B | 34 B | 73 E |
| 32 E | 71 B | 110 E | 149 D | 188 B | | 17 D | 56 D | 10 C | 49 D | 36 B | 35 E | 74 C |
| 33 C | 72 D | 111 D | 150 A | 189 D | **5.2** | 18 B | 57 C | 11 D | 50 C | 37 B | 36 C | 75 D |
| 34 D | 73 D | 112 B | 151 B | 190 C | 1 C | 19 C | 58 D | 12 B | | 38 E | 37 C | 76 C |
| 35 E | 74 C | 113 B | 152 C | 191 C | 2 C | 20 D | 59 E | 13 A | **6.3** | | 38 E | 77 D |
| 36 D | 75 D | 114 B | 153 A | 192 B | 3 B | 21 D | 60 A | 14 D | 1 D | **6.4** | 39 D | 78 A |
| 37 E | 76 D | 115 D | 154 B | 193 A | 4 A | 22 E | 61 A | 15 D | 2 C | 1 A | 40 E | 79 E |
| 38 E | 77 D | 116 E | 155 B | 194 C | 5 E | 23 E | 62 E | 16 D | 3 B | 2 E | 41 B | 80 D |
| 39 E | 78 C | 117 C | 156 D | 195 D | 6 E | 24 B | 63 A | 17 E | 4 E | 3 C | 42 B | 81 C |
| 40 D | 79 A | 118 D | 157 E | 196 B | 7 C | 25 C | 64 E | 18 D | 5 A | 4 C | 43 E | 82 C |
| 41 A | 80 B | 119 A | 158 B | 197 E | 8 D | 26 C | 65 C | 19 B | 6 D | 5 E | 44 A | 83 B |
| 42 A | 81 A | 120 A | 159 C | 198 E | 9 C | 27 B | 66 C | 20 D | 7 B | 6 E | 45 B | 84 D |
| 43 E | 82 D | 121 C | 160 E | 199 A | 10 B | 28 E | 67 C | 21 D | 8 A | 7 A | 46 D | 85 D |
| 44 D | 83 B | 122 E | 161 D | 200 E | 11 E | 29 E | 68 A | 22 B | 9 E | 8 E | 47 E | 86 E |
| 45 A | 84 B | 123 D | 162 B | 201 C | 12 C | 30 C | 69 A | 23 C | 10 E | 9 D | 48 E | 87 E |
| 46 C | 85 D | 124 D | 163 C | 202 B | 13 B | 31 B | 70 B | 24 A | 11 C | 10 C | 49 E | 88 E |

## Teil B: Technologie (Fachkunde) in der Abschlußprüfung

| | | | | | | | | | | |
|---|---|---|---|---|---|---|---|---|---|---|
| 89 C | 128 A | 167 D | 206 A | 245 E | 284 E | 10 D | 49 B | 88 D | 127 B | 14 C | 53 A |
| 90 C | 129 B | 168 C | 207 B | 246 A | 285 D | 11 E | 50 E | 89 C | 128 C | 15 B | 54 E |
| 91 D | 130 B | 169 A | 208 E | 247 C | 286 D | 12 B | 51 D | 90 D | 129 D | 16 C | 55 C |
| 92 B | 131 C | 170 C | 209 B | 248 E | 287 D | 13 E | 52 C | 91 C | 130 E | 17 D | 56 A |
| 93 D | 132 C | 171 B | 210 B | 249 B | 288 E | 14 C | 53 A | 92 C | 131 E | 18 B | 57 B |
| 94 E | 133 D | 172 E | 211 E | 250 A | 289 E | 15 C | 54 C | 93 A | 132 E | 19 A | 58 D |
| 95 B | 134 A | 173 E | 212 E | 251 B | 290 D | 16 C | 55 E | 94 A | 133 C | 20 B | 59 A |
| 96 B | 135 B | 174 A | 213 E | 252 B | 291 C | 17 B | 56 E | 95 D | 134 A | 21 C | 60 B |
| 97 D | 136 C | 175 D | 214 B | 253 E | 292 D | 18 E | 57 E | 96 E | 135 C | 22 B | 61 D |
| 98 B | 137 C | 176 B | 215 C | 254 D | 293 C | 19 E | 58 C | 97 E | 136 B | 23 A | 62 C |
| 99 A | 138 E | 177 C | 216 E | 255 E | 294 C | 20 D | 59 C | 98 E | 137 A | 24 A | 63 E |
| 100 D | 139 E | 178 E | 217 A | 256 B | 295 C | 21 A | 60 B | 99 C | 138 C | 25 D | 64 A |
| 101 C | 140 C | 179 C | 218 A | 257 B | 296 E | 22 A | 61 C | 100 A | 139 C | 26 C | 65 D |
| 102 A | 141 D | 180 D | 219 C | 258 C | 297 D | 23 D | 62 E | 101 C | 140 C | 27 A | 66 A |
| 103 D | 142 D | 181 A | 220 E | 259 C | 298 D | 24 D | 63 E | 102 C | 141 A | 28 D | 67 A |
| 104 E | 143 E | 182 E | 221 A | 260 B | 299 D | 25 B | 64 D | 103 E | 142 B | 29 C | 68 A |
| 105 D | 144 D | 183 C | 222 C | 261 C | 300 A | 26 E | 65 D | 104 D | 143 A | 30 C | 69 D |
| 106 B | 145 D | 184 C | 223 C | 262 C | 301 D | 27 D | 66 C | 105 A | 144 D | 31 C | 70 B |
| 107 B | 146 B | 185 C | 224 D | 263 C | 302 C | 28 B | 67 D | 106 C | 145 E | 32 A | 71 A |
| 108 D | 147 A | 186 C | 225 B | 264 A | 303 C | 29 D | 68 E | 107 B | 146 B | 33 A | 72 A |
| 109 A | 148 D | 187 A | 226 E | 265 B | 304 B | 30 E | 69 E | 108 A | 147 A | 34 E | 73 A |
| 110 C | 149 C | 188 C | 227 B | 266 A | 305 A | 31 C | 70 E | 109 C | 148 C | 35 B | 74 C |
| 111 C | 150 D | 189 B | 228 B | 267 E | 306 C | 32 A | 71 D | 110 A | 149 A | 36 C | 75 C |
| 112 B | 151 C | 190 C | 229 D | 268 E | 307 C | 33 C | 72 B | 111 A | 150 C | 37 B | 76 B |
| 113 E | 152 E | 191 E | 230 C | 269 C | 308 A | 34 D | 73 B | 112 B | | 38 D | |
| 114 A | 153 B | 192 C | 231 D | 270 A | 309 E | 35 E | 74 D | 113 B | 7.2 | 39 E | 8 |
| 115 C | 154 C | 193 B | 232 C | 271 D | 310 D | 36 D | 75 B | 114 E | 1 D | 40 B | 1 A |
| 116 C | 155 C | 194 A | 233 B | 272 B | 311 C | 37 B | 76 B | 115 A | 2 C | 41 D | 2 A |
| 117 A | 156 D | 195 C | 234 B | 273 D | | 38 B | 77 D | 116 E | 3 E | 42 A | 3 D |
| 118 C | 157 E | 196 A | 235 D | 274 C | 7.1 | 39 D | 78 E | 117 E | 4 C | 43 A | 4 C |
| 119 D | 158 E | 197 B | 236 E | 275 A | 1 D | 40 C | 79 B | 118 C | 5 A | 44 C | 5 A |
| 120 C | 159 B | 198 C | 237 B | 276 D | 2 B | 41 E | 80 A | 119 E | 6 C | 45 A | 6 C |
| 121 B | 160 C | 199 B | 238 C | 277 E | 3 B | 42 B | 81 D | 120 E | 7 D | 46 C | 7 E |
| 122 D | 161 D | 200 E | 239 D | 278 E | 4 B | 43 C | 82 B | 121 D | 8 A | 47 D | 8 B |
| 123 D | 162 A | 201 C | 240 E | 279 B | 5 B | 44 E | 83 B | 122 A | 9 D | 48 D | 9 E |
| 124 C | 163 C | 202 B | 241 C | 280 D | 6 A | 45 C | 84 E | 123 E | 10 D | 49 D | 10 E |
| 125 D | 164 D | 203 E | 242 A | 281 D | 7 B | 46 E | 85 A | 124 B | 11 B | 50 D | 11 E |
| 126 A | 165 B | 204 C | 243 A | 282 D | 8 D | 47 D | 86 A | 125 B | 12 B | 51 D | 12 E |
| 127 C | 166 B | 205 E | 244 B | 283 D | 9 A | 48 A | 87 A | 126 A | 13 A | 52 D | 13 D |

Teil B: Technologie (Fachkunde) in der Abschlußprüfung

| | | | | | | | | | |
|---|---|---|---|---|---|---|---|---|---|
| 14 B | 10 E | 49 A | 88 E | 127 B | 9 B | 48 C | 87 D | 126 C | 165 A | 204 B |
| 15 A | 11 B | 50 C | 89 A | 128 E | 10 D | 49 D | 88 C | 127 D | 166 D | 205 C |
| 16 E | 12 A | 51 E | 90 E | 129 C | 11 B | 50 E | 89 E | 128 C | 167 B | 206 B |
| 17 D | 13 C | 52 D | 91 B | 130 D | 12 E | 51 D | 90 C | 129 D | 168 A | 207 B |
| 18 E | 14 B | 53 E | 92 A | 131 E | 13 B | 52 C | 91 C | 130 A | 169 C | 208 B |
| 19 B | 15 E | 54 B | 93 E | 132 A | 14 D | 53 C | 92 A | 131 D | 170 A | 209 C |
| 20 A | 16 C | 55 D | 94 B | 133 A | 15 D | 54 C | 93 E | 132 E | 171 D | 210 A |
| 21 C | 17 B | 56 C | 95 D | 134 A | 16 D | 55 D | 94 E | 133 A | 172 E | 211 D |
| 22 E | 18 B | 57 B | 96 D | 135 D | 17 E | 56 E | 95 B | 134 A | 173 D | 212 E |
| 23 E | 19 D | 58 D | 97 E | 136 C | 18 B | 57 B | 96 A | 135 D | 174 D | 213 E |
| 24 B | 20 B | 59 C | 98 E | 137 A | 19 B | 58 B | 97 A | 136 C | 175 C | 214 D |
| 25 B | 21 A | 60 E | 99 C | 138 B | 20 C | 59 D | 98 C | 137 D | 176 B | 215 C |
| 26 B | 22 B | 61 C | 100 A | 139 C | 21 A | 60 A | 99 B | 138 B | 177 E | 216 A |
| 27 A | 23 C | 62 C | 101 A | 140 D | 22 D | 61 C | 100 A | 139 A | 178 B | 217 D |
| 28 D | 24 A | 63 A | 102 C | 141 A | 23 E | 62 D | 101 D | 140 E | 179 D | 218 B |
| 29 B | 25 D | 64 C | 103 E | 142 B | 24 B | 63 D | 102 D | 141 D | 180 E | 219 E |
| 30 C | 26 D | 65 C | 104 E | 143 E | 25 B | 64 A | 103 B | 142 B | 181 B | 220 C |
| 31 C | 27 B | 66 A | 105 A | 144 A | 26 B | 65 B | 104 B | 143 B | 182 D | 221 E |
| 32 B | 28 D | 67 D | 106 B | 145 C | 27 A | 66 E | 105 B | 144 C | 183 C | 222 B |
| 33 E | 29 D | 68 A | 107 B | 146 C | 28 D | 67 B | 106 B | 145 A | 184 C | 223 A |
| 34 D | 30 B | 69 C | 108 C | 147 C | 29 A | 68 B | 107 C | 146 E | 185 D | 224 B |
| 35 B | 31 C | 70 B | 109 B | 148 B | 30 B | 69 D | 108 E | 147 B | 186 C | 225 D |
| 36 C | 32 A | 71 A | 110 A | 149 E | 31 A | 70 E | 109 B | 148 A | 187 B | 226 A |
| 37 B | 33 D | 72 C | 111 D | 150 C | 32 C | 71 B | 110 C | 149 A | 188 C | 227 D |
| 38 E | 34 B | 73 C | 112 C | 151 D | 33 A | 72 D | 111 A | 150 A | 189 A | 228 D |
| 39 C | 35 D | 74 D | 113 B | 152 D | 34 C | 73 A | 112 C | 151 C | 190 D | 229 A |
| 40 C | 36 A | 75 A | 114 C | 153 B | 35 D | 74 A | 113 C | 152 C | 191 C | 230 D |
| 41 B | 37 E | 76 E | 115 D | 154 A | 36 B | 75 D | 114 E | 153 A | 192 A | 231 D |
| | 38 D | 77 D | 116 E | 155 A | 37 A | 76 A | 115 B | 154 A | 193 B | 232 D |

**9**

| | 39 D | 78 E | 117 D | | 38 A | 77 B | 116 D | 155 C | 194 A | 233 A |
|---|---|---|---|---|---|---|---|---|---|---|
| 1 D | 40 E | 79 A | 118 D | **10** | 39 C | 78 D | 117 D | 156 E | 195 D | 234 E |
| 2 D | 41 B | 80 C | 119 B | 1 D | 40 E | 79 B | 118 B | 157 A | 196 A | 235 B |
| 3 B | 42 D | 81 A | 120 D | 2 B | 41 E | 80 C | 119 C | 158 C | 197 D | 236 E |
| 4 E | 43 C | 82 B | 121 C | 3 C | 42 C | 81 C | 120 B | 159 A | 198 C | 237 E |
| 5 A | 44 E | 83 C | 122 C | 4 D | 43 C | 82 B | 121 D | 160 D | 199 E | 238 C |
| 6 D | 45 D | 84 C | 123 A | 5 D | 44 A | 83 D | 122 D | 161 E | 200 E | 239 D |
| 7 C | 46 A | 85 B | 124 E | 6 D | 45 C | 84 B | 123 A | 162 D | 201 A | 240 E |
| 8 B | 47 D | 86 C | 125 C | 7 C | 46 E | 85 A | 124 B | 163 D | 202 E | 241 A |
| 9 A | 48 B | 87 C | 126 C | 8 B | 47 C | 86 E | 125 E | 164 A | 203 B | 242 C |

## Teil B: Technologie (Fachkunde) in der Abschlußprüfung

| | | | | | | | | | |
|---|---|---|---|---|---|---|---|---|---|
| 243 B | 282 C | 27 B | 66 B | 25 D | 64 C | 29 C | 68 E | 107 C | 146 D |
| 244 A | 283 C | 28 C | 67 C | 26 D | 65 A | 30 A | 69 E | 108 B | 147 C |
| 245 C | 284 B | 29 A | 68 C | 27 A | 66 D | 31 A | 70 B | 109 C | 148 A |
| 246 E | 285 C | 30 C | 69 E | 28 A | 67 E | 32 C | 71 E | 110 D | 149 B |
| 247 A | 286 B | 31 E | 70 E | 29 A | 68 C | 33 A | 72 A | 111 C | 150 E |
| 248 C | 287 A | 32 A | 71 A | 30 B | 69 A | 34 E | 73 E | 112 C | 151 E |
| 249 E | 288 A | 33 D | 72 E | 31 D | 70 B | 35 B | 74 E | 113 A | 152 B |
| 250 C | 289 C | 34 C | 73 E | 32 C | 71 D | 36 D | 75 B | 114 D | 153 B |
| 251 B | 290 E | 35 A | 74 D | 33 D | 72 D | 37 A | 76 A | 115 C | 154 D |
| 252 E | 291 C | 36 C | 75 E | 34 D | **13** | 38 D | 77 A | 116 A | 155 E |
| 253 B | 292 B | 37 A | 76 E | 35 E | 1 E | 39 A | 78 B | 117 B | 156 C |
| 254 D | | 38 D | 77 B | 36 D | 2 D | 40 C | 79 E | 118 D | 157 B |
| 255 E | **11** | 39 D | 78 E | 37 D | 3 B | 41 D | 80 B | 119 E | 158 C |
| 256 B | 1 B | 40 A | | 38 D | 4 B | 42 D | 81 B | 120 B | 159 C |
| 257 B | 2 D | 41 A | **12** | 39 D | 5 D | 43 C | 82 A | 121 A | 160 E |
| 258 B | 3 B | 42 C | 1 C | 40 C | 6 D | 44 E | 83 C | 122 D | 161 A |
| 259 E | 4 A | 43 B | 2 B | 41 E | 7 C | 45 C | 84 C | 123 E | |
| 260 C | 5 C | 44 A | 3 A | 42 C | 8 A | 46 B | 85 A | 124 A | |
| 261 C | 6 B | 45 C | 4 C | 43 D | 9 B | 47 B | 86 B | 125 B | |
| 262 C | 7 C | 46 A | 5 B | 44 D | 10 A | 48 C | 87 D | 126 C | |
| 263 C | 8 E | 47 A | 6 A | 45 E | 11 C | 49 D | 88 D | 127 D | |
| 264 C | 9 C | 48 D | 7 A | 46 B | 12 D | 50 B | 89 B | 128 C | |
| 265 D | 10 C | 49 A | 8 C | 47 A | 13 B | 51 C | 90 A | 129 C | |
| 266 C | 11 C | 50 C | 9 D | 48 E | 14 A | 52 A | 91 D | 130 B | |
| 267 B | 12 D | 51 E | 10 C | 49 E | 15 A | 53 E | 92 A | 131 D | |
| 268 E | 13 C | 52 B | 11 A | 50 C | 16 B | 54 A | 93 C | 132 D | |
| 269 E | 14 C | 53 A | 12 D | 51 D | 17 A | 55 B | 94 D | 133 C | |
| 270 E | 15 D | 54 B | 13 E | 52 C | 18 E | 56 A | 95 A | 134 E | |
| 271 C | 16 A | 55 B | 14 C | 53 A | 19 C | 57 B | 96 E | 135 D | |
| 272 B | 17 D | 56 D | 15 E | 54 D | 20 D | 58 A | 97 D | 136 E | |
| 273 A | 18 A | 57 A | 16 D | 55 E | 21 C | 59 C | 98 C | 137 E | |
| 274 B | 19 C | 58 C | 17 B | 56 E | 22 A | 60 B | 99 B | 138 A | |
| 275 E | 20 E | 59 D | 18 B | 57 D | 23 E | 61 CD | 100 E | 139 B | |
| 276 E | 21 C | 60 C | 19 C | 58 E | 24 A | 62 D | 101 A | 140 A | |
| 277 B | 22 B | 61 D | 20 D | 59 A | 25 D | 63 A | 102 B | 141 E | |
| 278 B | 23 C | 62 E | 21 E | 60 D | 26 B | 64 C | 103 A | 142 B | |
| 279 B | 24 A | 63 E | 22 D | 61 C | 27 B | 65 D | 104 C | 143 B | |
| 280 C | 25 A | 64 D | 23 B | 62 E | 28 C | 66 B | 105 D | 144 D | |
| 281 D | 26 C | 65 A | 24 D | 63 D | | 67 A | 106 A | 145 B | |

## Teil C: Technologie (Fachkunde) in der Zwischenprüfung

1. a) Hochdruck, b) Flachdruck, c) Durchdruck (Siebdruck).

2. Buchdruck druckt von sehr unterschiedlichen Druckformen wie Bleisatz, Metall- und Auswaschklischees; der Flexodruck von elastischen Druckplatten (Gummidruckplatten oder elastische Auswaschplatten). Flexodruck benötigt keinen Aufzug am Gegendruckzylinder. Flexodruck verwendet dünnflüssige Farbe mit sehr kurzer Trockenzeit. Flexodruckmaschinen sind relativ leicht gebaut, haben ein sehr kurzes Farbwerk, sind meist Mehrfarbenmaschinen. Flexodruck ist geeignet für viele Bedruckstoffe, besonders auch für Kunststoffe. Stärkerer Quetschrand als im Buchdruck.

3. a) Quetschrand, Schattierung, autotypischer Raster. b) Autotypischer Raster, in Lichtern (sehr hellen Tonwerten) häufig kein Rasterpunkt, kein Quetschrand, keine Schattierung.
c) Überwiegend flächige Druckelemente, teilweise Grobraster, sehr starker Farbauftrag möglich, an Rändern des Druckbildes manchmal „Sägezahneffekt", hochlasierende bis absolut deckende Druckfarben, es können alle Materialien in beliebigen Formen bedruckt werden.

4. a) Feuchten und Einfärben der Druckform (seitenrichtig), Druck auf Gummituch (seitenverkehrt), Druck auf Bedruckstoff (seitenrichtig) = indirekter Druck. b) Einfärben der Bildstellen und Nichtbildstellen der Druckform, Entfernen der dünnflüssigen Druckfarbe mit einer Rakel von den hochliegenden Nichtbildstellen, Druck auf den Bedruckstoff, rasche Trocknung der Druckfarbe durch Verdunsten des Lösemittel, direkter Druck. c) Vorfluten: Überziehen des Siebs mit Druckfarbe, ohne zu drucken, Füllen der Gewebemaschen. Drucken: Mit der Rakel wird die Druckfarbe durch die Schablone (Maschenöffnungen im Gewebe) auf den Bedruckstoff übertragen. Druckprodukte müssen einzeln ausgelegt werden oder von einem Trockner getrocknet werden.

5. Fläche gegen Fläche (z.B. Tiegeldruck), Fläche gegen Zylinder (Flachformzylinderdruck, „Schnellpresse"), Zylinder gegen Zylinder (Rotationsdruck): a) direkter Rotationsdruck, b) indirekter Rotationsdruck.

6. a) Schafft die für den Druck erforderliche Elastizität und nimmt die Zurichtung auf.
b) Ermöglicht ein gleichmäßiges Ausdrucken aller Bildstellen der Druckform ohne Berücksichtigung unterschiedlicher Tonwerte. c) Bringt den erforderlichen Anpreßdruck, der bei unterschiedlichen Tonwerten von Bildstellen erforderlich ist: Dunkle bzw. großflächige Bildstellen erhalten mehr Druck, hellere bzw. feinere, kleine Bildstellen erhalten weniger Druck.

7. Einzelbogenanleger: Kurze Rüstzeiten, einfache Bedienung, unproblematische Verarbeitung auch sehr dünner Papiere; es laufen keine Rollen über den Druckbogen. Schuppenanleger: Bogen laufen in Schuppenform relativ langsam über den Anlegetisch in die Vordermarken, daher auch bei hohen Druckgeschwindigkeiten und großformatigem Druck gute Bogenanlage.

8. Vorbläser: Auflockern der oberen Bogen des Stapels mit Blasluft. Bürsten/Abstreiffedern verhindern das Ansaugen von Doppelbogen. Trennsauger saugen den obersten Bogen an und heben ihn mit rascher Kipp- oder Hubbewegung hoch. Diese Bewegung verhindert ebenfalls das Ansaugen von Doppelbogen. Der Drückerfuß schwingt unter den angehobenen Bogen, drückt auf die Bogen im Stapel (Regelung der Stapelhöhe) und bläst Luft unter den Bogen, um ihn vom Stapel zu trennen. Schleppsauger übernehmen den Bogen (Trennsauger lassen kurz danach den Bogen los) und transportieren ihn unter die hochgehobenen Taktrollen. Taktrollen: Nachdem die Taktrollen den Bogen übernommen haben, lassen die Schleppsauger den Bogen los, die Taktrollen übernehmen den Bogentransport auf den Anlegetisch.

9. Grundlinie, Mittellinie, Druckbogenformat, Druckbeginn/Greiferrand, Nutzenformat, Beschnitt, Satz-/Bildspiegel.
10. Seitenverkehrte Kopiervorlage mit guter Deckung (Schwärzung) und schleierfreier Transparenz. Kopiervorlage mit Schichtseite nach oben montieren. Saubere, kratzerfreie Montagefolie verwenden. Klebeband nicht zu dicht an Bildstellen oder gar über Bildstellen befestigen. Kopiervorlagen mit mindestens 4 Klebestreifen (an den Enden der langen Seiten) befestigen. Filmkleber leicht antrocknen lassen, erst dann glatt streichen und befestigen. Filmkleber oder Klebewachs nicht in feinen Bildstellen (hellen Tonwerten) verwenden.
11. Paßkreuze für das Einpassen mehrfarbiger Druckarbeiten, Schneide- und Falzzeichen für die Druckweiterverarbeitung. Seitenmarke an der Papierkante zur Kontrolle der seitlichen Druckanlage und für die Druckweiterverarbeitung als Kontrollzeichen für die Anlage beim Schneiden und Falzen, Kopie- und Druckkontrollstreifen zur Überwachung der Kopie, der Farbführung und zu Qualitätskontrollen im Fortdruck.
12. Verwendung seitenrichtiger Kopiervorlagen. Kopiervorlagen überlappen einander, Klebeband zu nahe oder über feine Bildstellen (Raster, feine Linien u.ä.), Klebewachs oder Filmkleber in hellen Bildstellen, Schneidegrat an der Kopiervorlage, Knicke in Kopiervorlagen, Filmschnipsel auf der Montage, mangelndes Vakuum bei der Belichtung, zu lange mit Streulicht kopiert.
13. Umschlagen: Bogen wird so gewendet, daß die Greiferkante an der Vorderanlage bleibt. Umstülpen: Der Bogen wird so gewendet, daß die bisherige Bogenhinterkante beim Widerdruck am Greifer liegt; die Seitenmarke bleibt an der gleichen Bogenseite.

14.

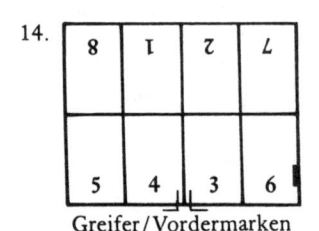

| 8 | 1 | 2 | 7 |
|---|---|---|---|
| 5 | 4 | 3 | 6 |

Greifer/Vordermarken

Kopiervorlagen sind seitenverkehrt zu montieren.

15.

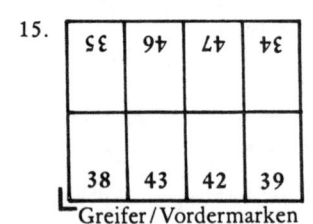

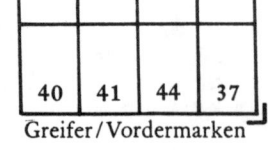

| 35 | 46 | 47 | 34 | | 33 | 48 | 45 | 36 |
|----|----|----|----|---|----|----|----|----|
| 38 | 43 | 42 | 39 | | 40 | 41 | 44 | 37 |

Greifer/Vordermarken   Greifer/Vordermarken

Kopiervorlagen sind seitenverkehrt zu montieren.

16. A. Selbstbeschichtungsverfahren (heute kaum noch eingesetzt). B. Vorbeschichtungsverfahren. a) Positivkopie mit Druckschichtverfahren, Positivkopie mit Schablonenschichtverfahren. b) Negativkopie.
17. a) Negativkopie im Offsetdruck: seitenverkehrtes Negativ in Strich oder Raster. b) Positivkopie im Offsetdruck: seitenverkehrtes Positiv in Strich oder Raster. c) Tiefdruckkopie: seitenverkehrtes Halbtonpositiv. d) Flexodruck-Auswaschplatte: seitenrichtiges Negativ in Strich oder Raster.
18. Buchdruck: Strichätzung, Offsetdruck: Einmetalldruckplatte, Tiefdruck: Druckformzylinder, Filmdruck: Fotoschablone.

19. Zweck: Notwendig zur Wasserführung an Nichtbildstellen (druckbildfreie Stellen), vergrößert die Oberfläche durch „Rauhigkeit" und evtl. Kapillarbildung. Dient zur Verankerung der Kopierschicht und der Bildstellen (Druckelemente). Verfahren: a) Mechanische, chemische und elektrochemische Oberflächenanrauhungen, die teilweise kombiniert eingesetzt werden. b) Trockenbürsten und Naßbürsten, z.T. mit zusätzlicher Eloxierung. c) Chemische/elektrochemische Anrauhung und anschließende Eloxierung.

20. Schutz der Offsetdruckplatte vor Ablagerungen, z.B. Staubpartikel, Fett, Schmutz, Anlagerung der kolloidalen Substanzen an Nichtbildstellen der Druckplatte. Diese wirken stark wasseranziehend (hygroskopisch), ermöglichen und begünstigen so eine gleichmäßige Wasserführung.

21. Tiefen- und flächenvariable Näpfchen.

Die Skizze ist schematisch und stark vereinfacht, um eine deutliche Anschauung zu erhalten.
Hinweis: max. Graviertiefe 40 µm.

22. Der Tiefdruckraster dient nicht zur direkten Rasterung der Kopiervorlage, sondern um Stege (Auflagefläche für die Rakel) und Näpfchen (Bildstellen) zu schaffen.

23. Gegenüber Buchdruck und Offsetdruck sehr dicke Farbschicht. Absolut lasierende und deckende Farben können eingesetzt werden. Es können alle beliebigen Materialien mit entsprechenden Druckfarben bedruckt werden. Der Druck ist auf flächige Bedruckstoffe und beliebige Körperformen möglich. Druck mit wetterfesten und sehr leuchtkräftigen Druckfarben. Wesentlich größere Druckformate möglich. Für Spezialarbeiten einzusetzen, z.B. Skalen, Kugeln, Bauelemente, gedruckte Schaltungen, Textilien, Braille-Schrift. Für einfache flächige Druckarbeiten sehr günstig einzusetzen.

24. Seitenrichtig (leserichtig): Schichtseite der Kopiervorlage oben, Abbildung seitengleich mit der Vorlage. Seitenverkehrt (leseverkehrt): Schichtseite oben, Abbildung seitenverkehrt zur Vorlage (z.B. Schrift nicht normal lesbar).

25. Unbelichtete und noch lichtempfindliche Silbersalze werden aus der Emulsion herausgelöst. Dadurch wird der Film „haltbar", d.h. für Lichteinwirkung unempfindlich.

26. Buchdruck und Offsetdruck können nur die gleiche Farbschichtdicke auf die Druckform übertragen. Zur Wiedergabe von Halbtönen ist deshalb ein autotypischer Raster erforderlich, der die unterschiedlichen Tonwerte (Helligkeitswerte) der Vorlage in unterschiedlich große Rasterpunkte als Druckelemente zerlegt. (Bei einem „groben" Raster sind diese Rasterpunkte mit bloßem Auge zu erkennen!)

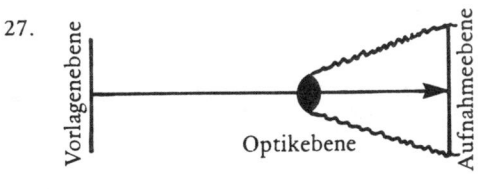

27. 

Horizontal-Kamera

Zweiraum-Vertikalkamera

28. Kontaktkopiergerät, evtl. auch Repetierkopiermaschine.

29. a) Blauempfindlicher Film unsensibilisiert): empfindlich nur für den Blaubereich des Lichtes (gelbes Dunkelkammerlicht möglich). b) Orthochromatischer Film: empfindlich für alle Farben des Lichtes mit Ausnahme des Rotbereichs. (Daher ist ein rotes Licht in der Dunkelkammer einzusetzen.) c) Panchromatischer Film: empfindlich für alle Farben des Lich-

tes. (Filme sind daher bei Dunkelheit, evtl. bei einem sehr schwachen Grünlicht zu verarbeiten). d) Tageslichtfilm: empfindlich nur für UV-Licht (daher keine spezielle Dunkelkammer erforderlich).

30. Holz (Nadelholz, teilweise auch Laubholz) als Holzstoff (Holzschliff) zu ca. 16%, Zellstoff zu ca. 39%, Altpapier zu ca. 44%. Sonstige: Hadern, Stroh, Kunststoffasern.

31. Der Ganzstoff besteht aus Faserstoff, Zusatzstoffen und einem sehr hohen Anteil von Wasser (ca. 98%). Dieser Ganzstoff fließt auf ein ständig umlaufendes Metallsieb. Das Wasser tropft vom Sieb ab, und die Fasern verfilzen sich zu einem sehr feuchten Papiervlies, das am Ende des Langsiebs abgezogen werden kann. In der Naßpressenpartie und der Trokkenpartie der Papiermaschine erfolgt die weitere Entwässerung und Verfestigung zu einer „endlosen" Papierbahn, die am Ende der Papiermaschine aufgerollt wird.

32. Bei einem echten Wasserzeichen liegt der Faserstoff dünner oder dicker im Papier vor. Dadurch bildet sich in der Durchsicht ein helleres oder dunkleres Bild entsprechend dem Wasserzeichenmuster ab. Dieses Muster entsteht entweder durch ein geprägtes Sieb oder eine spezielle Wasserzeichenwalze (Egouttier) am Ende des Langsiebs. Der Egouttier ist ein zylindrisches Sieb aus feinstem Drahtgeflecht mit erhabenen Metallfäden. Er verdrängt — synchron mit dem Langsieb laufend — fortlaufend Faserstoffe.

33. Papierproduktion: gleichmäßige Feuchte über die Papierfläche, Voraussetzung für Planlage und störungsfreien Druck. Richtiges Raumklima in der Druckerei ist Voraussetzung für Planlage, kein Tellern und keine Randwelligkeit. Vermeiden elektrostatischer Aufladung, gute Verdruckbarkeit.

34. a) Naturpapier: ungestrichenes Papier. b) Maschinenglatt: Papier, wie es die Produktionsmaschine verläßt, ohne zusätzliche Veredelung der Oberfläche. c) Satiniert: Papier, das zusätzlich in einem separaten Kalander geglättet wurde. d) Leimung: 1. Stoffleimung, d.h. Leimstoffe werden bei der Ganzstoffherstellung zugefügt. 2. Oberflächenleimung, d.h. Leimstoffe werden (häufig kombiniert mit Stoffleimung) auf die Papieroberflächen während der Produktion aufgetragen. Zweck der Leimung: Verringern der Feuchtigkeitsaufnahme der Papierfasern. Tintenfestigkeit, Tuschefestigkeit, Radierfestigkeit erhöhen. e) Ries: Nicht genau festgelegte Mengeneinheit für Papier- oder Kartonbogen. Je nach Quadratmetergewicht umfaßt ein Ries 250, 500 oder 1000 Bogen.

35. DIN A5: 14,8 cm x 21 cm, DIN A0: 84,1 cm x 118,9 cm.

36. Siebseite: füllstoffärmer als die Oberseite, leichte Siebstruktur manchmal bei Naturpapieren zu erkennen. Filzseite: Oberseite, bei der Produktion oben liegende Papierseite; meistens glatter als die Siebseite.

37. a) Fasern dehnen sich in der Faserbreite aus, Blatt wird wellig oder rollt sich bei sehr starker Erhöhung sogar parallel zur hauptsächlichen Faserrichtung (Laufrichtung). b) Bogen nehmen an den Rändern Feuchtigkeit auf, das Papier wird randwellig.

38. Phloroglucin-Lösung und Anilinsulfat verfärben den enthaltenen Holzstoff (Holzschliff); je nach Anteil ist eine mehr oder weniger starke Verfärbung festzustellen.

39. Reißprobe, Fingernagelprobe, Feuchtigkeitsproben, Biegeprobe, Streifenprobe.
Reißprobe: Das Papierblatt wird parallel zur kurzen und zur langen Seite eingerissen. Die Rißstruktur ist ungleichmäßig. Einer der Risse ist glatter, der andere schräger verlaufend, ausgefranst und ungleichmäßiger. Die Laufrichtung verläuft parallel zum glatteren Riß.
Feuchtigkeitsprobe: Das Papierblatt wird mit einem Schwamm an der langen und kurzen Seite gefeuchtet. Das Papier wird sich mehr oder weniger stark in einer Richtung einrollen. Parallel zur Achse dieser „Rolle" liegt die Laufrichtung.

40.

|  | Additive Farbmischung | Subtraktive Farbmischung |
|---|---|---|
| Erstfarben (Primärfarben) | Blau, Grün, Rot | Cyan, Magenta, Gelb |
| Zweitfarben (Sekundärfarben) | Cyan, Magenta, Gelb | Blau, Grün, Rot |

41. Echtheiten:  
Lichtechtheit  
Lacklösemittelechtheit (Sprit, Nitro)  
Alkaliechtheit  
Deckfähigkeit  

   Bedeutung für:  
   Außenplakate  
   Maschinenlackierte Produkte, z.B. Verpackungen  

   Waschmittel- und Seifenverpackungen  
   Vierfarbendruck mit lasierenden Druckfarben

42. Physikalisch-chemische Trocknung: a) Wegschlagen. Der Bedruckstoff saugt dünnflüssige Bestandteile der Druckfarbe auf, der Farbfilm wird verfestigt (zäh). b) Oxidative Trocknung. Nach diesem kurzfristig wirkenden Wegschlagen erfolgt in mehreren Stunden ein hartes Durchtrocknen des Farbfilms durch Sauerstoffaufnahme und Polymerisation der Bindemittel.

43. Offsetdruckfarben: hohe Viskosität (zähflüssig), keine Lösemittelanteile, Trocknung physikalisch und physikalisch-chemisch (wegschlagen oxidativ). Tiefdruckfarben: niedrige Viskosität (dünnflüssig), Druckfarbe enthält Lösemittel, physikalische Trocknung durch Verdunsten der Lösemittel.

44. Zusammentragmaschinen: Aufeinanderlegen der einzelnen Falzbogen für Broschuren und Bücher. Sammelhefter: Ineinanderstecken der einzelnen Falzbogen, zu einer „Lage", die durch den Rücken geheftet wird = Rückstichbroschur, Hefte, Illustrierte.

45. a) Blockklebebindung: Die zusammengetragenen Falzbogen bilden den Buchblock, bei diesem wird der Rücken (Falzseite) mit Kreismessern abgeschnitten oder abgefräst und aufgerauht. Danach durchläuft der Block eine Leimstation und wird rückseitig mit einer Leimschicht eingestrichen. (Vielfach ist diese Anlage mit einer Einhängestation verbunden, die den Umschlag mit dem Buchblock verbindet.) b) Fächerklebebindung (Lumbeck-Verfahren): Der Buchblock wird im Bund wie beim Blockklebebindeverfahren aufgeschnitten. Der Bund wird anschließend zu beiden Seiten aufgefächert und jeweils mit geeigneten Klebstoffen eingestrichen. Der Klebstoff dringt wesentlich tiefer zwischen die einzelnen Blätter des Buchblocks. Vorteile der Blockklebebindung: sehr rasche Verarbeitung in Klebebindestraßen, gute Haltbarkeit der Bindung für Taschenbücher, Telefonbücher, Adreßbücher, Kataloge, (Broschuren). Vorteile der Fächerklebebindung: sehr hohe Haltbarkeit der Bindung.

46. a) Schwertfalzmaschine (Messerfalzmaschine): Der Bogen läuft in einem bestimmten Takt bis zu einem Anschlag, das Falzschwert drückt den Falzbogen zwischen zwei gegeneinander laufende Walzen. Diese ziehen den Bogen nach unten weg und falzen ihn. Die weiteren Brüche (Falzungen) erfolgen in gleicher Technik. b) Taschenfalzmaschine (Stauchfalzmaschine): Der Bogen wird von zwei Walzen in eine enge Tasche geschoben. In dieser Tasche befindet sich ein verstellbarer Anschlag, an den der Bogen stößt. Da der Bogen weiter von hinten geschoben wird, weicht er nach unten aus. Zwei gegeneinander laufende Walzen erfassen diesen „Stauch" und ziehen den Bogen nach unten und falzen ihn. Die Arbeitsweise ist taktunabhängig und sehr schnell. Taschenfalzmaschinen sind gelegentlich mit einem Schwertfalzwerk kombiniert. Dieses führt den letzten Bruch aus.

47. Gefalzte Glückwunschkarten: Laufrichtung parallel zum Falz; Bücher, Broschuren Hefte: Laufrichtung parallel zum Bund; Karteikarten: Laufrichtung senkrecht zur Standkante; Flaschenetiketten: Laufrichtung quer zur Flaschenachse; Aufsteller: Laufrichtung senkrecht zur Standkante.

48. Warnung vor ätzenden Stoffen. Muß an Lagerräumen angebracht werden, in denen ätzende Stoffe aufbewahrt werden.

49. Vor dem Anlaufenlassen der Druckmaschine Warnzeichen geben und sich vergewissern, daß niemand an der Maschine hantiert. Bei Reparaturen: Sicherungsknopf drücken. Reinigen der Maschine von Hand nur bei stehender Maschine. Anliegende Kleidung tragen. Keinen Schmuck und keine Uhr tragen. Lange Haare einbinden. Keine hinten offenen Schuhe tragen. Nicht rauchen. Butzen nur bei stehender Maschine oder mit eingebautem Butzenfänger fangen. Sicherheitseinrichtungen benutzen (z.B. Kanalschutz).

50. pH-Wert gibt an, ob eine wäßrige Flüssigkeit sauer, neutral oder alkalisch ist. Die Skala geht von 0 - 14; 7 = neutral, unter 7 = sauer, über 7 = alkalisch. Für den Offsetdruck sollte das Feuchtwasser leicht sauer sein (pH 5 bis 6,5) weil dann die bildfreien Stellen besser Wasser annehmen und farbfrei bleiben.

**Teil C: Wirtschafts- und Sozialkunde in der Zwischenprüfung**

1. Dauer der Probezeit, Rechte und Pflichten der Vertragspartner, Beginn und Beendigung des Ausbildungsverhältnisses, Vergütung, Ausbildungsberechtigung, Zwischen- und Abschlußprüfung.
2. a) 40-Stunden-Woche, 8 Stunden täglich, 5-Tage-Woche. b) 12 Stunden ununterbrochene Freizeit. c) Beschäftigungsverbot zwischen 20 Uhr und 7 Uhr. d) Freistellung von der Arbeit für den Berufsschulbesuch. Nach 5 Zeitstunden Unterricht keine Verpflichtung mehr, in den Betrieb zu gehen. e) Bescheinigung über ärztliche Untersuchung bei Beginn der Ausbildung bzw. Beschäftigung. Wiederholung im ersten Jahr der Ausbildung / Beschäftigung.
3. a) Schulpflicht, b) beschränkte Geschäftszeit, c) beschränkt religionsmündig, d) Berufung als Geschworener oder Handelsrichter möglich, e) Anrecht auf (vorzeitigen) Ruhestand.
4. a) Wer bei seinem Tode ein Vermögen hinterläßt. b) Kinder oder deren Abkömmlinge. c) Eltern oder deren Abkömmlinge. d) Großeltern oder deren Abkömmlinge. e) Staatskasse.
5. Ärztliche und zahnärztliche Behandlung; Zahnersatz; Arznei-, Heil-, Hilfsmittel; Krankenhaus; Mutterschaftshilfe; Krankengeld nach Beendigung der Lohnfortzahlung; Vorsorgeuntersuchungen für bestimmte Altersgruppen.
6. Nichtzahlung des Lohns oder Gehalts. Verletzung der Fürsorgepflicht. Unzumutbare Arbeiten. Tätlichkeiten, Ehrverletzungen.
7. a) Von den Tarifparteien vereinbarte Mindestlöhne. b) Lohn entsprechend der erbrachten Leistung. c) Arbeitsentgelt ohne jeden Abzug, d) Arbeitsentgelt nach Abzug von Lohn-, Kirchensteuer und Sozialabgaben.
8. a) Gemeindevertretung (Stadtverordnetenversammlung, Stadtverordnetenkollegium, Stadtrat u.ä.), b) Kreistag, c) Landtag, d) Bundestag, e) Europäisches Parlament.
9. Repräsentiert die Bundesrepublik als Staatsoberhaupt, vertritt den Bund völkerrechtlich, beglaubigt und empfängt Gesandte und Botschafter, schlägt dem Bundestag den Bundeskanzler zur Wahl vor, kann unter bestimmten Voraussetzungen den Bundestag auflösen, ernennt und entläßt auf Vorschlag des Bundeskanzlers die Bundesminister, ernennt und entläßt auf Vorschlag der zuständigen Stelle Bundesrichter, Bundesbeamte, Offiziere und Unteroffiziere der Bundeswehr, übt für den Bund (nur erstinstanzliche Urteile des Bundesgerichtshofs) das Begnadigungsrecht aus, fertigt Bundesgesetze aus, verleiht Auszeichnungen des Bundes, tritt als Schirmherr auf, übernimmt Patenschaften u.a.
10. Freiheit der Person, Freiheit des Glaubens und des Gewissens, Informations- und Meinungsfreiheit, Versammlungsfreiheit, Vereinigungsfreiheit, Recht auf Freizügigkeit, Recht auf freie Berufswahl, Unverletzlichkeit der Wohnung, Recht auf Eigentum.
11. Bundesrepublik Deutschland, Frankreich, Großbritannien, Italien, Griechenland, Irland, Dänemark, Niederlande, Belgien, Luxemburg.
12. a) Bundesversammlung, b) Bundestag, c) Bundesrat, d) Bundestag, e) Berliner Abgeordnetenhaus.
13. Großbritannien, Schweden, Norwegen, Dänemark, Niederlande, Belgien, Luxemburg, Spanien.
14. a) Auszahlung bar vom Konto des Absenders (z.B. Barscheck), Bareinzahlung und Gutschrift auf Konto des Empfängers (z.B. Zahlkarte). b) Überweisung von Konto zu Konto.
15. Dänemark, Niederlande, Belgien, Luxemburg, Frankreich, Schweiz, Österreich, Tschechoslowakei, DDR.

1. Verbot von Kinderarbeit, Akkord- und Fließbandarbeit; 40-Stunden-Woche, 8-Stunden-Tag, 5-Tage-Woche; Ruhepausen bei mehr als 6 Stunden Arbeitszeit 1 Stunde; Freizeit mindestens 12 Stunden, Freistellung für den Berufsschulbesuch, Urlaub, ärztliche Untersuchungen.

2. Verbot alkoholischer Getränke, Schutz vor den Gefahren des Rauchens, vor sittlicher Gefährdung (Aufenthalt in Gaststätten, Teilnahme an Tanzveranstaltungen, Varieté-, Kabarett- und Filmveranstaltungen, Besuch von Spielhallen), vor verrohenden Veranstaltungen (z.B. Catcherkämpfe).

3. a) Arbeiten sorgfältig ausführen, an allen Ausbildungsmaßnahmen teilnehmen, Weisungen befolgen, Betriebsordnung beachten, Werkzeuge, Einrichtungen usw. pfleglich behandeln, Verschwiegenheit, Berufsschule besuchen, an den Prüfungen teilnehmen. b) Ausbildung planmäßig nach den Berufsordnungsmitteln; Vergütung, Urlaub, Zeugnis.

4. Arbeitsverweigerung, Trunksucht, Diebstahl, Betrug, Unterschlagung, Tätlichkeiten, Beleidigung, Geheimnisverrat.

5. Überwachungsrecht; Beschwerderecht; Recht, beim Arbeitgeber bestimmte Maßnahmen zu beantragen, Recht auf Mitbestimmung, z.B. in sozialen Angelegenheiten, Mitwirkung bei Personalangelegenheiten (Einstellung, Umsetzung, Entlassung).

6. Arbeitsbedingungen, Lohngruppen, Lohnzuschläge, Arbeitszeit, Urlaub, Maschinenbesetzung, Rationalisierungsschutz.

7. IG Metall; Öffentliche Dienste, Transport und Verkehr (ÖTV); Chemie, Papier, Keramik; Bergbau und Energie; Bau, Steine, Erden.

8. a) Orts-, Land-, Innungs-, Betriebs- und Ersatzkrankenkassen; b) Landesversicherungsanstalten für Arbeiter, c) Bundesversicherungsanstalt für Angestellte; c) Bundesanstalt für Arbeit; e) Berufsgenossenschaften (Druck und Papierverarbeitung in Wiesbaden für die Druckindustrie).

9. Volljährigkeit, aktives und passives Wahlrecht, unbeschränkt schadensersatzpflichtig, strafmündig, Wehrpflicht, Führerschein Klassen 1 und 3.

10. Versorgung und Entsorgung der Haushalte und Betriebe, Schutz der Bürger, ihrer Gesundheit, ihres Eigentums (Feuerwehr, Gesundheitsamt, Altenheim u.a.), Wohnungsversorgung (z.B. Erschließung), Arbeitsplatzbeschaffung, Straßenverkehr, Freizeit und Erholungseinrichtungen (Park, Schwimmbad, Sportplatz), kulturelle Einrichtungen (Theater, Bücherei), Jugendpflege, Schulträger, Volkshochschulen, Denkmalspflege, Sozialleistungen.

11. Grundsteuer, Hundesteuer, Vergnügungssteuer, Getränkesteuer.

12. a) Frei, b) allgemein, c) gleich, d) geheim, e) unmittelbar.

13. CDU/CSU, SPD, F.D.P., Partei der Grünen.

14. a) Spezialisierung und Beschränkung einzelner Menschen oder ganzer Gruppen auf bestimmte Tätigkeiten innerhalb des Produktionsprozesses. b) Zweckmäßige, meist arbeit- und/oder materialsparende Gestaltung von Arbeitsabläufen. c) Selbstbewegliche Automaten, die manuelle Funktionen eines Menschen ausführen können. Industrieroboter sind von einem Rechner gesteuerte elektronische Arbeitsgeräte mit vielfältigen Bewegungsmöglichkeiten, geeignet z.B. zum Einsatz am Fließband. d) Elektronische Datenverarbeitung. e) Bedienungsfreie Arbeitssysteme, die ohne weiteres menschliche Zutun durch Selbststeuerung (geschlossener Regelkreis) ablaufen.

15. Saurer Regen, verursacht von Schwefeldioxid- und Stickoxidemissionen, die von Autoabgasen, Ofen- und Heizungsanlagen, Kraftwerken stammen. Als weitere Ursachen kommen Trockenheit, Baumkrankheiten und Schadinsekten in Frage.

## Bogenanlage · Übergabesystem 6.4

**47**

*An welchen Druckmaschinen werden vorwiegend Vordermarken von unten eingesetzt?*
A. An allen Offsetmaschinen
B. An Vervielfältigungsmaschinen
C. An Buchdruckmaschinen
D. An kleinformatigen Offsetmaschinen
E. An großformatigen Offsetmaschinen

**48**

*An welchen Maschinen werden vorwiegend Vordermarken von oben eingesetzt?*
1. An Buchdruckschnellpressen. 2. An kleinformatigen Offsetmaschinen. 3. An großformatigen Offsetmaschinen. 4. An Tiegeldruckmaschinen.
A. Nr. 4 ist richtig.
B. Nr. 1, 2 und 3 sind richtig.
C. Nur 1 und 3 sind richtig.
D. Nur 1 und 4 sind richtig.
E. Nur 1 und 2 sind richtig.

**49**

*Diese Vordermarke soll abgestellt werden. Was ist zu tun?*

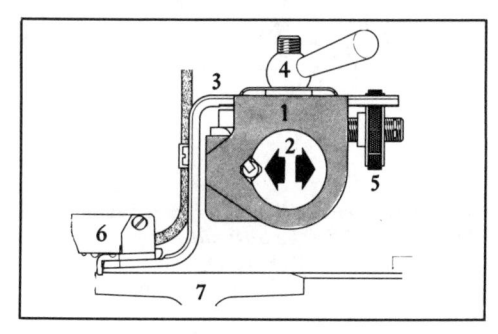

A. Welle 2 vor (nach links) rücken
B. Welle 2 nach hinten rücken
C. Welle 2 nach oben verstellen
D. Mutter 5 im Uhrzeigersinn drehen
E. Mutter 5 gegen den Uhrzeigersinn drehen

**50**

*Es wird Karton im Format 50 cm x 70 cm, 250 g/m², gedruckt. Welche Aussage über die Vordermarkeneinstellung ist richtig?*
A. Es werden alle Vordermarken tragend eingestellt.
B. Es werden die zwei äußersten Vordermarken angestellt.
C. Es werden ungefähr vier Vordermarken tragend eingestellt.
D. Es werden die Vordermarken in der Nähe des Viertelbruchs etwas zurückgestellt.
E. Es werden zwei Vordermarken genau an den Viertelbruch gerückt und tragend eingestellt.

**51**

*Sie rüsten die Maschine für den Druck auf einen 0,3-mm-Karton um. Auf welchen Wert stellen Sie die Einstellskala für die Vordermarkenhöhe?*
A. 0,2 mm  B. 0,3 mm  C. 0,4 mm
D. 0,5 mm  E. 0,6 mm

**52**

*Sie richten eine Maschine für ein 90-g/m²-Papier ein. Auf welchen Wert stellen Sie die Einstellskala für die Vordermarkenhöhe?*
A. 0,1 mm  B. 0,2 mm  C. 0,3 mm
D. 0,4 mm  E. 0,5 mm

**53**

*Es wird auf einen Karton mit 0,4 mm Dicke umgerüstet. Wie hoch sind die Vordermarken einzustellen bei Maschinen ohne Einstellskala?*
A. 1 Kartonstreifen soll leicht klemmen.
B. 2 Kartonstreifen sollen leicht klemmen.
C. 3 Kartonstreifen sollen leicht klemmen.
D. 0,05 mm höher als die Kartondicke
E. 0,4 mm höher als die Kartondicke

**54**

*Bei welchen Maschinen verwendet man Schiebemarken?*
A. Bei kleinformatigeren Offsetdruckmaschinen und Buchdruckmaschinen
B. Bei allen Offset- und Buchdruckmaschinen
C. Nur an Buchdruckmaschinen
D. Nur an Tiefdruckmaschinen
E. Bei großformatigen Druckmaschinen

**55**

*Was geschieht, wenn dünnes Papier mit großem Ziehrollen-Federdruck verdruckt wird?*
A. Das Papier wird zu wenig gezogen.
B. Das Papier wird zusammengedrückt.
C. Das Papier klemmt unter dem Deckblatt.
D. Das Papier wird am Anschlag gestaucht.
E. Das Papier wird eingerissen.

**56**

*Wie groß soll der Ziehweg des Bogens sein?*
A. Etwa 1 - 2 mm   B. Etwa 1 - 2 cm
C. Etwa 10 - 20 mm  D. Etwa 5 mm
E. Etwa 8 - 15 mm

**57**

*Auf welche Höhe ist das Deckblatt an der Ziehmarke einzustellen?*
A. Zwei Bogen sollen klemmen.
B. Bedruckstoffdicke plus 0,2 mm
C. Drei Bogen sollen leicht darunter zu schieben sein, der vierte soll klemmen.
D. 0,5 mm höher als Bedruckstoff
E. Auf eine Höhe von 0,5 mm

## 6.4 Übergabesystem · Bogenkontrolleinrichtung

**58**

Zu welchem Zeitpunkt zieht die Seitenmarke den Bogen?
A. Bevor der Bogen an die Vordermarken kommt
B. Wenn die Bogen an den Vordermarken ausgerichtet sind
C. Wenn die Bogen von der Vorausrichtung ausgerichtet sind
D. Wenn der Bogen vom Schwinggreifer oder der Anlegetrommel übernommen wird
E. Wenn der Bogen vom Schwinggreifer übergeben wird

**59**

Das Deckblatt der Ziehmarke steht zu tief. Was ist die Folge?
A. Der Bogen wird zu stark gezogen.
B. Der Bogen wird nicht oder zu wenig gezogen.
C. Der Bogen staucht sich am Anschlag.
D. Der Bogen läuft nicht ganz in die Vordermarken.
E. Der Bogen läuft zu stark in die Vordermarken und staucht sich.

**60**

Der Drucker stellt fest, daß die Bogen nicht einwandfrei durch die Ziehmarke gezogen werden. Welche Ursache kommt dafür nicht in Frage?
A. Transportrollen auf dem angelegten Bogen
B. Vordermarken zu tief
C. Ziehfeder zu schwach
D. Deckblech der Seitenmarke zu hoch
E. Bogenniederhalter zu tief

**61**

Welche Aussage beschreibt die technische Funktion der Ziehmarke völlig richtig?
A. Das Papier wird von der Ziehrolle gezogen.
B. Das Papier wird vom Ziehsegment gezogen.
C. Das Papier wird durch die Ziehrolle gezogen, weil das Deckblatt den Bogen führt und hält.
D. Das Papier wird vom Ziehsegment gezogen, weil die Rolle *und* das Deckblatt den Bogen aufpressen.
E. Das Papier wird durch das Ziehsegment gezogen, weil die Rolle es aufpreßt.

**62**

Die Druckbogen werden in der Anlage nicht immer gezogen. Welche Ursache kommt nicht in Frage?
A. Transportrollen auf dem angelegten Bogen
B. Seitlicher Abstand der Bogen zur Seitenmarke zu groß
C. Deckblatt der Ziehmarke steht zu hoch
D. Federdruck zu gering
E. Glattes Ziehsegment oder glatte Ziehschiene ist eingebaut

**63**

Nach welchem Abtastprinzip erfolgt meistens die elektronische Bogenkontrolle in Bogendruckmaschinen?

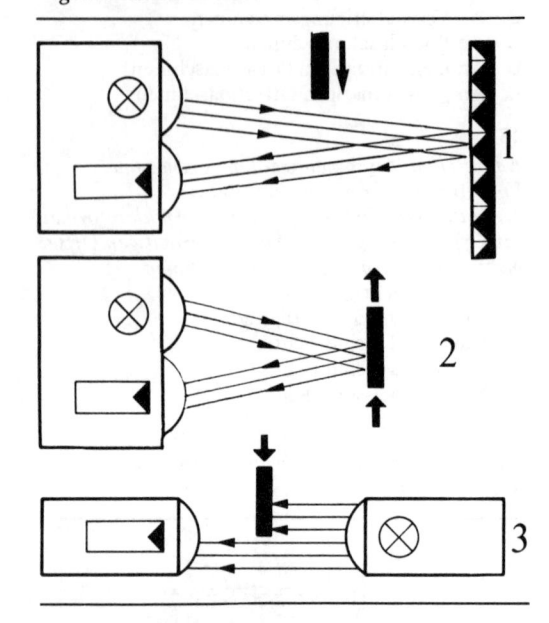

A. 1   B. 2   C. 3

**64**

Welches elektronische Bauteil erzeugt aus Lichtenergie elektrische Spannung?
A. Fotoelement   B. Fototransistor
C. Fotodiode     D. Lichtschranke

**65**

Bei welcher Situation stellt die elektronische Bogenabfühlung nicht ab?
A. Wenn ein Bogen schief ankommt
B. Wenn ein Bogen nicht richtig von der Seitenmarke gezogen wird
C. Wenn kein Bogen kommt
D. Wenn ein Bogen schräg oder zu spät kommt
E. Wenn ein Bogen über die Vordermarken hinausläuft

**66**

Bei Fehlbogen leitet die elektronische Bogenkontrolle der Anlage verschiedene Maschinenfunktionen ein. Welche Aussage gilt für die meisten Maschinen nicht?
A. Der Anleger schaltet aus.
B. Der Farbheber pendelt nicht mehr.
C. Der Feuchtheber pendelt nicht mehr.
D. Greifersperre tritt in Kraft.
E. Feuchtwalzen heben ab.

# 6.4 Bogenkontrolleinrichtung · Übergabesystem · Bogenanlage

**67**
*Wieviel Bogen liegen mindestens unter der Doppelbogenabfühlung, wenn diese ausschaltet und ein maximales Bogenformat gedruckt wird (Schuppenableger)?*
A. 1 Bogen   B. 2 Bogen   C. 3 Bogen
D. 4 Bogen   E. 5 Bogen

**68**
*Welcher Ausdruck ist identisch mit Frühbogen?*
A. Spätbogen   B. Schrägbogen
C. Fehlbogen   D. Überschießbogen

**69**
*Welcher Ausdruck ist gleichbedeutend mit Spätbogen?*
A. Fehlbogen   B. Schrägbogen
C. Überschießbogen   D. Frühbogen

**70**
*Wieviel Bogen liegen mindestens unter der Doppelbogenkontrolle, wenn diese anspricht bei einer Maschine mit Saugstangenanleger?*
A. 1   B. 2   C. 3   D. 4   E. 5

**71**
*Was ist eine Greifersperre?*
A. Den Moment des Greiferschlusses bei einer Bogenübergabe von einem Greifer zum anderen
B. Greifer, die nicht durch Federn, sondern zwangsläufig geschlossen werden
C. Signal, wenn beim Umstellen auf Karton vergessen wurde, den Schwinggreifer umzustellen
D. Mechanik, die das Schließen der Greifer am Schwinggreifer oder der Anlegetrommel bei Fehlbogen verhindert
E. Kurvenscheibe, die die Greiferöffnung in der Auslage steuert

**72**
*Welche Kontrolle führt die gekennzeichnete Kontrolleinrichtung aus?*

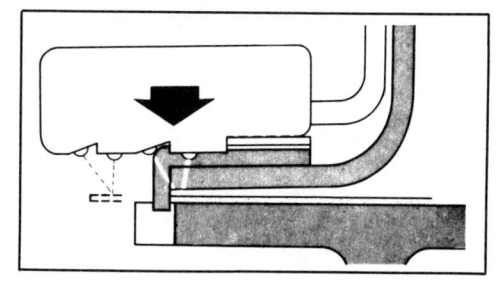

A. Nur Gutbogen   B. Nur Spätbogen
C. Nur Schrägbogen   D. Nur Frühbogen
E. Schräg-, Fehl- und Gutbogen

**73**
*Sie stellen an einer großformatigen Offsetmaschine auf dicken Karton um. Was ist am Übergabesystem (Schwinggreifer oder Anlegetrommel) einzustellen?*
A. Schnellere Voreilung zur Bogenübergabe
B. Greifer fester (tiefer)
C. Greifer leichter (höher)
D. Greiferauflage tiefer
E. Greiferauflage höher

**74**
*Welches Wort ergänzt die folgende Beschreibung richtig?*
................ *übernimmt den Bogen aus der Anlage und übergibt ihn an den Druckzylinder und kehrt auf einer überhöhten Bahn zurück.*
A. Die Registertrommel   B. Die Anlegetrommel
C. Der Schwinggreifer   D. Das Feed-roll-System
E. Der Zylindergreifer

**75**
*Welche Aufgabe haben Schwinggreifer?*
A. Durch schwingende Bewegungen für einen guten Passer zu sorgen
B. In den Tiegeldruckmaschinen den bedruckten Bogen von der Druckform zu lösen
C. Bei Kettenauslagen für eine ruhige Fallbewegung des Bogens auf den Stapel zu sorgen
D. Den Bogen passerhaltig den Greifern des Druckzylinders zuzuführen
E. In den Schwingzylindermaschinen den Bogen zu transportieren.

**76**
*Warum muß die Greiferauflagenleiste beim Schwinggreifer in der Höhe einstellbar sein?*
A. Damit die Greifer fester halten
B. Um zu verhindern, daß Doppelbogen einlaufen
C. Um die Höhe der Greiferauflagen zu verschiedenen Bedruckstoffdicken anzupassen
D. Damit die Greifer nicht in den Bogen eindrücken
E. Um die Greifer nicht abzunutzen

**77**
*Der Text beschreibt die Arbeits- und Funktionsweise des Schwinggreifers. Welcher Abschnitt enthält einen Fehler?*
A. Der Schwinggreifer schwingt zur Anlage,
B. bleibt stehen, schließt die Greifer,
C. beschleunigt den Bogen allmählich von der Geschwindigkeit Null auf Maschinengeschwindigkeit,
D. bremst dann etwas ab und übergibt an den Druckzylinder,
E. dabei schließen zuerst die Greifer des Zylinders, kurz darauf öffnen die Greifer des Schwinggreifers.

## 6.4 Übergabesystem (Schwinggreifer, Anlegetrommel u.a.)

**78**

Es wurde Papier gedruckt. Jetzt kommt ein dicker Karton in die Maschine. Wenn vergessen wird, die Greiferauflage des Schwinggreifers (bei Schwinggreifern, die von oben arbeiten) zu verstellen, besteht der Gefahr, daß ...
A. die Bogen aus den Vordermarken geschlagen werden
B. die Bogen zu weit in die Vordermarken laufen
C. die Bogen zu stark ziehen
D. die Bogen nicht gezogen werden
E. Keine Antwort ist richtig, da diese Einstellung keinen Einfluß auf Passer und Bogenanlage hat

**79**

Die Abbildungen zeigen die Arbeitsweise des exzentrisch gelagerten Schwinggreifers in ungeordneter Reihenfolge. Welches ist die richtige?

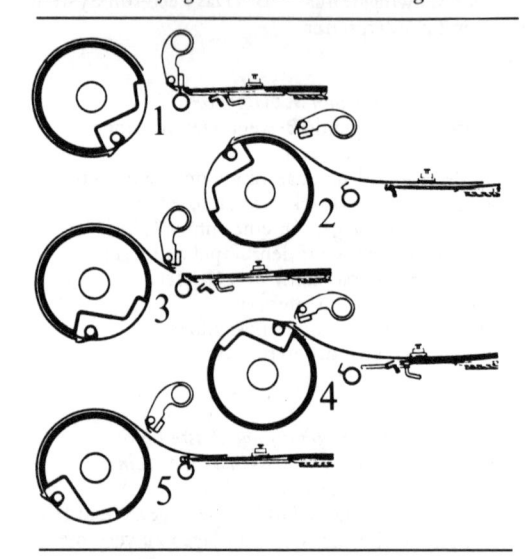

A. 1 – 2 – 3 – 4 – 5     B. 2 – 3 – 1 – 4 – 5
C. 5 – 4 – 3 – 2 – 1     D. 1 – 3 – 5 – 4 – 2
E. 1 – 4 – 2 – 5 – 3

**80**

In welcher Phase muß bei der Anlegetrommel an Heidelberger Offsetmaschinen die Greiferbrücke gegenüber der Anlegetrommel einen Zeitvorsprung herausholen?
A. Bei der Abnahme des Bogens vom Anlagetisch
B. Bei der Übergabe des Bogens an den Druckzylinder
C. Zwischen Abnahme des Bogens vom Anlagetisch und Übergabe an den Druckzylinder
D. Zwischen Übergabe des Bogens an den Druckzylinder und Abnahme des nächsten Bogens vom Anlagetisch

**81**

Welche Funktion erfüllt der Vorgreifer?
A. Der Vorgreifer richtet den Bogen an der Anlage genau aus und übergibt ihn an den Druckzylinder.
B. Der Vorgreifer verbessert die Bogenübergabe von dem Anlegetisch zu den Vordermarken.
C. Der Vorgreifer übernimmt den ausgerichteten Bogen aus der Ruhelage und übergibt ihn in Zylinderumlaufgeschwindigkeit an den Druckzylinder.
D. Der Vorgreifer übernimmt den Bogen nach dem Druck von dem Druckzylinder und übergibt ihn an das Auslagesystem.
E. Der Vorgreifer ist nur an großformatigen Maschinen eingebaut; große Bogen werden ruhiger an den Vordermarken angelegt, der Passer wird dadurch genauer.

**82**

Welche Angabe zur Anlegetechnik ist fehlerhaft?
A. Von unten wirkende Vordermarken ermöglichen eine höhere Produktionsgeschwindigkeit, sie verlängern außerdem die Anlagezeit.
B. Der Drückerfuß regelt nach entsprechender Einstellung die Höhe des Anlegestapels.
C. Der Vorgreifer übernimmt den Bogen aus der Ruhelage vom Anlegetisch, beschleunigt ihn auf Druckzylindergeschwindigkeit und übergibt ihn an die Greifer des Druckzylinders.
D. Die Schwinggreifereinstellung ermöglicht das Ausgleichen von Passerdifferenzen an der Bogenhinterkante durch konkaves oder konvexes Verstellen.
E. Durch die Bogenvorausrichtung wird bei großformatigen Maschinen der Bogen verlangsamt an die Vordermarken geführt und dadurch ruhig und sicher angelegt.

**83**

An welcher Stelle öffnen die Auslegegreifer?

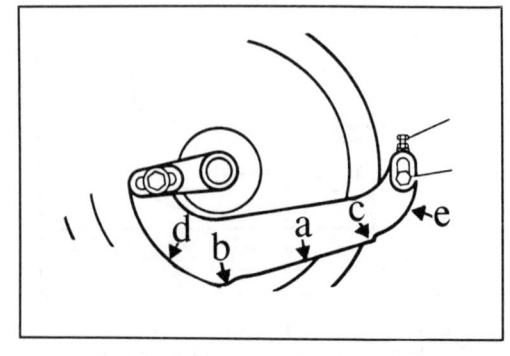

A. a     B. b     C. c     D. d     E. e

Bogenauslage · Farbwerk  **6.4**

**84**
*Bei welchem Wendesystem des Bogenwegs vom Druckzylinder zur Auslage ist keine Einstellung für den jeweiligen Druckauftrag erforderlich?*
A. Wendeeinrichtung mit Scheiben
B. Wendetrommel mit Sternrädchen
C. Wendeeinrichtung mit Rollen
D. Luftkissentrommel

**85**
*Für welche der genannten Arbeiten ist der Bogenentroller nutzlos?*
A. Vierfarbdrucke auf gestrichenen Papieren
B. Vierfarbdrucke auf Naturpapieren
C. Druck auf Schmalbahnpapieren
D. Kartondruck

**86**
*Welche Druckmaschinen müssen an der Bogenbremse (Saugwalze) seitlich verrückbare Saugringe haben?*
A. Einfarben-Offsetmaschinen
B. Mehrfarben-Offsetmaschinen
C. Rotationsmaschinen
D. Großformatige Offsetmaschinen
E. Schön- und Widerdruckmaschinen

**87**
*Für welche Druckarbeiten bietet der Bogenentroller einen sehr wichtigen Vorteil?*
A. Werkdruck
B. Vierfarbdruck von großen Bildern
C. Flächendruck auf Naturpapier
D. Schön- und Widerdruck
E. Flächendruck auf gestrichenem Papier

**88**
*Für welche Druckarbeiten ist ein Bogenentroller nicht brauchbar?*
A. Für Vierfarbarbeiten
B. Für Flächendrucke
C. Für den Druck auf gestrichenen Papieren
D. Für den Widerdruck auf umgeschlagenen Bogen
E. Für den Schön- und Widerdruck auf umstellbaren Maschinen

**89**
*Beim „Hineindrehen" der Zonenschrauben wird ...*
A. der Farbspalt verringert, weil der Farbmesserblock an den Duktor gedrückt wird
B. der Farbspalt vergrößert, weil der Farbmesserblock vom Duktor weggedrückt wird
C. der Farbspalt verringert, weil das Farbmesser an den Duktor gedrückt wird
D. der Farbspalt vergrößert, weil das Farbmesser vom Duktor weggezogen wird

**90**
*Wie groß ist der Farbspalt für die Grundeinstellung des Farbmessers?*
A. 0,1 mm   B. 0,2 mm   C. 0,3 mm
D. 0,4 mm   E. 0,5 mm

**91**
*Welchen Vorteil bietet ein stufenlos verstellbarer Farbduktorantrieb?*
A. Ruhigeren Maschinenlauf
B. Gleichmäßigere Bewegung des Duktors
C. Gleichmäßigere Farbgebung
D. Feinste Steuerung der Farbgebung
E. Geringere mechanische Abnutzung der bewegten Teile

**92**
*Sie drehen im Bereich X die Zonenschrauben fester zu als bisher. Welche Aussage stimmt?*

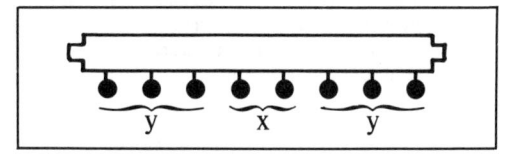

A. Dies hat keinerlei Einfluß auf die Nachbarzonen
B. In den Zonen Y ist dann mehr Farbe
C. In den Zonen Y ist dann weniger Farbe

**93**
*Welches der genannten Farbwerke hat keinen Farbkasten mit Farbmesser?*
A. Filmfarbwerk    B. Indirekter Farbkasten
C. Direkt gesteuerter Farbkasten
D. Farbdosiereinrichtung für Fernsteuerung
E. Alle Farbkästen für Rollenrotationen

**94**
*Welches Farbwerk wird als Filmfarbwerk bezeichnet?*
A. Farbwerk mit stufenloser Duktordrehung
B. Farbwerk mit stufiger Duktordrehung
C. Farbwerk mit indirekter Farbmesserverstellung
D. Ferngesteuertes Farbwerk
E. Heberloses Farbwerk

**95**
*Die Duktordrehung eines Farbwerkes läßt sich von 0 bis 20 Zähne Duktorvorschub einstellen. Bestimmen Sie die optimale Einstellung!*
A. Farbspalt sehr klein – Duktordrehung 18 Zähne
B. Farbspalt klein – Duktordrehung 13 Zähne
C. Farbspalt mittel – Duktordrehung 7 Zähne
D. Farbspalt groß – Duktordrehung 5 Zähne
E. Farbspalt groß – Duktordrehung 2 Zähne

## 6.4 Farbwerk

**96**
Es wird am Anfang einer neuen Großauflage mit einer Geschwindigkeit von 3000 Bogen/h gedruckt, bis die letzten Farbabstimmungen getroffen sind. Danach erhöht der Drucker die Geschwindigkeit auf 9000 Bogen/h.
A. Die Farbgebung wird nicht beeinflußt.
B. Die Farbgebung wird höher.
C. Die Farbgebung wird geringer.
D. Die Feuchtgebung verändert sich nicht.
E. Die Feuchtung wird geringer.

**97**
Warum haben die Farbauftragswalzen unterschiedliche Durchmesser?
A. Zur Platzersparnis werden einige Walzen dünner gemacht.
B. Um ältere Walzen, die durch Abschleifen dünner geworden sind, noch verwenden zu können.
C. Um eine bessere Verreibung des durch den Heber gebrachten Farbstreifens zu erreichen.
D. Um ein Schablonieren zu vermeiden.
E. Um eine bessere Einfärbung durch die Farbverreiber zu erzielen.

**98**
Der folgende Text gibt eine Anleitung zur Einstellung von Auftragswalzen zum Verreiber. Welcher Abschnitt enthält einen sachlichen Fehler?
A. Durch kurzes Tippen läßt der Drucker einen Folien- oder Tauenstreifen
B. etwa handbreit von der Walzenmitte einlaufen.
C. Durch Ziehen an dem Streifen prüft er die Walzeneinstellung.
D. Der Streifen soll sich mit mäßig starkem Zug herausziehen lassen.

**99**
Zu welchem Farbwerk gehört die Filmwalze?
A. Zum heberlosen Farbwerk
B. Zum Heberfarbwerk
C. Zum Multiroll-Farbwerk
D. Zum Speicherfarbwerk
E. Zum ferngesteuerten Farbwerk

**100**
Bei Druckbeginn steht die Skala für den Farbduktorvorschub auf 30; im Laufe des Tages müssen Sie öfter nachstellen, nach 7 Stunden steht die Skala auf 55. Was ist die Ursache?
A. Farbe ist zum Teil verdunstet.
B. Walzen haben Farbe aufgesaugt.
C. Im Druckraum ist die Temperatur zurückgegangen und die Luftfeuchtigkeit gestiegen.
D. Maschine und Farbwerk haben sich erwärmt, Viskosität der Farbe hat sich verändert.
E. Das Farbmesser hat sich durch Erwärmung verändert und läßt mehr Farbe durch.

**101**
Welche Einstellungsüberprüfung(en) kann der Drucker durch Absetzen der Walzen auf die gummierte Platte überprüfen?
A. Nur die Farbauftragswalzen
B. Nur die Feuchtwalzen
C. Farb- und Feuchtwalzen zur Platte
D. Farb- und Feuchtwalzen zu den Verreibern
E. Farbauftragswalzen zum Verreiber

**102**
Welcher Meßwert wird in „Shore" angegeben?
A. Meßwert für Härte von Gummi
B. Meßwert für die Dehnbarkeit von Gummi
C. Meßwert für die Zügigkeit von Druckfarben
D. Meßwert für die Papierglätte
E. Meßwert für die Viskosität von Druckfarbe

**103**
Welche Maschinen werden überwiegend mit Filmfarbwerken ausgerüstet?
A. Schön- und Widerdruckmaschinen
B. Großformatige Bogen-Offsetmaschinen
C. Kleinformatige Bogen-Offsetmaschinen
D. Rollen-Offsetmaschinen
E. Mehrfarbenmaschinen

**104**
Aus welchem Material ist die Oberfläche von Farbverreibern in Offsetmaschinen?
A. Eisen (Stahl)   B. Edelstahl rostfrei
C. Gummi   D. Chrom   E. Kunststoff

**105**
Welchen Vorteil bietet eine Farbpumpe mit Füllhöhentaster am Farbkasten nicht?
A. Gleichmäßigere Farbführung
B. Gleichmäßige Füllhöhe
C. Günstigeren Farbeinkauf in Fässern
D. Die Farbe bleibt im Farbkasten nicht stehen.

**106**
Welches Farbwerksystem wird neben dem Speicherfarbwerk in Bogenoffsetmaschinen noch eingesetzt?
A. Alkoholsystem   B. Multirollsystem
C. Registersystem   D. Mydrocolorsystem

**107**
Wodurch wird die Stärke des Farbauftrags auf die Druckplatte durch die einzelnen Farbauftragswalzen wesentlich beeinflußt?
A. Durch die Oberflächenbeschaffenheit der Auftragswalze
B. Durch den Farbfluß
C. Durch die Shore-Härte der Farbauftragswalze
D. Durch die Bildelemente auf der Druckplatte

# Farbwerk 6.4

**108**
*Warum sind Farbverreiber mit einem Kunststoffbezug versehen?*
A. Die Verreibung wird dadurch verbessert.
B. Die Oberfläche der Kunststoffverreiber läßt sich einwandfrei reinigen.
C. Kunststoffe oxidieren nicht.
D. Damit sie kein Feuchtwasser annehmen und dadurch Farbe abstoßen

**109**
*Zur Kontrolle der Farbauftragswalzen-Einstellung wurden diese kurz auf die trockene Platte abgesetzt. Welcher Walzenstreifen einer Walze mit 70 mm Ø zeigt die richtige Einstellung?*

a  4 mm
b  7 mm
c  2 mm
d  10 mm
e  12 mm

A. a   B. b   C. c   D. d   E. e

**110**
*Welches ist die dominierende Walze im Speicherfarbwerk?*
A. Heber   B. Duktor   C. Farbtrommel
D. Aufstreichwalze   E. Verreiber

**111**
*Welche Walzeneinstellung braucht der Drucker im allgemeinen nicht vorzunehmen?*
A. Auftragswalzen müssen zur Form eingestellt werden.
B. Auftragswalzen müssen zum Reiber eingestellt werden.
C. Heber muß zum Duktor eingestellt werden.
D. Heber muß zum Verreiber eingestellt werden.

**112**
*Wie breit sollen die Farbabsetzstreifen der Farbauftragswalzen an kleinformatigen und mittelformatigen Maschinen sein?*
A. 1-2 mm   B. 3-4 mm   C. 6-8 mm
D. 8-10 mm   E. etwa 15 mm

**113**
*Was versteht man unter Farbabfall?*
A. Schlecht passende Druckbogen
B. Makulatur
C. Unterschiedliche Farbgebung der Druckbogen
D. Veränderung der Farbe beim Wegschlagen
E. Nachlassen der Farbstärke vom Greifer bis Bogenende

**114**
*Welche Aussage trifft auf ein Vielwalzen-(Multiroll-)Farbwerk zu?*
A. Der Hauptfarbstrom geht über die ersten Farbauftragswalzen.
B. Der Hauptfarbstrom geht zu den beiden mittleren Farbauftragswalzen.
C. Der Hauptfarbstrom geht zu den beiden letzten Farbauftragswalzen.
D. Der Farbstrom geht gleichmäßig zu allen vier Farbauftragswalzen.

**115**
*Welche Aussage stimmt für die meisten Farbwerke moderner Offsetmaschinen?*
A. Alle vier Farbauftragswalzen sind an der Einfärbung gleichmäßig beteiligt.
B. Der Hauptfarbstrom läuft zu den beiden mittleren Farbauftragswalzen.
C. Die Haupteinfärbung geschieht durch die beiden ersten Farbauftragswalzen.
D. Der Hauptfarbstrom führt zu den beiden letzten Farbauftragswalzen.

**116**
*Welche der genannten Walzeneinstellungen kann man durch das „Springen" der Walzen beurteilen?*
A. Verreiber zur Farbauftragswalze
B. Feuchtheber zum Feuchtduktor
C. Feuchtauftragswalze zur Platte
D. Feuchtauftragswalze zum Verreiber

**117**
*Welche Walzeneinstellung kann mit einem Zehntelblech geprüft werden?*
A. Feuchtwalze zum Verreiber
B. Feuchtwalze zur Platte
C. Farbauftragswalze zur Platte

**118**
*Womit kann man Farbabfall gezielt entgegensteuern?*
A. Durch die Stärke der Farbgebung
B. Durch Verringern der seitlichen Verreibung
C. Durch Verstellen des Einsatzzeitpunktes der seitlichen Verreibung
D. Durch bessere Walzenjustierung zur Platte
E. Durch bessere Walzenjustierung zum Verreiber

**119**
*Warum sind die Farbverreiber an Offsetmaschinen mit einem Kupfer- oder Kunststoffüberzug versehen?*
A. Um die Farbübertragung zu den Gummiwalzen zu verbessern
B. Um eine erhöhte Reibung und damit eine Erwärmung zu verhindern
C. Um die Farbverreibung zu verbessern
D. Um ein Blanklaufen zu verhindern
E. Diese Oberflächen begünstigen das Waschen der Walzen beim Farbwechsel

## 6.4 Farbwerk

**120**

Was kann man durch die 360°-Verstellung der seitlichen Verreibung erreichen?
A. Eine geringere seitliche Verreibung, wie man sie beispielsweise für den Irisdruck benötigt.
B. Dadurch kann man den Hauptfarbstrom nach Belieben auf die ersten oder letzten Farbauftragswalzen verteilen, um die Einfärbung der Platte zu verbessern.
C. Man kann damit die Einfärbung der Platte in der Umfangsrichtung etwas verändern.
D. Man kann damit die Einfärbung in der Bogenbreite etwas verändern.
E. Damit kann man dem Blanklaufen entgegenwirken.

**121**

Welches Getriebe ermöglicht die seitliche Farbverreibung an Druckmaschinen mit Walzenfarbwerken?
A. Kurvengetriebe
B. Kurbelgetriebe
C. Schaltgetriebe
D. Kardangetriebe
E. Rollengetriebe

**122**

Welche Farbkastenkonstruktionen sind für die Farbfernverstellung besonders geeignet, weil sie keine Nebenwirkungen haben?
A. Farbkästen mit engstehenden Zonenschrauben
B. Farbkästen mit direkter Messerbewegung durch die Zonenstellschrauben
C. Farbkästen mit indirekter Messerverstellung
D. Farbkästen ohne Farbmesser mit Stellelementen
E. Farbkästen mit Farbpumpen

**123**

Welche Aussage trifft für dieses Farbwerk zu?

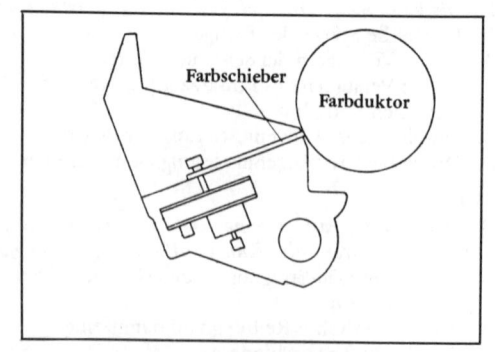

A. Indirekt verstellbares Farbmesser
B. Direkt verstellbares Farbmesser
C. Filmfarbwerk
D. Farbdosiereinrichtung für Fernsteuerung

**124**

Welche Aussage über die Farbgebung im Fortdruck ist richtig, wenn sich die Farbe im Laufe des Tages erwärmt?
A. Sie ändert sich nicht, wenn sich die Einstellung des Farbmessers am Farbkasten nicht ändert.
B. Die Farbdichte wird größer, weil die Farbe zäher wird.
C. Die Farbdichte wird geringer, weil die Farbe flüssiger wird.
D. Die Farbdichte wird geringer, weil sich die Auftragswalzen ausdehnen.

**125**

Die Farbauftragswalzen in Druckmaschinen sind im Durchmesser meist unterschiedlich.
Nennen Sie den Grund!
A. Um die Walzen unterschiedlichen Druckflächen anzupassen
B. Um möglichst viele Walzen auf kleinem Raum unterbringen zu können
C. Damit die Druckfarbe einwandfrei verrieben werden kann
D. Farbverteilung und Einfärbung der Druckform können gleichmäßiger erfolgen

**126**

Die Abbildung zeigt das Farb- und Druckwerk einer Buchdruckmaschine. Welche Zuordnung ist unvollständig?

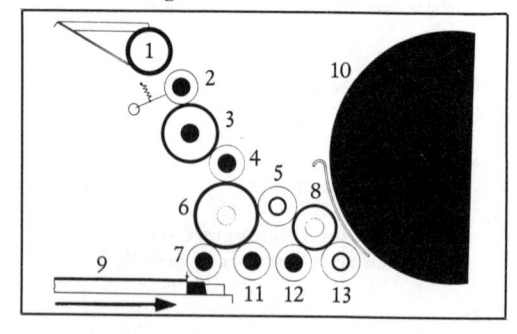

A. Farbreiber = 6,8
B. Farbauftragswalze = 7, 11, 12, 13
C. Farbheber = 2    D. Duktor = 1
E. Druckzylinder = 10    F. Druckform = 9

**127**

Wozu dient der „Walzenhammer" im Buchdruck?
A. Zum Abziehen der Kugellager an den Walzenenden
B. Um verbogene Walzenenden geradezurichten
C. Zur Überprüfung der Farbwalzeneinstellung an Buchdruckmaschinen
D. Um die Shore-Härte der Walzen zu überprüfen
E. Um festsitzende Walzen zu lockern

# Farbwerk · Feuchtwerk  6.4

**128**
Wie breit soll der Farbstreifen am Walzenhammer beim Justieren der Farbauftragswalzen zur Form bei Buchdruckmaschinen sein?
A. 1,5 bis 2 mm
B. 3 - 4 mm
C. Etwa 1 Cicero
D. Etwa 5 mm
E. Etwa 1,5 Cicero

**129**
Wie breit sollen die Farbstreifen auf dem Walzenhammer bei richtig eingestellten Walzen sein?
A. 2 Punkt   B. 4 Punkt   C. 6 Punkt
D. 12 Punkt   E. 1 1/2 Cicero

**130**
Welche größte Abmessung hat der Walzenhammer?
A. 54 p   B. 62 2/3 p   C. 66 2/3 p
D. 25 mm   E. 22,28 mm

**131**
Ergänzen Sie die fehlende Angabe:
Die Heidelberger CPC-Farbzonenfernsteuerung verwendet anstelle von Zonenschrauben ...
A. als Kurvenscheiben ausgearbeitete Stellelemente mit einer Breite von 12 mm
B. Farbschieber, deren Vorderkante aus verschleißfestem Kunststoff besteht
C. zylindrische Stellelemente mit exzentrisch ausgebildeter Dosierfläche zwischen zwei Stützringen
D. schmale Dosierwalzen, deren Anpreßdruck an den Duktor durch Potentiometer zu steuern ist
E. Farbschieber, deren Vorderkante aus verschleißfestem Gummi besteht

**132**
Die modernen Farbdosiereinrichtungen haben gegenüber den Messerfarbkästen verschiedene Vorteile. Beurteilen Sie folgende Aussagen!
1. Die einzelnen Zonen sind verstellbar, ohne daß sich in den Nachbarzonen die Farbgebung verändert. 2. Die Füllhöhe des Farbkastens ist ohne Einfluß auf die Farbgebung. 3. Die Farbkonsistenz ist weitgehend ohne Einfluß auf die Farbgebung. 4. Der hydrodynamische und hydrostatische Druck wirken sich kaum aus. 5. Farbeinstellungen aus früheren Auflagen können ziemlich genau wiederholt werden. 6. Man spart Einrichtezeit. 7. Ein Nachteil ist, daß man die Farbzonen nicht von Hand einstellen kann, wenn die Elektronik oder ein Motor ausfällt.
A. Alle Aussagen sind richtig.
B. Nur die Aussagen 1 bis 4 sind richtig.
C. Nur die Aussage 7 ist falsch.
D. Aussagen 6 und 7 sind falsch.
E. Nur 1 und 3 sind richtig.

**133**
Aus welchem Grund wird an Flachformzylindermaschinen häufig als letzte Auftragswalze eine Artexwalze eingesetzt?
A. Tonplatten lassen sich damit leichter und gleichmäßiger einfärben.
B. Artexwalzen verhindern Walzenschmitz bei Autotypien.
C. Diese Walzen speichern sehr gut die Druckfarbe.
D. Die Walzen besitzen größere Adhäsionskräfte und verringern dadurch die Butzenbildung.
E. Diese Walzen sind sehr preisgünstig, lassen sich leicht reinigen und verhindern Dublieren.

**134**
Welche Angabe zum Farbwerk einer Buchdruckmaschine ist richtig?
A. Kunststoffwalzen lassen sich leicht reinigen und besitzen hohe Zugkräfte.
B. Gummiwalzen lassen sich leicht reinigen und sind universell einzusetzen.
C. Im Buchdruck wird mit einer Farbschichtstärke von etwa 4/10 bis 6/10 mm eingefärbt.
D. Bei hohen Druckgeschwindigkeiten und mechanischen Belastungen sind vorzugsweise Kunststoffwalzen einzusetzen.
E. Kunststoffwalzen sind grundsätzlich niedriger als Gummiwalzen zu justieren.

**135**
Welche Angabe zu Farbwerken ist falsch?
A. Die dominierende Walze in einem Farbspeicher-Farbwerk ist die Farbspeichertrommel.
B. Alle Farbreiber sind verchromte Stahlwalzen oder mit Kunststoff beschichtete Walzen.
C. Eine zonenweise exakte Einstellung des Farbkastens ist mit einem Farbmesser und Zonenschrauben nicht möglich.
D. Aus einem Farbflußdiagramm ist die Richtung des Hauptfarbstroms zur Druckplatte abzulesen.
E. Bei manchen Rollenoffsetdruckmaschinen ist der Farbheber durch eine Filmwalze ersetzt.

**136**
Wieviel Walzen gehören zu einem konventionellen Feuchtwerk ohne Feuchtduktor?
A. 2   B. 3   C. 4   D. 5   E. 6

**137**
Wieviel Walzen sind im konventionellen Feuchtwerk aus Gummi und mit einem Textilbezug versehen?
A. 1   B. 2   C. 3   D. 4   E. 5

**138**
Aus welchem Material kann der Feuchtverreiber sein?
A. Eisen   B. Kupfer   C. Gummi mit Bezug
D. Kunststoff   E. Chrom

## 6.4 Feuchtwerk

**139**
Womit können Feuchtauftragswalzen bezogen werden?
A. Mit Nessel B. Mit Wollstoff C. Mit Leinen
D. Mit Samt E. Mit Plüsch

**140**
Wieviel Walzen können im konventionellen Feuchtwerk in der Regel vom Drucker justiert werden?
A. 2 B. 1 C. 3 D. 4 E. 5

**141**
Welche Angabe bezieht sich auf ein konventionelles Feuchtwerk?
A. Der Duktor dreht sich ständig, und die Dosierwalze reguliert die Feuchtmenge.
B. Gefeuchtet wird mit einer unbezogenen Walze.
C. Der Feuchtwasserauftrag erfolgt zusammen mit der Farbe.
D. Gefeuchtet wird die Platte mit zwei bezogenen Walzen.
E. Gefeuchtet wird mit einer bezogenen und einer unbezogenen Walze.

**142**
Welche Walzeneinstellung muß der Drucker im allgemeinen an einem konventionellen Feuchtwerk nicht durchführen?
A. Feuchtauftragswalze zur Platte
B. Feuchtauftragswalze zum Verreiber
C. Feuchtheber zum Verrreiber
D. Feuchtheber zum Duktor

**143**
Konventionelle Feuchtwerke haben verschiedene Nachteile. Welche Aussage ist jedoch falsch?
A. Sie sind pflegeintensiv.
B. Es können Butzen entstehen.
C. Es kann durch verschmutzte Bezüge zu ungleicher Feuchtung kommen.
D. Die Stoffstruktur kann sich in empfindlichen Farbflächen markieren.
E. Sie sind schwierig zu justieren.

**144**
Welche Angabe zu konventionellen Feuchtwerken ist richtig?
A. Konventionelle Feuchtwerke speichern Wasser nur minimal.
B. Ein konventionelles Feuchtwerk besteht in der Regel aus 6 Walzen.
C. Der Feuchtduktor ist mit Molton oder Nessel bezogen oder eine unbezogene Aluminiumwalze.
D. Die zwei Feuchtauftragswalzen sind mit Molton, Plüsch oder Frottee bezogen.
E. Der Feuchtreiber ist eine Stahlwalze mit verkupferter Oberfläche.

**145**
Die Texte geben Vor- und Nachteile des konventionellen Feuchtwerks an. Welche Aussage stimmt nicht?
A. Die Pflege des Feuchtwerks ist zeitaufwendig.
B. Das Feuchtwerk kann Butzen verursachen.
C. Das Feuchtwerk ist leicht zu bedienen.
D. Das Feuchtwassergleichgewicht pendelt sich schnell ein.
E. Man kommt ohne Alkoholzusatz aus.

**146**
Welches Wort ist gleichbedeutend mit hydrophob?
A. Wasserfreundlich B. Wasserabstoßend
C. Farbfreundlich D. Farbabstoßend
E. Wasseranziehend

**147**
Welches Wort ist gleichbedeutend mit dem Fachausdruck hydrophil?
A. Wasserfreundlich B. Wasserabstoßend
C. Farbfreundlich D. Farbabstoßend
E. Wasseranziehend

**148**
Welches Fremdwort wird in der Fachliteratur häufig für das Wort farbfreundlich benutzt?
A. Hydro B. Hydrophil C. Oleophob
D. Oleophil E. Hygroskopisch

**149**
Wie hoch ist in der Regel der Alkoholgehalt bei der Alkoholfeuchtung?
A. 2 - 3% B. 3 - 8% C. 7 - 15%
D. 10 - 35% E. mindestens 15%

**150**
Welche der aufgezählten Walzen hat die geringste Härte?
A. Farbauftragswalze B. Farbübertragswalze
C. Feuchtwalze, die mit Frottee bezogen wird
D. Alkoholfeuchtwalze E. Farbheber

**151**
Welche Aussage beschreibt eine stark emulgierte Offsetfarbe richtig?
A. Die Druckfarbe enthält Feuchtwasser in feinsten Tröpfchen, die eingerieben wurden.
B. Die Druckfarbe drückt das Feuchtwasser über die Platte, so daß sich die Einfärbung verschlechtert.
C. Die Druckfarbe enthält Feuchtwasser in Form größerer Tröpfchen, die die Farbspaltung beeinträchtigen.
D. Die Farbe enthält so viel Wasser, daß sich Wasserstreifen bilden.

# Feuchtwerk 6.4

**152**
*Die Alkoholfeuchtung mit modernen Feuchtwerken bringt viele Vorteile. Welche Aussage ist jedoch falsch?*
A. Das Feuchtwerk reagiert schnell.
B. Butzen aus Bezügen werden vermieden.
C. Das Feuchtwerk ist pflegeleicht, hat weniger Wartungsarbeit.
D. Geringere Feuchtmittelmenge
E. Höhere Speicherkapazität für Feuchtmittel

**153**
*Was ist ein Netzmittel?*
A. Substanz, die das Wasser entkalkt
B. Ein oberflächenentspannendes Mittel für Wasser
C. Ein Wasserhärter
D. Ein Mittel zur Stabilisierung des pH-Wertes
E. Eine chemisch wirkende Pufferlösung

**154**
*Welcher Zusatz kommt zum Feuchtwasser für ein Alkoholfeuchtwerk?*
A. Destilliertes Wasser   B. Spiritus
C. Isopropanol   D. Propan
E. Aceton

**155.**
*Ein Flüssigkeitstropfen steht auf einer Materialoberfläche, wie es die Abbildung zeigt. Welche Aussage läßt sich machen?*

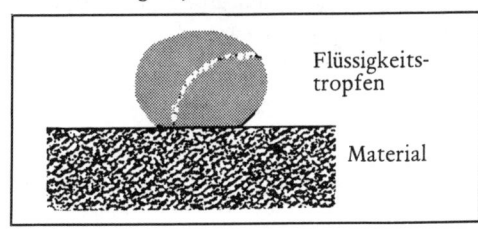

A. Die Benetzung ist sehr gut.
B. Die Benetzung ist mäßig gut.
C. Die Benetzung ist gering.
D. Die Kapillarwirkung ist hoch.
E. Die Kapillarwirkung ist gering.

**156**
*Welche Aussage über die Alkoholfeuchtung ist falsch?*
A. Alkohol verringert die Oberflächenspannung des Wassers.
B. Alkohol steigert die Benetzungsfähigkeit des Wassers.
C. Alkoholfeuchtung verringert die Hilfszeiten an der Offsetdruckmaschine.
D. Alkoholzusatz reguliert den pH-Wert.
E. Alkoholzusatz erlaubt eine geringere Wasserführung.

**157**
*Welche Angabe ist kein spezieller Nachteil konventioneller Heberfeuchtwerke?*
A. Träge Reaktion bei Änderung der Duktordrehung
B. Fusseln durch den Bezugsstoff
C. Farbannahme der Bezugsstoffe führt zu ungleicher Feuchtmittelführung
D. Langwieriges Reinigen bei Farbwechseln
E. Höhere Kosten durch Feuchtmittelzusätze

**158**
*Wozu gehört die Dosierwalze?*
A. Zum Heber-Farbwerk
B. Zum Film-Farbwerk
C. Zum Multiroll-Farbwerk
D. Zum Heber-Feuchtwerk
E. Zum Film-Feuchtwerk

**159**
*Welche Flüssigkeit zeigt die größte Grenzflächenspannung?*

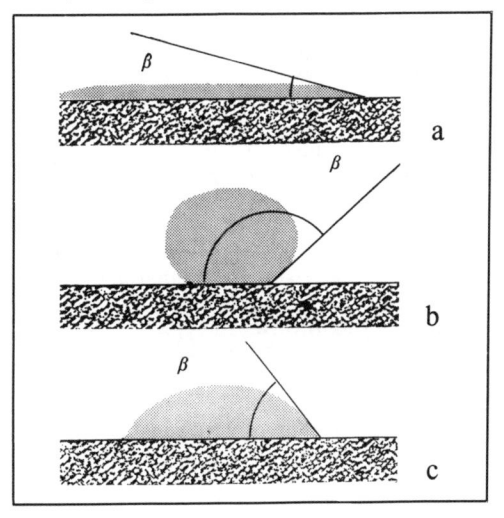

A. a   B. b   C. c

**160**
*Welche Aussage trifft zu auf ein heberloses, direkt arbeitendes Alkoholfeuchtwerk?*
A. Die Platte wird von zwei bezogenen Walzen gefeuchtet.
B. Die Platte wird von einer bezogenen und einer unbezogenen Walze gefeuchtet.
C. Die Platte wird von einer unbezogenen Walze gefeuchtet.
D. Die Platte wird von einer unbezogenen Walze gefeuchtet, eine bezogene Walze dient als Speicher.
E. Die Platte wird von zwei unbezogenen Walzen gefeuchtet.

## 6.4 Feuchtwerk

**161**

*Warum läßt sich ein Filmfeuchtwerk nicht ohne Alkoholzusatz (oder ohne ein anderes entsprechendes Mittel) betreiben?*
A. Die auf die Platte übertragene Feuchtmenge wäre zu groß.
B. Der Feuchtduktor würde sich mit Farbe überziehen und so keine Feuchtigkeit übertragen.
C. Die Reibung zwischen Duktor und Dosierwalze wäre zu groß.
D. Die farbüberzogene Feuchtwalze würde kein Wasser oder zu wenig Wasser übertragen.
E. Der Feuchtreiber und evtl. der Feuchtduktor würden mit Farbe verschmutzen.

**162**

*Wodurch läßt sich die Feuchtigkeitsmenge bei einem modernen Alkoholfeuchtwerk (wie Rolandmatic, Heidelberger Alcolor, Koebau Alcomatic) sehr genau regulieren?*
A. Durch die Duktordrehzahl
B. Durch die Dosierwalzendrehzahl
C. Durch den Anpreßdruck der Dosierwalze
D. Durch den Anpreßdruck der Feuchtwalze zum Verreiber
E. Durch den Anpreßdruck der Feuchtwalze zur Platte

**163**

*Womit geschieht bei modernen Alkoholfeuchtwerken die Grund- (Grob-)einstellung der Feuchtmenge?*
A. Mit dem Duktorvorschub
B. Mit der Duktorgeschwindigkeit
C. Mit der Dosierwalze
D. Mit dem Alkoholgehalt
E. Mit dem Anpreßdruck der Feuchtauftragswalze zum Verreiber

**164**

*Welche Aussage ist richtig, wenn ein konventionelles Feuchtwerk auf Alkoholfeuchtung umgestellt werden soll?*
A. Feuchtwerk bleibt unverändert, es wird dem Feuchtwasser lediglich Alkohol beigefügt.
B. Von beiden Feuchtauftragswalzen werden die Bezüge abgenommen; zur Platte neu justieren.
C. Von einer Feuchtauftragswalze wird der Bezug abgenommen und damit die Platte gefeuchtet.
D. Eine Feuchtauftragswalze wird gegen eine dickere, weichere Walze ausgewechselt und damit die Platte gefeuchtet, die andere wird nur an den Feuchtreiber angestellt.
E. Beide Feuchtwalzen werden gegen dickere und härtere Walzen ausgewechselt und damit die Platte gefeuchtet.

**165**

*Welches Feuchtwerk benutzt keine separate Feuchtauftragswalze?*
A. Rolandmatic     B. Dahlgren
C. Die meisten Alkoholfeuchtwerke
D. Konventionelle Feuchtwerke

**166**

*Welche Angabe zu Feuchtwerken ist richtig?*
A. Kondenswasserniederschlagsfeuchtwerke werden vor allem im Rollenoffsetdruck eingesetzt.
B. Bei einem Heberfeuchtwerk mit Alkoholfeuchtmittel wird die zweite Feuchtauftragswalze als Speicherwalze meist nur am Feuchtreiber angestellt.
C. Heberfeuchtwerke haben den Vorteil, daß die Feuchtmittelmenge durch den Heber sehr genau zu dosieren ist.
D. Vorteil des konventionellen Heberfeuchtwerkes ist es, daß nach Stoppern das Farbe-Wasser-Gleichgewicht rasch erreicht wird.
E. Bei Filmfeuchtwerken wird durch feine Düsen ein Feuchtfilm auf den Feuchtreiber aufgesprüht und feinstverteilt auf die Feuchtauftragswalzen übertragen.

**167**

*Welches Feuchtwerk wird auch Filmfeuchtwerk genannt?*
A. Konventionelles Feuchtwerk
B. Konventionelles Feuchtwerk, das für Alkoholfeuchtung umgerüstet wurde
C. Jedes Feuchtwerk, das mit Alkoholfeuchtmittel arbeitet
D. Heberloses Feuchtwerk    E. Walzenloses Feuchtwerk

**168**

*Welche Aussage zu konventionellen Feuchtwerken ist richtig, wenn auf Alkoholfeuchtung umgerüstet werden soll?*
A. Feuchtwerk bleibt im Aufbau unverändert, dem Wischwasser wird jedoch 8 - 10% Isopropanol-Alkohol beigefügt.
B. Von beiden Feuchtauftragswalzen wird der Bezug entfernt. Es sind höherer Wischwasserzusatz sowie Alkohol notwendig.
C. Eine Feuchtauftragswalze wird ersetzt durch eine weichere, dickere Gummiwalze. Die zweite Walze wird nur zum Feuchtreiber angestellt. Alkoholzusatz 8 - 10%.
D. Bei allen Feuchtwalzen werden die Bezüge entfernt. Als Feuchtauftragswalzen werden weichere, dickere Gummiwalzen eingesetzt. Alkoholzusatz 12 - 15%.
E. Bei allen Feuchtwalzen werden die Bezüge entfernt. Als Feuchtauftragswalzen werden weiche Kunststoffwalzen eingesetzt. Alkoholzusatz 6 - 12%.

## 6.4 Feuchtwerk · Plattenzylinder, Gummizylinder, Druckzylinder

**169**
*Was sind „geschwindigkeitskompensierte Feuchtwerke"?*
A. Feuchtwerke, die bei höheren Druckgeschwindigkeiten eine geringere Feuchtmenge zuführen.
B. Feuchtwerke, die bei niedrigeren Geschwindigkeiten eine geringere Feuchtmenge zuführen.
C. Feuchtwerke, die vor dem Einsatz des Drucks die Platte in höherer Drehzahl vorfeuchten.
D. Feuchtwerke, die für Rollenoffsetdruckmaschinen mit hohen Druckleistungen konstruiert sind.
E. Feuchtwerke, die bei hohen Druckgeschwindigkeiten die Verdunstung des Alkohols automatisch ausgleichen.

**170**
*Wo werden sogenannte geteilte Einspannschienen meist verwendet?*
A. Am Gummizylinder
B. Am Plattenzylinder vorn und hinten
C. Am Plattenzylinder hinten
D. Am Plattenzylinder vorne

**171**
*Welches der genannten Mittel soll nicht zur Schmitzringreinigung eingesetzt werden?*
A. Wasser   B. Phosphorsäure
C. Walzenwaschmittel   D. Tri(chloräthylen)
E. Maschinenöl

**172**
*Welchen Zweck haben geteilte Plattenschienen?*
A. Die Drucklänge zu ändern
B. Die Platte insgesamt auseinanderzudehnen
C. Die Platte am hinteren Ende zu dehnen
D. Die Platte an einem Ende zusammenzuschieben
E. Die Platte entweder zu dehnen oder zusammenzudrücken

**173**
*Der Plattenzylinder einer Offsetmaschine soll 0,3 mm über Schmitzring aufgezogen werden. Zylindereinstich beträgt 0,65 mm. Die verwendete Trimetallplatte ist 0,5 mm dick. Welche Dicke müssen die Unterlegbogen haben?*
A. 0,95 mm   B. 0,65 mm   C. 0,5 mm
D. 0,35 mm   E. 0,45 mm

**174**
*Mit welchem Arbeitsverfahren sollen die Schmitzringe gereinigt werden?*
A. Mit Wasser und Waschmittel; einölen
B. Mit feinstem Schleifpapier
C. Groben Schmutz mit der Spachtel abkratzen und mit Lösemittel nachwaschen
D. Mit Rostentfernerpaste reinigen und einfetten

**175**
*Die Verwendung von Registersystemen bringt viele Vorteile. Welche Aussage stimmt jedoch nicht?*
A. Das Registersystem garantiert den genauen Stand des Bildes auf der Platte.
B. Registersysteme verkürzen die Einrichtezeit.
C. Mit Registersystem wird der richtige Stand des Drucks auf dem Bogen schneller erreicht.
D. Mit Registersystemen gibt es keine Passerdifferenzen mehr.
E. Mit dem Registersystem lassen sich die verschiedenen Montagen genau standrichtig montieren.

**176**
*Wodurch kann der Passer reguliert werden, wenn das Druckbild in Umfangsrichtung zu klein ist?*
A. Verstärken des Plattenzylinderaufzugs
B. Verringern des Plattenzylinderaufzugs
C. Einzelverstellung der Vordermarken
D. Gesamtverstellung der Vordermarken
E. Stärkere Druckbeistellung, um den Bogen zu dehnen

**177**
*Welches Reinigungsmittel ist für Schmitzringe nicht geeignet?*
A. Wasser
B. „Scharfe" Lösemittel
C. Feines Schleifpapier, wie es zum Polieren benutzt wird
D. Öl
E. Walzenwaschmittel

**178**
*Welche Bogen sollen als Gummituchunterlagen in erster Linie Verwendung finden?*
A. Offsetbogen
B. Postkartenkarton
C. Kalandrierte Bogen
D. Kunstdruckbogen
E. Kalibrierte Bogen

**179**
*Wie groß ist der Zylindereinstich am Gummizylinder der meisten Bogenoffsetmaschinen?*
A. 0,5 - 0,6 mm   B. 2 - 2,5 mm   C. 3 - 3,25 mm
D. 3,5 - 4,15 mm   E. Zwischen 2 und 5 mm

**180**
*Wie dick sind die gebräuchlichen Gummitücher?*
A. 1,5 mm   B. 1,0 mm   C. 1,75 mm
D. 1,9 mm   E. 2,0 mm

**181**
*Wie dick ist in der Regel ein Unterdrucktuch?*
A. 1,0 mm   B. 1,5 mm   C. 1,75 mm
D. 0,5 mm   E. 2,0 mm

## 6.4 Plattenzylinder, Gummizylinder, Druckzylinder

**182**
*Was bedeutet die Bezeichnung „kalibriert"?*
A. Die Bogen sind im Kalander satiniert worden.
B. Die Bogen sind besonders hart und unnachgiebig.
C. Die Bogen sind wolkenfrei und haben eine gleichmäßige Durchsicht.
D. Die Bogen sind glatt.
E. Die Bogen sind überall gleich dick.

**183**
*Wie mißt man den Gummizylinderaufzug in der Maschine am genauesten?*
A. Mit der Mikrometerschraube
B. Mit der Schieblehre
C. Mit der Zylindermeßuhr
D. Mit der Fühlerlehre und Meßschiene
E. Durch Ablesen der Druckbeistellung zum nächsten Zylinder

**184**
*Welches ist der wesentliche Unterschied zwischen einem kompressiblen und einem inkompressiblen Gummituch?*
A. Das kompressible Gummituch ist dicker.
B. Das kompressible Gummituch ist härter.
C. Das kompressible Gummituch hat eine weiche Gewebeschicht mehr.
D. Das kompressible Gummituch hat eine eingebaute „Schaumgummischicht".
E. Das kompressible Gummituch benötigt weniger Druckbeistellung.

**185**
*Mit welcher Arbeit im Hochdruck läßt sich die Gummituchzurichtung des Offsetdrucks vergleichen?*
A. Mit der Kraftzurichtung
B. Mit der Ausgleichszurichtung
C. Mit der Klischeejustierung
D. Mit dem Aufzugmachen

**186**
*Bei welchem Aufzug ist die Gefahr, daß das Gummituch durch sogenannte Knautscher beschädigt wird, am geringsten?*
A. Bei harten Gummizylinderaufzügen
B. Bei mittelharten Gummizylinderaufzügen
C. Bei weichen Gummizylinderaufzügen
D. Bei allen Gummizylinderaufzügen mit konventionellen Gummitüchern

**187**
*Welcher Gummizylinderaufzug besteht aus einem Gummituch und kalibrierten Unterlegbogen?*
A. Harter Gummizylinderaufzug
B. Mittelweicher Gummizylinderaufzug
C. Weicher Gummizylinderaufzug
D. Alle Gummizylinderaufzüge mit konventionellen Gummitüchern

**188**
*Welches ist der wesentliche Vorteil eines Luftpolstergummituchs gegenüber einem konventionellen Gummituch?*
A. Es ist weicher.
B. Es braucht weniger Druckbeistellung und gibt daher das bessere Druckergebnis.
C. Es hat eine geringere Wulstbildung und daher das bessere Druckergebnis.
D. Es ist billiger.
E. Es hat eine längere Lebensdauer.

**189**
*Bei welchem Gummizylinderaufzug wird ein Unterdrucktuch verwendet?*
A. Für einen harten Gummizylinderaufzug
B. Für einen mittelharten Gummizylinderaufzug
C. Für einen weichen Gummizylinderaufzug
D. Immer für Gummizylinderaufzüge mit Luftpolstertüchern
E. Immer für Gummizylinderaufzüge mit konventionellen Gummitüchern

**190**
*Für welchen Gummizylinderaufzug werden mehrere maschinenglatte Offsetpapierbogen bzw. Filzbogen eingesetzt?*
A. Für harten Gummizylinderaufzug
B. Für mittelharten Gummizylinderaufzug
C. Für weichen Gummizylinderaufzug
D. Für alle Gummizylinderaufzüge mit Luftpolstertüchern
E. Für alle Gummizylinderaufzüge mit konventionellen Gummitüchern

**191**
*Für ein Gummituch wird eine großflächige Zurichtung gemacht. Wohin kommt diese Zurichtung?*
A. Auf die Rückseite des Gummituchs
B. Auf den obersten Bogen der Gummituchunterlagen
C. Auf das Unterdrucktuch
D. Etwa in die Mitte der Unterlagebogen
E. Auf den untersten Unterlagebogen

**192**
*Die Drucklänge in Umfangsrichtung ist im Offsetdruck etwas variabel. Welche Antwort ist jedoch falsch?*
A. Höherer Plattenzylinderaufzug verkürzt die Bildlänge.
B. Die Aufzugshöhe des Gummizylinders hat keinen Einfluß auf die Drucklänge.
C. Auf dickem Karton druckt das Bild kürzer als auf Papier.
D. Das Druckpapier dehnt sich in der Regel bei den ersten Druckgängen, so daß das Bild der folgenden Farben verlängert werden muß.

## 6.4 Plattenzylinder, Gummizylinder, Druckzylinder

**193**
*Mit welchem Papier soll eine Gummituchzurichtung gemacht werden?*
A. Mit Zeitungspapier   B. Mit Seidenpapier
C. Mit satiniertem Papier, etwa 60 g/m²
D. Mit Tauenpapier   E. Mit Kunstdruckpapier

**194**
*Welches ist die richtige Methode, das Zurichtepapier für eine Gummituchzurichtung auf die gewünschte Größe zu bringen?*
A. Zureißen   B. Mit der Schere zuschneiden
C. Mit dem Zurichtemesser zuschneiden
D. Falzen und dann zureißen
E. Die Methoden A, B und C sind gleich gut verwendbar

**195**
*Es soll ein Gummizylinderaufzug gemacht werden unter Verwendung von 3 weichen „Filzbogen" und 3 Karton-Unterlagebogen. Welches ist die richtige Reihenfolge?*
A. Gummituch, Kartonbogen, Filzbogen
B. Gummituch, Kartonbogen, Filzbogen, Kartonbogen
C. Gummituch, Filzbogen, Kartonbogen
D. Gummituch, Kartonbogen, Filzbogen, Kartonbogen, Filzbogen

**196**
*Welche Zusammensetzung ergibt den härtesten Gummizylinderaufzug?*
A. 1 Gummituch und Karton
B. 1 Gummituch, Karton und Papier
C. 2 Gummitücher und Karton
D. 1 Gummituch, Filzbogen und Kartonbogen
E. 2 Gummitücher und Filz

**197**
*Wie wird eine Gummituchoberfläche bezeichnet, die minimale Adhäsionskräfte besitzt? Die Bezeichnung lautet:*
A. Samtoffset-Effekt   B. Quick-release-Effekt
C. Polymerisiert   D. Polykondensiert
E. Kapillar-Effekt

**198**
*Welche Aussage über die Dehnfestigkeit von Gummitüchern ist richtig?*
A. Die Dehnfestigkeit ist längs und quer etwa gleich groß.
B. Die Dehnfestigkeit ist in Richtung der farbigen Webfäden größer.
C. Die Dehnfestigkeit ist quer zu den farbigen Webfäden größer.
D. Die Dehnfestigkeit hängt von den Gummituch-Unterlagen ab.
E. Die Dehnfestigkeit hängt von den Unterlagbogen ab.

**199**
*Es soll ein Gummizylinderaufzug unter Verwendung eines Unterdrucktuchs gemacht werden. Außerdem sollen noch ein Bogen mit 0,1 mm und ein Karton mit 0,3 mm in den Aufzug. Welches ist die richtige Reihenfolge?*
A. Gummituch, 0,1-mm-Bogen, 0,3-mm-Bogen, Unterdrucktuch.
B. Gummituch, Unterdrucktuch, 0,1-mm-Bogen, 0,3-mm-Bogen.
C. Gummituch, Unterdrucktuch, 0,3-mm-Bogen, 0,1-mm-Bogen.

**200**
*Welcher Gummizylinderaufzug soll für manche Offsetmaschinen 0,05 mm über Schmitzring liegen?*
A. Der harte Gummizylinderaufzug
B. Der mittelharte Gummizylinderaufzug
C. Der weiche Gummizylinderaufzug
D. Gummizylinderaufzug mit konventionellen Gummitüchern
E. Gummizylinderaufzug mit kompressiblem Gummituch

**201**
*Welcher Gummizylinderaufzug wird für Luftpolstergummitücher empfohlen, um beste Druckergebnisse zu erzielen?*
A. Ein weicher Gummizylinderaufzug
B. Ein mittelharter Gummizylinderaufzug
C. Ein harter Gummizylinderaufzug
D. Ein Aufzug unter Verwendung eines Unterdrucktuches

**202**
*Um welchen Betrag ist die Druckbeistellung bei Verwendung von Luftpolstergummitüchern gegenüber konventionellen Gummitüchern in der Regel zu verändern?*
A. Etwa 0,05 mm weniger Druck
B. Etwa 0,05 mm mehr Druck
C. Etwa 0,15 mm mehr Druck
D. Etwa 0,15 mm weniger Druck
E. Etwa 0,1 mm weniger Druck

**203**
*Welcher Gummizylinderaufzug „schluckt" am ehesten einen Knautschbogen, so daß es nicht zur Beschädigung des Gummituchs kommt?*
A. Harter Aufzug mit inkompressiblem Gummituch
B. Mittelharter Aufzug mit inkompressiblem Gummituch
C. Harter Aufzug mit kompressiblem Gummituch
D. Mittelharter Aufzug mit inkompressiblem Gummituch
E. Weicher Aufzug mit kompressiblem Gummituch

## 6.4 Plattenzylinder, Gummizylinder, Druckzylinder

**204**
*Welche Vorteile bringt ein harter Gummiaufzug?*
A. Längere Haltbarkeit der Druckplatte
B. Besserer Ausdruck von Flächen
C. Scharfe Wiedergabe des Rasterbildes
D. Geringe Wasserführung
E. Keine Aufnahme von Papierstaub

**205**
*Was bedeutet die Bezeichnung „Gummizylinderaufzug ±0"?*
A. Die Aufzughöhe ist ungenau.
B. Es ist kein Druck zwischen Platte und Gummi.
C. Es ist kein Druck zwischen Gummi und Papier.
D. Es ist kein Abstand zwischen dem Gummi und dem blanken Gegendruckzylinder.
E. Der Gummi ist schmitzringgleich aufgezogen.

**206**
*Welcher Gummizylinderaufzug verursacht bereits bei kleineren Knautschern eine Beschädigung des Gummituchs?*
A. Harter Aufzug     B. Weicher Aufzug
C. Mittelharter Aufzug
D. Aufzug mit kompressiblem Gummituch

**207**
*Wie hoch wird in der Regel ein Luftpolster-Gummituch aufgezogen?*
A. Schmitzringgleich
B. 0,05 mm über Schmitzring
C. 0,05 mm bis 0,1 mm unter Schmitzring
D. Gleich hoch wie der Plattenzylinder

**208**
*Warum wird vielfach statt mit einem harten mit einem weicheren Gummizylinderaufzug gedruckt?*
A. Er bringt das bessere Druckergebnis.
B. Es kann mit weniger Pressung gearbeitet werden.
C. Raster druckt nicht so voll.
D. Die Aufzugshöhen müssen nicht genau eingehalten werden.
E. Der Aufzug ist unempfindlicher gegen Beschädigungen durch „Knautscher".

**209**
*Welcher Gummizylinderaufzug bringt bei geringer Druckbeistellung den schärfsten Rasterpunkt?*
A. Mittelharter Aufzug     B. Harter Aufzug
C. Nachgiebiger Aufzug     D. Elastischer Aufzug
E. Weicher Aufzug

**210**
*Wie groß ist die normal empfohlene Druckbeistellung bei Verwendung eines konventionellen Gummituchs?*
A. 0,05 mm     B. 0,1 mm     C. 0,15 mm
D. 0,2 mm     E. 0,25 mm

**211**
*Für welche Papiersorten ist ein weicherer Gummiaufzug empfehlenswert?*
A. Bei schlecht geleimten Papieren
B. Bei Florpostpapieren
C. Bei gestrichenen Papieren
D. Bei satinierten Papieren
E. Bei Papieren und Kartons mit rauher Oberfläche (z.B. gehämmert)

**212**
*Welchen Zweck erfüllt ein Zurichten des Gummituchs im Offsetdruck?*
A. Unebenheiten der Druckplatte oder des Gegendruckzylinders auszugleichen
B. Den Kontrast des Druckbildes zu erhöhen
C. Für Vollflächen den nötigen Druck zu erzeugen
D. Optimale Druckabwicklung zu gewährleisten
E. Unebenheiten des Gummituchs auszugleichen

**213**
*Welcher Hinweis ist richtig für die Befestigung eines größeren Stücks Zurichtepapier für eine Gummituchzurichtung?*
A. Mit dünnen Klebebändern ankleben
B. Mit Kleister möglichst dünnflächig ankleben
C. Am Rand ringsum mit kleinen, dünnen Klebepunkten befestigen
D. Das Zurichtepapier in der Mitte befestigen
E. Das Zurichtepapier nur vorne am Druckbeginn mit wenig Klebstoff befestigen

**214**
*Mit welchem Meßgerät wird der Aufzug außerhalb der Maschine gemessen?*
A. Zylindermeßuhr     B. Tellermikrometer
C. Schieblehre     D. Fühllehre
E. Höhenprüfer

**215**
*Neue Gummituchunterlagen sind notwendig. Der Zylinderunterschnitt beträgt 3,25 mm. Das Gummituch soll 0,05 mm über Schmitzring liegen. Wie dick müssen Gummi und Unterlagen außerhalb der Maschine gemessen sein?*
A. 3,20 mm     B. 3,25 mm     C. 3,35 mm
D. 1,30 mm     E. 1,35 mm

**216**
*Der Gummizylinder soll schmitzringgleich aufgezogen werden. Einstichtiefe 3,2 mm. Wie dick müssen Gummituch mit Unterlagen außerhalb der Maschine gemessen sein?*
A. 3,1 mm     B. 1,45 mm     C. 3,0 mm
D. 3,2 mm     E. 3,25 mm

Plattenzylinder, Gummizylinder, Druckzylinder  **6.4**

**217**

*Warum ist der Gummizylinder bei manchen Bogenmaschinen doppelexzentrisch gelagert?*
A. Zur Druckverstellung zum Papier und zur Druckan- und -abstellung
B. Zur Druckverstellung zur Platte und zum Papier
C. Zur Schmitzringpressung
D. Damit bei verschiedenen Bedruckstoffdicken der Druck verstellt werden kann
E. Zur Registerverstellung in Umfangs- und in Axialrichtung

**218**

*Warum ist der Gummizylinderaufzug in eingespanntem Zustand noch einmal zu messen?*
A. Weil das Gummituch beim Spannen in seiner Dicke geringer wird
B. Weil sich Gummituch und Unterlagen durch die auftretenden Zugkräfte verschieben können
C. Weil die Messung mit dem Mikrometer außerhalb der Maschine zu ungenau ist
D. Weil das Gummituch durch Waschmittel etwas aufquellen kann
E. Weil die kalibrierten Unterlagbogen durch das Aufspannen dünner werden

**219**

*Das Gummituch einer großformatigen Druckmaschine wurde durch einen kleinen Knautscher unbrauchbar. Man kann es für kleinere Maschinen noch verwenden.*

*Wie schneiden Sie das Tuch zu?*

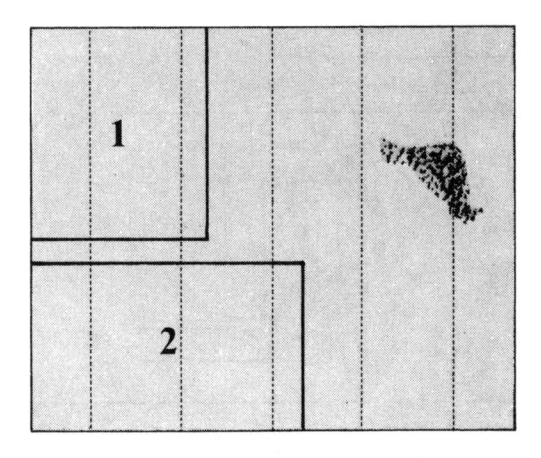

A. So, wie am meisten Gummitücher herauszuschneiden sind
B. Wie die Abbildung 1
C. Wie die Abbildung 2

**220**

*Für welche der aufgeführten Auflagen ist ein Formatbogen drucktechnisch am empfehlenswertesten?*
A. 5000 Bogen Chromolux
B. 10000 Bogen 90g/m² Offsetpapier
C. 10000 Bogen 100g/m² Bilderdruckpapier
D. 20000 Bogen Durchschlagpapier
E. 10000 Bogen Karton 300g/m²

**221**

*Sie messen mit der Zylindermeßuhr die Aufzugshöhe am Gummizylinder. Damit sich die Uhr besser anlegen läßt, haben Sie über den Zylinder einschließlich Ringe einen Bogen mit 0,1mm Dicke gelegt. Auf dem Zylinder steht die Uhr auf Null. Beim Messen auf dem Schmitzring zeigt sie +0,05mm. Wie hoch ist der Aufzug?*
A. 0,05mm unter Ring    B. 0,05mm über Ring
C. 0,15mm über Ring     D. 0,15mm unter Ring

**222**

*Manche Offsetdruckmaschinen haben auf dem Gegendruckzylinder einen „Aufzug" in Form auswechselbarer Bleche oder Folien.*
*Welche Maschinen sind das?*
A. Einfarbenmaschinen   B. Zweifarbenmaschinen
C. Maschinen mit Eindruck- und Numerierwerken
D. Nicht umstellbare Schön- und Widerdruckmaschinen
E. Alle Maschinen eines bestimmten Herstellers

**223**

*Sie stellen Greifer fein ein.*
*Das eingesteckte Papier reißt ab.*
*Was ist zu tun?*

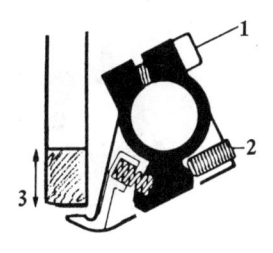

A. An der Schraube 1 im Uhrzeigersinn drehen
B. An der Schraube 1 gegen den Uhrzeigersinn drehen
C. An der Schraube 2 im Uhrzeigersinn drehen
D. An der Schraube 2 gegen den Uhrzeigersinn drehen
E. Greiferauflage tiefer stellen (3)

**224**

*Falsch eingestellte Druckzylinder-Greifer können verschiedene Druckschwierigkeiten herbeiführen.*
*Welche jedoch nicht?*
A. Dublieren          B. Passerdifferenzen
C. Falten             D. Schlechte Auslage
E. Hängenbleiben am Gummizylinder

## 6.4 Plattenzylinder, Gummizylinder, Druckzylinder

**225**

*Warum ist der Druckzylinder im Widerdruckwerk einer umstellbaren Schön- und Widerdruckmaschine mit einer speziellen Oberfläche versehen?*
A. Damit der Widerdruck scharf genug druckt
B. Um Ablegen und Aufbauen des Schöndrucks zu verringern
C. Um Ablegen und Aufbauen des Widerdrucks zu verringern
D. Um das Dublieren zu verhindern
E. Um mit geringem Anpreßdruck zu drucken

**226**

*Welches ist der Hauptgrund, daß manche Einfarbenoffsetmaschinen auf dem Gegendruckzylinder ein Aufzugsblech oder eine Aufzugsfolie haben?*
A. Um die Drucklänge zu verändern
B. Um die Abwicklungsverhältnisse der Bedruckstoffdicke anzupassen
C. Damit bei Beschädigung infolge eines durchgelaufenen Fremdkörpers nicht der ganze Zylinder repariert werden muß
D. Damit der noch nicht ganz trockene Schöndruck beim Widerdruck weniger stark ablegt
E. Damit man perforieren und numerieren kann

**227**

*An welchem Maschinenelement nimmt man die Feineinstellung der Greifer vor?*

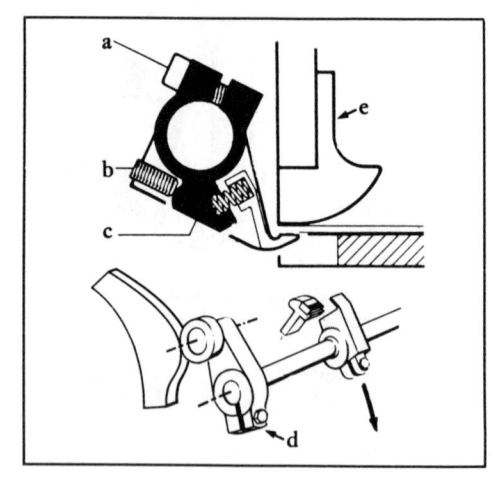

A. a   B. b   C. c   D. d   E. e

**228**

*Wie dick sollen die Streifen sein, mit denen man die Greiferfeineinstellung überprüft?*
A. 0,01 mm   B. 0,03 mm   C. 0,05 mm
D. 0,1 mm    E. 0,3 mm

**229**

*Beim Einstellen der Greifer am Druckzylinder wird eine bestimmte Vorspannung benötigt, die durch Unterlegen der entsprechenden Stärke unter dem Anschlag erreicht wird. Wie stark muß diese Vorspannung beim Gegendruckzylinder meistens sein?*
A. 1,0 mm
B. 0,02 mm
C. Sie muß der zu verarbeitenden Materialstärke entsprechen
D. 0,2 mm
E. Sie muß der dreifachen Materialstärke entsprechen

**230**

*Für welches Maschinenteil setzt man in erster Linie den zwangsläufigen Greiferschluß ein?*
A. Schwinggreifer
B. Auslegegreifer
C. Gegendruckzylinder
D. An Kettengreiferwagen bei Mehrfarbmaschinen

**231**

*Welche Aussage über den Greiferrand ist richtig?*
A. Der Greiferrand beträgt etwa 3 mm.
B. Der Greiferrand beträgt je nach Maschine zwischen 50 mm und 90 mm.
C. Der Greiferrand ist bei allen Offsetmaschinen gleich.
D. Der Greiferrand beträgt je nach Maschine zwischen 10 mm und 15 mm.

**232**

*Dieser Greifer am Druckzylinder einer Offsetmaschine soll abgestellt werden. Welche Einstellung ist vorzunehmen?*

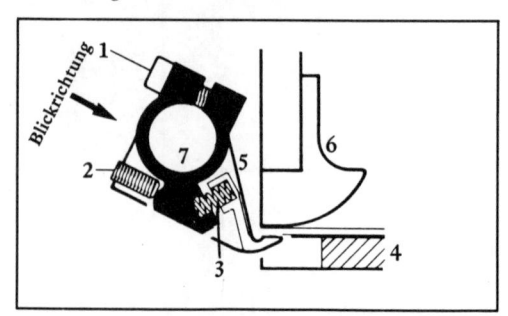

A. Schraube 1 nach rechts drehen
B. Schraube 1 nach links drehen
C. Schraube 2 nach rechts drehen
D. Schraube 2 nach links drehen
E. Teil 3 herausnehmen
F. Teil 6 herausnehmen

Plattenzylinder, Gummizylinder, Druckzylinder · Greifersystem **6.4**

**233**
Was stellt die Abbildung dar?

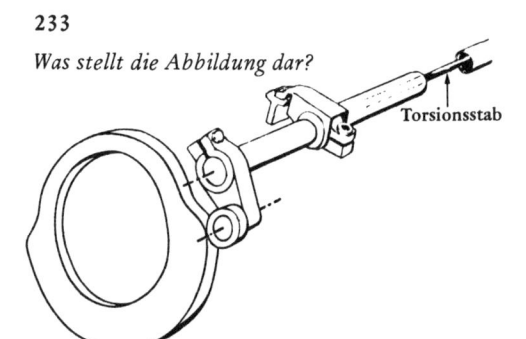

Torsionsstab

A. Federgreiferschluß
B. Zwangsläufiges Greifersystem
C. Antrieb des Schwinggreifers
D. Greifersperre

**234**
Für welches Greifersystem wird der zwangsläufige Greiferschluß verwendet?
A. Schwinggreifer  B. Druckzylindergreifer
C. Kettenausleger
D. Greifersystem, das den Bogen statt Bänder und Rollen zur Anlage bringt
E. Für alle Greifersysteme in der Offsetmaschine

**235**
Welches Greifersystem bringt die größere Haltekraft?
A. Greifersystem mit einzelgefederten Greifern
B. Greifersystem mit nicht gefederten Einzelgreifern
C. Federgreiferschluß
D. Zwangsläufiger Greiferschluß

**236**
Womit wird die Greifereinstellung überprüft?
A. Zehntelband    B. Tauenstreifen
C. 80-g/m²-Papier    D. Florpoststreifen
E. Seidenpapier

**237**
Wie erfolgt die Bogenübergabe von einem Greifersystem zu dem folgenden Greifersystem?
A. Wenn sich ein Greifersystem öffnet, schließt sich im gleichen Augenblick das nächste.
B. Der Bogen soll etwa über eine Strecke von 3 mm von beiden Greifersystemen gehalten werden.
C. Der Bogen soll etwa auf einer Strecke von 5 cm von beiden Greifersystemen gehalten werden.
D. Kurz nachdem sich das erste Greifersystem geöffnet hat, schließt sich das nächste.
E. Der Bogen soll auf eine Strecke von etwa 15 mm gemeinsam gehalten werden.

**238**
Welche Bezeichnung trifft auf die Abbildung zu?

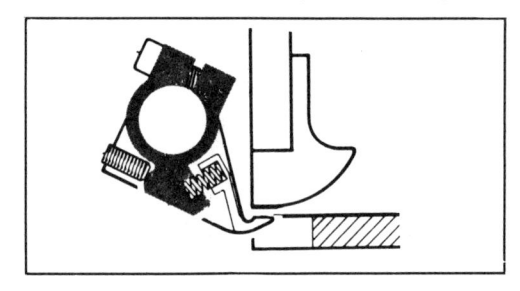

A. Federgreiferschluß
B. Zwangsläufiger Greiferschluß
C. Einzelgefederter Greifer
D. Nicht gefederter Einzelgreifer

**239**
Wozu dient das abgebildete Maschinenteil A?
A. Zur Greiferfeineinstellung
B. Zum Halten des Bogens
C. Zur Führung und Halterung des beweglichen Greiferteils
D. Zum Öffnen und Schließen des Greifers
E. Zum Verstellen des gesamten Greifers

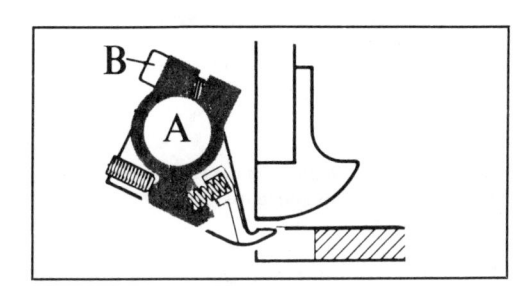

**240**
Wozu dient das abgebildete Maschinenteil B?
A. Zur Greiferfeineinstellung
B. Zum Halten des Bogens
C. Zur Führung und Halterung des beweglichen Greiferteils
D. Zum Öffnen und Schließen des Greifers
E. Zum Verstellen des gesamten Greifers

**241**
Über welche Strecke wird der Bogen von beiden Greifersystemen gehalten? 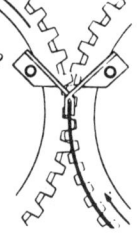
A. Unter 0,5 mm, denn der erste Greifer öffnet sofort, wenn der zweite schließt
B. Etwa 1 mm    C. Etwa 3 mm
D. Etwa 10 mm
E. Etwa 15 mm

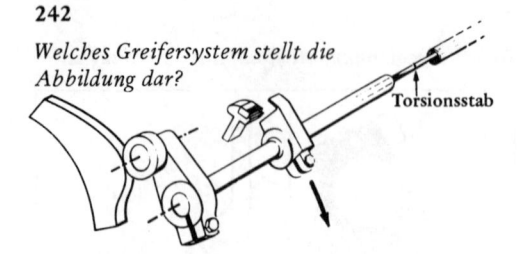

## 6.4 Plattenzylinder, Gummizylinder, Druckzylinder

**242**
*Welches Greifersystem stellt die Abbildung dar?*

Torsionsstab

A. Federgreiferschluß
B. Zwangsläufigen Greiferschluß
C. Auslegegreifer   D. Zuführgreifer

**243**
*Welches Greifersystem wird für die Auslegegreifer an einer Bogen-Offsetmaschine meist verwendet?*
A. Federgreiferschluß   C. Starres Greifersystem
B. Zwangsläufiger Greiferschluß

**244**
*Was versteht man unter Druckabwicklung?*
A. Lauf der Bogen bei Bogenoffset
B. Abrollen der Zylinderoberflächen ohne Schieben und Rutschen im Teilkreisbereich
C. Abwicklung der Papierbahn bei der Rollenoffsetmaschine
D. Planmäßige Abwicklung eines Auftrags nach vorkalkulierten Zeiten
E. Abwicklung des Gummituchs vom Zylinder zum Zwecke der Zurichtung

**245**
*Welche Teile haben an allen drei Zylindern eines Offset-Druckwerkes genau die gleichen Durchmesser?*
A. Die Zylinder mit den Aufzügen
B. Die Zylinder ohne Aufzüge
C. Die Ringe außen an den Zylindern
D. Die Aufzugsdicke   E. Die Antriebszahnräder

**246**
*Welches ist das Bezugsmaß für die Offsetabwicklung?*
A. Teilkreis der Zylinderzahnräder
B. Fußkreis der Zylinderzahnräder
C. Kopfkreis der Zylinderzahnräder
D. Durchmesser der Zylinderzahnräder
E. Plattendicke

**247**
*Welche Verzahnung wird bei allen modernen Offsetmaschinen im Zylinderantrieb verwendet?*
A. Geradverzahnung mit Evolvente
B. Pfeilverzahnung mit geraden Flanken
C. Schrägverzahnung mit Evolvente
D. Stirnverzahnung mit Zykloide
E. Schrägverzahnung mit Zykloide

**248**
*Die Zahnräder eines Getriebes sollen so montiert werden, daß ...*
A. sich der Teilkreis des einen Rades auf dem Kopfkreis des anderen abrollt
B. sich die Teilkreise fast berühren
C. sich der Teilkreis des einen auf dem Fußkreis des anderen abrollt
D. sich die Teilkreise beider Räder etwas überschneiden
E. sich die Teilkreise genau aufeinander abrollen

**249**
*Zur Druckverstellung sind die Zylinder einer Offsetmaschine gegeneinander verstellbar. Durch welche konstruktive Maßnahme wird erreicht, daß die Zylinderzahnräder trotzdem ruhig und spielfrei laufen?*
A. Gehärtete Verzahnung
B. Evolventenverzahnung
C. Schrägverzahnung   D. Geradeverzahnung
E. Die Zahnräder werden bei der Zylinderverstellung nicht mitbewegt

**250**
*Durch welche konstruktive Maßnahme wird die Zylinderfeinverstellung (Registerverstellung) in Umfangsrichtung ermöglicht?*
A. Durch die Schrägverzahnung der Zylinderzahnräder
B. Durch die Evolventenverzahnung der Zylinderzahnräder
C. Durch Verdrehen des Zylinders auf seiner Achse
D. Durch den Teilkreisbereich der Zylinderzahnräder

**251**
*Aus welchem Grund ist bei den Zylinderzahnrädern ein Teilkreisbereich notwendig?*
A. Um einen ruhigeren Zylinderlauf zu erreichen
B. Um bei der Druckzylinderverstellung Zahnradspiel und damit Dublieren zu vermeiden
C. Um die Abnutzung der Platte zu verringern
D. Um Passerdifferenzen zu vermeiden
E. Damit die Zylinder-Registerverstellung ermöglicht wird

**252**
*Warum sind die Zylinderzahnräder schrägverzahnt?*
A. Damit sie einen Teilkreisbereich haben und dadurch eine spielfreie Zylinderverstellung möglich wird
B. Vergrößerter Zahneingriff, dadurch größere Kraftübertragung und ruhigerer Lauf
C. Damit es kein Dublieren mehr gibt
D. Um das Seitenregister der Maschine bei laufender Maschine zu verstellen

## 6.4 Plattenzylinder, Gummizylinder, Druckzylinder

**253**
Welchen Vorteil gewährleistet die Schrägverzahnung an den Druckzylindern nicht?
A. Zahnstreifenfreien Druck
B. Ruhigeren, erschütterungsfreien Lauf
C. Geringeres Flankenspiel zwischen den Zähnen
D. Längere Lebensdauer und gleichmäßigere Abnutzung
E. Kein Dublieren mehr

**254**
An welchem(n) Zylinder(n) der meisten Offsetdruckmaschinen sind Ringe mit Teilkreisdurchmessern angebracht?
A. An allen drei Zylindern
B. Nur am Plattenzylinder
C. Nur am Druckzylinder
D. Nur am Platten- und Gummizylinder
E. Nur am Platten- und Gegendruckzylinder

**255**
Welcher Zylinder hat Teilkreisdurchmesser?
A. Der Plattenzylinder mit Aufzug
B. Der Plattenzylinder ohne Aufzug
C. Der Gummizylinder ohne Aufzug
D. Der Gegendruckzylinder mit Papier
E. Der Gegendruckzylinder ohne Papier

**256**
Welche(r) Zylinder ist (sind) im Maschinengestell in zwei oder drei Richtungen verstellbar gelagert?
A. Plattenzylinder
B. Gummizylinder
C. Gegendruckzylinder
D. Gummi- und Plattenzylinder
E. Platten- und Druckzylinder

**257**
Welche Aussage über die Zylinderverstellung stimmt? „Zur Druckan- und Druckabstellung wird bei Offsetmaschinen ........ verrückt."
A. der Plattenzylinder
B. der Gummizylinder
C. der Gegendruckzylinder
D. der Platten- und der Gegendruckzylinder
E. der Platten- und der Gummizylinder

**258**
Welche(r) Zylinder sind (ist) im Maschinengestell meistens unverrückbar gelagert?
A. Plattenzylinder
B. Gummizylinder
C. Gegendruckzylinder
D. Gummi- und Gegendruckzylinder
E. Gummi- und Plattenzylinder

**259**
Welchen Durchmesser haben die Ringe am Gegendruckzylinder meistens?
A. Teilkreisdurchmesser
B. Etwas größer als Teilkreisdurchmesser
C. Etwas kleiner als Teilkreisdurchmesser
D. Gleichen Durchmesser wie die Ringe am Plattenzylinder
E. Gleichen Durchmesser wie die Ringe am Gummizylinder

**260**
Wo sind an einer Bogenoffsetmaschine sogenannte Meßringe (keine Schmitzringe!) angebracht?
A. Nur am Plattenzylinder
B. Nur am Gegendruckzylinder
C. Nur am Gummizylinder
D. Nur am Platten- und Gummizylinder
E. Nur am Platten- und Druckzylinder

**261**
Welches Werkzeug benötigt der Drucker zusätzlich, wenn er mit einem Meßlineal in der Maschine die Aufzugsstärke messen will?
A. Mikrometer   B. Schieblehre   C. Fühllehre
D. Meßuhr        E. Bandmaß

**262**
Welche Zylinder laufen bei Maschinen mit Schmitzringpressung mit hoher Vorspannung aufeinander?
A. Alle drei Zylinder
B. Der Gummi- und der Gegendruckzylinder
C. Der Gummi- und der Plattenzylinder
D. Das kommt auf die Konstruktion der Maschine an, welche Zylinder mit Schmitzringpressung laufen

**263**
Welches aufgeführte Maschinenteil hat nicht Teilkreisdurchmesser?
A. Die Ringe außen am Plattenzylinder
B. Die Ringe am Gummizylinder
C. Die Ringe am Gegendruckzylinder
D. Der blanke Gegendruckzylinder

**264**
Bei welcher Skalaeinstellung berühren sich gerade die Schmitzringe von Platten- und Gummizylinder?
A. 0   B. -0,1   C. -0,05   D. +0,05   E. +0,1

**265**
Welcher Zylinderabstand läßt sich auch bei Schmitzringläufern verstellen?
A. Plattenzylinder - Gummizylinder
B. Gummizylinder - Gegendruckzylinder
C. Abstand aller drei Zylinder

## 6.4 Plattenzylinder, Gummizylinder, Druckzylinder

**266**
*Welche Aussage trifft für einen sogenannten Schmitzringläufer zu?*
A. Der Zylinderabstand von Platten- und Gummizylinder ist nicht verstellbar.
B. Der Abstand von Gummi- und Gegendruckzylinder ist nicht verstellbar.
C. Der Abstand aller drei Zylinder ist nicht verstellbar.
D. Der Abstand ist für alle drei Zylinder vom Drucker verstellbar.

**267**
*Welche Ringe an den Zylindern haben einen kleineren Durchmesser als der Teilkreis?*
A. Nur die Ringe am Plattenzylinder
B. Nur die Ringe am Gummizylinder
C. Nur die Ringe am Platten- und Gummizylinder
D. Die Ringe an allen drei Zylindern
E. Nur die Ringe am Gegendruckzylinder

**268**
*Welche Aussage trifft für eine Schmitzringläufer-Offsetmaschine zu?*
A. Die Schmitzringe von Platten- und Gummizylinder berühren sich leicht.
B. Die Skala Plattenzylinder / Gummizylinder steht auf Null.
C. Alle drei Zylinder laufen mit den Ringen aufeinander.
D. Hohe Vorspannung zwischen Gummi- und Gegendruckzylinder
E. Hohe Vorspannung zwischen Platten- und Gummizylinder

**269**
*Um welches Maß weicht der Meßring bei den meisten Bogenoffsetmaschinen von den Schmitzringen ab?*
A. Er ist 0,35 mm im Durchmesser kleiner als die Schmitzringe
B. Er ist 0,35 mm im Durchmesser größer als die Schmitzringe
C. Er ist um 0,7 mm im Durchmesser kleiner als die Schmitzringe
D. Er ist um 0,7 mm im Durchmesser größer als die Schmitzringe
E. Er ist um 0,5 mm im Durchmesser kleiner als die Schmitzringe

**270**
*Für den Druck mit Schmitzringpressung werden verschiedene Vorteile genannt. Welche Angabe stimmt jedoch nicht?*
A. Kein Dublieren mehr
B. Größere Laufruhe
C. Größere Auflagenbeständigkeit der Platte
D. Schärferer Rasterdruck
E. Weniger Vibration (Schwingungen) in der Maschine

**271**
*Die Druckplatte soll drei Zehntel Millimeter über Schmitzring aufgezogen werden. Der Zylindereinstich beträgt 0,65 mm; die Druckplatte ist 0,5 mm dick. Wie dick muß der gesamte Plattenzylinderaufzug sein?*
A. 0,65 mm    B. 0,3 mm    C. 0,45 mm
D. 0,95 mm    E. 1,0 mm

**272**
*Welches der eingezeichneten Maße heißt Einstich oder Zylinderunterschnitt?*

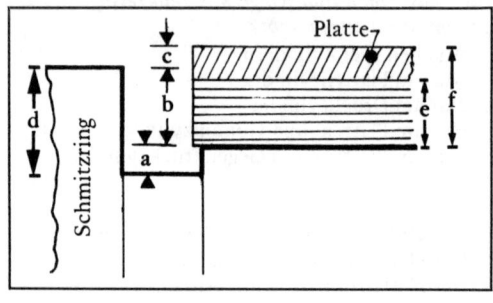

A. a    B. b    C. c    D. d    E. e    F. f

**273**
*Neben dieser Zeichnung steht in der Betriebsanleitung, daß das Gummituch eine Aufzugshöhe von ±0 haben soll. Wie dick ist der Gummizylinderaufzug in der Maschine?*

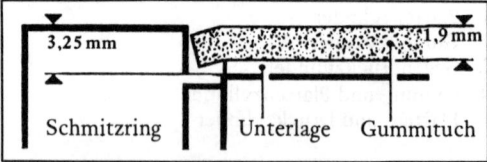

A. 1,35 mm    B. 1,90 mm    C. 1,30 mm
D. 3,25 mm    E. 3,35 mm

**274**
*Womit läßt sich die Aufzughöhe am Gummizylinder am genauesten feststellen?*
A. Mit Meßlineal und Fühllehre
B. Mit der Meßschraube
C. Mit der Schieblehre
D. Mit der Zylindermeßuhr
E. Außerhalb mit dem Mikrometer messen

**275**
*Zwischen welchen Zylindern läßt sich der Abstand bei sogenannten Schmitzringläufern nicht verstellen?*
A. Plattenzylinder - Gummizylinder
B. Gummizylinder - Gegendruckzylinder
C. Abstand aller drei Zylinder

## Plattenzylinder, Gummizylinder, Druckzylinder — 6.4

**276**
*Der Plattenzylinderaufzug einer Offsetmaschine soll zwei Zehntel über Schmitzring aufgezogen werden. Der Zylindereinstich beträgt 0,5 mm. Die Druckplatte ist 0,3 mm dick. Wie dick muß der Gesamtaufzug sein?*
A. 0,5 mm   B. 0,4 mm   C. 0,3 mm
D. 0,7 mm   E. 1,0 mm

**277**
*Der Plattenzylinder soll drei Zehntel Millimeter über Schmitzring aufgezogen werden. Platte 0,3 Millimeter; Einstich 0,5 mm. Wie dick müssen die Unterlagebogen sein?*
A. 0,1 mm   B. 0,2 mm   C. 0,3 mm
D. 0,4 mm   E. 0,5 mm

**278**
*An der Skala für die Druckverstellung zwischen Platten- und Gummizylinder sind Zahlen angegeben. Worauf beziehen sich diese Zahlen?*
A. Sie geben die Druckbeistellung zwischen Platte und Gummi an.
B. Sie geben den Abstand zwischen Platte und Gummi an.
C. Sie geben den Abstand zwischen Platten- und Gummizylinderoberfläche an.
D. Sie geben die Summe der Aufzugshöhen von Gummi- und Plattenzylinder an.
E. Sie geben den Abstand der Schmitzringe von Platten- und Gummizylinder an.

**279**
*Wie hoch muß der Plattenzylinder aufgezogen werden, damit sich bei einer Maschine mit Schmitzringpressung zwischen Platte und Gummi 0,1 mm Pressung ergibt? Der Gummizylinder ist 0,05 mm über Schmitzring aufgezogen.*
A. ±0   B. 0,05 mm   C. 0,1 mm   D. 0,15 mm
E. 0,2 mm

**280**
*Wie hoch muß bei einer Maschine mit Schmitzringpressung der Plattenzylinder aufgezogen werden, damit sich die gewünschte Pressung ergibt? Gummizylinder ist schmitzringgleich aufgezogen, der gewünschte Druck soll 0,15 mm betragen. Plattenzylinderaufzug über Schmitzring:*
A. ±0   B. 0,05 mm   C. 0,1 mm   D. 0,15 mm
E. 0,2 mm

**281**
*Welchen Wert müssen Sie auf der Skala für die Druckverstellung einstellen, wenn zwischen Platte und Gummi ein Zehntel Pressung verlangt wird? Papier ist 0,1 mm dick; Plattenzylinder ist 0,15 über Schmitz aufgezogen; Gummizylinder ±0.*
A. +0,05   B. +0,1   C. 0   D. −0,05   E. −0,1

**282**
*Wann wird die Skala Gummi/Gegendruck in den Plusbereich gestellt?*
A. Wenn mit Schmitzringpressung gedruckt wird
B. Bei hohem Gummizylinderaufzug
C. Immer, wenn mit viel Pressung gedruckt wird
D. Beim Verdrucken sehr dünner Papiere
E. Beim Drucken von Karton

**283**
*Wann wird die Einstellung an der Skala Platten-/Gummizylinder in den Plusbereich gedreht?*
A. Beim Bedrucken von dünnem Papier
B. Wenn der Gummi unter Schmitzring aufgezogen ist
C. Wenn die Plattenzylinderaufzugshöhe weniger als 0,1 über Schmitzring ist
D. Wenn die Maschine als Schmitzringläufer betrieben wird
E. Wenn die Drucklänge vergrößert wird

**284**
*Auf der Skala für die Druckverstellung zwischen Gummituch und Bedruckstoff sind Zahlen angegeben. Worauf beziehen sich diese Zahlenangaben?*
A. Sie geben den Druck zwischen Gummituch und Papier an.
B. Sie geben den Abstand zwischen den Meßringen am Druckzylinder an.
C. Sie geben den Abstand der Zylinderringe zueinander an.
D. Sie geben den Abstand des Schmitzrings vom Gummizylinder zum Bedruckstoff an.
E. Sie geben den Abstand des Schmitzrings vom Gummizylinder zum blanken Druckzylinder an.

**285**
*An einer Offsetmaschine im Format A3 ist der Plattenzylindereinstich 0,03 mm, und es ist eine Druckplatte mit einer Dicke von 0,15 mm aufgespannt. Der Gummizylinder ist schmitzringgleich aufgezogen, und die Maschine arbeitet mit Schmitzringpressung. Welche Pressung herrscht zwischen Platte und Gummi?*
A. 0,02 mm   B. 0,05 mm   C. 0,1 mm
D. 0,12 mm   E. 0,17 mm

**286**
*An einer Offsetmaschine ist der Plattenzylindereinstich 0,03 mm, und eine Platte mit einer Dicke von 0,15 mm ist ohne weitere Plattenunterlagen aufgespannt. Der Gummizylinder ist 0,05 mm über Schmitzring aufgezogen. Die Maschine ist ein Schmitzringläufer. Welche Druckpressung herrscht zwischen Platte und Gummi?*
A. 0,07 mm   B. 0,12 mm   C. 0,15 mm
D. 0,17 mm   E. 0,02 mm

## 6.4 Plattenzylinder, Gummizylinder, Druckzylinder

**287**

*Wie dick muß der Plattenzylinderaufzug sein, damit sich bei einer Maschine mit Schmitzringpressung zwischen Platte und Gummi eine Pressung von 0,15 mm ergibt? Gummizylinder ist 0,05 mm über Schmitzring aufgezogen, Plattenzylindereinstich 0,5 mm.*

A. 0,1 mm    B. 0,3 mm    C. 0,5 mm
D. 0,6 mm    E. 0,55 mm

**288**

*Es gibt verschiedene Gründe, daß der Gummizylinder von allen Zylindern am niedrigsten aufgezogen wird. Welche Aussage trifft jedoch nicht zu?*

A. Die Scheuerwirkung auf die Platte wird verringert
B. Die Wulstbildung wird weitgehend vermieden
C. Die Papierstreckung wird verringert
D. Um einen punktschärferen Druck zu erreichen
E. Um einen genauen Passer bzw. genaue Drucklänge zu erreichen

**289**

*Diese Abbildung zeigt übertrieben deutlich eine unerwünschte Erscheinung bei der Zylinderabwicklung. Wann tritt diese Wulstbildung auf?*

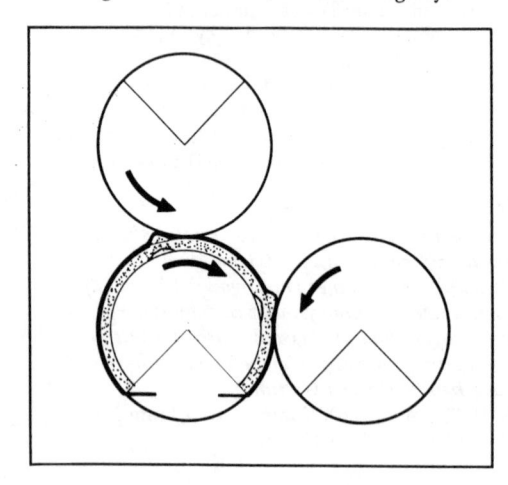

A. Beim Druck von dickem Karton
B. Bei zu hoher Pressung zwischen Gummituch und Papier
C. Wenn der Plattenzylinder zu hoch aufgezogen ist
D. Wenn der Gummizylinder zu niedrig aufgezogen ist
E. Wenn der Gummizylinder zu hoch aufgezogen ist

**290**

*Sie verstärken den Plattenzylinderaufzug um 0,2 mm. Wie ändert sich die Drucklänge bei einer Bogenmaschine mit einem Zylinderkanal von etwa 1/4 des Umfangs? Es wird das volle Papierformat gedruckt.*

A. 0,88 mm länger    B. 0,88 mm kürzer
C. 0,94 mm länger    D. 0,94 mm kürzer
E. 0,47 mm länger

**291**

*Berechnen Sie die Druckbeistellung zwischen Platten- und Gummizylinder! Papierstärke 0,15 mm; Platte 0,3 mm über Schmitzring; Gummi ±0; Skala für die Druckverstellung zwischen Platte und Gummi steht auf –0,15, Skala für die Druckverstellung zwischen Gummi und Gegendruck steht auf –0,05.*

A. 0 mm    B. 0,1 mm    C. 0,15 mm
D. 0,2 mm    E. 0,05 mm

**292**

*Welche Aussage über die Zylinderdurchmesser einer Offsetmaschine ist richtig?*

A. Alle drei Zylinder sind genau gleich groß.
B. Der Druckzylinder mit Papier hat den geringsten Durchmesser.
C. Der Plattenzylinder hat den geringsten Durchmesser.
D. Der Gummizylinder hat den geringsten Durchmesser.
E. Gummi- und Plattenzylinder werden in der Aufzugshöhe genau der Bedruckstoffdicke angepaßt.

**293**

*Wie stark ist die „normale", meist empfohlene Druckbeistellung (Pressung) zwischen Platten- und Gummizylinder bei Verwendung eines kompressiblen Gummituchs?*

A. 0,25 mm    B. 0,2 mm    C. 0,15 mm
D. 0,1 mm    E. 0,05 mm

**294**

*Um wieviel muß man mit der Druckbeistellung an der Einstellskala beigeben, wenn man einen Zehntelbogen unter der Platte herausnimmt?*

A. 0,0 mm    B. 0,05 mm    C. 0,1 mm
D. 0,2 mm    E. 0,314 mm

**295**

*Um wieviel ändert sich bei Bogenoffsetmaschinen die Drucklänge, wenn man einen 0,1-mm-Bogen unter der Platte herausnimmt?*

A. Etwa 0,1 mm    B. Etwa 0,314 mm
C. Etwa 0,5 mm    D. Etwa 0,63 mm
E. Etwa 0,05 mm

## 6.4 Plattenzylinder, Gummizylinder, Druckzylinder

**296**
*Berechnen Sie die Druckbeistellung zwischen Gummi und Papier! Gummizylinder ±0/Einstellskala für Gummi/Papier +0,05; Papier 0,15 mm dick.*
A. 0 mm  B. 0,05 mm  C. 0,1 mm
D. 0,15 mm  E. 0,2 mm

**297**
*Wie kann der Drucker die Pressung zwischen Papier und Gummi bei Maschinen mit Schmitzringpressung verändern?*
A. Veränderung des Gummizylinderaufzugs
B. Veränderung der Aufzugshöhe am Plattenzylinder
C. Veränderung der Aufzugshöhe am Gegendruckzylinder bei Maschinen mit Aufzugsblech am Gegendruckzylinder
D. Veränderung des Abstandes zwischen Gummi- und Gegendruckzylinder
E. Veränderung der Aufzugshöhen am Gummi- und Gegendruckzylinder

**298**
*Bei welcher Skaleneinstellung laufen die Schmitzringe von Platten- und Gummizylinder mit Pressung aufeinander (Schmitzringläufer)?*
A. 0  B. -0,1  C. -0,05  D. +0,05  E. -0,2

**299**
*Wie verändert der Ducker die Pressung zwischen Platte und Gummi bei Maschinen mit Schmitzringpressung?*
A. Nur durch Veränderung des Gummizylinderaufzugs
B. Nur durch Veränderung des Plattenzylinderaufzugs
C. Durch Veränderung des Abstandes zwischen Platten und Gummizylinder
D. Durch Veränderung des Gummi- oder Plattenzylinderaufzugs
E. Durch Veränderung des Gegendruckzylinderaufzugs

**300**
*Welche Aussage über die Zylinderaufzugshöhen an Offsetmaschinen ist richtig?*
A. Der Gummizylinder ist niedriger aufgezogen als der Plattenzylinder sowie der Druckzylinder mit Papier.
B. Der Plattenzylinder ist niedriger aufgezogen als der Gummizylinder.
C. Alle drei Zylinder sind genau gleich hoch aufgezogen.
D. Der Druckzylinder mit Papier ist dünner als der Plattenzylinder und der Gummizylinder mit Aufzügen.

**301**
*Was versteht man unter „korrigierter Abwicklung"?*
A. Drucklängenänderung durch verschieden hohe Zylinderaufzüge
B. Alle Zylinder auf Teilkreishöhe aufgezogen
C. Druck mit Schmitzringpressung
D. Der Gummizylinder wird niedriger aufgezogen als die übrigen Zylinder
E. Druck mit optimaler Druckbeistellung

**302**
*Welches Ziel wird mit der sogenannten korrigierten Abwicklung angestrebt?*
A. Die Oberflächengeschwindigkeit des Gummituchs soll minimal geringer sein als die des Plattenzylinders und des Druckzylinders mit Papier.
B. Die Oberflächengeschwindigkeit des Gummituchs soll minimal größer sein als die des Platten- und Druckzylinders.
C. Die Oberflächengeschwindigkeit des Gummituchs soll in der Druckzone genau so groß sein wie die der beiden anderen Zylinder.
D. Die Drehzahl des Gummizylinders soll so groß sein wie die der beiden anderen Zylinder.
E. Die Drehzahl soll etwas größer sein als die der anderen Zylinder.

**303**
*Was ist zu tun, wenn bei einer Maschine mit Schmitzringpressung die Drucklänge vergrößert werden soll?*
A. Plattenzylinderaufzug niedriger halten
B. Plattenzylinderaufzug verstärken
C. Plattenzylinderaufzug niedriger halten, Gummituch verstärken, Druck zum Gegendruckzylinder verändern
D. Gummizylinderaufzug niedriger halten, Plattenzylinderaufzug verstärken und Druck zum Gegendruck regulieren
E. Gummizylinderaufzug verringern und Druck zum Gegendruck entsprechend einstellen

**304**
*Welche Aussage beschreibt die ideale Abwicklung?*
A. An der Druckzone zwischen Platten- und Gummizylinder tritt kein Rutschen und Schieben auf.
B. An den Druckzonen zwischen allen drei Zylindern findet ein Abrollen der Zylinderoberflächen mit gleicher Geschwindigkeit statt.
C. Bei allen Druckzonen der Zylinder finden sich nur geringe Unterschiede in der Oberflächengeschwindigkeit der Oberflächen.
D. Durch die unterschiedlich großen Zylinder findet eine geringe Reibung statt.

## 6.4 Plattenzylinder, Gummizylinder, Druckzylinder

**305**

*Wozu wird die Skala Plattenzylinder/Gummizylinder in den Plusbereich gestellt?*
A. Beim Druck mit Schmitzringpressung
B. Beim Druck von dünnem Papier
C. Wenn der Gummizylinder unter Schmitzring aufgezogen ist
D. Wenn zwischen Platte und Gummi mehr Druck gewünscht wird
E. Beim Druck mit Luftpolstergummitüchern

**306**

*Mit welcher Laufrichtung muß Papier verdruckt werden, wenn die Papierdehnung infolge Feuchtigkeit durch Abwicklungsänderung ausgeglichen werden soll?*
A. Das kommt auf das Fertigerzeugnis an, ob Schmal- oder Breitbahn verdruckt wird.
B. Breitbahn
C. Schmalbahn
D. Wechselbahn

**307**

*Mit welcher Aufzugshöhe beginnt man an einer großformatigen Einfarben-Offsetmaschine eine mehrfarbige Druckarbeit?*
A. Mit relativ niedrigem Plattenzylinderaufzug
B. Mit relativ niedrigem Gummizylinderaufzug
C. Mit relativ hohem Plattenzylinderaufzug
D. Mit relativ hohem Gummizylinderaufzug
E. Mit schmitzringgleichen Aufzügen am Platten- und Gummizylinder

**308**

*Welche Aussage über die Drucklänge auf dickem Karton stimmt?*
A. Auf dickem Karton druckt das Bild länger als auf Papier.
B. Auf dickem Karton druckt das Bild gleich lang wie auf Papier.
C. Auf dickem Karton druckt das Bild kürzer als auf Papier.

**309**

*Um wieviel ändert sich die Drucklänge, wenn man die Aufzugshöhe am Plattenzylinder einer Bogenoffsetdruckmaschine um 0,15 mm ändert?*
A. Etwa 0,1 mm      B. Etwa 0,2 mm
C. Etwa 3,14 mm   D. Etwa 0,5 mm
E. 0,6 bis 0,65 mm

**310**

*Beim Einrichten des Magentas zeigt sich, daß das vorausgedruckte Cyan in Richtung des Maschinendurchlaufs zu lang ist. Was muß der Drucker tun?*
A. Die Platte mit den geteilten Plattenschienen auseinanderdehnen
B. Einen Bogen unter das Gummituch legen
C. Einen Bogen unter dem Gummituch herausnehmen
D. Einen Bogen unter der Platte herausnehmen
E. Einen Bogen unter die Platte legen

**311**

*Eine Auflage wird einmal auf Papier 0,1 mm und auf Karton 0,6 mm gedruckt. Der Kunde verlangt zum Stanzen gleiche Bildgröße bei beiden Bedruckstoffen. Welche Aussage stimmt?*
A. Beide Auflagen können ohne weitere Maßnahmen gedruckt werden. Lediglich für Karton muß die Druckbeistellung zwischen Gummi und Gegendruck entsprechend verringert werden.
B. Für Karton muß extra montiert werden, und zwar nach einem gedruckten Bogen auf Papier, damit beide Ausfertigungen gleiche Größe haben.
C. Für den Kartondruck muß der Plattenzylinder höher aufgezogen werden, weil sonst die Drucklänge in Umfangsrichtung nicht stimmt.
D. Für den Kartondruck muß der Plattenzylinder niedriger aufgezogen werden, damit die Drucklänge stimmt.
E. Übereinstimmende Bildgrößen sind auf den verschiedenen Bedruckstoffen nicht zu erreichen.

# 7 Technik des Druckens • 7.1 Offsetdruck

Einrichten und Fortdruck • Feuchtung • pH-Wert • Druckschwierigkeiten
Zusatzarbeiten: Rillen, Perforieren, Numerieren u.a.

---

**1**
*Was meint folgende Beschreibung (nach DIN)?*
*„Beurteilen und Angleichen von Ton- und Farbwerten zwischen Andruck und Fortdruck".*
A. Revision     B. Korrektur
C. Andrucken    D. Abstimmen

**2**
*Was wird mit folgender Aussage beschrieben?*
*„Letztes Überprüfen einer Druckform auf Fehler vor Beginn des Fortdrucks".*
A. Abstimmen     B. Revision    C. Standbogen
D. Andrucken     E. Korrekturlesen

**3**
*Was wird mit folgender Aussage beschrieben?*
*„Arbeitsgang, der im Auflagendruck aller Druckverfahren die Voraussetzung für den Fortdruck schafft".*
A. Revision       B. Einrichten   C. Abstimmen
D. Korrekturlesen E. Andrucken

**4**
*Für die nächste Auflage, die Sie drucken sollen, soll das Papier vorher gestreckt werden. Was meint man damit?*
A. Das Papier wird zur Klimatisierung aufgehängt oder mit der Stapelwendeeinrichtung mehrmals durchgelüftet.
B. Das Papier läuft durch die Maschine, ohne bedruckt zu werden.
C. Das Papier wird feuchter Luft ausgesetzt.
D. Das Papier wird in einer Aufhängevorrichtung aufgehängt.

**5**
*Wozu dient der Standbogen in erster Linie?*
A. Als Grundlage für die Filmmontage
B. Zur Standüberprüfung vor dem Druck
C. Als auslinierter Bogen für die Weiterverarbeitung
D. Als Fahrplan für die Kopiermaschine
E. Zum Korrekturlesen der Texte vor dem Druck

**6**
*Bewerten Sie folgende Aussage!*
*Zum Einrichten einer neuen Druckarbeit gehören:*
*1. Farbmischen, 2. Farbwechsel, 3. Papierlauf einstellen, 4. Aus- und Einrichten der Platte, 5. Revision*
A. Zum Einrichten gehören alle aufgezählten Arbeiten.
B. Es zählen nur die Arbeiten 1 und 4 dazu.
C. Es zählen alle Arbeiten außer 1 dazu.
D. Es zählen die Arbeiten 2 und 4 dazu.

**7**
*Welche Bezeichnung steht für Druckerlaubnis?*
A. Impressum    B. Imprimatur    C. Signatur
D. Revision     E. Deleatur

**8**
*Sie richten die zweite Farbe ein (gestrichelte Paßkreuze). Welche Aussage ist richtig?*

A. Vordermarken höher einstellen
B. Vordermarken tiefer einstellen
C. Vordermarken zurückstellen
D. Vordermarken vorstellen

**9**
*Welcher Satz beschreibt die Aufgabe der Revision richtig?*
A. Letzte Kontrolle vor dem Fortdruck
B. Die Farbe und die Tonwerte werden abgestimmt
C. Korrektur der Texte
D. Plattenüberprüfung nach der Kopie
E. Standbogen machen

**10**
*An welcher Ecke muß die Bogenanlage in der Druckmaschine erfolgen?*

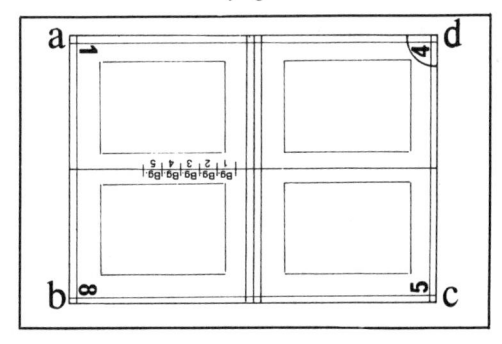

A. An der Ecke a     B. An der Ecke b
C. An der Ecke c     D. An der Ecke d
E. Dies ist ohne Einschränkung an allen vier Ecken möglich

## 11

*Sie richten ein und sollen einen Bogen zur Revision geben. Welche Anforderung ist für diesen Bogen nicht wichtig?*
A. Der Stand soll stimmen.
B. Der Bogen soll nicht verschmiert sein.
C. Es soll nicht geschmiert haben.
D. Der Bogen soll keine Wasserfahnen haben.
E. Die Farbgebung soll genau auf den Andruck abgestimmt sein.

## 12

*Der Drucker stellt beim Abstimmen fest, daß der Raster im Fortdruck voller druckt als im Andruck. Er muß Maßnahmen ergreifen, damit der Raster weniger voll druckt. Welche Maßnahme ist dazu nicht geeignet?*
A. Unverschnittene Farbe einsetzen
B. Feuchtung erhöhen
C. Weniger Druck zwischen Platte und Gummi
D. Besseres Gummituch einbauen
E. Härteren Gummizylinderaufzug verwenden

## 13

*Die Abbildung zeigt die Anlage einer Bogenmaschine, von oben gesehen. Es wird Karton im abgebildeten Format gedruckt. Mit welchen Vordermarken erreicht man die sicherste Bogenanlage?*

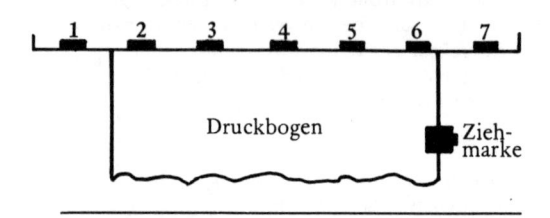

A. Mit allen Marken
B. 2, 3, 4, 5, 6   C. 3, 4, 5
D. 2, 6   E. 3, 5

## 14

*Es wird Papier bedruckt. Wie ist die optimale Stellung der untersten Transportrollen bei Maschinen ohne Bogenvorausrichtung?*
A. Die Rolle soll direkt an der Bogenkante stehen.
B. Die Rolle soll etwa 2 mm auf dem angelegten Bogen stehen.
C. Die Rolle soll etwa 2 mm hinter dem angelegten Bogen stehen.
D. Die Rolle soll etwa 5 mm auf dem angelegten Bogen stehen.
E. Die Rolle soll etwa 5 mm hinter dem angelegten Bogen stehen.

## 15

*Wie kontrollieren Sie beim ersten Druckgang einer mehrfarbigen Arbeit die richtige Bogenanlage und den festen Sitz der Druckplatte?*
A. Beim Stapelwechsel den Sitz der Platte überprüfen
B. Das Anlegen der Bogen beobachten
C. Mit doppelt gedruckten Bogen
D. Durch elektronische Kontrolle der Anlagezeichen
E. Mit Hilfe der elektronischen Bogenkontrolle

## 16

*Welche der genannten Angaben ergibt den kontrastreichsten Druck?*
A. Weicher Gummizylinderaufzug, wenig Druckbeistellung, frische Druckfarbe
B. Verdünnte Farbe, geringe Farbführung, wenig Wasser
C. Unverschnittene Farbe, harter Gummiaufzug, minimale Feuchtung
D. Hohe Volltondichte, hartes Wasser, harter Gummiaufzug
E. Feuchtung reduzieren, deckende Farben verwenden

## 17

*Welche ist die sicherste Methode, Farbschwankungen zu erkennen?*
A. Die Bogen visuell mit dem Abstimmbogen vergleichen
B. Farbmarken mitdrucken und diese mit einem Densitometer messen
C. Die Bogen visuell unter einer Abstimmleuchte mit dem Abstimmbogen vergleichen
D. Die mitgedruckten Farbmarken visuell mit denen des Abstimmbogens vergleichen
E. Die Bogen von verschiedenen Druckern begutachten lassen; Mittelwerte bilden

## 18

*Welches Licht wird für die Farbabstimmung zwischen Andruck und Fortdruck empfohlen?*
A. Helles Tageslicht oder Sonnenschein
B. Halogenlicht   C. Schwarzlichtlampe
D. Leuchte mit 5000 Kelvin Farbtemperatur
E. Leuchte mit 6500 Kelvin Farbtemperatur

## 19

*Welches Maschinenelement soll man bei einem Schuppenanleger an die Bogenhinterkante stellen, wenn der Bogen in den Vordermarken liegt?*
A. Bürstenrollen   B. Kugelreiter
C. Bogenniederhalter
D. Gummitransportrollen
E. Transportrollen ohne Gummiüberzug

Einrichten und Fortdruck  **7.1**

**20**

*Welche Aussage über das Anlagezeichen ist* falsch?
A. Das Anlagezeichen gibt dem Drucker an, welche Ziehmarke er anstellen muß.
B. Das Anlagezeichen gibt dem Buchbinder an, wie er den Stapel in die Schneidemaschine einsetzen muß.
C. Das Anlagezeichen dient beim Druck der ersten Farbe zur Kontrolle, ob die Bogen richtig gezogen oder geschoben werden.
D. Am Anlagezeichen auf der Platte erkennt der Drucker, ob es sich um den Schön- oder den Widerdruck handelt.

**21**

*Welche Aussage stimmt, wenn beim Druck zum Umschlagen mit zwei Formen ein genaues Übereinstimmen von Schön- und Widerdruck erzielt werden soll?*
A. Das Papier muß an den Anlagekanten zweiseitig beschnitten werden.
B. Das Papier muß dreiseitig beschnitten werden.
C. Das Papier muß vierseitig beschnitten werden.
D. Das Papier muß vor dem Druck noch zusätzlich gestreckt werden.
E. Das Papier kann ohne zusätzliche Maßnahmen vom Stapel weg bedruckt werden.

**22**

*Welche Veränderung muß an einer Offsetmaschine* nicht *vorgenommen werden, wenn von Papier auf Karton umgestellt wird?*
A. Plattendruck nach Kartonstärke einstellen
B. Vorgreiferaufschlagleiste höher stellen
C. Doppelbogensperre entsprechend der Bedruckstoffdicke einstellen
D. Druckverstellung Gummi - Gegendruckzylinder
E. Deckblatt der Ziehmarke entsprechend der Kartondicke einstellen

**23**

*Es wird Karton mit 250g/m² gedruckt. Welche Aussage über die Vordermarkeneinstellung ist richtig?*
A. Es werden alle Vordermarken tragend eingestellt.
B. Es werden die beiden äußersten Vordermarken angestellt.
C. Es werden ungefähr vier Vordermarken tragend eingestellt.
D. Es werden die Vordermarken in der Nähe des Viertelbruchs angestellt.
E. Es werden zwei Vordermarken genau an den Viertelbruch gerückt und tragend eingestellt.

**24**

*Wann muß der Drucker den Anlegezeitpunkt zu den Vordermarken später einstellen?*
A. Bei sehr hoher Druckgeschwindigkeit
B. Bei dünnem Papier   C. Bei glattem Papier
D. Beim Drucken von dickem Karton
E. Wenn die vorderen Transportrollen zu weit vorne stehen

**25**

*Welches Maschinenelement soll an der gezeigten Stelle eingesetzt werden?*

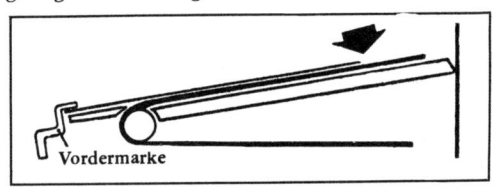

A. Rolle für Doppelbogenkontrolle
B. Transportrolle aus Metall oder hartem Kunststoff
C. Transportrolle aus Gummi
D. Kugelreiter   E. Bürstenrolle

**26**

*Sie stellen von Papier auf Karton um.*
*Welche Aussage ist* falsch?
A. An Schleppsaugern große Gummischeiben aufsetzen
B. Doppelbogenabfühlung höher einstellen
C. Vordermarken höher einstellen
D. An der Ziehmarke die Feder wechseln
E. Am Schwinggreifer die Greifer höher einstellen

**27**

*Unter das Gummituch legt man häufig einen sogenannten „Formatbogen". Das bringt verschiedene Vorteile. Welchen jedoch nicht?*
A. Der Druckzylinder bleibt außen sauber.
B. Der Gummizylinder bleibt außen sauber.
C. Kein Einschneiden der Papierkanten ins Gummituch
D. Die Gefahr von Gummituchbeschädigung durch Knautscher wird verringert.

**28**

*Es wird Papier gedruckt (120g/m², 0,10 mm). Die Maschine (Format 70 cm x 100 cm) hat folgende Einstellungen: 1. Schwinggreiferhöhe 0,3 mm; 2. Deckblatthöhe an der Ziehmarke: 3 Streifen klemmen leicht; 3. Skala für Druckbeistellung Gummi - Papier steht auf -0,10; Gummizylinder aufzug ist schmitzringgleich.*
A. Alle Einstellungen sind richtig.
B. Einstellung 3 ist falsch.
C. Einstellung 1 und 3 sind falsch.
D. Einstellung 1 ist falsch.
E. Nur die Einstellung 2 ist richtig.

## 7.1 Einrichten und Fortdruck

**29**

Bei der Maschinenumstellung auf eine neue Auflage merken Sie, daß die Vordermarkenhöhe nicht bei allen Marken gleich ist. Unter zwei Marken klemmen die Papierstreifen, mit denen Sie die Markenhöhe überprüfen, etwas mehr als unter den restlichen drei Marken. Was ist zu tun?
A. Monteur bestellen, da so kaum gedruckt werden kann.
B. Die drei höher stehenden Marken etwas niederbiegen.
C. Die beiden tiefer stehenden Marken etwas höher biegen.
D. Die Einstellung der Vordermarkenhöhe nach den tieferstehenden Marken richten.
E. Die Markeneinstellung nach den drei höher stehenden Marken richten.

**30**

Man kann zum Druck kleinerer Formate einen sogenannten Formatbogen einsetzen. Wo wird dieser untergelegt?
A. Unter die Platte
B. Unter das Gummituch
C. Unter das Aufzugblech am Gegendruckzylinder
D. Unter Platte und Gummituch

**31**

Wie dick muß ein sogenannter Formatbogen mindestens sein?
A. 0,05 mm   B. 0,1 mm   C. 0,2 mm
D. 0,4 mm   E. 1,0 mm

**32**

Sie sollen einen Formatbogen im Gummizylinderaufzug einsetzen. Wie gehen Sie vor?
A. Aus den Unterlagen einen entsprechenden Bogen zureißen
B. Zu den vorhandenen Unterlagen einen Auflagebogen legen
C. Einen Bogen wegnehmen und durch einen Bogen aus spezialweichem Unterlagenpapier ersetzen
D. Das Unterdrucktuch auf Format zuschneiden

**33**

Bei vielen Maschinen kann man die Druckanstellung vorwählen, und die Maschine geht dann zum richtigen Zeitpunkt auf Druck. Wodurch wird dieses Auf-Druck-Gehen ausgelöst?
A. Durch die Doppelbogenkontrolle
B. Wenn die Bogen an die Vordermarken anstoßen
C. Durch die elektronische Bogenkontrolle
D. Durch Luftsteuerung auf dem Anlagetisch
E. Über einen Berührungskontakt, den das Papier auslöst

**34**

Welche Aussage beschreibt, was geschieht, wenn die Kurvenscheibe in der Auslage etwas nach unten abgesenkt wird?

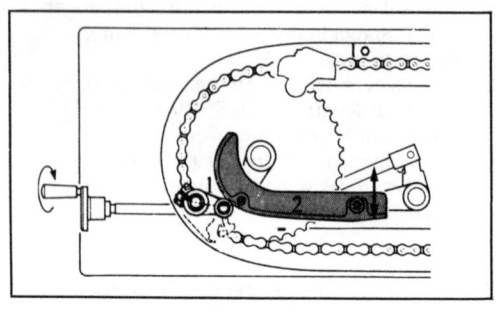

A. Die Auslage ist für Karton eingestellt.
B. Die Bestäubung ist eingestellt.
C. Der Bogen wird später losgelassen.
D. Der Bogen wird früher losgelassen.
E. Die Auslage ist für dünnes Papier eingestellt.

**35**

Welche der aufgeführten Arbeiten gehört *nicht* zum Einrichten?
A. Farbmischen
B. Farbwechsel
C. Papierlauf einstellen
D. Revision
E. Auf Papier warten

**36**

Die Abbildung zeigt seitlich aufgeschuppte Bogen. Welche Ursache kommt für die sichtbaren Anlagedifferenzen *nicht* in Frage?

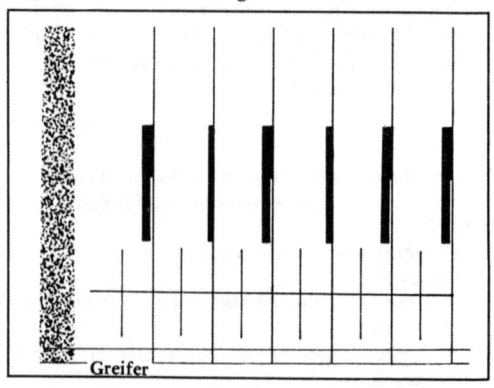

A. Gummirollen auf dem angelegten Bogen
B. Deckblatt der Ziehmarke zu tief
C. Ziehweg zu groß
D. Federdruck zu groß
E. Vordermarken stehen zu tief

Einrichten und Fortdruck 7.1

**37**

*Die Abbildung zeigt seitlich aufgeschuppte Bogen. Wie erfolgt die Seitenanlage?*

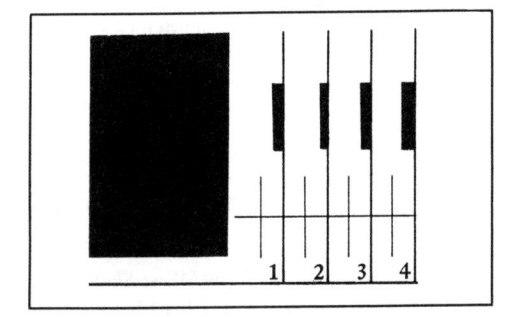

A. Mit der Seitenmarke auf der Antriebsseite
B. Mit der Seitenmarke auf der Bedienungsseite
C. Es wird ohne Seitenmarke gedruckt

**38**

*Folgende Anweisung für die Benutzung eines spannschienenabhängigen Registersystems ist fehlerhaft. Welche Aussage ist falsch?*

A. Die vordere Spannschiene wird seitlich mit den skalierten Schrauben genau auf Null gestellt.
B. In radialer Richtung wird die vordere Spannschiene präzise auf Null gestellt.
C. Die gelochte Platte wird in die Schiene eingesteckt.
D. Dabei ist auf genauen Sitz zu achten, und dann werden die Klemmschrauben zugedreht.

**39**

*Wie soll die vordere Spannschiene bei einem spannschienenbezogenen Registersystem stehen, wenn die Platte eingesteckt wird?*

A. Exakt auf Null
B. Etwa 0,3 mm weiter in Richtung Druckanfang
C. Etwa 1 mm weiter in Richtung Druckanfang
D. Etwa 0,3 mm weiter vom Druckanfang weg
E. Etwa 1 mm weiter vom Druckanfang weg

**40**

*Mit der gleichen blauen Druckfarbe wird einmal auf weißes Kunstdruckpapier und dann anschließend auf weißes Naturpapier gedruckt. Welche Aussage stimmt?*

A. Das Ergebnis ist auf beiden Papieren gleich, da es die gleiche Druckfarbe ist.
B. Das Druckergebnis ist auf dem Kunstdruckpapier dunkler als auf dem Naturpapier.
C. Das Druckergebnis ist auf dem Naturpapier dunkler als auf dem Kunstdruckpapier.
D. Auf dem Naturpapier wird die blaue Fläche fleckig aussehen, auf Kunstdruckpapier nicht.

**41**

*Warum werden Druckbogen bestäubt?*

A. Um Perlen der Farbe vorzubeugen
B. Um zu verhüten, daß die Farbe abmehlt
C. Um die Farbtrocknung zu beschleunigen
D. Damit beim Mehrfarbendruck die nächste Farbe besser haftet
E. Um Abliegen zu vermeiden

**42**

*Wann ist grobes Bestäubungspuder zu verwenden?*

A. Wenn lackiert wird
B. Bei Kartondruck
C. Für gestrichene Papiere
D. Im Golddruck, weil der Farbauftrag so stark ist
E. Beim letzten Druckgang mehrfarbiger Arbeiten

**43**

*Welche Einstellung läßt sich an einem Passagebestäuber vornehmen, aber nicht an einem Stapelbestäuber?*

A. Pudermenge
B. Puderbreite
C. Puderlänge
D. Puderkörnung

**44**

*Wodurch wird die Scheuerfestigkeit eines Druckes am meisten herabgesetzt?*

A. Durch Zugabe von Scheuerschutzpaste
B. Durch Zugabe von Rupfpaste
C. Durch Zugabe von Trockenstoff
D. Durch Bestäuben mit organischem Puder
E. Durch Bestäuben mit anorganischem Puder

**45**

*Wovon ist die Wahl der Korngröße des Bestäubungspuders abhängig?*

A. Von der Stärke der Farbführung
B. Von der Größe der gedruckten Fläche
C. Vom Quadratmetergewicht des Bedruckstoffs
D. Von der Maschinengeschwindigkeit
E. Von der Drucktechnik und der Farbenzahl

**46**

*Bei der Druckbestäubung soll mit möglichst geringer Pudermenge gearbeitet werden. Welche Angabe nennt den wichtigsten Grund?*

A. Der pH-Wert verändert sich.
B. Die Druckfarbe wird strenger.
C. Die Druckfarbe verschmutzt.
D. Die Aufrauhung des Gummituchs zu vermeiden.
E. Die Druckplatte wird weniger abgenutzt, das Gummituch ist weniger zu waschen.

Einrichten und Fortdruck · Feuchtung, pH-Wert

**47**
Sie stellen vom Format 70 cm x 100 cm auf 50 cm x 100 cm um. Welche Aussage über die Einstellung der Bestäubung ist richtig?
A. Keinerlei Umstellung notwendig
B. Feineren Puder einfüllen
C. Puderbreite auf 50 cm einstellen
D. Puderlänge auf 50 cm einstellen
E. Puderlänge auf 70 cm einstellen

**48**
Wie kann man die Puderbreite einstellen?
A. Öffnen und Schließen der Puderdüsen
B. Mit einer Kurvenscheibe
C. Durch Veränderung der Blasluft
D. Durch Veränderung der Greiferöffnungskurve

**49**
Warum haben manche Pudergeräte eine eingebaute Heizung?
A. Warmes Pudern beschleunigt die Farbtrocknung.
B. Um ein Feuchtwerden und Klumpen des Puders zu verhindern.
C. Man kann dadurch die Pudermenge reduzieren.
D. Die Wirksamkeit der Bestäubung wird verbessert.

**50**
Wie wird in der Regel die Puderlänge eingestellt?
A. Durch einen Exzenter
B. Durch Verschieben der Puderdüsen
C. Durch Öffnen oder Schließen der Düsen
D. Durch Regulierung der Blasluft
E. Durch Verdrehen einer Kurvenscheibe

**51**
Welche Folge hat zu wenig Feuchtigkeit?
A. Die Zeichnung druckt grau.
B. Die Zeichnung nimmt zu viel Farbe an und druckt zu schwarz.
C. Tonen   D. Schmieren

**52**
Welche Wirkung hat zu starke Feuchtung?
A. Der Druck wird schärfer.
B. Die Platte beginnt zu tonen.
C. Der Druck wird grau und kontrastlos.
D. Die Platte hält keine große Auflage aus.
E. Der Druck wird dunkler.

**53**
Welche Ursachen haben Wasserfahnen?
A. Zu starke Feuchtung   B. Emulgierte Farbe
C. Feuchtwalzen sind zu stark an den Verreiber angestellt
D. Farbwalzen sind zu stark an die Platte angestellt, so daß sie das Wasser vor sich her quetschen
E. Farbe ist zu streng, Gefahr des Rupfens!

**54**
Was besagt der pH-Wert?
A. Grad der Lichtbeständigkeit einer Druckfarbe
B. Artgewicht einer Säure
C. Wert, der den Säuregrad oder den Grad der Alkalität einer Flüssigkeit kennzeichnet
D. Meßwert der Farbkonsistenz
E. Ergebnis bei Feststellung der rel. Luftfeuchte

**55**
Welchen pH-Wert hat neutrales Wischwasser?
A. pH 3   B. pH 4   C. pH 5   D. pH 6   E. pH 7

**56**
Welchen Meßbereich hat die pH-Wert-Skala?
A. Von 0 bis 7   B. Von 1 bis 100
C. Von 0 bis 10   D. Von 1 bis 14
E. Von 0 bis 14

**57**
Eine Flüssigkeit mit pH-Wert 12 ist ......
A. neutral   B. schwach sauer
C. stark sauer   D. schwach alkalisch
E. stark alkalisch

**58**
Wie bezeichnet man eine Flüssigkeit, deren pH-Wert bei 6 liegt?
A. Stark basisch   B. Neutral
C. Schwach sauer   D. Stark sauer
E. Schwach basisch

**59**
Wozu wird Universalindikatorpapier gebraucht?
A. Als Spezialpapier für Direktumkehrungen
B. Zur Messung des Alkoholgehalts in Flüssigkeiten
C. Zur Bestimmung des pH-Wertes
D. Als Papierfolie für Farbprüfverfahren
E. Als Spezialpapier für das indirekte Verfahren

**60**
Welches ist der günstigste Bereich für den pH-Wert des Feuchtwassers?
A. pH 7   B. pH 5,0 - 6,5   C. pH 3 - 4
D. pH 7 - 8   E. pH 8 - 9

**61**
Wievielfach ändert sich der Säuregrad einer Flüssigkeit von pH 4 zu pH 3?
A. 2fach   B. 5fach   C. 10fach
D. 20fach   E. 50fach

**62**
Wievielfach ist eine Säure mit pH 3 stärker als eine mit pH 5?
A. 2fach   B. 10fach   C. 20fach
D. 50fach   E. 100fach

# pH-Wert 7.1

**63**

*Eine Lauge hat den pH-Wert 8, die andere pH 10. Welche Aussage stimmt?*
A. Die Lauge mit pH 8 ist 2fach stärker als die mit pH10.
B. Die Lauge mit pH 8 ist 2fach schwächer als die mit pH 10.
C. Die Lauge mit pH 8 ist 10fach stärker als die mit pH 10.
D. Die Lauge mit pH 8 ist 10fach schwächer als die mit pH 10.
E. Die Lauge mit pH 8 ist 100fach schwächer als die mit pH 10.

**64**

*Bei welchem pH-Wert von Wischwasser und Papier kann sich die Farbtrocknung verzögern?*
A. Bei pH 7
B. Bei pH unter 7
C. Bei pH über 10
D. Bei pH unter 4
E. Bei pH über 7

**65**

*Welchen pH-Wert dürfen Naturpapiere nach DIN nicht haben?*
A. Nicht unter pH 6
B. Nicht unter pH 5,5
C. Nicht über pH 7,5
D. Nicht unter pH 4,5
E. Nicht über pH 9,5

**66**

*Welche der aufgeführten Wischwassereinstellungen kann die Farbtrocknung verzögern?*
A. Neutral    B. Schwach sauer
C. Stark sauer    D. Schwach basisch
E. Stark basisch

**67**

*Mit welchem Gerät mißt man den Alkoholgehalt des Feuchtwassers?*
A. Hygrometer    B. Thermometer
C. pH-Meter    D. Senkwaage
E. Psychrometer

**68**

*Welchen Hauptzweck hat die Zugabe von Alkohol zum Feuchtwasser?*
A. Damit die Feuchtwalzen nicht so schnell verschmutzen
B. Damit der pH-Wert stimmt
C. Damit sich das Papier weniger dehnt
D. Damit weniger Pilze und Algen im Feuchtwasser wachsen
E. Damit die Oberflächenspannung des Wassers verringert wird

**69**

*Welche Aussage über die Wirkung und Aufgabe moderner Feuchtwasserzusätze ist falsch?*
A. Sie verhindern das Wachsen von Algen.
B. Sie verhindern das Wachsen von Schimmelpilzen.
C. Sie stellen das Feuchtwasser auf einen günstigen pH-Wert ein.
D. Manche setzen die Oberflächenspannung des Wassers herab.
E. Sie erübrigen es, die Platte bei Schichtende zu gummieren.

**70**

*Welche Kurzbeschreibung charakterisiert Wischwasserzusätze mit Pufferwirkung?*
A. Sie stellen den pH-Wert des Wischwassers günstig ein und verhüten Algen- und Schimmelbildung.
B. Sie neutralisieren das Wischwasser.
C. Sie stellen den pH-Wert günstig ein und verringern die Oberflächenspannung des Wischwassers.
D. Sie stellen den pH-Wert für den Offsetdruck ein, aber stoßen Alkoholzusatz ab.
E. Sie stellen den pH-Wert günstig ein und fangen Säure- und Laugeneinflüsse ab.

**71**

*Warum soll man den pH-Wert des Feuchtwassers nicht mit verdünnter Säure, beispielsweise 3 - 5 %iger Phosphorsäure, einstellen?*
A. Die Säure ist zu aggressiv und greift die Platte an.
B. Die Säure verträgt sich nicht mit den Walzen des Feuchtwerks.
C. Durch die Säure wird der Stoffbezug zu schnell mürbe und geht kaputt.
D. Säure allein zeigt keine Pufferwirkung; der pH-Wert sinkt schnell ab, bleibt aber nicht lange konstant.
E. Es muß zu viel Säure zugegeben werden, bis der gewünschte pH-Wert erreicht wird.

**72**

*In welchem Abschnitt zum Feuchtmittel steckt ein sachlicher Fehler?*
A. Für den Offsetdruck soll das Feuchtwasser auf einen pH-Wert von etwa 5 bis 6,5 eingestellt werden.
B. Dies geschieht am besten mit reiner Säure oder Ätzgummierung.
C. Der Alkoholzusatz für die modernen Feuchtwerke ist dabei unabhängig von dem pH-Wert
D. und muß durch Zugabe von Isopropylalkohol eingestellt werden.

## 7.1 Druckschwierigkeiten

**73**
Welche Abkürzung ist die Maßeinheit für die Wasserhärte?
A. pH  B. °dH  C. Tack
D. K   E. Poisen

**74**
Womit kann man die Wasserhärte in der Druckerei am einfachsten messen?
A. Wasser filtrieren
B. Wasser verdampfen und den Kalkrückstand wiegen
C. Mit dem Aräometer
D. Mit Indikatorstäbchen
E. Mit Lackmuspapier

**75**
Ab welcher Wasserhärte können bei modernen Alkoholfeuchtwerken Druckschwierigkeiten auftreten?
A. Ab 5 Grad deutscher Härte
B. Ab 15 bis 20 Grad deutscher Härte
C. Über 100 Grad deutscher Härte
D. Über 200 Grad deutscher Härte
E. Über 300 Grad deutscher Härte

**76**
Was bedeutet die Aussage: „antimikrobielle Wirkung" auf einem Etikett für einen Feuchtwasserzusatz?
A. Er wirkt der Wasserhärte entgegen.
B. Er verhindert Algen- und Schimmelbildung.
C. Die Wasserverschmutzung durch Staub wird verringert.
D. Die Oberflächenspannung wird herabgesetzt.
E. Er verhindert Plattenoxid.

**77**
Welche Druckschwierigkeit wird mit folgender Aussage beschrieben? „Farbschleier auf den bildfreien Stellen".
A. Schmieren  B. Zusetzen
C. Oxid       D. Tonen
E. Ablegen

**78**
Gegen das Einrollen des Bogenendes beim Flächendruck gibt es verschiedene Maßnahmen. Welche Maßnahme ist jedoch nutzlos?
A. Bogenentroller einsetzen
B. Breitbahnpapier einsetzen
C. Farbe mit Verdünner versetzen
D. Gummituch mit geringerer Klebkraft einsetzen
E. Druck zwischen Gummi und Gegendruck verstärken

**79**
Welche Nachteile bringt stark emulgierte Farbe?
A. Es entstehen Wasserfahnen.
B. Der Druck ist grau und kraftlos.
C. Der Druck ist zu dunkel.
D. Papierdehnung, so daß der Passer gefährdet ist.
E. Die Druckplatte hält nur eine geringere Auflage aus.

**80**
Welche Gefahr besteht, wenn beim Druck einer Auflage mit stark verschiedenen Geschwindigkeiten gedruckt wird?
A. Passerschwierigkeiten
B. Beschädigung des Papiers
C. Schnellere Abnutzung der Druckplatte
D. Tonen durch emulgierte Druckfarbe

**81**
Welche Maßnahme ist gegen das Rupfen nicht geeignet?
A. Wärmere Maschine
B. Druckhilfsmittel, die die Zügigkeit verringern
C. Druckhilfsmittel, die die Viskosität verringern
D. Höhere Druckgeschwindigkeit
E. Festeres Papier

**82**
Beim Druck auf welcher Maschine ist die Dubliergefahr am größten?
A. Auf Einfarbenmaschinen
B. Auf Mehrfarbenmaschinen
C. Auf nicht umstellbaren Schön- und Widerdruckmaschinen
D. Auf Andruckmaschinen

**83**
Welche Druckarbeit wird sich in der Auslage am Bogenende am stärksten einrollen?
A. Werkdruck
B. Flächendruck auf dünnes Bilderdruckpapier
C. Flächendruck auf Naturpapier
D. Druck mit großen Vierfarbbildern auf Kunstdruckpapier $150 g/m^2$
E. Schön- und Widerdruck in umstellbaren Maschinen

**84**
Wodurch wird die Scheuerfestigkeit eines Druckes am meisten herabgesetzt?
A. Durch Zugabe von Scheuerschutzpaste
B. Durch Zugabe von Trockenstoff
C. Durch oxidativ trocknende Druckfarben
D. Durch Bestäuben mit organischem Puder
E. Durch Bestäuben mit anorganischem Puder

# Druckschwierigkeiten 7.1

**85**
*Welche Druckschwierigkeit zeigt die Abbildung?*

A. Rupfen  B. Wasserfahnen
C. Butzen  D. Wolkiges Ausdrucken

**86**
*Welchen Fehler hat dieser Druck?*

A. Oxidton  B. Schmieren
C. Zusetzen  D. Butzen

**87**
*Wodurch kann ein Einfarbendruck auf Offsetmaschinen dublieren?*
A. Durch nicht genügend gespanntes Gummituch
B. Durch Absetzen des frischen Drucks auf das Gummituch und Zurückspalten der Farbe
C. Durch Absetzen des Drucks auf den Gegendruckzylinder
D. Durch schlecht eingestellte Auslage
E. Durch schlecht eingestellte Bogenanlage

**88**
*Welche Aussage beschreibt das Dublieren, wie es an einer Zweifarben-Offsetmaschine am häufigsten vorkommt?*
A. Es dubliert die zweite Farbe.
B. Es dubliert die erste Farbe, weil sie am Gegendruck des zweiten Druckwerks absetzt.
C. Wenn es dubliert, dann betrifft es beide Farben gleichermaßen.
D. Es dubliert die erste Farbe am Gummituch des zweiten Druckwerks.
E. Die zweite Farbe dubliert, weil sie naß in die erste Farbe gedruckt wird.

**89**
*Welche Aussage beschreibt das Dublieren, wie es an umstellbaren Schön- und Widerdruckmaschinen vorkommt?*
A. Es dubliert der Widerdruck.
B. Wenn es dubliert, dann betrifft es den Schön- und den Widerdruck gleichermaßen.
C. Es dubliert der Schöndruck auf dem Gegendruckzylinder des Widerdruckwerks.

**90**
*Welche Ursache kann zu Dublieren in einer Zweifarbenoffsetmaschine führen?*
A. Das Papier hat zu wenig Saugfähigkeit
B. Starke Farbführung in der ersten Farbe
C. Starke Farbführung in der zweiten Farbe
D. Welliges Papier   E. Glattes Papier

**91**
*Warum rollt sich flächig bedrucktes Naturpapier am Bogenende nicht ein, gestrichenes Papier dagegen sehr stark?*
A. Beim Naturpapier dringt die Farbe ein und verursacht daher keine einseitige Spannung auf der Papieroberseite.
B. Naturpapier haftet stärker am Gummituch als gestrichenes Papier.
C. Die Klebkraft am Gummituch ist beim gestrichenen Papier stärker als beim Naturpapier.
D. Weil man gestrichenes Papier nicht mit dem Bogenentroller gerade strecken kann.

**92**
*Sie drucken auf gestrichenes Papier eine große Fläche. Das Papier rollt am Ende stark ein. Wodurch wird dies verursacht?*
A. Durch die viele Farbe auf dem Papier bekommt dies eine einseitige Spannung.
B. Durch die notwendige stärkere Feuchtung rollt sich das Papier ein.
C. Weil das Papier am Gummituch klebt und beim Abziehen einen Winkel bildet.
D. Weil die Fläche mit verdünnter Farbe gedruckt wird

**93**
*Was meint man mit dem Ausdruck „Die Platte ist blind"?*
A. Bildstellen nehmen keine oder zu wenig Farbe an.
B. Die Platte tont, so daß das Bild fast nicht mehr zu erkennen ist.
C. Es schmiert, so daß die Zeichnung nicht mehr erkennbar ist.
D. Bildfreie Stellen oxidieren.
E. Die Platte ist unterbelichtet.

# 7.1 Druckschwierigkeiten

**94 bis 98**

Die Abbildungen zeigen vergrößert Raster auf der Druckplatte (1) und den gedrucken Raster auf dem Papier (2a bis f).

Druckplatte 1: a, b, c, d, e, f

Druck 2: a, b, c, d, e, f

**94**
Welche Abbildung zeigt einen dublierten Druck?
A. a   B. b   C. c   D. d   E. e   F. f

**95**
Welche Abbildung zeigt einen zu spitzen Druck?
A. a   B. b   C. c   D. d   E. e   F. f

**96**
Welche Abbildung zeigt das Zusetzen?
A. a   B. b   C. c   D. d   E. e

**97**
Welche Abbildung(en) zeigt (zeigen) das Schieben?
A. Nur a   B. Nur b   C. Nur c
D. Nur d   E. b und c

**98**
Welche(r) der gezeigten Fehler führen (führt) zu einem zu vollen Druck?
A. Nur a   B. Nur b   C. Nur c
D. Nur f und e   E. Alle außer d

**99**
Wodurch kann eine Platte blind werden? Bewerten Sie dazu folgende Aussagen:
1. Häufiges Verwenden von aggressivem Plattenreiniger. 2. Zu dünnes Gummieren. 3. Behandeln mit zu starker Phosphorsäure. 4. Durch Alkohol und käufliche Feuchtwasserzusätze im Feuchtwasser.
A. Alle Aussagen sind richtig.
B. Alle Aussagen sind falsch.
C. Die Aussagen Nr. 1 und 3 sind richtig.
D. Nur Nr. 1 ist richtig.   E. Nur Nr. 3 ist richtig.

**100**
Welche Maßnahme wirkt dem Ablegen nicht entgegen?
A. Höhere Trockenstoffzugabe
B. Bestäuben
C. Kleine Stapel setzen
D. Seitliche Geradestoßer in der Auslage abstellen
E. Geringere Farb- und Wasserführung

**101**
Welcher Satz beschreibt das Abmehlen der Farbe richtig?
A. Die Farbe trocknet nicht und läßt sich noch nach Tagen verwischen.
B. Die Farbe schlägt zu langsam weg und legt ab.
C. Die Farbe schlägt zu stark weg und läßt sich verwischen.
D. Die Farbe ist wenig abriebfest und verkratzt beim Widerdruck.

**102**
Beim Drucken einer Tonfläche stellen Sie am anderen Tag fest, daß die Farbe abmehlt. Was kann man dagegen tun?
A. Es gibt kein Mittel dagegen, der Druck ist unbrauchbar.
B. Überdrucken mit derselben Farbe
C. Überdrucken mit Überdruckpaste oder Drucklack geringerer Zügigkeit
D. Überdrucken mit einem dunkleren Farbton

**103**
Was versteht man unter dem Begriff „Farbabfall"?
A. Unterschiedliche Farbgebung während des Fortdrucks
B. Farbreste in der Farbbüchse
C. Veränderung der Farbintensität durch Wegschlagen
D. Veränderung des Farbtons durch längere Lichteinwirkung
E. Verringerung der Farbdichte vom Greifer zum Bogenende

**104**
Welches Beispiel beschreibt eine Kontakterscheinung (Geistereffekt)?
A. Ablegen auf der Rückseite des nächsten Bogens
B. Farbe ist durch das Papier auf die Rückseite durchgedrungen.
C. Abschmieren auf die Bogenrückseite
D. Der Papierstrich ist auf der Bogenrückseite gelblich verfärbt.
E. Drucklackierte Bogen kleben zusammen.

**105**
Welche Maßnahme ist nicht geeignet, die statische Aufladung von Papier zu verringern?
A. Geringere Luftfeuchtigkeit
B. Entelektrisatoren   C. Antistatikspray
D. Auf dem Papier schleifende Metallfolien oder Drähte
E. Ionisationsstäbe

**106**
Welche Ursache hat das Pelzen der Farbe auf den Walzen?
A. Zu viel Farbe   B. Staubendes Papier
C. Stark emulgierte Farbe   D. Zu dünne Farbe
E. Zu viel Druckpaste in der Farbe

# Druckschwierigkeiten 7.1

**107**
*Wie wirkt sich eine zu magere Führung der Goldunterdruckfarbe aus?*
A. Hervorragender Glanz der Bronze
B. Bronze haftet schlecht.   C. Bronze oxidiert.
D. Bronze läßt sich gut abstauben.
E. Bronze haftet gut.

**108**
*Eine mit indirektem Golddruck versehene Auflage verfärbt sich dunkel und verliert an Glanz. Bestimmen Sie die mögliche Ursache!*
A. Zu saures Feuchtwasser
B. Zu viel Alkohol im Feuchtwasser
C. Zu dünner Vordruck der Goldunterdruckfarbe
D. Zu dicke Bronzierung
E. Zu stark verdünnte Unterdruckfarbe

**109**
*Ein Offsetdruck dubliert. Welche Angabe kommt als mögliche Ursache dafür nicht in Frage?*
A. Randwelliges Papier
B. Elektrostatisch geladenes Papier
C. pH-Wert des Wischwassers zu hoch
D. Greifereinstellung ungleichmäßig
E. Spannung des Gummituches ungenügend

**110**
*Bei einem Farbdruck in einer Mehrfarbenoffsetmaschine ist das Druckbild erheblich voller und kontraststärker. Welche Ursache kommt für diese Druckschwierigkeit nicht in Frage?*
A. Druckfarbe zu zügig
B. Gummizylinderaufzug zu weich
C. Druckbild dubliert   D. Druckfarbe zu dünn
E. Bestäubung während des ersten Druckgangs

**111**
*Die Offsetdruckplatte ist nach relativ kurzer Zeit abgenutzt, und die Zeichnung schwindet. Welche Angabe hat mit dieser Druckschwierigkeit nichts zu tun?*
A. Papier ist alkalisch   B. Falsche Abwicklung
C. Wischwasser zu sauer
D. Zuviel Bestäubung beim vorherigen Druckgang
E. Zwischen Platten- und Gummizylinder 3/10mm Überdruck

**112**
*Was versteht man unter Schablonieren?*
A. Das Rasterbild druckt voller und setzt leicht zu.
B. In vollen Flächen bilden sich andere Bildstellen nochmals ab.
C. Rasterpunkte werden deformiert doppelt gedruckt.
D. Rasterpunkte werden kreisrund wie ein Schatten doppelt gedruckt.
E. Striche radial auf dem Druckbogen in Bild- und Nichtbildstellen

**113**
*An welchem Merkmal erkennt man Walzenstreifen?*
A. Sie verlaufen in Umfangsrichtung des Zylinders und verändern ihren Standort nicht.
B. Sie verlaufen parallel zur Zylinderachse und verändern ihre Position von Bogen zu Bogen.
C. Sie zeigen sich als Schmieren in axialer Richtung.
D. Sie verlaufen radial und verändern ihren Standort von Bogen zu Bogen.
E. Sie verlaufen axial immer in der gleichen Position.

**114**
*Eine Offset-Druckplatte setzt Farbe an. Wie kommt es zu diesem Schmieren?*
A. Druckplatte „oxidiert"
B. Zu viel Wasser
C. pH-Wert zu niedrig
D. Falsche Einstellung der Farbauftragswalzen
E. Wassermangel

**115**
*Was versteht man unter Schmieren einer Offsetdruckplatte?*
A. Partielles Annehmen von Druckfarbe an Nichtbildstellen
B. Tonwertzunahme der Raster im Druck im Vergleich zur Kopiervorlage
C. Wassernasen im Druckbild am Druckbeginn
D. Mitdrucken kleiner Punkte in Nichtbildstellen
E. Verzerren oder doppeltes Drucken von Rasterpunkten

**116**
*Welche Ursache hat dieser Butzen wahrscheinlich?*

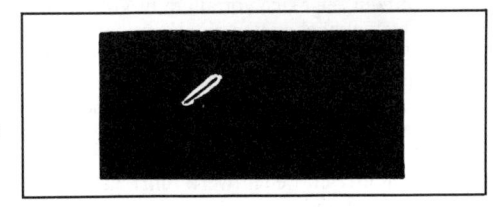

A. Haut in der Druckfarbe
B. Ausgerissener Papierstrich
C. Abgebröckelter Farbbart von den Walzen
D. Fussel aus den Feuchtwalzenbezügen
E. Papierteilchen vom Papierschnitt

**117**
*Welche Möglichkeit ist nicht geeignet, das Ablegen zu verhindern?*
A. Den Bedruckstoff in kleinen Stapeln ablegen
B. Bogengeradestoßer abstellen
C. Mit geringstmöglicher Farbgebung drucken
D. Mit geeigneter Korngröße bestäuben
E. Trockenstoff der Druckfarbe zusetzen

## 7.1 Druckschwierigkeiten

**118**

Es treten die folgenden Druckschwierigkeiten auf:
Der Raster setzt zu, Farbwalzen laufen blank, die Feuchtmittelführung ist – trotz richtig justierter Walzen – ungleichmäßig. Schmierige Beläge.
Welche Ursache haben wahrscheinlich diese Fehler?
A. Das Feuchtmittel ist zu sauer eingestellt.
B. Die Walzen im Farbwerk sind falsch justiert, und es wird mit zu geringer Wasserführung gedruckt.
C. Die Wasserhärte ist größer als 15° dH.
D. Der pH-Wert des Feuchtmittels liegt im alkalischen Bereich.
E. Durch eine zu hohe Konzentration von Alkohol im Feuchtmittel wird bei gestrichenen Papieren der Strich angelöst.

**119**

Was kommt für diesen Butzen wahrscheinlich nicht in Frage?

A. Hautreste in der Farbe
B. Ausgerissener Papierstrich
C. Farbbärte an den Walzen
D. Schlecht gereinigter Farbkasten
E. Bestäuben beim vorherigen Druckgang

**120**

Welche Angabe zur Butzenbildung (Partisanen, Popel) ist falsch?
A. Ein Butzen zeigt sich vor allem in Vollflächen als Farbfleck, umgeben von einem weißen Hof.
B. Eine Ursache für die Butzenbildung kann ein stumpfes Schneidemesser sein.
C. Durch Hautbildung im Farbwerk können Partikel auf der Platte anlagern, die eine saubere Einfärbung verhindern.
D. Farbschmutz im Feuchtwerk führt zu Butzenbildung ohne Rand.
E. Zu hoher Alkoholzusatz im Wischwasser löst Fasern aus dem Bedruckstoff.

**121**

Welche Möglichkeit ist ungeeignet, eine Rollneigung des Papiers bei Flächendruck zu verringern?
A. Konsistenzänderung der Druckfarbe durch Pasten, Verdünner usw.
B. Größeren druckfreien Raum an der Bogenhinterkante einkalkulieren.
C. Wenn es der Passer erlaubt, Papier in Breitbahn verwenden.
D. Papier ausreichend lange klimatisieren.
E. Eventuell anderes Gummituch aufziehen.

**122**

Eine Druckfarbe trocknet schlecht oder gar nicht. Welche der Ursachen hat mit diesem Fehler nichts zu tun?
A. pH-Wert des Papiers ist alkalisch.
B. Stapeltemperatur erheblich zu niedrig.
C. pH-Wert des Wischwassers liegt unter 5.
D. Zu hoher Trockenstoffzusatz
E. Relative Feuchte im Stapel über 70%

**123**

Wodurch werden sogenannte Geistereffekte hervorgerufen?
A. Durch zu viel Feuchtung
B. Durch Abschmieren von Farbe, wobei der Drucker die Ursache nicht findet
C. Durch zu starke Farbgebung
D. Durch Dublieren
E. Spaltprodukte aus der Farbtrocknung dringen in den nächsten Bogen ein.

**124**

Welche der aufgeführten Tatsachen führt nicht zu Butzen beim Druck?
A. Hautreste in der Druckfarbe
B. Leichte Bestäubung beim vorherigen Druckgang
C. Mit stumpfem Messer geschnittenes Papier
D. Kunstdruckpapier mit lockerem, schlecht gebundenen Strich
E. Neue Stoffbezüge für die Feuchtwalzen

**125**

Auf dem Druckbogen ist eine kleine Prägung zu sehen. Welche Ursache hat sie?
A. Schmutz auf dem Gummituch
B. Schmutz auf dem Gegendruckzylinder
C. Loch im Gummituch
D. Schmutz unter der Druckplatte
E. Defekter Greifer

**126**

Die Platte tont. Welche Ursache kommt nicht in Frage?
A. Zu wenig Wasser
B. Farbe zu dünn
C. Falsche Farbwalzeneinstellung
D. Die vorbeschichtete Platte wurde ungenügend entwickelt.
E. Die Platte stand längere Zeit ungummiert.

**127**

Wie kann man Rupfen verhindern?
A. Blattgoldfirnis zusetzen
B. Farbe kürzer machen
C. Farbe Antitrockner zusetzen
D. Farbe Antiablegpaste zusetzen
E. Farbwalzen genauer justieren

Druckschwierigkeiten · Sonderarbeiten: Rillen, Perforieren, Numerieren u.a. **7.1**

**128**
*Warum wird für mehrfarbige Passerarbeiten Schmalbahnpapier bevorzugt?*
A. Das Papier dehnt sich in der Laufrichtung, und diese Dehnung kann durch einen geänderten Plattenzylinderaufzug ausgeglichen werden.
B. Die Papierdehnung von Schmalbahnpapier kann durch Strecken der Platte am zweckmäßigsten ausgeglichen werden.
C. Die Papierdehnung von Schmalbahnpapier kann durch eine Änderung des Plattenzylinderaufzugs am zweckmäßigsten ausgeglichen werden.
D. Schmalbahnpapier bringt durch seine geringe Dehnung die besten Voraussetzungen für einen guten Passer.
E. Die Dehnung von Schmalbahnpapier kann durch eine Änderung des Gummizylinderaufzugs am einfachsten ausgeglichen werden.

**129**
*Welche Eigenschaft kann zum Rupfen führen?*
A. Gute Leimung des Papiers   B. Zu kurze Farbe
C. Ungeeigneter Wischwasserzusatz
D. Schlechte Leimung des Papiers
E. Überdruck zwischen Platte und Gummi

**130**
*Welches ist die Grundursache, daß es zum Ablegen kommen kann?*
A. Die Auslage ist falsch eingestellt.
B. Die Farbe ist emulgiert.
C. Die Farbe hat normales Wegschlagverhalten.
D. Das Papier ist sehr glatt.
E. Die Papiersaugfähigkeit ist gering.

**131**
*Welche Rasterpunktveränderung ist eindeutig auf Abwicklungsfehler zurückzuführen?*
A. Vollerwerden   B. Spitzwerden
C. Dublieren   D. Zusetzen
E. Schieben

**132**
*Hat die Wasserhärte Einfluß auf die Einfärbung und den Druck im Offsetverfahren?*
A. Ja, bei Wasserhärten unter 15° dH wird der Bindemittelaufbau der Druckfarbe zersetzt. Dadurch trocknet die Farbe schlechter.
B. Nein, nur der pH-Wert des Feuchtmittels hat Auswirkungen auf den Offsetdruck.
C. Ja, Wasserhärten über 15° dH führen zu einem hohen Druckkontrast, der sich positiv bemerkbar macht.
D. Ja, der pH-Wert des Feuchtmittels wird stark verändert.
E. Ja, es bilden sich schmierige Seifen, die zum Blanklaufen, zu Tonerscheinungen und zum Zusetzen der Raster führen können.

**133**
*Ab welchem dH-Wert können Schwierigkeiten im Offsetdruck auftreten?*
A. 5° dH   B. 10° dH   C. 15° dH
D. 20° dH   E. 25° dH

**134**
*Welche Ursache haben Wasserfahnen auf dem Druckbild?*
A. Zu starke Feuchtung   B. Emulgierte Farbe
C. Feuchtwalzen zu stark an die Platte gestellt
D. Feuchtwalzen zu stark an dem Verreiber angestellt
E. Farbwalzen haben zu starken Kontakt mit der Platte

**135**
*Welche der folgenden Gegebenheiten ist keine Ursache für das Tonen?*
A. Alkalisches Papier
B. Druckfarbe ist emulgiert
C. Federdruck der Feuchtauftragswalzen zu schwach
D. Farbauftragswalzen zu stark zur Platte eingestellt
E. Zu geringe Feuchtmittelgebung

**136**
*Welche dieser Sonderarbeiten kann auf der Druckmaschine nicht ausgeführt werden?*

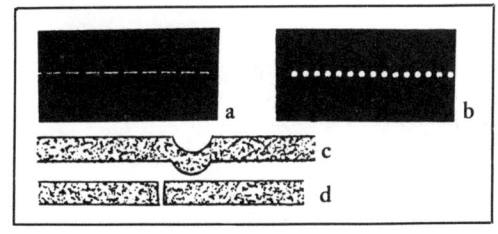

A. a   B. b   C. c   D. d

**137**
*Was versteht man unter Blindprägung?*
A. Prägedruck ohne Farbe
B. Prägedruck mit Farbe
C. Makulatur beim Prägen
D. Doppelbogen beim Prägen
E. Andere Bezeichnung für unechte Wasserzeichen

**138**
*Wie wird der Druck bezeichnet, bei dem mehrere Farben mit ineinanderlaufenden Farbrändern in einem Druckgang gedruckt werden?*
A. Schöndruck   B. Widerdruck
C. Irisdruck   D. Duplexdruck
E. Naß-in-Naß-Druck

## 7.1 Sonderarbeiten: Rillen, Perforieren, Numerieren u.a.

**139**
Welche Arbeit ist auf einer Offsetmaschine technisch möglich?
A. Prägen
B. Stanzen
C. Perforieren
D. Nuten

**140**
Welche der gezeigten Numierungen ist ein sogenannter Quersteller?

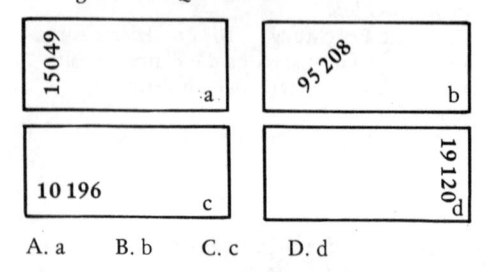

- a: 15049
- b: 95208
- c: 10196
- d: 19120

A. a   B. b   C. c   D. d

**141**
Für Durchschreibsätze wird teilweise Karbondruck eingesetzt. Was ist das?
A. Druck mit Spezialfarbe auf die Papierrückseite zum Durchschreiben ohne Kohlepapier
B. Druck auf selbstdurchschreibendes Papier, so daß das Kohlepapier nicht notwendig ist
C. Druck der Neutralisationspaste auf die Bogenrückseite
D. Verwendung von besonders tiefschwarzer Druckfarbe

**142**
Bei welchen Druckarbeiten wird Neutralisierungspaste gedruckt?
A. Beim Druck von Formularen
B. Beim Druck von Durchschreibesätzen auf NCR-Papier
C. Beim Druck auf saurem oder alkalischem Papier
D. Beim Druck von Durchschreibesätzen für Kohlepapier

**143**
Wozu benötigt man Goldunterdruckfarbe?
A. Als Vordruck zum Bronzieren
B. Als Unterdruck für direkten Golddruck
C. Zum Anteigen der Golddruckfarbe
D. Heißfolienprägung

**144**
Welcher Golddruck hat den größeren Glanz?
A. Direkter Golddruck
B. Druck mit Golddruckfarbe, die erst kurz vor dem Druck angerieben wurde
C. Druck mit Golddruckfarbe, die längere Zeit vor dem Druck angerieben wurde
D. Indirekter Golddruck

**145**
Wie wirkt sich eine zu magere Führung von Goldunterdruckfarbe aus?
A. Bronzierung glänzt nicht
B. Bronze haftet gut
C. Die bronzierten Druckbogen lassen sich besser abstauben
D. Bronze oxidiert leichter
E. Bronze haftet schlecht und läßt sich abwischen

**146**
Wozu dient Bronzefirnis?
A. Zum Vordruck für die Bronzierung
B. Zum Anteigen der Golddruckpaste für Golddruckfarbe
C. Zum Verschneiden der Golddruckfarbe
D. Als Überdruck für Gold- oder Silberdruck, zur Vermeidung von Oxidation
E. Zur Erhöhung der Zügigkeit von Druckfarben

**147**
Auf welcher Druckmaschine kann man Heißfolienprägungen machen?
A. Tiegel
B. Bogenoffsetmaschine mit Eindruckwerk
C. Rollenoffsetmaschine
D. Flachoffsetpresse
E. Siebdruckmaschine

**148**
Eine mit indirektem Golddruck versehene Auflage verfärbt sich dunkel und verliert an Glanz. Bestimmen Sie die mögliche Ursache!
A. Zu saures Feuchtmittel
B. Zu viel Alkohol im Feuchtwasser
C. Zu dünner Vordruck der Goldunterdruckfarbe
D. Zu dicke Bronzierung
E. Zu stark verdünnte Unterdruckfarbe

**149**
Ein Kunde möchte die Schrift auf einem Etikett in Gold mit größtmöglichem Glanz. Welches Verfahren ist das richtige?
A. Heißfolienprägung
B. Indirekter Golddruck
C. Direkter Golddruck
D. Direkter Golddruck, zweimal gedruckt
E. Indirekter Golddruck und zusätzlich lackiert

**150**
Welche Oberflächenveredelung ist optisch am wirksamsten und strapazierfähigsten bei Drucksachen?
A. Lackierung mit Nitrolacken
B. Drucklackierung
C. Folienkaschierung (Cellophanierung)
D. Heißkalandrierung mit Lackierung
E. Granulierung

# 7.2 Technik des Druckens im Hochdruck

Formschließen ● Einrichten ● Aufzug ● Zurichtung ● Fortdruck

---

**1**

*Welche Abbildung zeigt das verschränkte Schließen?*

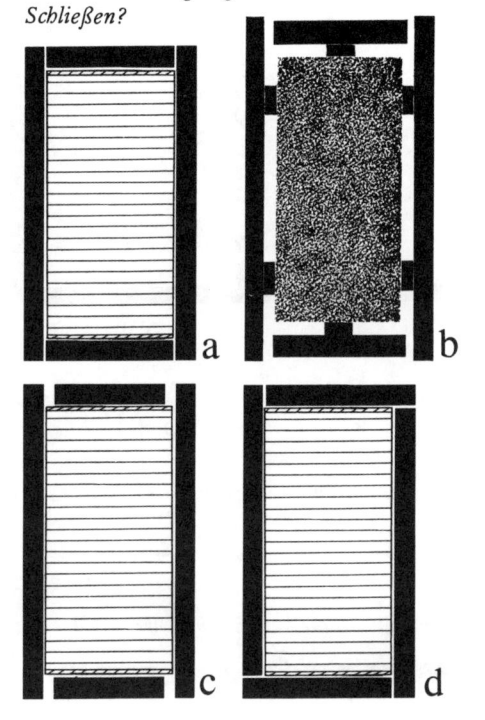

A. a   B. b   C. c   D. d

**2**

*Welche Abbildung zeigt das gewöhnliche Schließen?*
A. a   B. b   C. c   D. d

**3**

*Diese Tiegelform ist falsch geschlossen. Welcher Buchstabe kennzeichnet den Fehler?*

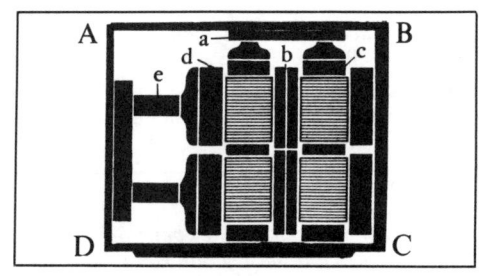

A. a   B. b   C. c   D. d   E. e

**4**

*Welcher Buchstabe kennzeichnet den Anlagewinkel in der Abbildung links unten?*
A.   B.   C.   D.

**5**

*Für welches Erzeugnis muß beim Formschließen im Hochdruck bzw. bei der Einteilung und Montage im Flachdruck ein vierseitiger Beschnitt eingeplant werden?*
A. Broschur mit Klebeheftung
B. Kalender mit Spiralheftung
C. Buch mit Fadenheftung
D. Zeitschrift mit Drahtklammer
E. Buch mit Fadenheftung auf Gaze

**6**

*Welches Klischee ist richtig auf Drehpunkt geschlossen?*

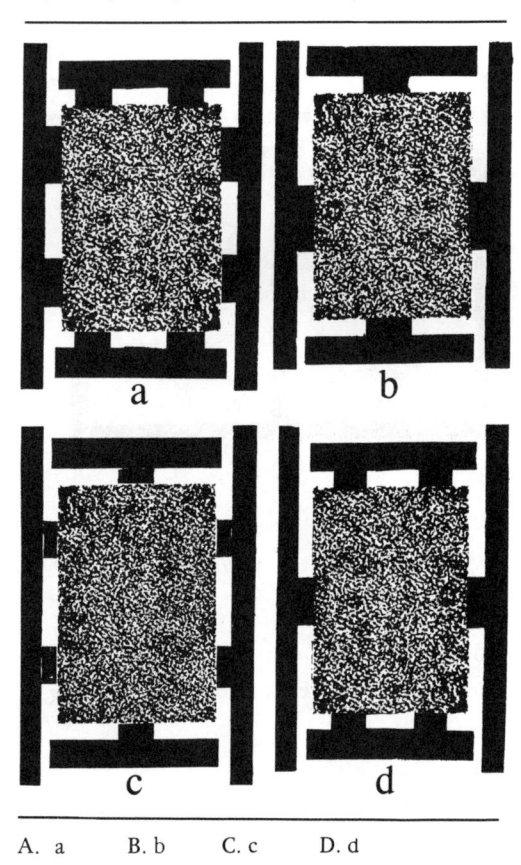

A. a   B. b   C. c   D. d

## 7.2 Formschließen

**7**
*Welche Kolumne ist für das „gewöhnliche Schließen" richtig geschlossen?*

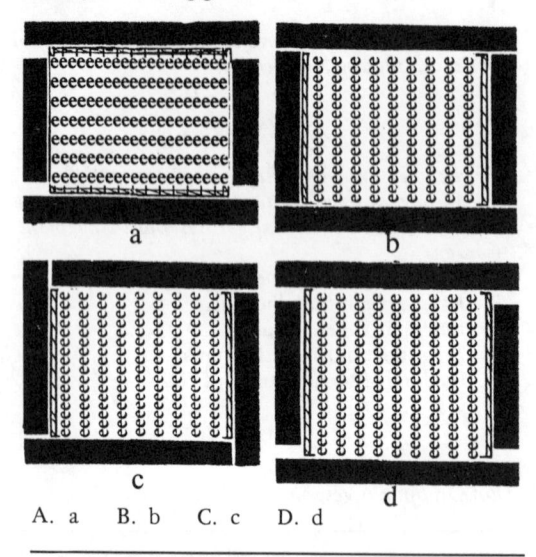

A. a   B. b   C. c   D. d

**8**
*Welcher Buchstabe kennzeichnet den Anlagesteg?*

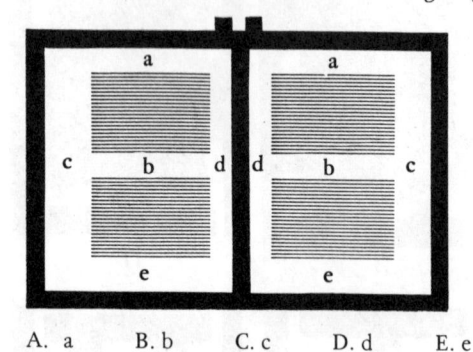

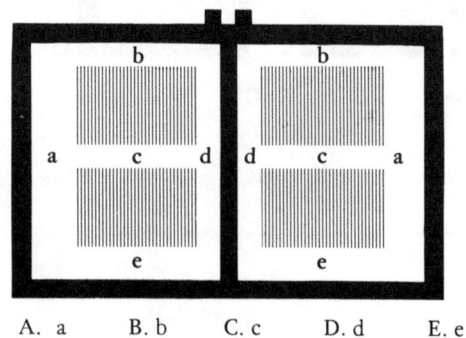

A. a   B. b   C. c   D. d   E. e

**9**
*Welcher Buchstabe kennzeichnet den Mittelsteg?*
A. a   B. b   C. c   D. d   E. e

**10**
*Welcher Buchstabe kennzeichnet den Bundsteg?*
A. a   B. b   C. c   D. d   E. e

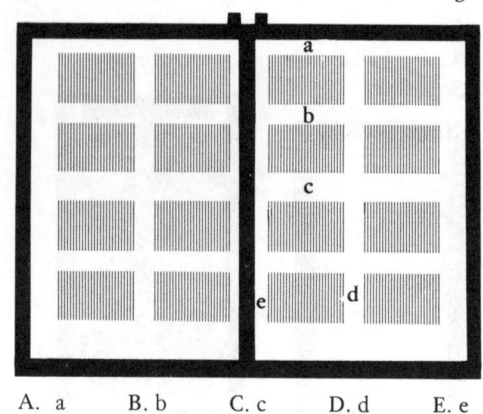

**11**
*Welcher Buchstabe kennzeichnet den Kopfsteg?*
A. a   B. b   C. c   D. d   E. e

**12**
*Welcher Buchstabe kennzeichnet den Bundsteg?*

A. a   B. b   C. c   D. d   E. e

**13**
*Welcher Buchstabe kennzeichnet den Kapitalsteg?*
A. a   B. b   C. c   D. d   E. e

**14**
*Welcher Buchstabe kennzeichnet den Kreuzsteg?*
A. a   B. b   C. c   D. d   E. e

**15**
*Welcher Buchstabe kennzeichnet den Anlagesteg?*

A. a   B. b   C. c   D. d   E. e

**16**
*Welcher Buchstabe kennzeichnet den Bundsteg?*
A. a   B. b   C. c   D. d   E. e

**17**
*Welcher Buchstabe kennzeichnet den Kopfsteg?*
A. a   B. b   C. c   D. d   E. e

**18**
*Bestimmen Sie, welcher Steg bei 4 Seiten Querformat zugleich Bundsteg sein kann!*
A. Kopfsteg   B. Mittelsteg
C. Kreuzsteg   D. Anlagesteg

Formschließen · Einrichten                                    **7.2**

**19**
*Welcher Buchstabe kennzeichnet den Anlagesteg?*

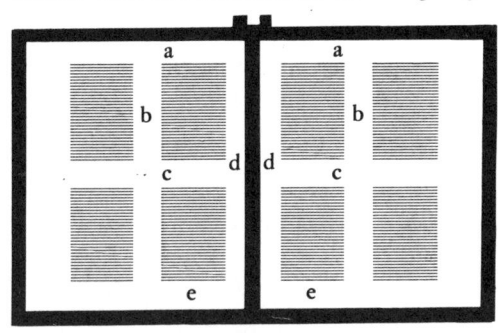

A. a   B. b   C. c   D. d   E. e

**20**
*Welcher Buchstabe kennzeichnet den Bundsteg?*
A. a   B. b   C. c   D. d   E. e

**21**
*Welcher Buchstabe kennzeichnet den Kopfsteg?*
A. a   B. b   C. c   D. d   E. e

**22**
*Welcher Buchstabe kennzeichnet den Bundsteg?*

A. a   B. b   C. c   D. d   E. e

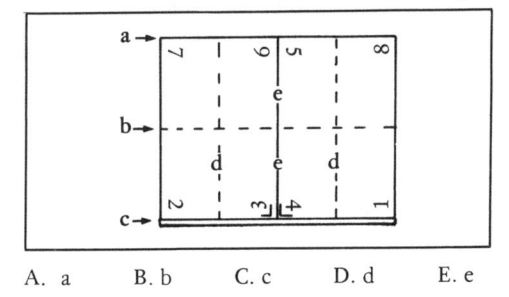

**23**
*Welche Arbeiten sollen in der Formenvorbereitung erledigt werden?*
A. Formenschließen, Stand- und Formatmachen
B. Ausgleichszurichtung   C. MKZ
D. Maschinenrevision   E. Feinzurichtung

**24**
*Wie hoch justiert ein erfahrener Drucker eine Strichätzung, die sowohl Linien wie auch Flächen hat?*
A. Genau auf Schrifthöhe
B. Etwa 0,02 mm unter Schrifthöhe
C. Etwa 0,02 mm über Schrifthöhe
D. Etwa 0,05 mm unter Schrifthöhe
E. Etwa 0,05 mm über Schrifthöhe

**25**
*Wie hoch justiert ein erfahrener Drucker eine Strichätzung mit einer großen Fläche?*
A. Genau auf Schrifthöhe
B. Etwa 0,01 mm über Schrifthöhe
C. Etwa 0,01 mm unter Schrifthöhe
D. Etwa 0,03 mm über Schrifthöhe
E. Etwa 0,03 mm unter Schrifthöhe

**26**
*Bei welchen Arbeiten ist ein Unterbau aus Einzelstegen möglichst zu vermeiden?*
A. Beim Druck von Autotypien
B. Beim Druck von Strichätzungen
C. Bei Arbeiten, die ein Drehpunktschließen erfordern
D. Beim Druck von Stereos
E. Beim Druck von Gummiklischees

**27**
*Welche Aufgabe hat der Aufzug beim Hochdruck?*
A. Dem Druckvorgang Elastizität zu geben und die Zurichtung aufzunehmen
B. Weniger Zurichtung aufzuwenden
C. Unterschiedlich dicke Bedruckstoffe zu bedrucken
D. Die Schattierung gering zu halten
E. Die Maschine zu schonen

**28**
*Wie wirkt sich beim Heidelberger Tiegel ein zu dicker Aufzug aus?*
A. Die Maschine läuft unruhig.
B. Man kann sich die Zurichtung sparen.
C. Der Anpreßdruck ist oben stärker als unten.
D. Der Abzug druckt unten stärker als oben aus.
E. Keine besondere Wirkung.

**29**
*Die Abbildung zeigt das Druckergebnis in einem Tiegel. Wie kann der Drucker den Abzug verbessern?*

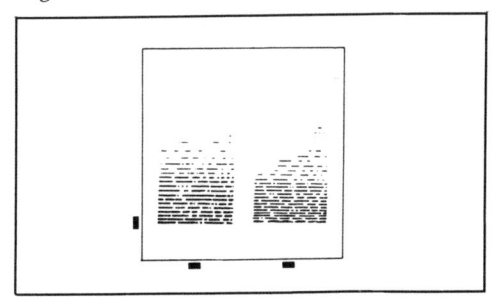

A. Aufzug verstärken – etwas mehr Druck
B. Aufzug verringern – etwas weniger Druck
C. Aufzug verringern – etwas mehr Druck
D. Aufzuf verstärken – etwas weniger Druck
E. Es genügt, weniger Druck zu geben

## 7.2 Aufzug

**30**

Die Abbildung zeigt das Druckergebnis in einem Tiegel. Wie kann der Drucker den Abzug verbessern?

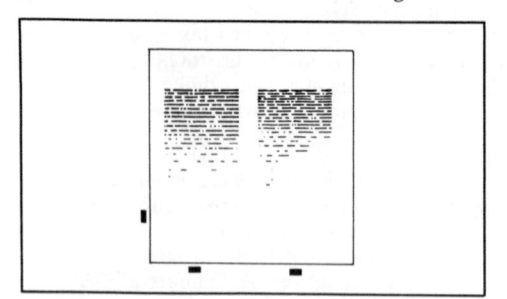

A. Aufzug verstärken - etwas mehr Druck
B. Aufzug verringern - etwas weniger Druck
C. Aufzug verstärken - etwas weniger Druck
D. Aufzug verringern - etwas mehr Druck
E. Es genügt, weniger Druck zu geben

**31**

Wie dick muß der Aufzug am Tiegel sein?
A. 1,2 mm ohne Auflagebogen
B. 1,2 mm mit Auflagebogen
C. 1,0 mm mit Auflagebogen
D. 0,0 mm ohne Auflagebogen
E. 1,0 mm ohne Auflagenpapier

**32**

Welches Aufzugmaterial macht einen Buchdruck-Aufzug elastisch?
A. Paragummi    B. Satinierte Bogen
C. Karton       D. Tauen
E. Maschinenglatte Bogen

**33**

Welche Beschreibung trifft auf einen weichen Buchdruckaufzug zu?
A. Durch Druckbelastung setzt er sich ein. Er erzeugt eine kräftige Schattierung.
B. Beim Druck gibt er relativ stark nach, federt zurück und erzeugt eine kräftige Schattierung.
C. Beim Druck gibt er wenig nach. Die Schattierung ist gering.
D. Durch die Druckbelastung gibt er stark nach, federt aber wieder zurück, so daß sich nur eine geringe Schattierung ergibt.

**34**

Welche Form druckt man mit einem sehr harten Aufzug?
A. Rasterklischee        B. Kleine Flächen
C. Alte Handsatzschrift  D. Abformungen
E. Tabellensatz mit Linien

**35**

Für welche Druckformen wählen Sie einen weichen und elastischen Aufzug?
A. Für reine Linienformen
B. Für vollflächige Formen mit Bildern
C. Für Gummidruckplatten
D. Für Tabellenformen
E. Für Schriften mit feinem Schriftbild

**36**

Bei welchen Druckformen wählen Sie einen harten Aufzug?
A. Bei Autotypien
B. Bei Stereos
C. Bei Gummidruckplatten
D. Bei abgequetschten Schriften
E. Bei keinem der genannten Beispiele

**37**

Wie dick muß am Tiegel der Aufzug ohne Bedruckstoff sein, wenn ein 0,5 mm dicker Karton gedruckt wird?
A. 0,3 mm    B. 0,5 mm    C. 1 mm    D. 1,5 mm

**38**

Welche Beschreibung trifft für einen Buchdruckaufzug mit Paragummi (Drucktuch) zu?
A. Durch Druckbelastung setzt er sich nach einigen Tausend Druck ein. Er erzeugt eine kräftige Schattierung.
B. Beim Druck gibt er nicht viel nach, und die Schattierung ist wenig sichtbar.
C. Beim Druck gibt er stark nach, federt aber wieder zurück, so daß sich eine geringe Schattierung ergibt.
D. Er gibt beim Druck nach, erzeugt eine deutliche Schattierung, federt wieder zurück.

**39**

Welches Aufzugmaterial macht den Buchdruck-Aufzug weich?
A. Paragummi
B. Satinierter Bogen
C. Karton
D. Tauen
E. Maschinenglatte Bogen

**40**

Wecher der aufgeführten Aufzüge für den Tiegel ist am härtesten?
A. Straffen, 6 sat. Bogen, 3 Tauen, 1 Karton
B. Straffen, 3 sat. Bogen, 2 Tauen, 2 Karton
C. Straffen, 3 sat. Bogen, 1 maschinenglatter Bogen, 2 Tauen, 1 Karton
D. Straffen, 2 maschinenglatte Bogen, 3 sat. Bogen, 2 Tauen, 1 Karton

Aufzug · Zurichtung 7.2

**41**
*Welche Beschreibung kennzeichnet einen harten Buchdruckaufzug?*
A. Beim Druck gibt er nach, paßt sich der Druckform an, so daß relativ wenig Zurichtung notwendig ist.
B. Er gibt unter Druck stärker nach, federt aber wieder zurück.
C. Er setzt sich mit der Zeit ein, so daß der Drucker unter Umständen nach vielen Tausend Druck Bogen nachlegen muß.
D. Er erzeugt eine nur geringe Schattierung.
E. Er gibt wenig nach, so daß die Lettern das Papier stark durchprägen.

**42**
*Warum wählt man für Linienformen einen sehr harten Aufzug?*
A. Um die Schattierung gering zu halten
B. Um die Form zu schonen
C. Weil dann weniger Zurichtung notwendig wird
D. Man erzielt dann eine höhere Auflage

**43**
*Warum druckt man Stereos oder alten Handsatz mit einem weichen Aufzug?*
A. Der Aufzug paßt sich den Formunebenheiten an, und es ist dadurch weniger Zurichtung notwendig.
B. Der weiche Aufzug ist notwendig, weil Stereos und alter Handsatz aus einer weichen Bleilegierung sind und sonst zu schnell abgenutzt werden.
C. Die Formen drucken dadurch „schärfer".
D. Man spart sich dadurch völlig die Ausgleichszurichtung.
E. Man spart sich dadurch die Kraftzurichtung.

**44**
*Welche Aussage über die Ausgleichszurichtung ist richtig?*
A. Sie belastet alle Bildteile entsprechend ihrem Tonwert.
B. Sie sorgt dafür, daß die hellen Bildteile entlastet werden.
C. Sie sorgt für gleichen Druck an allen Stellen.
D. Sie wird nur am Tiegel gemacht.

**45**
*Ein Handausschnitt besteht aus drei Lagen satiniertem Papier mit je 0,05 mm Dicke und wird auf ein Grundblatt gleicher Dicke geklebt. Wieviel Bogen mit 0,05 mm Dicke müssen aus dem Aufzug entfernt werden, wenn diese Zurichtung in den Aufzug kommt?*
A. 1   B. 2   C. 3   D. 4   E. 5

**46**
*Was soll die Ausgleichszurichtung bezwecken?*
A. Bilder sollen entsprechend ihren Tonwerten belastet werden.
B. Sie soll die Kraftzurichtung ersetzen.
C. Alle Formteile sollen gleichmäßig mit Druck belastet werden.
D. Nach vollendeter Ausgleichszurichtung soll die Form einwandfrei drucken.
E. Das Justieren der Druckstöcke ersetzen.

**47**
*Was soll eine Kraftzurichtung bewirken?*
A. Jedem Druckelement in der Druckform die gleiche Druckspannung geben
B. Dem Drucker jeden Handausgleich abnehmen
C. Ausgleich sämtlicher Höhenunterschiede der Druckform auf dem Druckzylinder
D. Sie soll die Tiefen (dunklen Partien) stärker belasten und die helleren Partien entlasten
E. Sie soll die helleren Partien stärker belasten und die Tiefen (dunklen Partien) entlasten

**48**
*Nennen Sie die Aufgabe einer Bildausgleichszurichtung!*
A. Bestimmte Stellen einer Druckform hervorzuheben
B. Bestimmte Stellen abzuschwächen
C. Ausgleich von Unebenheiten mit Rücksicht auf Tonwerte
D. Ausgleich von Unebenheiten ohne Rücksicht auf Tonwerte
E. Erhöhung der Tonwertkontraste

**49**
*Welcher Satz handelt von der MKZ-Zurichtung?*
A. Zuletzt werden die Lichter aus dem Blatt ausgeschnitten und aufgeklebt.
B. Es wird schwarzes Pulver aufgestreut und dann mit Hitze angeschmolzen.
C. Der bedruckte Bogen wird im Gerät an den dunklen Stellen heißer und quillt auf.
D. An den bedruckten Stellen kann die Ätze nicht wirken.
E. Dieses Verfahren wurde bereits im vorigen Jahrhundert verwendet.

**50**
*Welche Zuordnung von Zurichtearten ist falsch?*
A. Ausgleichszurichtung - Schattierungszurichtung
B. Kraftzurichtung - MKZ
C. Kraftzurichtung - 3M
D. Ausgleichszurichtung - Handausschnitt
E. Kraftzurichtung - Drücker

**51**

*Weshalb soll der Abzug für die Bildzurichtung schwächer und farbärmer sein als der Fortdruck?*
A. Damit der Raster nicht zusetzt
B. Damit die Druckabwicklung stimmt
C. Damit kein Schmitz entsteht
D. Damit schlechtdruckende Partien besser zu erkennen sind
E. Um zu vermeiden, daß sich Schattierung in den Aufzug einsetzt

**52**

*Hier wird eine Zurichtung nach dem Anzeichnen dargestellt. Dabei handelt es sich um eine(n) ...*

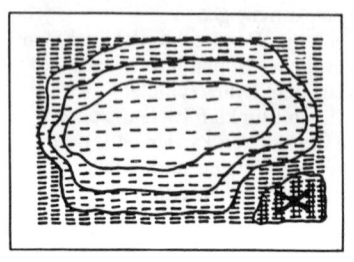

A. Kraftzurichtung   B. 3M-Zurichtung
C. MKZ   D. Ausgleichszurichtung
E. Handausschnitt

**53**

*Weshalb werden Schriftformen nach Schattierung angezeichnet?*
A. Weil das Ausdrucken auf der Rückseite besser zu erkennen ist
B. Weil die Zurichtung auch auf der Rückseite ausgelegt wird
C. Damit das Durchpausen erspart bleibt
D. Damit nachher auf der Vorderseite noch nachgebessert werden kann
E. Damit die Aufzugdicke nicht überschritten wird

**54**

*Eine Ausgleichszurichtung besteht aus drei Lagen Seidenpapier mit je 0,03 mm und ist auf einen Tauen aufgeklebt. Welche Aussage über den Dickenausgleich stimmt, wenn diese Zurichtung in den Aufzug kommt?*
A. Es wird nichts aus dem Aufzug herausgenommen, sonst wirkt die Zurichtung nicht.
B. Es wird ein satinierter Ausgleichsbogen herausgenommen.
C. Es muß so viel herausgenommen werden, wie der Tauen und die drei Seidenpapiere dick sind.
D. Es wird ein Bogen mit etwa 0,09 mm (3 Seidenpapiere) herausgenommen.
E. Es wird ein Tauenbogen herausgenommen.

**55**

*Warum soll der Aufzug unter der Zurichtung hart sein?*
A. Damit kein Schmitz entsteht
B. Damit keine Faltenbildung entsteht
C. Damit die Zurichtung nach oben wirkt
D. Damit die Zurichtung gut hält und nicht verrutscht
E. Zur Schonung der Druckform

**56**

*Warum wird die Zurichtung an Schnellpressen bei voll ausgenutztem Format in Streifen ausgenadelt?*
A. Weil der Druckzylinderumfang an der Zylinderoberfläche größer ist als an der Aufzuguntersite
B. Damit man die Aufzugdicke noch ändern kann
C. Kleinere Zurichtestreifen lassen sich genauer und leichter in den Aufzug legen als der große Zurichtebogen.
D. Durch Papierdehnung paßt die Zurichtung sonst nicht.
E. Wenn eine Zurichtung nicht genau paßt, muß man nur diese verschieben und nicht die Zurichtung der ganzen Form.

**57**

*Welche Folgen hat es, wenn man bei voll ausgenutztem Druckformat die Zurichtung als ganzen Bogen einlegt?*
A. Es dauert länger, weil das große Format unhandlich ist.
B. Die Zurichtung paßt in Umfangsrichtung nicht.
C. Die Zurichtung paßt in Richtung der Zylinderachse nicht.
D. Die Zurichtung hat weniger Wirkung, so daß meistens nachzurichten werden muß.
E. Die Zurichtung paßt seitlich und im Umfang schlecht.

**58**

*Warum soll die Zylinderzurichtung erst angefertigt werden, wenn der Stand genau stimmt?*
A. Damit nicht zuviel zugerichtet werden muß
B. Um Nachbessern der Zurichtung während des Fortdrucks zu vermeiden
C. Damit die Aufzugstärke gleich bleibt
D. Damit die Zurichtung dort auf dem Druckzylinder angebracht werden kann, wo der Abdruck der Form erfolgt
E. Damit nach der Druckgenehmigung gleich mit dem Fortdruck begonnen werden kann

**59**

*Welches der nachfolgenden Zurichteverfahren ist ein abbauendes Verfahren?*
A. MKZ   B. Primaton   C. 3M
D. Handausschnitt   E. Drücker

## Zurichtung 7.2

**60**

*Warum druckt man den Abzug für eine Bild-Ausgleichszurichtung auf rauhes Papier?*
A. Die Druckfarbe zieht schneller ein und verwischt beim Auszeichnen nicht.
B. Durch die rauhe Oberfläche ist das unterschiedliche Ausdrucken besser zu erkennen.
C. Mit rauhem Papier läßt sich das Angezeichnete besser durchpausen.
D. Rauhes Papier ist etwas dicker als glattes, und man sieht dadurch den unterschiedlichen Druck besser.

**61**

*An Schnellpressen kann die Zurichtung nicht in einem Stück aufgebracht werden, sondern muß geteilt werden. Welche Teilung ist richtig?*

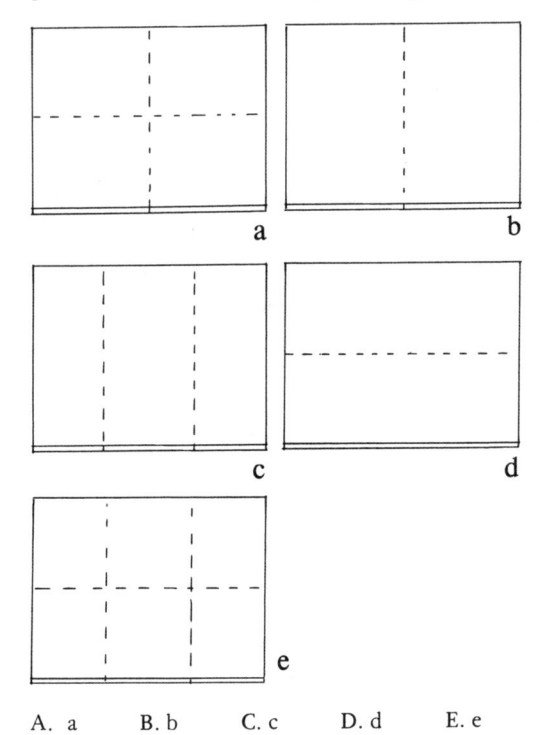

A. a   B. b   C. c   D. d   E. e

**62**

*Weshalb muß eine mit Buntfarbe angedruckte 3M-Folie schwarz eingepudert werden?*
A. Damit die Folie nicht verschmiert
B. Um den Abdruck besser erkennen zu können
C. Um den Quellvorgang zu ermöglichen
D. Damit sich die Folie beim Ätzen nicht verzieht
E. Damit ein Relief mit genügend differenzierten Höhenunterschieden entsteht

**63**

*Für welche Zurichtart treffen die nebenstehende Skizze und folgende Aussage zu?*
*Dunkle Stellen erwärmen sich mehr und quellen stärker auf.*

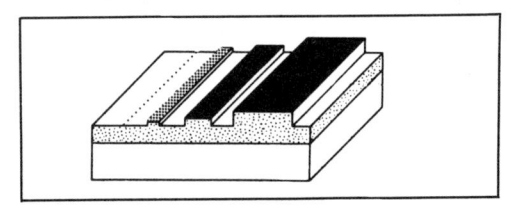

A. Primaton-Verfahren
B. MKZ-Verfahren   C. Drücker
D. Alliter-Verfahren   E. 3M-Zurichtung

**64**

*Für die Herstellung einer 3M stimmt folgende Aussage:*
A. Je geschlossener die bedruckte Oberfläche, desto größer ist die Erwärmung der Folie.
B. Je geschlossener die bedruckte Oberfläche, desto geringer ist die Erwärmung der Folie.
C. Je offener die bedruckte Oberfläche, desto größer ist die Erwärmung in der Folie.
D. Die bedruckte Oberfläche hat keinerlei Einfluß auf die Erwärmung der Folie.

**65**

*Um wieviel mm muß der Aufzug verringert werden, wenn eine 3M-Zurichtung aufgeklebt wird?*
A. 0,01 mm   B. 0,04 mm   C. 0,05 mm
D. 0,18 mm   E. 0,81 mm

**66**

*Welche Stellen müssen bei einer fertig geätzten MKZ-Folie rosa bzw. rot erscheinen?*
A. Lichter und unbedruckte Flächen
B. Nur die Vierteltöne   C. Nur die Halbtöne
D. Nur die Dreivierteltöne
E. Die Volltöne und unbedruckten Flächen

**67**

*Nennen Sie die richtige Reihenfolge bei der Anfertigung einer MKZ!*
A. Bedrucken - einpudern - abwaschen - ätzen - trocknen - abbürsten
B. Bedrucken - einpudern - ätzen - abwaschen - trocknen - abbürsten
C. Bedrucken - abwaschen - einpudern - ätzen - trocknen - abbürsten
D. Bedrucken - einpudern - ätzen - abwaschen - abbürsten - trocknen
E. Bedrucken - ätzen - einpudern - abwaschen - abbürsten - trocknen

## 7.2 Zurichtung · Fortdruck

**68**

*Welche Zuordnung ist richtig?*
A. Ausgleichszurichtung - Schattierungszurichtung
B. Ausgleichszurichtung - Bildzurichtung
C. Ausgleichszurichtung - MKZ
D. Ausgleichszurichtung - Handausschnitt
E. Ausgleichszurichtung - Drücker

**69**

*Bei einer gemischten Form, bestehend aus Autotypien, Strichätzungen und Anzeigen, sind Sie gezwungen, zur Ausgleichszurichtung und Kraftzurichtung noch eine dritte - sogenannte Feinzurichtung - zu machen. Wie soll sich diese Zurichtung von der Ausgleichszurichtung unterscheiden?*
A. Sie soll umfangreicher als die Ausgleichszurichtung sein.
B. Der Abzug für diese Zurichtung muß mit weniger Farbe als der Fortdruck sein.
C. Diese Zurichtung muß im Aufzug auf die 3M-Zurichtung geklebt werden.
D. Farbgebung und Druckstärke wie beim Fortdruck, nur noch kleine Details nachbessern.
E. Bei dieser Zurichtung wird nicht auf die Rückseite durchgepaust, sondern nur von oben angezeichnet und ausgelegt.

**70**

*Auf welches Zurichteverfahren treffen die folgenden Stichpunkte zu: Zurichtefolie, Ätzbad, Ätzrelief?*
A. Ausgleichszurichtung, chemische Folienzurichtung
B. Kraftzurichtung, mechanische Kreidereliefzurichtung (MKZ)
C. Kraftzurichtung, Primaton-Verfahren
D. Ausgleichszurichtung, Kreidereliefzurichtung (MKZ)
E. Kraftzurichtung, 3M-Verfahren

**71**

*Auf welche Weise läßt sich eine Buchdruckplatte aus Metall ohne Beschädigung von der Unterlage ablösen?*
A. Klischee mit Unterlage auf eine Heizplatte legen, nach Anwärmen kann die Druckplatte abgelöst werden.
B. Klischee mit Unterlage in Lösemittelbad legen, Klebefolie löst sich dadurch vollständig auf.
C. Klischee von der Unterlage durch Thermodurverfahren elektrochemisch ablösen.
D. Klischee mit einem Klischeekleber von der Unterlage ablösen.
E. Klischee durch chemisch arbeitendes Abhebegerät laufen lassen, danach mit einer flachen Spachtel von der Unterlage abheben.

**72**

*Bei einem Mehrfarbendruck muß die Maschine während des Fortdrucks angehalten und die Form aufgeschlossen werden. Was ist zu beachten?*
A. Schließzeuge vorher genau anzeichnen und Zeichen in die Auflage geben
B. Daß die Farbe nicht stehen bleibt
C. Es ist nichts Besonderes zu beachten
D. Daß mit gleichem Tempo weitergedruckt wird
E. Nicht versäumen, den Puderapparat wieder einzuschalten

**73**

*Beim Druck einer Besuchskarte im Tiegel erscheint die Schrift grau, und an den Rändern setzt sich die Farbe ab. Was ist die Ursache?*
A. Die Walzen stehen zu tief, oder die Laufschienen sind ölig.
B. Es handelt sich um schlechte Schrift.
C. Der Aufzug ist zu hart.
D. Der Aufzug ist zu weich.
E. Der Karton ist ungeeignet.

**74**

*Auf welche Weise kontrollieren Sie bei der ersten Farbe eines Vierfarbendruckes während des Fortdrucks das genaue Anlegen des Bogens und ein eventuelles Wandern von Druckplatten?*
A. Durch öfteres Anhalten und Nachprüfen der Druckform
B. Durch Mitdrucken eines Anlagezeichens
C. Einige Bogen beiseite legen und in regelmäßigen Abständen zum zweitenmal bedrucken
D. Durch Abmessen des Raumes an der Anlage
E. Durch Beobachten des Anlegens an Vorder- und Seitenmarke

**75**

*Auf dem OHZ werden zwei Aufträge in Doppelanlage gedruckt. Was muß bei beiden Aufträgen gleich sein?*
A. Papierformat   B. Farbgebung   C. Papierstärke
D. Stärke der Zurichtung   E. Art der Druckform

**76**

*Zu welchem Zweck werden Abstoßgreifer am Heidelberger Tiegel verwendet?*
A. Vermeiden von Doppelbogen durch mechanisches Abstoßen
B. Ablösen des bedruckten Bogens von der Druckform
C. Verwendung als „Bogenfänger" in der Auslage, um Ablegen der bedruckten Bogen durch Gleiten über den ausgelegten Bogen zu vermeiden
D. Spezieller Greifer für Mehrfachanlage von kleinen Formaten, z.B. Etiketten

# 8 Meßtechnik und Qualitätssteuerung

**1**
*Welche Angabe zur Meßtechnik ist richtig definiert?*
A. Messen ist das Vergleichen einer Größe mit einer Maßeinheit der gleichen Art.
B. Exakte Meßergebnisse sind nur mit digitalen Meßgeräten festzustellen.
C. Zur Basisgröße Lichtstärke gehört die Basiseinheit Lux.
D. Meßwertstreuungen bei der Messung mit analog arbeitenden Meßgeräten bezeichnet man als Parallaxenfehler.
E. Analoge Meßtechniken sind im Gegensatz zu digitalen Meßtechniken störsicherer, sie geben außerdem exakte Meßdaten in Ziffern an.

**2**
*Was versteht man unter dem Begriff „konstant"?*
A. Unveränderlich, feststehend
B. Dicht, zusammenhaltend
C. Regeln
D. Planmäßig handeln
E. Fest, dynamisch

**3**
*Was bedeutet der Fachausdruck kodieren?*
A. Zusammenschalten    B. Verschrauben
C. In Einzelteile zerlegen
D. Verschlüsseln    E. Verstärken

**4**
*Was bezeichnet man in der Meßtechnik als Parallaxe?*
A. Meßwertstreuung bei mehrmaligem Messen einer Größe
B. Exakte Meßergebnisse mit elektronischen Meßgeräten
C. Ablesefehler beim Messen von Längen, wenn die Sichtlinie nicht exakt senkrecht vom Meßinstrument zur Meßstelle verläuft
D. Umwandlung von Meßgrößen in Meßsignale, die digital angezeigt werden
E. Meßtechnisch absolut identische Größen von beliebigen Körpern, z.B. gleiche Masse

**5**
*In der Meßtechnik der Druckindustrie spricht man von Toleranz. Was ist darunter zu verstehen?*
A. Zulässige Abweichung vom Sollwert
B. Druckprodukte, die der Kunde ohne Reklamation abnimmt
C. Fehler in der Produktion, die jedoch meßtechnisch nicht erfaßt werden können
D. Qualitätsschwankungen bei der Produktion
E. Ein durch Regelungstechnik konstant gehaltener Meßwert

**6**
*Was bezeichnet man in der Datentechnik als Terminal?*
A. Protokolldrucker    B. Minicomputer
C. Datensichtgerät    D. Fernsteuerungsgerät
E. Gerät zur Qualitätskontrolle

**7**
*Womit werden Farbdichten gemessen?*
A. Viskosimeter    B. Mikrometer
C. Mikroskop    D. Manometer
E. Densitometer

**8**
*Bei der Dichtemessung mit dem Aufsichtsdensitometer wird zur Messung des Cyan vorgeschaltet...*
A. ein Gelbfilter    B. ein Rotfilter
C. ein Grünfilter    D. ein Cyanfilter
E. kein Filter

**9**
*Bei der Farbdichtemessung mit dem Aufsichtsdensitometer wird zur Messung des Magenta vorgeschaltet...*
A. ein Gelbfilter    B. ein Blaufilter
C. ein Magentafilter    D. ein Rotfilter
E. ein Grünfilter

**10**
*Was wird zur Messung von Schwarz vorgeschaltet?*
A. Grünfilter    B. Graufilter
C. Polarisationsfilter
D. Rotfilter    E. Kein Filter

**11**
*Welches Filter wird zur Messung von Gelb vorgeschaltet?*
A. Rotfilter    B. Gelbfilter
C. Cyanfilter    D. Schwarzfilter
E. Blaufilter

**12**
*Das Durchsichtsdensitometer zur Dichtemessung von Filmen ist die Anwendung...*
A. der Wärmewirkung des elektrischen Stromes
B. der Lichtwirkung des elektrischen Stromes
C. der chemischen Wirkung des elektrischen Stromes
D. des Galvanisierens
E. des fotoelektrischen Prinzips

**13**
*Bei welchen Farbarten kann die Farbdichte mit dem Aufsichtsdensitometer bestimmt werden?*
A. Bei Deckfarben    B. Bei Metallfarben
C. Bei halblasierenden Farben    D. Bei Lasurfarben
E. Bei allen hier aufgeführten Farben

**14**

*Welchen Zweck hat das Polarisationsfilter in Aufsichtsdensitometern?*
A. Für alle Buntfarben annähernd gleiche Meßwerte zu erhalten
B. Den Farbglanz zu unterdrücken und für Naß- und Trockenmessung annähernd gleiche Werte zu erhalten
C. Es gleicht Beleuchtungsschwankungen aus und stabilisiert den Meßwert.
D. Damit wird es leichter möglich, auf gelblichem Papier richtige Meßwerte zu erhalten.

**15**

*Welche Aussage ist richtig über den Vergleich von Densitometern mit Polarisationsfilter und solche ohne Polarisationsfilter?*
A. Die Meßwerte von Geräten mit Polarisationsfiltergeräten sind meist höher als die Meßwerte von anderen Geräten.
B. Die Meßwerte sind bei Polfiltergeräten und solchen ohne Polfilter fast gleich.
C. Die Meßwerte von Polfiltergeräten sind meist niedriger als von Geräten ohne diese Filter.

**16**

*Im Prospekt wird ein Densitometer mit Digitalanzeige angeboten. Wie werden die Meßwerte angezeigt?*
A. Meßangabe mit punktförmigen Leuchtdioden an einer Skala
B. Anzeige der Meßwerte in Kurvenform
C. Meßwertanzeige durch Zeiger an einer Skala
D. Protokollausdruck
E. Anzeige der Meßwerte in Ziffern

**17**

*Densitometer geben Dichtewerte zahlenmäßig an. Welche Aussage ist richtig?*
A. Die Dichte ist der zahlenmäßige Wert der Remission.
B. Die Dichte ist der zahlenmäßige Wert der Absorption.
C. Die Dichte ist der logarithmische Wert der Remission.
D. Die Dichte ist der logarithmische Wert der Absorption.

**18**

*Für welche der aufgeführten Farben ist die densitometrische Aufsichtsmessung nicht geeignet?*
A. Für Farben der DIN-Skala
B. Für Farben der Euro-Skala
C. Für lasierende Grundfarben
D. Für Mischfarben aus Lasurfarben
E. Für Metallfarben

**19**

*Welche Aussage über die densitometrische Messung druckfrischer Bogen ist richtig?*
A. Der Meßwert für nasse und trockene Farbe ist gleich.
B. Der Meßwert für nasse Farbe ist höher als für trockene Farbe.
C. Der Meßwert für nasse Farbe ist niedriger als für trockene Farbe.
D. Ganz frische Farbe kann man nicht messen.

**20**

*Sie drucken ein mittleres Grau mit einem Farbstich und möchten die Gleichmäßigkeit der Farbgebung mit einem Densitometer überwachen. Welche Aussage ist richtig?*
A. Es wird mit dem Filter gemessen, das die höchste Anzeige ergibt.
B. Es wird mit der Stellung Magenta gemessen.
C. Es wird mit der Stellung Schwarz gemessen.
D. Es wird mit der Stellung Cyan gemessen.
E. Es wird mit dem Filter gemessen, das die niedrigste Anzeige ergibt.

**21**

*Welcher meßtechnische Hinweis ist falsch?*
A. Das Gerät ist vor Beginn der Messung auf den Bedruckstoff abzueichen.
B. Insbesondere bei ungleicher Oberfläche auf gleiche Meßanordnung achten.
C. Alle typengleichen Densitometer zeigen immer das gleiche Meßergebnis.
D. Der zu messende Bogen ist immer auf mehrere weiße Bogen zu legen, damit der Untergrund nicht beeinflußt wird.

**22**

*Bei welchen Aufgaben ist kein Densitometer einzusetzen?*
A. Bei Kontrolle der Farbführung im Fortdruck mit geeigneten Farben
B. Bei Berechnung der Normalfärbung
C. Bei Messung der Schwärzung an Aufsichts- und Durchsichtsvorlagen
D. Beim Messen der optischen Dichte farbiger Vorlagen
E. Bei Farbtonmessungen (Farbmetrik)

**23**

*Welches ist der normale Tonwertzuwachs für das Feld M beim Präzisionsmeßstreifen (nach den Standardisierungsvorschlägen des Bundesverbandes Druck und der FOGRA) für gestrichenes Papier?*
A. 0%   B. 5%   C. 5 - 10%
D. 12%   E. 15 - 21%

Meßtechnik und Qualitätssteuerung

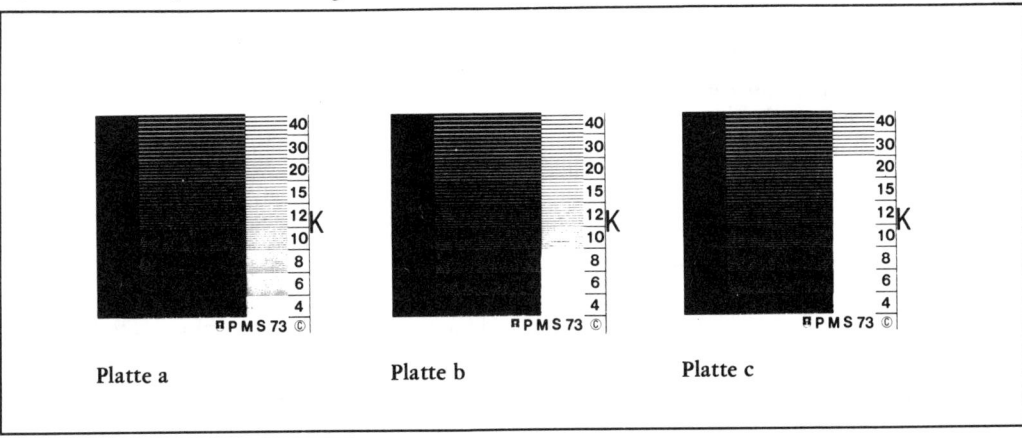

**Platte a**  **Platte b**  **Platte c**

### 24
*Welche Platte ist nach den Standardisierungsvorschlägen des Bundesverbandes Druck und der FOGRA richtig kopiert?*
A. a   B. b   C. c

### 25
*Woraus besteht das Feld K für die Kontrolle der Plattenkopie beim PMS I (FOGRA-Präzisionsmeßstreifen)?*
A. Aus Rasterpunkten verschiedener Feinheit
B. Aus Linien und Spalten verschiedener Feinheit
C. Aus gerasterten Linien
D. Aus verschiedenen Halbtonwerten
E. Aus waagrecht und senkrecht liegenden Linien

### 26
*Welche Aussage gilt für eine Druckkennlinie oder Übertragungskennlinie?*
A. Sie gibt Auskunft über den qualitativen Fertigungsablauf einer Druckauflage.
B. Sie gibt Auskunft über den Grad der Punktzunahme in allen Meßbereichen.
C. Sie hat als Ergebnis den rel. Druckkontrast.
D. Als Meßstreifen braucht man sie zur Messung mit dem Densitometer.

### 27
*Welche Felder eines Druckkontrollstreifens benutzt man meist zur Feststellung des „relativen Druckkontrastes"?*
A. Volltonfeld und das Feld mit Tiefenton
B. Volltonfeld und das Feld mit dem Mittelton
C. Volltonfeld und das Feld mit dem Spitzlicht
D. Das Feld mit dem Mittelton und das Feld mit dem Tiefenton
E. Das Feld mit dem Mittelton und das Feld mit dem Spitzlicht

### 28
*Welche Aussage gilt für den „Relativen Druckkontrast"?*
A. Er ist die Remissionsdichte, ausgedrückt in %.
B. Er ist der Toleranzwert zwischen zwei Meßflächen.
C. Er drückt den Punktzuwachs aus.
D. Er ist ein Qualitätswert zum Erreichen der besten Standardbedingungen.

### 29
*Welche(s) Feld(er) dieses Kontrollstreifens dienen zur Dublierungs-Kontrolle?*
A. a   B. b   C. c   D. d   E. e   F. f

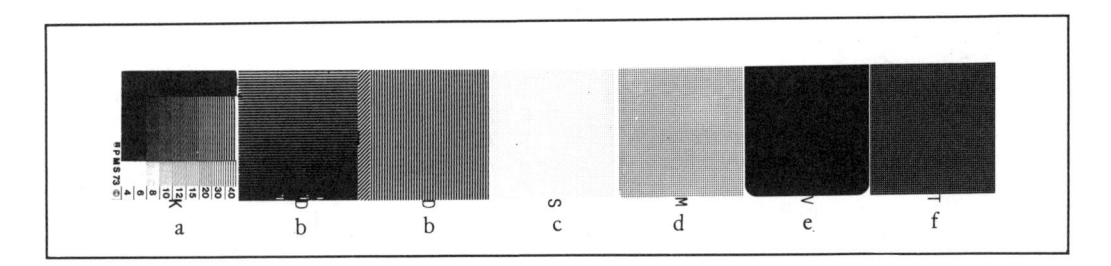

**30**

*Welcher Vorgang ist nicht mit Fernsteueranlagen an Offsetdruckmaschinen durchzuführen?*
A. Umfangspasser   B. Seitenpasser
C. Druckkontrast   D. Farbmengensteuerung
E. Farbzonensteuerung

**31**

*Was bedeutet „Standardisierung des Offsetdrucks"?*
A. Über Densitometer automatisch geregelter Druckvorgang
B. Maschinenfernsteuerung vom Abstimmpult aus
C. Kopie und Druck nach vorgegebenen Daten zu orientieren
D. So punktgenau wie nur möglich drucken
E. So brillant und spitz wie nur möglich drucken

**32**

*Was ist ein Farbzonendisplay?*
A. Meßgerät für Farbdichten in laufender Offsetdruckmaschine
B. Anzeige zonaler Farbeinstellung
C. Programm zur Steuerung der Farbdichte im Fortdruck
D. Regelungsanlage für konstante Farbführung
E. Druckplattenleser, der Dichten der Druckplatte in der Druckmaschine vorprogrammiert

**33**

*Welche Anlage ermöglicht eine automatische Voreinstellung der Farbgebung beim Einrichten der Druckmaschine?*
A. Maschinenvoreinstellsystem
B. Andruckleser
C. Densitometer
D. Colorproofsystem
E. Druckplattenleser

**34**

*Welche Abkürzung nennt keine Farbsteueranlage bzw. Farbregelungsanlage?*
A. CPC 1   B. RCI   C. CCI   D. LWC

**35**

*Welche maschinentechnische Voraussetzung mußte geschaffen werden, um eine exakte Fernsteuerung der Farbgebung zu ermöglichen?*
A. Entwicklung geeigneter Potentiometer und Stellmotoren
B. Stellelemente bzw. Farbschieber anstelle von Zonenschrauben
C. Filmfarbwerke anstelle von Heberfarbwerken
D. Messung der Dichten auf der Druckplatte bei laufender Maschine
E. Elektronisch arbeitendes Farbzonendisplay sowie Farbkasten aus elastischen Kunststoffen

**36**

*Welche meßtechnischen Begriffe gehören zusammen?*
A. pH-Wert und dH-Wert
B. Absolute Luftfeuchtigkeit und Temperatur
C. Dichtemessung und Aräometer
D. Viskosität und Psychrometer
E. Hygrometer und Manometer

**37**

*Welches Meßgerät zeichnet grafisch Temperatur und relative Luftfeuchtigkeit auf?*
A. Hygroskop   B. Thermohygrograph
C. Psychrometer   D. Kelvinograph
E. Aerokartograph

**38**

*Was sind Potentiometer?*
A. Einstellbare Zonenschrauben im Farbwerk
B. Bahnbeobachtungsgeräte
C. Fotozellen
D. Viskositätsregler
E. Spannungsteiler, z.B. Drehwiderstand

**39**

*Zu welchem Zweck kann eine Pendelwalze in einer Rollenrotationsdruckmaschine eingesetzt werden?*
A. Zur Regelung des Seitenpassers
B. Zur Steuerung der Bahnkante bei einem Rollenwechsel
C. Zur Passerregelung im Zylinderumfang
D. Zur Steuerung der Farbviskosität
E. Zur Aussonderung der Makulatur in der Auslage

**40**

*Wozu wird ein Entelektrisator in der Druckmaschine eingesetzt?*
A. Zur Verhütung von Stromunfällen bei Steckverbindungen
B. Zur Verringerung lebensgefährlicher Spannung
C. Zur Beseitigung statischer Elektrizität
D. Zur Erdung von Stromanschlüssen am Motor
E. Zur Verringerung elektrischer Spannungen zwischen Farb- und Feuchtwerk

**41**

*Mit welchem Meßgerät wird die Härte von Gummi (Walzen, Presseure, Gummitücher) gemessen?*
A. Härteprüfer nach Vickers
B. Härteprüfer nach Shore
C. Härteprüfer nach Brinell
D. Härteprüfer nach dH
E. Härteprüfung mit Manometer

# 9 Druckfarbe

Aufbau und Herstellung ● Farbtrocknung ● Druckfarbeneigenschaften und Prüfmöglichkeiten
Farbkonsistenz und Druckhilfsmittel ● Farbmischen

---

**1**
*Woraus bestehen Druckfarben für den Buch- und Offsetdruck?*
A. Farbstoff + Bindemittel + Firnis
B. Farbpulver + Firnis + Verdünner
C. Farbpigment + Bindemittel + Trockenstoff
D. Farbpigmente + Bindemittel + Zusatzmittel
E. Farbstoff + Firnis + Lösemittel

**2**
*Wodurch unterscheiden sich Farbpigment und Farbstoff?*
A. Farbstoffe sind feinkörniger als Farbpigmente.
B. Farbstoffe sind aus dem Rohstoff Teer gewonnen, Pigmente sind zerriebene Erden.
C. Farbstoffe dienen zur Druckfarbenherstellung für Offset und Buchdruck, Farbpigmente für Flexofarben.
D. Farbstoffe sind löslich, Farbpigmente sind unlöslich.
E. Farbpigmente sind löslich, Farbstoffe nicht.

**3**
*Woraus werden heute fast alle bunten Farbmittel für Druckfarben gewonnen?*
A. Aus Naturfarbstoffen
B. Aus Erdöl oder Teer
C. Aus Kunststoffen
D. Aus Mineralsalzen durch Fällung
E. Durch die Verbrennung von Gas oder Öl

**4**
*Was versteht man unter Verlacken?*
A. Ein Farbpigment ausfällen
B. Maschinenlackieren, z.B. mit Nitrolack
C. Das Vermischen von Pigment und Bindemittel
D. Das Kochen der Bindemittel
E. Einen Farbstoff auf ein Substrat binden

**5**
*Welcher Stoff dient als Pigment für schwarze Druckfarben?*
A. Ruß   B. Teer   C. Graphit
D. Kohlenstaub   E. Teerfarbstoffe

**6**
*Welche Farbpigmente sind grob, hart und ohne Leuchtkraft?*
A. Farblacke
B. Mineralfarbpigmente
C. Organische Farbpigmente
D. Erdfarbpigmente
E. Gasrußpigmente

**7**
*Welcher färbende Bestandteil wird für moderne Druckfarben nicht mehr verwendet?*
A. Verlackte Farbstoffe
B. Ruß
C. Erdpigmente
D. Mineralfarbpigmente
E. Gold- und Silberbronzen

**8**
*Wie nennt man das Niederschlagen eines Farbstoffs mit einem Fällungsmittel auf ein Substrat? (z.B. auf Transparentweißpigment)*
A. Anreiben
B. Verlacken
C. Verschneiden
D. Koagulieren
E. Flushen

**9**
*Durch welches Verfahren läßt sich aus einem Farbstoff ein Farblack gewinnen?*
A. Fällen des Farbstoffes auf ein Substrat (Transparentweiß)
B. Chemische Reaktion zwischen zwei wäßrigen Lösungen
C. Physikalische Reaktion zwischen Farbstoff und Kohlenstoff
D. Niederschlagen des Farbstoffs auf Deckweiß durch Oxidation
E. Polymerisation des Farbstoffs mit einem anorganischen Farbmittel

**10**
*Nach DIN 55945 und 16515 unterteilt man Farbmittel in anorganische Pigmente, organische Pigmente und lösliche organische Farbstoffe.
Welches Farbmittel kann nicht direkt für die Herstellung von Buch- und Offsetdruckfarben eingesetzt werden?*
A. Ruße   B. Metallpigmente   C. Farblacke
D. Pigmente   E. Farbstoffe

**11**
*Auf welche Weise gewinnt man Mineralfarbpigmente?*
A. Durch unvollständige Verbrennung
B. Durch Ausfällen eines unlöslichen Metallsalzes aus geeigneten chemischen Lösungen
C. Aus Teer zunächst Anilin, daraus dann durch chemische Umwandlung Farbpigmente
D. Durch Niederschlag eines Farbstoffs auf ein weißes oder farbloses Substrat
E. Durch Zerkleinern und Pulverisieren bergmännisch gewonnener farbiger Mineralien

**12**

*Welches Farbmittel zählt nicht zu anorganischen Stoffen?*
A. Farblack   B. Ruß   C. Erdpigmente
D. Mineralpigmente   E. Bronzen

**13**

*Welche Angabe zum Schwarzpigment ist richtig?*
A. Als Pigment wird Ruß eingesetzt, der etwa zu 40% aus Kohlenstoff besteht.
B. Pigmente werden aus verschiedenen Mineralien und aus Erdöl gewonnen.
C. Pigment ist fast reiner Kohlenstoff, der durch unvollständige Verbrennung oder thermische Spaltung gewonnen wird.
D. Pigment ist Ruß, der durch Destillation des Erdöls gewonnen wird.
E. Pigmente werden durch Polymerisation von Kunstharzen und Teer- oder Erdölpigmenten gewonnen.

**14**

*Viele Schwarzfarben sind geschönt. Was ist damit gemeint?*
A. Die Schwarzfarbe ist besonders fein angerieben.
B. Die Schwarzfarbe ist mit blauer Farbe versetzt, damit die Farbtiefe größer wird.
C. Es ist ein Braunschwarz, so daß die damit gedruckten Bilder schöner aussehen.
D. Die Farbe ist stärker pigmentiert, damit eine größere Farbtiefe erzielt wird.
E. Die Farbe enthält besondere Bindemittel, damit sie besser glänzt.

**15**

*Welche Druckfarbe enthält als Pigmente Messingpulver?*
A. Schwarze Druckfarbe zur besseren Deckfähigkeit für den Flächendruck
B. Weiße deckende Druckfarbe
C. Silberdruckfarbe
D. Goldunterdruckfarbe für die Bronzierung
E. Golddruckfarbe

**16**

*Welches Metall wird für die Goldbronzierung verwendet?*
A. Gold   B. Aluminium
C. Messing   D. Bronze
E. Kupfer

**17**

*Welches Metall wird als Pigment für Silberdruckfarbe verwendet?*
A. Chrom   B. Aluminium   C. Silber
D. Aluminiumoxid   E. Zinn

**18**

*Welche der folgenden Angaben zu Druckfarben ist richtig?*
A. Tiefdruckfarben bestehen aus Farbstoffen und Firnis.
B. Schwarzpigmente werden vor allem aus verschiedenen Rußsorten gewonnen.
C. Im Gegensatz zu Flexodruckfarben sind Tiefdruckfarben flüssig.
D. Titandioxid ist das wichtigste organische Pigment für Rollenoffsetdruckfarben.
E. Für Buch- und Offsetdruckfarben ist eine niederviskose Druckfarbe erforderlich.

**19**

*In welcher Angabe über Tiefdruckfarben ist ein Fehler enthalten?*
A. Tiefdruckfarben bestehen aus Pigmenten, Harz und Lösemitteln.
B. Lösemittel lösen nur Natur- und Kunstharze, nicht jedoch das Farbpigment auf.
C. Durch Verdunsten des Lösemittels bindet Harz das Pigment abriebfest auf dem Bedruckstoff.
D. Organische Farbpigmente können nicht im Tiefdruck eingesetzt werden, da sie das Lösemittel anfärben.
E. Alle Tiefdruckfarben müssen dünnflüssig sein.

**20**

*Warum ist Tiefdruckfarbe nicht auf einem Dreiwalzenstuhl zu verarbeiten?*
A. Dreiwalzenstühle arbeiten zu langsam.
B. Das Lösemittel verdunstet in diesen offenen Anlagen.
C. Die Kunstharze trocknen auf den Walzen, und es bilden sich giftige Dämpfe.
D. Die Farbpigmente werden durch hohe Scherkräfte zu stark zerkleinert und verlieren an Farbkraft.
E. Dreiwalzenstühle sind für die Verarbeitung von Farbstoffen wegen zu hoher Geschwindigkeit nicht geeignet.

**21**

*Welches Lösemittel ist heute das wichtigste für den Rotationstiefdruck?*
A. Toluol   B. Benzin
C. Wasser   D. Xylol
E. Isopropanolalkohol

**22**

*Wie entsteht Leinölfirnis?*
A. Durch Filtration von Leinöl
B. Durch Kochen und dadurch bedingte Polymerisation des Leinöls
C. Durch Lösen von Leinöl in Mineralöl
D. Durch Hydrierung (Härtung) von Leinöl
E. Durch Verseifung von Leinöl

# Herstellung der Druckfarben

**23**
*Welche Aufgabe haben die Firnisse in der Druckfarbe?*
A. Die Farbe zu verdünnen
B. Die Farbe aufzuhellen
C. Die färbenden Bestandteile an den Bedruckstoff zu binden
D. Die Farbe lichtecht zu machen
E. Den färbenden Bestandteil zu bilden

**24**
*Was sind Kombinationsfirnisse?*
A. Harze, aufgelöst in trocknenden Ölen und Mineralölen
B. Trocknende Öle mit Mineralölen gemischt
C. Natur- oder Kunstharze in Lösemitteln gelöst
D. Lösung von Mineralölen in Lösemitteln
E. Leinöl, aufgelöst in Mineralöl und Lösungsmittel

**25**
*Welche Stichworte kennzeichnen die Herstellung von Blattgoldfirnis?*
A. Mineralöl, Auflösen von Naturharz durch Kochen
B. Mineralöl, Auflösen von Kunstharz durch Kochen
C. Leinöl, kurzes Ankochen im Firniskocher
D. Leinöl, sehr langes Kochen im Firniskocher
E. Leinöl, sehr langes Kochen und dabei Auflösen von Kunstharz

**26**
*Welche Bindemittelkombination wird im Offsetdruck für nichtsaugfähige Bedruckstoffe eingesetzt?*
A. Harze und Mineralöle
B. Harze, Lösemittel und trocknende Öle
C. Harze und Lösemittel
D. Harze und trocknende Öle
E. Harze und Kunststoffe, in Mineralöl gelöst

**27**
*Welcher Bindemitteltyp ermöglicht den Mehrfarben-Naß-in-Naß-Druck im Offsetdruck?*
A. Harze in Lösungsmitteln gelöst
B. Kombinationsfirnis: Harze, Mineralöle und trocknende Öle
C. Polymerisationsfirnis: Kunstharze und Löse- gs- mittel mit Katalysatoren
D. Zweikomponentenfarben
E. Kompositionsfirnis aus trocknenden Ölen und Kunstharzen

**28**
*Was ist Blattgoldfirnis?*
A. Firnis zum Anteigen der Golddruckfarbe
B. Firnis für Glanzlackierungen
C. Firnis mit besonders niedriger Viskosität
D. Firnis mit besonders großer Zügigkeit
E. Lackfirnis zum Überdrucken von Bronzierungen

**29**
*Welcher Hauptunterschied besteht zwischen Buchdruck- und Offsetdruckfarben?*
A. Offsetfarben sind zügiger als Buchdruckfarben.
B. Offsetfarben trocknen oxidativ, Buchdruckfarben durch Verdunsten des Firnisses.
C. Offsetfarben trocknen durch Fällung des Harzes unter Feuchtigkeitseinwirkung, Buchdruckfarben durch Verdunsten flüchtiger Anteile.
D. Offsetfarben haben eine höhere Farbpigmentkonzentration als Buchdruckfarben.
E. Offsetfarben müssen im Gegensatz zu Buchdruckfarben lackierecht sein.

**30**
*Welchen Bindemitteltyp verwendet man für moderne Offsetdruckfarben zum Druck auf Papier?*
A. Harze, in Lösemittel gelöst
B. Kombinationsfirnis: Harze, Mineralöle und trocknende Öle
C. Polymerisationsfirnis: Kunstharze und Lösemittel mit Katalysatoren
D. Zweikomponentenfarben
E. Kompositionsfirnis aus trocknenden Ölen

**31**
*Wozu dient der Dreiwalzenstuhl bei der Druckfarbenherstellung?*
A. Zum Mahlen der Pigmentbrocken
B. Zum Vermischen von Firnis mit dem Farbpulver
C. Zum Feinstverreiben der Farbenbestandteile
D. Die Farbe geschmeidiger zu machen
E. Als Probedruckgerät für Naß-in-Naß-Druck

**32**
*Bei welchen Farben wird Toluol eingesetzt?*
A. Bei Tiefdruckfarben   B. Bei Offsetdruckfarben
C. Bei Buchdruckfarben   D. Bei Siebdruckfarben
E. Bei Flexodruckfarben

**33**
*Im folgenden Text zur Herstellung von Offset- und Buchdruckfarben ist nur eine Angabe korrekt. Welcher Satz ist zutreffend?*
A. Farbstoffe sind nur zur Herstellung von Schwarzfarben geeignet.
B. Weißpigmente sind organische Farbmittel, die durch Verlacken gewonnen werden.
C. Firnis macht die Druckfarbe lichtecht, verdruckbar und verankert sie auf dem Bedruckstoff.
D. Für Buntfarben werden heute fast ausschließlich organische Farblacke und Pigmente eingesetzt, die aus Teer und Erdöl gewonnen werden.
E. Die lösemittelhaltigen Bindemittel trocknen in der ersten Phase oxidativ und in einer weiteren wegschlagend.

## 9 — Herstellung der Druckfarben · Trocknung der Druckfarben

**34**
Bei der Herstellung der Druckfarben wird ein Dissolver eingesetzt. Welches Gerät ist damit gemeint?
A. Ein aus drei Walzen bestehendes Rührwerk
B. Ein Schnellrührer zur Vordispergierung
C. Eine automatisch arbeitende Verpackungsanlage
D. Anlage zur Entlüftung der Druckfarbe
E. Anlage zur Feinverteilung der Komponenten

**35**
Warum werden Druckfarben für Offsetdruck vielfach in Vakuumdosen abgefüllt?
A. Damit sie nicht völlig eintrocknen
B. Damit sie vor Feuchtigkeit geschützt sind
C. Damit der Kunde die Garantie hat, daß noch keine Farbe entnommen wurde
D. Damit die Farbe keine Haut zieht
E. Damit die Farbe mit der Zeit nicht zu dickflüssig wird

**36**
Welche Trocknungsart bezeichnet man als physikalische Trocknung?
A. Farbtrocknung durch Verdunsten des Lösemittels
B. Farbtrocknung durch Aufnahme von Sauerstoff
C. Farbtrocknung durch Wegschlagen und Oxidation
D. Farbtrocknung durch UV-Bestrahlung
E. Farbtrocknung durch IR-Bestrahlung

**37**
Was geschieht beim Wegschlagen der Druckfarbe?
A. Das Bindemittel der Farbe wird zum größten Teil vom Papier aufgesaugt.
B. Das Bindemittel verdunstet, das Harz verfestigt sich
C. Das Lösemittel verdunstet, das Harz verfestigt sich
D. Das Bindemittel nimmt Sauerstoff auf
E. Die dünnflüssigen Bindemittelbestandteile dringen ins Papier ein, das Harz verfestigt sich.

**38**
Welche Trocknungsart bezeichnet man als chemische Trocknung?
A. Verdunsten von Lösemittel
B. Farbtrocknung durch Wegschlagen des Bindemittels
C. Farbtrocknung durch Verdampfen des Lösemittels
D. Farbtrocknung durch Oxidation
E. Farbtrocknung durch Erstarren infolge Kälte

**39**
Was bewirkt die Trockenstoffzugabe bei Offsetfarben?
A. Das Wegschlagen wird beschleunigt.
B. Das Ablegen wird verhindert.
C. Das Bestäuben kann verringert werden.
D. Die oxidative Durchtrocknung wird beschleunigt.
E. Das Wegschlagen und die oxidative Trocknung werden beschleunigt.

**40**
Wie trocknen moderne Offsetfarben für den Bogendruck auf Papier?
A. Durch Verdunsten von Lösemittel, wodurch das Bindemittel fest wird
B. Nur durch Wegschlagen
C. Nur durch Oxidation
D. Durch Wegschlagen und Verdunsten von Lösemittel
E. Durch Wegschlagen und Oxidation

**41**
Wie trocknen Werkdruckfarben?
A. Durch Oxidation B. Durch Wegschlagen
C. Durch Polymerisation
D. Durch Verharzung an der Oberfläche
E. Durch Verdunsten des Bindemittels

**42**
Was sind Sikkative?
A. Verdünner B. Pasten zur Konsistenzregelung
C. Antitrockner D. Trockenstoffe
E. Scheuerschutzpaste

**43**
Welche Gefahr besteht, wenn der Farbe zu viel Trockenstoff beigefügt wird?
A. Das Rasterbild druckt zu voll B. Es rupft
C. Die Farbe trocknet langsamer oder gar nicht
D. Die Farbe mehlt später ab
E. Die Farbe schlägt durch

**44**
Welcher Text beschreibt die Wirkung von Trockenstoff (Kobalt-Mangan-Trockner)?
A. Er gibt Sauerstoff an die Farbe ab.
B. Er beschleunigt das Wegschlagen.
C. Er beschleunigt das Verdunsten des Lösemittels aus der Farbe.
D. Er verringert das Ablegen.
E. Die Sauerstoffaufnahme aus der Luft wird beschleunigt.

**45**
Welche Farben sind für den Druck auf Kunststoffolien besonders zweckmäßig?
A. Wegschlagende Farben
B. Deckfarben
C. Druckfarben mit Infrarot-Trocknung
D. Druckfarben mit UV-Trocknung
E. Heatsetfarben

**46**
Welche Druckfarbe trocknet nur wegschlagend?
A. Zeitungsfarbe B. Folienfarbe
C. Siebdruckfarbe D. Flexodruckfarbe
E. Tiefdruckfarbe

# Trocknung der Druckfarben

**47**
*Wozu dient ein sogenannter Wischwassertrockner?*
A. Um das Emulgieren der Farbe zu verhindern
B. Damit das Feuchtwasser von der Platte schneller verdunstet
C. Damit die Feuchtigkeit auf dem Papier schneller trocknet
D. Zur Beschleunigung der Farbtrocknung
E. Damit die Feuchtigkeit auf den Farbwalzen schneller trocknet

**48**
*Welche Gruppe von Druckfarben trocknet rein physikalisch?*
A. Farben für Offsetdruck, Buchdruck, Tiefdruck
B. Farben für Flexodruck, Tiefdruck
C. Farben für Offsetdruck, Zeitungsdruck
D. Farben für Flexodruck, Buchdruck
E. Farben für Buchdruck, Zeitungsdruck

**49**
*Welche Bedruckstoffe erfordern im Offsetdruck Farben, die nur oxidativ trocknen?*
A. Kunststoffolien und Metallpapiere
B. Naturpapiere
C. Gestrichene Papiere
D. Alle hier genannten Papiere
E. Gußgestrichene Kartons

**50**
*Welche Farbe trocknet durch Verdunsten des Lösemittels?*
A. Offsetdruckfarbe   B. Buchdruckfarbe
C. Rakeltiefdruckfarbe   D. Blechdruckfarbe
E. Kupferstich-Tiefdruckfarbe

**51**
*Für welchen Bedruckstoff ist eine Druckfarbe, die nur wegschlagend trocknet, nicht geeignet?*
A. Naturpapier   B. Satiniertes Papier
C. NCR-Papier   D. Zeitungspapier   E. Folien

**52**
*Wofür werden Heatset-Farben eingesetzt?*
A. Für Infrarot-Trocknung
B. Für UV-Trocknung
C. Für Rollenoffset auf Naturpapier
D. Für Rollenoffset auf gestrichenem Papier
E. Für Zeitungsdruck auf Rollenoffsetmaschinen

**53**
*Welche Anlage ist beim Einsatz von Heatset-Farben zur Trocknung notwendig?*
A. Infrarot-Strahler   B. UV-Strahler
C. Warmluftventilator   D. Ozonabsaugung
E. Heißlufttrockner und Kühlwalzen

**54**
*Bei welchem Prinzip der Farbtrocknung kommt der bedruckte Bogen mit trockener Farbe auf den Auslagestapel?*
A. Bei Infrarot-Trocknung
B. Bei UV-Trocknung
C. Bei oxidativer Trocknung
D. Bei Trocknung durch Wegschlagen
E. Bei kombinierter Trocknung durch Wegschlagen und Oxidation

**55**
*Wie trocknen die Heatset-Farben?*
A. Durch Wegschlagen
B. Durch oxidative Trocknung
C. Durch Wegschlagen und oxidative Trocknung
D. Durch Verdampfen des Lösemittels
E. Durch Verbrennen des Lösemittels

**56**
*Welches ist der wesentliche Vorteil der Flexodruckfarben gegenüber den Buchdruck- oder Offsetdruckfarben?*
A. Die Farbe glänzt auf jedem Bedruckstoff.
B. Die Farbe ist sehr ergiebig, so daß der Farbverbrauch gering ist.
C. Die Farbe trocknet sehr schnell.
D. Die Farben sind lichtechter.
E. Man erzielt einen sehr scharfen Rasterdruck.

**57**
*Was bewirken Metalltrockner als Zusatz zu Druckfarben?*
A. Sie beschleunigen den Trockenprozeß aller Druckfarben.
B. Sie fördern die Sauerstoffzufuhr.
C. Sie beschleunigen das Verflüchtigen der Lösemittelanteile.
D. Sie beschleunigen das Wegschlagen physikalisch trocknender Druckfarben.
E. Sie trocknen sehr rasch und verhindern ein Ablegen.

**58**
*Welche Druckfarbenart enthält einen Fotoinitiator als Zugabe, um den Trockenprozeß auszulösen?*
A. IR-trocknende Farbe   B. ES-trocknende Farbe
C. Wegschlagende Farbe   D. UV-trocknende Farbe
E. Oxidativ trocknende Farbe

**59**
*Welches ist kein Vorteil der UV-Trocknung?*
A. Kein Bestäuben notwendig.
B. Nichtsaugfähige Bedruckstoffe können ohne Trockenprobleme bedruckt werden.
C. Für den menschlichen Organismus unbedenklich.
D. UV-Farben und -Lacke sind nach dem Bestrahlen sofort trocken.
E. Eine Nachverbrennung von Gasen ist nicht erforderlich.

## 60

IR-Trocknung bringt Vorteile. Welche Aussage ist jedoch falsch?
A. Die IR-Druckfarbe trocknet auch ohne Bestrahlung
B. Die Auflage kann gegenüber „normalen" Druckfarben früher zur Weiterverarbeitung kommen.
C. Die Auflage kann früher umschlagen werden.
D. Die Bestäubung kann verringert werden.
E. Durch IR-Trocknung ist der bedruckte Bogen sofort nagelhart durchgetrocknet.

## 61

Welcher Druckfarbentyp ist sowohl normal oxidativ trocknend als auch durch bestimmte Strahlung zu trocknen?
A. Werkdruckfarbe    B. UV-Farbe
C. IR-Farbe    D. Heatset-Farbe
E. Zweikomponentenfarbe

## 62

Welche umweltschädigenden Folgen hat die UV-Trocknung bei Nichtbeachtung der Arbeitsschutzbedingungen?
A. Schädigung der Lunge durch Einatmen von Kohlendioxid
B. Verbrennen der Haut durch ätzende Gase
C. Anreicherung der Luft mit Ozon sowie Verbrennungen der Haut
D. Erhöhte Explosionsgefahr
E. Hohe Lärmbelästigung durch überlaute Gebläsesysteme

## 63

Für welches Trocknungssystem gelten folgende Merkmale: Druckfarbe mit und ohne Trockner einzusetzen — für menschlichen Organismus unbedenklich — rasches Wegschlagen und schnellere oxidative Trocknung — auf Bestäubung kann weitgehend verzichtet werden?
A. IR-Trocknung    B. Steam-set-Trocknung
C. UV-Trocknung    D. Heatset-Trocknung
E. Elektronenstrahl-Trocknung

## 64

Für welche Druckfarbe trifft folgende Aussage zu? Die Farbe trocknet durch Polymerisation so schnell, daß sie trocken ist, wenn der Bogen auf den Auslagestapel kommt.
A. Farben mit IR-Trocknung
B. Farben mit wegschlagender Trocknung
C. Farben mit UV-Trocknung
D. Farben der Euro-Skala
E. Farben, die durch Verdunsten des Lösemittels trocknen

## 65

Welche Haupteigenschaft müssen bunte Druckfarben für den mehrfarbigen Druck von Rasterbildern aufweisen?
A. Die Lichtechtheit darf nicht geringer als 7 sein.
B. Sie müssen thixotrop sein.
C. Sie müssen lasierend sein.
D. Sie müssen lackierfähig sein.
E. Sie müssen alkali- und säureecht sein.

## 66

Nach DIN-Vorschrift müssen verschiedene Echtheiten auf dem Dosenetikett ausgewiesen werden. Welche Eigenschaft steht nicht auf dem Etikett?
A. Scheuerfestigkeit    B. Lichtechtheit
C. Trocknung    D. Lacklösemittelechtheit
E. Deckfähigkeit

## 67

Was heißt lasierend?
A. Dünnflüssig    B. Klebrig    C. Glänzend
D. Durchscheinend    E. Leicht deckend

## 68

Welche Echtheit der Druckfarbe kann man mit Spiritus prüfen?
A. Lacklösemittel-Echtheit    B. Lackierechtheit
C. Folienfestigkeit    D. Alkali-Echtheit
E. Beständigkeit gegenüber Alkoholfeuchtung

## 69

Welche Farbechtheit wird mit verdünnter Natronlauge geprüft?
A. Lacklösemittel-Echtheit    B. Leimfestigkeit
C. Alkali-Echtheit    D. Käseechtheit
E. Fettechtheit

## 70

Welche Farbechtheit wird auf dem Dosenetikett nicht ausgewiesen?
A. Lacklösemittelechtheit
B. Seifenechtheit    C. Lichtechtheit
D. Alkali-Echtheit    E. Heißkalandrierechtheit

## 71

Welche Angabe über Farbechtheiten wird auf dem Dosenetikett nicht ausgewiesen?
A. Wasserfestigkeit    B. Lacklösemittelechtheit
C. Deckfähigkeit    D. Lichtechtheit    E. Trocknung

## 72

Bei den Farbechtheiten wird die Abkürzung WS benutzt. Welche Erklärung dazu stimmt?
A. Wassersäule für Wasserechtheit
B. Wertskala für Lichtechtheit
C. Wollskala für Lichtechtheit
D. Wollskala für Scheuerfestigkeit
E. Werteskala für Sonneneinwirkung

## Eigenschaften und Prüfmöglichkeiten

**73**
*Welche Echtheit ist nicht nach DIN genormt, weil sie von zu vielen Faktoren abhängt?*
A. Lichtechtheit  B. Wasserfestigkeit
C. Scheuerfestigkeit  D. Alkali-Echtheit
E. Gewürzmittel-Echtheit

**74**
*Welche Farbechtheit ist für die meisten Verpackungen sehr wichtig?*
A. Lichtechtheit  B. Alkali-Echtheit
C. Wasserechtheit  D. Scheuerfestigkeit
E. Lacklösemittel-Echtheit

**75**
*Wie weit geht die Lichtechtheitsskala?*
A. Von WS 1 - 4  B. Von WS 0 - 8
C. Von WS 1 - 8  D. Von WS 1 - 14
E. Von WS 1 - 10

**76**
*Welche der aufgeführten Druckfarben ist am besten lichtbeständig?*
A. Blau WS 1  B. Gelb WS 3
C. Rot WS 5  D. Grün WS 10
E. Blau WS 8

**77**
*Für ein Außenplakat soll die rote Druckfarbe bestimmt werden. Es stehen Farben mit folgenden Bezeichnungen zur Verfügung. Wählen Sie die zweckmäßigste aus!*
A. Rot WS 5  B. Rot WS 2
C. Rot lackierbar WS 4  D. Rot WS 7 - 8
E. Magenta, DIN 16 539

**78**
*Welche Farbe(n) der Euroskala hat (haben) die geringste Lichtechtheit?*
A. Gelb  B. Magenta  C. Cyan
D. Schwarz  E. Gelb und Magenta

**79**
*Welche Druckfarben haben in der Regel die geringste Lichtechtheit?*
A. Rot- und Violettfarben  B. Grünfarben
C. Schwarzfarben  D. Gelbfarben
E. Cyan- und Blaufarben

**80**
*Ein Oliv wurde aus 5 Teilen Gelb mit der Lichtechtheit WS 6 und aus 3 Teilen Schwarz mit der Lichtechtheit WS 8 gemischt. Die Mischfarbe hat folgende Lichtechtheit:*
A. WS 4  B. WS 5
C. WS 6  D. WS 7
E. WS 8

**81**
*Auf dem Dosenetikett für eine Druckfarbe steht zur Lichtechtheit WS 6. Bestimmen Sie, für welche Druckarbeit diese Farbe nicht geeignet ist!*
A. Langzeitwerbung in Schaufenstern
B. Zeitschrift
C. Briefbogen und Visitenkarte
D. Prospekt
E. Werbebeilage zur Zeitung
F. Verpackung für Lebensmittel

**82**
*Eine Tonfarbe (Rosa) wird aus 3 Teilen Rot mit der Lichtechtheit WS 6 und 3 Teilen Lasurweiß gemischt. Welche Lichtechtheit hat die Mischfarbe?*
A. WS 6  B. Unter WS 6
C. Über WS 6  D. WS 9
E. Das kommt auf die Lichtechtheit des Lasurweiß an.

**83**
*Eine Mischfarbe ist gemischt aus 2 Teilen Gelb WS 4 und 1 Teil Blau WS 7. Wie sieht die Mischfarbe nach längerer Zeit am Sonnenlicht aus?*
A. Grün  B. Verblaßtes Grün  C. Hellblau
D. Kräftiges Gelb  E. Hellgelb

**84**
*Welche Aussage über die Aushängedauer eines Plakats, das mit Farben geringer Lichtechtheit gedruckt wurde, ist richtig?*
A. Es kann im Winter etwa genau so lange ausgehängt werden wie im Sommer.
B. Es kann im Winter etwa doppelt so lange ausgehängt werden wie im Sommer.
C. Es kann im Winter etwa 5 bis 7mal länger aushängen als im Sommer.
D. Es kann weder im Winter noch im Sommer ausgehängt werden, weil die Farben bereits nach ein paar Tagen völlig verschwunden sind.

**85**
*Mit welcher Farbechtheit steht der Ausdruck „ausbluten" im Zusammenhang?*
A. Mit der Lichtechtheit
B. Mit der Lackierfähigkeit
C. Mit der Deckfähigkeit
D. Mit der Alkali-Echtheit
E. Mit der Scheuerfestigkeit

**86**
*Mit welcher Echtheit der Druckfarbe steht die Prüfung der Farbe mit Spiritus im Zusammenhang?*
A. Scheuerfestigkeit
B. Alkali-Echtheit
C. Lacklösemittel-Echtheit
D. Paraffin- und Wachsechtheit
E. Seifenechtheit

## 87

*Sie verdrucken im Offsetdruck ein Gelb mit folgenden Angaben auf ein blaues Papier. Lichtechtheit: WS 7; Deckfähigkeit: d; Trocknung: kurz; Lacklösemittel: Sprit ja, Nitro nein. Welche Aussage über das Druckergebnis ist richtig?*
*Die gedruckte Fläche ist ...*
A. gelb   B. grün
C. gelb mit grünem Schimmer
D. hellgrün   E. hellblau

## 88

*Ein Gelb mit der Deckfähigkeit ld wird als Fläche über eine große fette, schwarze Schrift gedruckt. Wie sieht die Schrift aus?*
A. Tief glänzend schwarz
B. Braunschwarz   C. Grün   D. Gelb
E. Schwarz mit leicht gelbgrünlichem Schimmer

## 89

*Auf welchem Papier ist die Scheuerfestigkeit der Farbe meist am geringsten?*
A. Auf mattgestrichenem Papier
B. Auf stark satiniertem Papier
C. Auf gußgestrichenem Papier
D. Auf Naturpapier
E. Auf Kunstdruckpapier

## 90

*Womit ist zu rechnen, wenn eine Druckfarbe mit der Kennzeichnung ,,Nitro - nein, Sprit - nein" drucklackiert wird?*
A. Die Farbe ,,blutet" aus.
B. Die Farbe verliert an Lichtechtheit.
C. Der Druck wird unscharf, weil die Farbe angelöst wird.
D. Die Farbe wird heller.
E. Die Druckfarbe wird nicht beeinflußt.

## 91

*Eine Druckfarbe wird mit Lasurweiß kräftig aufgehellt. Welche Aussage ist richtig?*
A. Die Lichtechtheit der Farbe steigt.
B. Die Lichtechtheit der Farbe wird geringer.
C  Die Lichtechtheit der Farbe ändert sich nicht.
D. Die Druckfarbe verliert ihren Glanz.
E. Die Mischfarbe trocknet schneller.

## 92

*Ein Druck wird mit Nitroverdünnung geprüft. Welche Eigenschaft ist damit festzustellen?*
A. Lacklösemittel-Echtheit
B. Lackierfähigkeit
C. Lackierbarkeit mit Wasserkastenlack
D. Drucklackierbarkeit
E. Alkali-Echtheit

## 93

*Auf dem Etikett einer Druckfarbendose steht als Angabe zur Lösemittel-Echtheit: Sprit nein, Nitro nein. Welche der folgenden Feststellungen ist richtig?*
A. Die Farbe ist maschinenlackierbar.
B. Die Farbe ist heißkalandrierbar.
C. Die Farbe ist weder druck- noch maschinenlackierbar.
D. Die Farbe ist nicht mit Alkoholfeuchtung zu verdrucken.
E. Die Farbe ist drucklackierbar.

## 94

*Eine Druckfarbe trocknet oxidativ. Wodurch wird der erreichbare Glanz der Druckfarbe wesentlich bestimmt?*
A. Pasten und Drucköle
B. Bindemittel und Bedruckstoffoberfläche
C. Pigmente und Bedruckstoffoberfläche
D. Pigmentqualität und -volumenkonzentration
E. Trockenstoffe

## 95

*Bewerten Sie folgende Aussagen über die Scheuerfestigkeit: 1. Die Scheuerfestigkeit ist von der Papieroberfläche abhängig. 2. Es gibt Farbtypen, die besonders scheuerfest sind, aber dafür beispielsweise weniger Glanz oder schlechteres Wegschlagverhalten haben. 3. Die Zugabe spezieller Pasten kann die Scheuerfestigkeit erhöhen. 4. Mit Scheuerprüfgeräten lassen sich in erster Linie Vergleichsprüfungen durchführen, z.B. gleiche Farbe auf verschiedenen Papieren. 5. Farben, die nur wegschlagend trocknen, sind besonders scheuerfest.*
A. Alle fünf Aussagen sind richtig.
B. Drei Aussagen sind richtig.
C. Die Aussage 2 ist falsch.
D. Die Aussage 5 ist falsch.
E. Zwei Aussagen sind richtig.

## 96

*Welche Eigenschaft müssen Farben für Plakate in besonderem Maße besitzen?*
A. Nagelharte Trocknung   C. Nitroechtheit
B. Gute Deckfähigkeit   D. Hohe Lichtechtheit
E. Gute Scheuerfestigkeit

## 97

*Für welche Druckerzeugnisse ist die Scheuerfestigkeit der Druckfarbe von besonderer Bedeutung?*
A. Zeitschriften
B. Prospekte
C. Drucke auf der Rollenoffsetmaschine
D. Flaschenetiketten
E. Verpackungen

## 98
*Auf einen dunklen Untergrund soll eine gelbe Schrift gedruckt werden. Mit welcher Maßnahme erhält man den am besten deckenden Farbauftrag?*
A. Druck mit Deckfarbe
B. Doppelter Druck mit Deckfarbe
C. Druck mit starker Farbgebung
D. Das Deckgelb mit Deckweiß mischen
E. Druck im Siebdruck

## 99
*Mit Deckweiß wird im Offsetverfahren eine Fläche auf einen blauen Untergrund gedruckt. Wie sieht das Ergebnis aus?*
A. Die gedruckte Fläche ist weiß.
B. Die gedruckte Fläche sieht hellgrau aus.
C. Die gedruckte Fläche sieht hellblau aus.
D. Die Fläche ist blau.
E. Die gedruckte Fläche glänzt stärker.

## 100
*Was versteht man unter dem Begriff Konsistenz?*
A. Die fließtechnischen Eigenschaften einer Druckfarbe
B. Die Lichtechtheit einer Druckfarbe
C. Die Lacklösemittelechtheit einer Druckfarbe
D. Die Echtheit einer Druckfarbe gegenüber Laugen
E. Das Verhalten einer Druckfarbe beim Ablaufen von der Spachtel

## 101
*Was besagt der Ausdruck ,,Viskosität''?*
A. Wie zähflüssig die Farbe ist
B. Ob die Farbe kurz oder zügig ist
C. Anderer Ausdruck für Konsistenz
D. Er gibt Aufschluß über den Glanz einer Farbe
E. Ob die Farbe kurz oder lang ist

## 102
*Welches sind die im DIN-Blatt genormten Bezeichnungen zur Kennzeichnung der Farbkonsistenz?*
A. Dünn - dick / kurz - zäh
B. Geschmeidig - fest / dünn - weich
C. Dick - dünn / zügig - kurz
D. Zügig - lang / flüssig - fest
E. Pastos - weich / klebrig - dünn

## 103
*Über welche Eigenschaft einer Druckfarbe gibt die Geschwindigkeit Auskunft, mit der sie von einer Spachtel läuft?*
A. Über alle rheologischen Eigenschaften
B. Über die Eigenschaften, die man unter Konsistenz zusammenfaßt
C. Über die Thixotropie
D. Über die Zügigkeit
E. Über die Viskosität

## 104
*Welchen Zustand der Druckfarbe gibt die Viskosität an?*
A. Die Klebekraft der Farbe
B. Die Konzentration der Farbe
C. Den Tack-Wert
D. Fachausdruck für folgendes Verhalten: dickflüssig im Ruhezustand, flüssig bei Bewegung
E. Den Flüssigkeitsgrad der Farbe

## 105
*Welcher ist der Oberbegriff für die rheologischen Eigenschaften einer Druckfarbe?*
A. Konsistenz   B. Affinität   C. Parameter
D. Flußdiagramm   E. Viskosität

## 106
*Was wird mit den genormten Ausdrücken ,,dick - dünn'' gekennzeichnet?*
A. Die Farbkonsistenz   B. Die Farbviskosität
C. Farbzügigkeit   D. Pigmentkonzentration
E. Rheologie der Farbe

## 107
*Mit welchem Prüfgerät ist die Viskosität einer Tiefdruckfarbe zu messen?*
A. Probedruckgerät   B. Auslaufbecher
C. Tackmeter   D. Densitometer
E. Manometer

## 108
*Welche Druckfarbe ist am dünnflüssigsten?*
A. Buchdruckfarbe
B. Offsetfarbe
C. Rakeltiefdruckfarbe
D. Steindruckfarbe
E. Siebdruckfarbe

## 109
*Eine Druckfarbe läuft schnell mit durchgehenden Fäden von der Spachtel. Welche Konsistenzbezeichnung ist richtig?*
A. Kurz - zügig   B. Dünn - zügig
C. Dünn - kurz   D. Dick - zügig
E. Dick - kurz

## 110
*Eine Druckfarbe läuft von der Spachtel, wie es die Abbildung zeigt. Welche Beschreibung über ihre Konsistenz kann nach dieser Erscheinung gemacht werden?*
A. Die Farbe ist kurz
B. Die Farbe ist zügig
C. Die Farbe ist dünn
D. Die Farbe ist dick
E. Die Farbe ist thixotrop

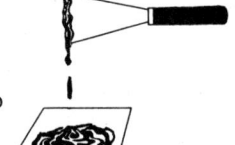

## 9 Farbkonsistenz und Farbzusatzmittel

**111**
*Was versteht man unter „kurze Farbe"?*
A. Die Farbe ist dünnflüssig.
B. Die Farbe ist dickflüssig.
C. Die Farbe hat eine geringe Viskosität.
D. Die Farbe hat eine geringe Zügigkeit.
E. Die Farbe ist thixotrop.

**112**
*Welche Eigenschaft der Druckfarbe wird mit dem Tackwert angegeben?*
A. Konsistenz  B. Trockengeschwindigkeit
C. Zügigkeit  D. Lackierfähigkeit
E. Thixotropisches Verhalten

**113**
*Welche Beschreibung bezeichnet das Verhalten einer thixotropen Farbe richtig?*
A. In Ruhe flüssig, in Bewegung pastos
B. In Ruhe pastos, in Bewegung flüssig
C. In warmem Zustand flüssig, in kaltem fest
D. In kaltem Zustand flüssig, in warmem fest
E. In trockenem Zustand sehr leuchtkräftig

**114**
*Was sind thixotrope Druckfarben?*
A. Druckfarben mit sehr hoher Viskosität
B. Druckfarben, die durch Verdunsten der Lösungsmittel trocknen
C. Druckfarben, deren Viskosität durch mechanische Bewegung herabgesetzt wird
D. Druckfarben, die durch Hitze trocknen
E. Druckfarben, die auch den UV-Bereich reflektieren und sehr leuchtkräftig sind

**115**
*Welche Vorteile ergeben sich aus thixotropen Druckfarben?*
A. Über Nacht trocknet die Druckfarbe nicht auf den Walzen.
B. Thixotrope Farben werden als Leuchtfarben eingesetzt.
C. Es entstehen durch diese Farben keine Passerdifferenzen.
D. Durch den Lauf der Maschine erhält die Druckfarbe eine geschmeidige Konsistenz.
E. Die Farben haben Doppeltonwirkung.

**116**
*Einer Buch- oder Offsetdruckfarbe wird reichlich Drucköl oder Verdünner beigegeben. Welche Folgen können dadurch auftreten?*
A. Sie druckt konturenschärfer.
B. Sie trocknet schneller.
C. Das Druckerzeugnis bekommt einen hohen Glanz.
D. Im Offsetdruck kann mit weniger Feuchtung gefahren werden.
E. Raster setzen zu, Flächen fehlt die Farbkraft.

**117**
*Welche Aussage beschreibt genau die Wirkung von Verdünner auf die Druckfarbe?*
A. Die Zügigkeit wird verringert.
B. Die Zügigkeit wird erhöht.
C. Die Konsistenz der Druckfarbe wird verdünnt.
D. Die Viskosität der Farbe wird verringert.
E. Die Viskosität der Farbe wird erhöht.

**118**
*Welches Druckhilfsmittel wird eingesetzt, wenn die Zügigkeit der Druckfarbe verringert werden soll?*
A. Sikkative  B. Blattgoldfirnis
C. Leinölfirnis  D. Druckpaste
E. Trockenstoff

**119**
*Welches Druckhilfsmittel macht die Druckfarbe kürzer, aber kaum dünnflüssiger?*
A. Drucköl  B. Rupfpaste  C. Verdünner
D. Trockenstoff  E. Blattgoldfirnis

**120**
*Welches Druckhilfsmittel wird zur Erhöhung der Scheuerfestigkeit eingesetzt?*
A. Leinölfirnis  B. Blattgoldfirnis
C. Druckpaste  D. Wachspaste  E. Druckgelee

**121**
*Welchen Vorteil gewährleistet die Verwendung eines Antitrockners?*
A. Begünstigt das klebfreie Trocknen der Druckfarbe
B. Das Pudern kann verringert oder ganz ausgeschaltet werden.
C. Man spart sich das Waschen der Farbwalzen bei Pausen.
D. Es kann mit weniger Wasser gefeuchtet werden.
E. Die Scheuerfestigkeit wird verbessert.

**122**
*Welche der folgenden Angaben zum Antitrockner ist falsch?*
A. Antitrockner verhindert das Trocknen der Druckfarbe auf den Walzen bei längeren Maschinenstillständen.
B. Antitrockner verhindert eine Hautbildung auf der Druckfarbe in der Farbdose und im Farbkasten.
C. Antitrockner ist bei schnellaufender Maschine nur kurze Zeit auf die Walzen zu sprühen.
D. Beim Wiederanlaufenlassen der Druckmaschine ist bei Verwendung von Antitrockner eine größere Menge Makulatur vorzudrucken.
E. Antitrockner auf dem Gummituch verhindert das Kleben der Druckbogen bei schnelltrocknenden Druckfarben nach einem Maschinenstillstand.

# Farbkonsistenz und Farbzusatzmittel 9

**123**
*Was bewirkt die Zugabe von Druckgelee zur Druckfarbe?*
A. Es macht die Farbe kürzer.
B. Die Farbe wird länger.
C. Die Farbe wird dicker.
D. Die Farbe wird zügiger.
E. Die Farbe wird dicker und länger.

**124**
*Welche sind die wirksamen Bestandteile vieler Trockenstoffe?*
A. Chemische Verbindungen der Metalle Chrom und Kupfer
B. Blei- und Titanverbindungen
C. Verbindungen von Blei und Antimon
D. Chemische Verbindungen von Schwefel, Mangan und Zinn
E. Chemische Verbindungen von Kobalt und Mangan

**125**
*Welche Aussage über Trockenstoffe ist richtig?*
A. Sie beschleunigen das Wegschlagen der Farbe.
B. Sie verhindern das Abliegen.
C. Sie beschleunigen die oxidative Farbtrocknung.
D. Sie beschleunigen die oxidative Farbtrocknung und das Wegschlagen.
E. Sie beschleunigen die Farbtrocknung, weil die Lösemittel aus der Farbe schneller verdampfen.

**126**
*Welche Angabe zu Druckfarben ist falsch?*
A. Als Grundsubstanz für Trockenstoffe werden vor allem Kobalt und Mangan verwendet.
B. Die Viskosität gibt den Grad der Flüssigkeit einer Druckfarbe an.
C. Pigmente sind im Bindemittel lösliche Farbpulver.
D. Trockenstoffe wirken nur bei oxidativ trocknenden Druckfarben.
E. Druckgelees machen die Farbe kürzer und geschmeidiger, aber nicht dünner.

**127**
*Nur welche der folgenden Angaben zur Druckfarbe ist richtig?*
A. IR-Druckfarben sind nach dem Druck sofort trocken.
B. Trockenstoffe verkürzen die Trockenzeit oxidativ trocknender Druckfarben.
C. Eine zu dünne Farbe kann durch Druckgelee dicker eingestellt werden.
D. Für den Rollenoffsetdruck werden Farbstoffe als Farbmittel eingesetzt.
E. Verdampfen, Verdunsten und Wegschlagen sind chemische Trocknungsvorgänge.

**128**
*Welche Aussage über sogenannte Scheuerschutzpasten ist richtig?*
A. Die Farbtrocknung wird beschleunigt, so daß die Farbe eher scheuerfest wird.
B. Die Farbtrocknung wird verstärkt, so daß die Farbe härter wird.
C. Die Paste verdünnt die Farbe, so daß sie tiefer ins Papier eindringen und sich besser verankern kann.
D. Die Paste legt auf die Farbe eine Lackschicht, so daß die Scheuerfestigkeit erhöht wird.
E. Die Paste legt eine Wachsschicht über die Farbe, die eine glattere Oberfläche gibt.

**129**
*Welche Angabe zu Druckhilfsmitteln ist richtig?*
A. Bologneser Kreide wird eingesetzt, wenn eine Druckfarbe rupft.
B. Scheuerschutzpasten erhöhen die Trocknungsgeschwindigkeit und den Glanz der Druckfarbe.
C. Antitrockner bei langsam laufender Maschine auf die Walzen sprühen, Überdosierung vermeiden.
D. Flüssiger Trockenstoff, der dem Wischwasser zugegeben wird, ist besonders für den Druck von Naturpapieren ratsam.
E. Druckpasten verändern die Viskosität, ohne jedoch die Zügigkeit zu beeinflussen.

**130**
*Welche besondere Anforderung wird an die Druckfarbe für den Verpackungsdruck gestellt?*
A. Hohe Lichtechtheit   B. Deckfähigkeit
C. Guter Glanz   D. Abriebfestigkeit
E. Lackierbarkeit mit Nitrolack

**131**
*Eine Arbeit soll drucklackiert werden. Es stehen die aufgeführten Farbtypen zur Verfügung. Bestimmen Sie die geeignete(n)!*
A. Rot nitroecht ja — spiritusecht ja
B. Rot nitroecht nein — spiritusecht ja
C. Rot nitroecht ja — spiritusecht nein
D. Rot nitroecht nein — spiritusecht nein
E. Alle diese Farben

**132**
*Wann besteht die Gefahr, daß die Druckfarbe „ausblutet"?*
A. Es wird ein Druck maschinenlackiert, für den nicht lacklösemittelechte Farben verwendet werden.
B. Beim Lackieren nicht alkaliechter Druckfarben.
C. Es wird ein Druck drucklackiert, der mit nicht lacklösemittelechten Farben gedruckt ist.
D. Wenn mit zu viel Feuchtung gedruckt wird
E. Beim Bedrucken nicht oder wenig geleimter Papiere

# 9 Farbmischen

**133**
*Welche Regel für das Farbmischen ist* falsch?
A. Helle in dunkle Farben mischen.
B. Die Haut von den benutzten Dosen sorgfältig entfernen.
C. Für alle verwendeten Farben eine saubere Spachtel benutzen.
D. Die Mischplatte muß gut sauber sein.
E. Den gewünschten Farbton aus möglichst wenig Farben mischen.

**134**
*Welche Regel für das Farbmischen ist* falsch?
A. Die gemischte Farbe so dünn wie nur irgend möglich austupfen.
B. Die Haut von der verwendeten Farbe sehr sorgfältig entfernen.
C. Für alle Farben eine saubere Spachtel verwenden.
D. Zur Probe die Mischfarbe auf gestrichenes Papier austupfen.
E. Zum Abstimmen mit der Farbvorlage eine Farbbrille benutzen.

**135**
*Welche Regel für das Farbmischen ist* falsch?
A. Die Haut sorgfältig entfernen.
B. Die Mischfarbe in der Stärke austupfen, die dem Maschinendruck entspricht.
C. Die Farbmischplatte muß gut sauber sein.
D. Die Farbe sorgfältig aus der Dose herausstechen.
E. Dunkle Farben in helle mischen.

**136**
*Sie sollen ein gelbliches Oliv mischen.*
*Welcher Abschnitt der Beschreibung ist* falsch?
A. Ich streiche mit der Spachtel kreisförmig Gelb aus der Farbdose,
B. gebe die Farbe auf die Mischplatte.
C. Anschließend nehme ich mit derselben Spachtel
D. sehr wenig Schwarz,
E. vermische beides intensiv und tupfe zur Probe auf Papier aus.

**137**
*Welches Farbpaar ergibt bei gleichwertiger subtraktiver Zusammenmischung „Schwarz"?*
A. Magenta - Grün     B. Magenta - Cyan
C. Gelb - Cyan     D. Grün - Oliv     E. Braun - Gelb

**138**
*Wenn Sie einer Farbe etwas Schwarz beimischen, wie ändert sich dann die Farbe?*
A. In der Farbsättigung
B. In der Farbreinheit     C. Im Buntton
D. Es wird daraus die Komplementärfarbe
E. Es wird daraus ein Grau.

**139**
*Wodurch unterscheidet sich Mischschwarz von dem „normalen" Schwarz?*
A. Mischschwarz hat mehr Farbkraft als das normale Schwarz.
B. Mischschwarz ist pigmentärmer, hat also weniger Farbkraft als das normale Schwarz.
C. Mischschwarz ist nicht geschönt.
D. Mischschwarz ist stärker mit Blau geschönt als das normale Schwarz.
E. Mischschwarz ist stärker mit Rot geschönt als das Normalschwarz.

**140**
*Welche beiden Begriffe sind gleichbedeutend?*
A. Transparentweiß und Deckweiß
B. Lasurweiß und Mischweiß
C. Deckweiß und Mischweiß
D. Transparentweiß und Lasurweiß
E. Lasurweiß und Deckweiß

**141**
*Welcher ist der richtige Fachausdruck für eine sogenannte „Tonfarbe"?*
A. Farbe geringer Sättigung
B. Farbe hoher Sättigung
C. Farbe hoher Dunkelstufe
D. Farbe geringer Dunkelstufe
E. Farbe mit kräftigem Farbton

**142**
*Sie mischen einer Druckfarbe Transparentweiß bei. Welche Beschreibung trifft auf die Farbveränderung zu?*
A. Die Farbsättigung wird erhöht.
B. Die Farbsättigung wird verringert.
C. Die Dunkelstufe wird erhöht.
D. Der Buntton wird verändert.
E. Die Farbe wird gebrochen.

**143**
*Welche Farbe entsteht, wenn eine Druckfarbe und ihre Komplementärfarbe gleichwertig zusammengemischt werden?*
A. Weiß     B. Braun     C. Mittleres Grau
D. Oliv     E. Schwarz

**144**
*Welches ist der wichtigste Grund zur Verwendung einer Farbbrille zum Abstimmen einer gemischten Farbe mit der Farbvorlage?*
A. Damit der Farbeindruck nicht durch die Umgebung beeinträchtigt wird.
B. Weil nur gleichgroße Ausschnitte eine einwandfreie Beurteilung ermöglichen.
C. Um die Farbvorlage nicht zu verschmutzen.
D. Weil durch das Schwarz der Farbbrille der Farbkontrast erhöht wird.

# Farbmischen

**145**
*Bei welcher Mischung entsteht das reinste Orange?*
A. Aus Euro-Magenta und Euro-Gelb
B. Aus DIN-Gelb und DIN-Purpur
C. Aus Gelb und warmem Rot
D. Aus Gelb und mittlerem Rot
E. Aus Gelb und bläulichem Rot

**146**
*Welche Aussage über das Mischen von reinen Zweitfarben ist richtig?*
A. Reine Zweitfarben lassen sich mit der DIN-Farbskala ermischen.
B. Reine Zweitfarben lassen sich mit der Euro-Skala mischen.
C. Reine Zweitfarben lassen sich beispielsweise mit dem HKS-System mischen.
D. Reine Zweitfarben kann man nicht mischen, sie müssen als fertige Farbe von der Farbenfabrik gekauft werden.

**147**
*Welche Aussage über das Mischen von reinen Buntfarben ist richtig?*
A. Mit den Grundfarben der Euro-Skala lassen sich alle gewünschten Buntfarben ausmischen.
B. Mit den Grundfarben der Euro-Skala und zusätzlich Lasurweiß und Schwarz lassen sich alle Buntfarben ausmischen.
C. Zum Mischen von reinen Buntfarben benötigt man eine größere Anzahl von Grundfarben.
D. Reine Buntfarben lassen sich überhaupt nicht aus Grundfarben mischen.

**148**
*Ein Auftrag soll auf gestrichenes Papier und auf holzfreies Naturpapier gedruckt werden. Die hellgelbe Fläche soll auf beiden Papieren möglichst gleich aussehen. Welche Aussage dazu ist richtig?*
A. Die Farbe für das Naturpapier muß weniger Lasurweiß und mehr Gelb enthalten.
B. Die Farbe für das gestrichene Papier muß weniger Lasurweiß und mehr Gelb enthalten.
C. Für beide Papiere ist die gleiche Farbe einzusetzen, und lediglich die Farbführung muß geändert werden, damit der gleiche Farbton erreicht wird.
D. Für beide Papiere ist die gleiche Farbe und annähernd die gleiche Farbgebung notwendig, denn die Farbflächen sollen gleich aussehen.

**149**
*Es soll ein möglichst reines Violett ermischt werden. Vorhanden ist ein Magenta der Euro-Skala. Welche der genannten Farben bringt das beste Ergebnis?*
A. Cyan der Euro-Skala   B. Dunkles Blau
C. Grünliches Blau   D. Hellblau
E. Rötliches Blau

**150**
*Für eine Verpackung benötigt die Druckerei eine genaue Angabe zu dem gewünschten Farbton. Welche ist die beste Angabe?*
A. Dichtewerte der Druckfarbe, z.B. 1.4, Cyan
B. Remissionswerte der Druckfarbe und Dichtewerte im Druck
C. Farbmuster
D. Spektralfotometrisch gemessene Dichte der Farbenanteile
E. Prozentangabe der einzelnen Bestandteile von Cyan, Gelb und Magenta

**151**
*Ein Braun ist gemischt aus 3 Teilen Rot WS 4 und 2 Teilen Grün WS 7. Wie sieht die Mischfarbe nach längerer Zeit am Sonnenlicht aus?*
A. Rot   B. Hellbraun   C. Dunkelbraun
D. Hellgrün   E. Dunkelgrün

**152**
*Der Saalmeister sagt zum Drucker, er soll die Farbe aufhellen. Was muß der Drucker tun?*
A. Druckpaste beimischen   B. Die Farbe verdünnen
C. Drucköl beimischen   D. Lasurweiß beimischen
E. Die Farbgebung verringern

**153**
*Welcher der folgenden Fachbegriffe zu Farben ist falsch erläutert?*
A. Gedunkelte Farben sind mit neutralem Schwarz gemischte Farben.
B. Sekundärfarben erster Ordnung sind alle Mischungen zweier Grundfarben.
C. Druckfarben, die aus Gegenfarbenpaaren gemischt sind, sind gebrochene Farben.
D. Gesättigte Farben sind bunte Vollfarben ohne Zusatz von Weiß oder Schwarz.
E. Tertiärfarben können aus zwei Sekundärfarben gemischt sein.

**154**
*Welche Beleuchtung ist zum Vergleichen von nachgemischter Farbe und Farbvorlage am besten geeignet?*
A. Leuchte mit 6500 K Farbtemperatur
B. Halogenstrahler   C. Helle Raumbeleuchtung
D. Nach Osten liegendes Fenster   E. Sonnenlicht

**155**
*Welche optische Farbveränderung ist für eine frisch aufgetupfte oder aufgedruckte Farbe in der Regel zu erwarten?*
A. Durch Wegschlagen wird sie etwas heller.
B. Durch Wegschlagen wird sie etwas dunkler.
C. Sie verliert an Lasurfähigkeit.
D. Der Buntton ändert sich durch die Trocknung etwas.

# 10 Bedruckstoffe

Alte Beschreibstoffe ● Herstellen und Veredeln von Papier und Karton ● Papier- und Kartonsorten
Papiereigenschaften und Papierprüfung ● Papier und Klima ● Sonstige Bedruckstoffe

---

**1**
*Welche Beschreibstoffe benutzte man vor Einführung des Papiers überwiegend?*
A. Textilien und gegerbte Tierhäute
B. Gegerbte Tierhäute und Holztafeln
C. Tontafeln und Schiefertafeln
D. Papyrus und Pergament
E. Wachstafeln und Kunststoffolien

**2**
*Wozu wird heute noch Pergament verwendet?*
A. Landkarten
B. Urkunden, Bucheinbände
C. Ausweise, Pässe
D. Geldscheine, Aktien
E. Außenplakate, Schilder

**3**
*Welcher Beschreibstoff ist tierischen Ursprungs?*
A. Papier
B. Papyrus
C. Pergament
D. Tontafeln
E. Schiefertafeln

**4**
*Welche Aussage über Pergament ist falsch?*
A. Pergament ist gegerbte Tierhaut.
B. Es ist haltbarer als das beste hadernhaltige Papier.
C. Pergament ermöglichte im Gegensatz zu Papyrus eine Verarbeitung in Buchform.
D. „Echt Pergamentpapier" ist feinstes, sehr dünnes Pergament.
E. Pergament bleibt bei einer Prüfung mit heißem Wasser zäh und dehnbar.

**5**
*Für welche Schrift dienten Tontafeln als Beschreibstoff?*
A. Hieroglyphen
B. Phönizische Schrift
C. Kretische Schrift
D. Keilschrift
E. Griechische Schrift

**6**
*Wem schreibt man die Erfindung des Papiers zu?*
A. Friedrich Gottlob Keller
B. Louis Robert
C. Ulman Stromer
D. Tsai Lun
E. Laotse

**7**
*Wann soll in China das Papier erfunden worden sein?*
A. 150 v. Chr.
B. 3000 v. Chr.
C. 105 n. Chr.
D. 1390 n. Chr.
E. 1270 n. Chr.

**8**
*Von wem und wann wurde in Deutschland zuerst Papier hergestellt?*
A. Tsai Lun, 1498
B. Ulman Stromer, 1390
C. Friedrich Gottlob Keller, 1270
D. Louis Robert, 1789
E. Johannes Gutenberg, 1436

**9**
*Wo stand die erste deutsche Papiermühle?*
A. Mainz   B. Nürnberg   C. Düren
D. Düsseldorf   E. Straßburg

**10**
*Welcher Faserrohstoff diente im Mittelalter zur Papierherstellung?*
A. Papyrus   B. Pergament
C. Holz   D. Hadern
E. Zellstoff

**11**
*Welcher der folgenden Sätze handelt von der mittelalterlichen Papierherstellung?*
A. Man entrindet die Stämme und schneidet sie in Längen von 1 bis 2 Meter.
B. Um die Lumpen besser zerfasern zu können, werden sie einem Fäulnisprozeß ausgesetzt.
C. Wertvolle Papiere enthalten außer Harzleim noch Wachs.
D. Der Grobstoff wird in Refinern nachgemahlen.
E. Die Kochsäure wird in Laugentürmen gewonnen.

**12**
*Welche Aussage über das Papier ist falsch?*
A. Die Chinesen gelten als Erfinder der Papiermacherkunst.
B. Die erste Papiermühle in Deutschland stand in Nürnberg.
C. Handgeschöpftes Büttenpapier hat keine Laufrichtung.
D. Bis ins 19. Jahrhundert waren Hadern der fast ausschließlich verwendete Rohstoff.
E. 1905 wurde die Langsiebmaschine erfunden.

Herstellung von Papier und Karton

**13**
*Welches ist der wichtigste Rohstoff für die Papiererzeugung?*
A. Hadern
B. Holz
C. Stroh
D. Altpapier
E. Baumwolle

**14**
*Welches ist der Hauptrohstoff zur Herstellung von Zellstoff für holzfreies Papier?*
A. Lumpen
B. Gräser
C. Stroh
D. Holz
E. Hadern

**15**
*Welche Aufgabe hat der Schleifer bei der Rohstoffaufbereitung von Holz für die Papierherstellung?*
A. Die Zellulose von Kittsubstanzen zu trennen
B. Die Fasern rösch zu mahlen
C. Das Holz zu entrinden
D. Das Holz in Fasern zu zerkleinern
E. Die Stämme zu Hackschnitzeln zu zerkleinern

**16**
*Wodurch werden die Inkrusten aus dem Holz herausgelöst?*
A. Durch Schleifen des Holzes
B. Durch die Mahlung des Stoffs
C. Durch Bleichen
D. Durch Kochen in Lauge oder Säure
E. Durch Sortieren im Sandfang und im Knotenfänger

**17**
*Was stellt die Abbildung dar?*
A. Magazinschleifer
B. Pressenschleifer
C. Kalander
D. Häckselmaschine
E. Stetigschleifer

**18**
*Welche Stichworte beschreiben die Zellstoffherstellung aus Holz für die Papierherstellung?*
A. Entrinden, Schleifen
B. Entrinden, Zerhacken, Kochen, Sortieren, Bleichen
C. Entrinden, Dämpfen, Schleifen
D. Entrinden, Zerhacken, Schleifen
E. Entrinden, Wässern, Kochen, Bleichen

**19**
*Was ist Zellulose?*
A. Mechanisch zerkleinertes Holz
B. Chemisch aufbereitetes Holz
C. Füllstoff bei der Papierherstellung
D. Holzschliff
E. Synthetische Faser für die Papierherstellung

**20**
*Wie nennt man Halbzeug aus Altpapier?*
A. Halbstoff
B. Halbzellstoff
C. Kollerstoff
D. Braunschliff
E. Gelbstrohstoff

**21**
*Wer erfand den Holzschliff?*
A. Friedrich Gottlob Keller
B. Tsai Lun   C. Ulman Stromer
D. Tilghmann   E. Caspar Hermann

**22**
*Warum ist Altpapierstoff kein hochwertiger Halbstoff für die Papierherstellung?*
A. Das Papier daraus hat eine zu rauhe Oberfläche.
B. Das Papier daraus wird zu saugfähig.
C. Alte Fasern werden holzig.
D. Die Papierfaser ist qualitativ geschädigt.
E. Der Halbstoff ist sehr langfasrig.

**23**
*Was wird bei der Papierherstellung als chemische Aufbereitung bezeichnet?*
A. Das Zusammenmengen von Faserstoff und Hilfsstoffen
B. Das Bleichen des Zellstoffs
C. Das Mahlen des Ganzstoffs
D. Die Holzschliffherstellung
E. Die Zellstoffgewinnung

**24**
*Was versteht man in der Papierherstellung unter mechanischer Aufbereitung?*
A. Zerkleinern des Holzes zu Hackschnitzeln
B. Schleifen des Holzes zu Holzschliff
C. Mahlung des Stoffes im Refiner
D. Sortieren des gekochten Stoffs
E. Das Zusammenmengen von Faserstoff und Hilfsstoffen

**25**
*Was ist Hadernstoff?*
A. Schmierig gemahlene Zellstoffasern
B. Halbstoff aus Lumpen pflanzlichen Ursprungs
C. Rösch gemahlene Zellstoffasern
D. Halbstoff von Lumpen aus synthetischen Fasern
E. Altpapier-Rohstoffe

**26**
Welches ist der wesentliche stoffliche Unterschied zwischen Holzschliff und Zellstoff?
A. Zellstoff hat längere Fasern als Holzschliff.
B. Zellstoff ist frei von Inkrusten.
C. Zellstoff ist weißer als Holzschliff.
D. Zellstoff ist leichter als Holzschliff.
E. Zellstoff ist weicher als Holzschliff.

**27**
Welches ist der Hauptnachteil des Holzschliffs im Papier?
A. Papier vergilbt zu leicht.
B. Papier erhält eine zu rauhe Oberfläche.
C. Papier benötigt zu viel Druck.
D. Papier staubt stärker.
E. Papier wird zu saugfähig.

**28**
Was ist Zellstoff?
A. Mechanisch zerkleinertes Holz
B. Synthetische Faser bei der Papierherstellung
C. Füllstoff bei der Papierherstellung
D. Chemisch gewonnene Holzfaser
E. Chemisch aufbereitete Lumpen

**29**
Warum ergibt Zellstoff ein Papier, das in den mechanischen Eigenschaften besser ist als ein Papier mit viel Holzschliff?
A. Der Zellstoff ist langfaseriger als der Holzschliff.
B. Der Zellstoff ist kurzfaseriger als der Holzschliff.
C. Der Zellstoff hat eine glattere Faser als der Holzschliff.
D. Der Zellstoff ist leichter als der Holzschliff.
E. Der Zellstoff ist weicher als der Holzschliff.

**30**
Die Abbildungen zeigen Mikrofotos von Papierfasern. Welche Abbildung zeigt Holzschliff?
A. 1   B. 2   C. 3

**31**
Welche Abbildung zeigt Zellstoff?
A. 1   B. 2   C. 3

**32**
Welche Abbildung zeigt synthetische Fasern?
A. 1   B. 2   C. 3

**33**
Was bedeutet das Wort Recycling?
A. Wiederverwendung
B. Entfärben von Altpapier
C. Einsammeln von Material, z.B. Glas, Altpapier
D. Umweltschutz
E. Müllbeseitigung

**34**
Was ist bei der Papierherstellung unter De-inking zu verstehen?
A. Das Entfärben der Zellstoffasern
B. Das Bleichen des Holzstoffes
C. Druckfarbenentfernung vom Altpapier
D. Das Entfernen von Farbstoffen aus dem Halbzeug
E. Die Zugabe von farbigen Füll- oder Farbstoffen

**35**
Welche Faser besteht nicht aus vielen Einzelfasern (Fibrillen)?
A. Zellstoff   B. Hadernfasern   C. Holzschliffaser
D. Synthetische Faser   E. Altpapierfaser

**36**
Welche Angabe zur Papierherstellung ist falsch?
A. Der wichtigste primäre Rohstoff zur Papierherstellung ist heute das Holz.
B. Hadern sind Lumpen aus tierischen Fasern.
C. Zellulose wird durch Kochen von Holzschnitzeln in Säuren oder Laugen gewonnen.
D. Fibrillen sind Gewebefäserchen, die den Faserverband des Holzes bilden.
E. Für bestimmte Papiere werden als Rohstoff Einjahrespflanzen wie z.B. Stroh verwendet.

**37**
Welcher der folgenden Rohstoffe ist für die Papierherstellung als Rohstoff ungeeignet?
A. Schafwolle   B. Baumwolle   C. Weizenstroh
D. Espartogras   E. Hanf

**38**
Durch welches Verfahren lassen sich Inkrusten aus dem Holz herauslösen?
A. Kochen in Säuren oder Laugen
B. Schleifen des Holzes und Bleichen
C. Erhitzen des Holzes und Schleifen
D. Auflösen des Holzes in Soda und Schmierigmahlen
E. Kochen des Holzes in Eisen(III)-chlorid

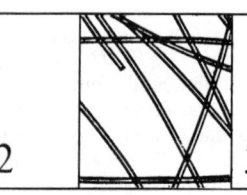

# Herstellung von Papier und Karton

**39**
*Welche Eigenschaft haben die Fibrillen in Faserstoffen für die Papierproduktion?*
A. Sie verringern die Feuchtigkeitsaufnahme des Papiers.
B. Sie vergrößern die Opazität (Undurchsichtigkeit).
C. Sie verbessern die Verfilzung der Fasern.
D. Sie füllen die Zwischenräume der Fasern aus.
E. Sie steigern die Transparenz des Papiers.

**40**
*Was sind Inkrusten?*
A. Hochweiße Füllstoffe
B. Harze im Ganzzeug
C. Fällungsmittel (z.B. Alaun)
D. Optischer Aufheller im Papier
E. Nicht verfilzende Bestandteile im Halbzeug

**41**
*Welcher Zusatzstoff erhöht die Opazität des Papiers?*
A. Kunstharz   B. Alaun als Fällungsmittel
C. Zellstoff   D. Naturharz   E. Füllstoff

**42**
*Wie lassen sich optische Aufheller im Papier nachweisen?*
A. Durch Blaulicht   B. Mit Infrarotlicht
C. Mit UV-Licht   D. Mittels Phlorogluzin
E. Mittels hellem, weißem Licht

**43**
*Welche besonderen Eigenschaften haben die optischen Aufheller im Papier?*
A. Sie machen das Papier weißer, weil alle sichtbaren Lichtstrahlen stärker remittiert (zurückgestrahlt) werden.
B. Sie verwandeln Infrarotstrahlen in sichtbares Licht.
C. Sie verwandeln Ultraviolettstrahlen in sichtbares Licht.
D. Sie gewährleisten einen schöneren Farbdruck, weil die Druckfarben reiner aussehen.

**44**
*Zu welchem Hauptzweck werden bei der Papierherstellung Leime eingesetzt?*
A. Verminderung der Saugfähigkeit für Wasser
B. Erhöhung der Saugfähigkeit für Wasser
C. Verminderung der Durchsicht
D. Verstärkung der Durchsicht
E. Verbesserung der Papierfestigkeit

**45**
*Was bewirken u.a. Füllstoffe im Papier?*
A. Verminderung der Saugfähigkeit für Wasser
B. Erhöhung der Saugfähigkeit für Wasser
C. Verringerung der Durchsicht
D. Binden der Pigmente an die Fasern
E. Verbesserung der Papierfestigkeit

**46**
*Warum müssen Papiere für den Flachdruck stärker geleimt sein als Papiere für den Tiefdruck?*
A. Weil der Offsetdruck ein indirektes Druckverfahren ist.
B. Weil im Flachdruck druckende und nichtdruckende Elemente auf einer Ebene liegen.
C. Weil der Farbauftrag im Flachdruck geringer ist als im Tiefdruck.
D. Weil Flachdruckfarben nicht so dünnflüssig sind wie Tiefdruckfarben.
E. Weil im Flachdruck gefeuchtet werden muß.

**47**
*Welche Angabe zu Füll- und Hilfsstoffen bei der Papierherstellung ist falsch?*
A. Kaolin, Calciumcarbonat und Titandioxid werden als Füllstoffe eingesetzt.
B. Füllstoffe verbessern die Glätte und die Bedruckbarkeit.
C. Füllstoffe erhöhen die Opazität und die Festigkeit des Papiers.
D. Optische Aufheller erhöhen die sichtbare Weiße des Papiers.
E. Leime vermindern die Saugfähigkeit und verbessern die Gefügefestigkeit.

**48**
*Wozu dienen Füllstoffe im Papier nicht?*
A. Verbessern der Opazität
B. Ausfüllen von Hohlräumen
C. Verbessern der Festigkeit
D. Verbessern der Oberflächenglätte
E. Verbessern der Bedruckbarkeit (Farbannahme)

**49**
*Welche Hilfsstoffe erhöhen im Tageslicht und unter UV-haltigem Kunstlicht die sichtbare Weiße des Papiers?*
A. Bleichmittel
B. Synthetische Farbstoffe
C. Lösliche Farbstoffe und Pigmente
D. Optische Aufheller
E. Kunststoffdispersionen

**50**
*Was versteht man bei der Papierproduktion unter der Aufbereitung zum Ganzstoff?*
A. Mechanische Verfahren zur Gewinnung von Faserrohstoffen
B. Mechanische und chemische Verfahren zur Gewinnung von Faserrohstoffen
C. Faserstoff bleichen und veredeln
D. Verarbeitung des Rollenpapiers für die Drucktechnik
E. Faserstoffbearbeitung und Mischen aller Rohstoffe und Hilfsstoffe

## Herstellung von Papier und Karton

**51**

*Die Abbildung zeigt ein technisches Gerät aus dem Bereich der Papierherstellung. Zu welchem Zweck wird dieses Gerät eingesetzt?*
A. Zur Stoffmahlung
B. Zur Mischung der Halbstoffe und Hilfsstoffe
C. Zur Herstellung von Holzschliff
D. Zur Herstellung von Zellstoff
E. Zur Reinigung des Stoffs vor der Papiermaschine

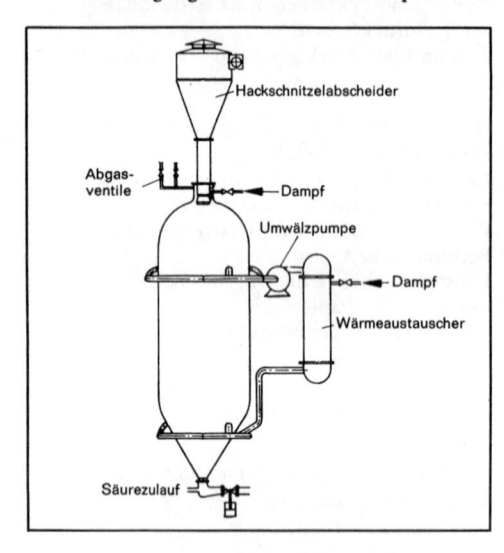

**52**

*Welche gemeinsame Aufgabe haben die verschiedenen mechanischen und chemischen Aufschlußverfahren der Faserrohstoffe für die Papierherstellung?*
A. Herauslösen der Inkrusten aus dem Faserverband
B. Bleichen der Halbstoffe
C. Gewinnen der Fasern aus dem Rohstoff
D. Mischen der Rohstoffe zu einer Stoffsuspension
E. Veredeln der Faserstoffe durch stärkere Fibrillierung

**53**

*Wie heißt dieses Gerät, das bei der Papierherstellung eingesetzt wird?*
A. Stetigschleifer  B. Holländer  C. Refiner
D. Mischgerät  E. Stoffsortierer

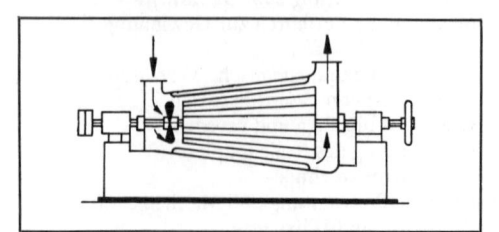

**54**

*Wozu wurde das abgebildete Gerät eingesetzt?*
A. Holzschliffherstellung   B. Wasserzeichen
C. Stoffmahlung   D. Reinigung des Zellstoffs
E. Regelung der Stoffdichte

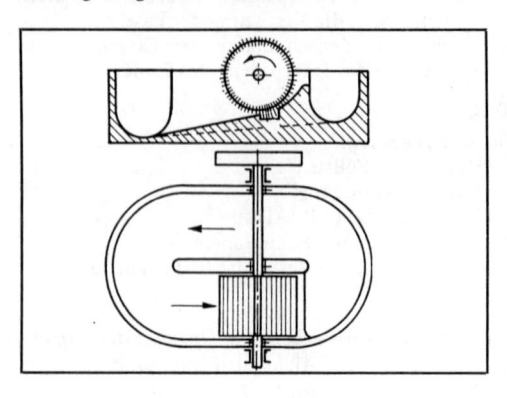

**55**

*Wozu dienen Pulper bei der Papierherstellung?*
A. Zum Entrinden des Holzes
B. Zum Zerhacken des Holzes in Schnitzel
C. Zum Kochen von Hadern in Lauge
D. Holz- und Zellstoffpappen zu Faserbrei lösen
E. Zum röschen Mahlen der Papierfasern

**56**

*Was ist mit dem Ausdruck Ganzstoff bei der Papierherstellung gemeint?*
A. Die zusammengemischten Halbstoffe sind der Ganzstoff.
B. Ganzstoff sind Füllstoffe, Leim und Farbe.
C. Das fertige Faservlies nach der Siebpartie ist der Ganzstoff.
D. Ganzstoff ist der Holzschliff.
E. Ganzstoff ist die Mischung der Faserhalbstoffe und der Hilfsstoffe.

**57**

*Welche Aussage trifft für die schmierige Mahlung zu?*
A. Die Fasern werden kürzer geschnitten.
B. Die Fasern werden fibrilliert (gequetscht).
C. Die Fasern werden gedehnt und dadurch länger.
D. Die Fasern werden der Länge nach aufgeschnitten.
E. Die Fasern werden in Chemikalien gekocht.

**58**

*Welche Stichworte treffen auf die rösche Mahlung zu?*
A. Auffasern der Faser in feine Einzelfasern
B. Glattes Durchschneiden der Faser
C. Zerquetschen der Faser
D. Schleifen des Holzes
E. Ergibt dichtes, festes Papier

## Herstellung von Papier und Karton

**59**
*Welche Zuordnung ist falsch?*
A. Rösche Mahlung → saugfähiges Papier
B. Schmierige Mahlung → transparentes Papier
C. Schmierige Mahlung → höhere Papierfestigkeit
D. Rösche Mahlung → Papier mit geringem Volumen
E. Rösche Mahlung → gute Entwässerung

**60**
*Welche der aufgeführten Papiersorten ist am wenigsten mit Tinte beschreibbar?*
A. Holzfreies, ungeleimtes Papier
B. Holzhaltiges, stark geleimtes Papier
C. Stark holzhaltiges, schwach geleimtes Papier
D. Synthetische Papiere
E. Mittelfeines, schwach geleimtes Papier

**61**
*Welchen Zweck hat die Füllstoffbeigabe bei der Papierherstellung?*
A. Minderung der Dehnung bei Feuchtigkeitseinfluß
B. Erhöhung der Schreibfestigkeit
C. Verminderung der Transparenz
D. Verminderung der Saugfähigkeit
E. Verringerung der Papiergewichte

**62**
*Welche Eigenschaft des Papiers wird durch den Hilfsstoff Leim am meisten beeinflußt?*
A. Die Festigkeit
B. Die Laufrichtung
C. Die Durchsichtigkeit
D. Die Saugfähigkeit gegen wäßrige Flüssigkeiten
E. Der Weißgrad und der Glanz des Papiers

**63**
*Welches Druckpapier ist in der Regel am wenigsten geleimt?*
A. Offsetpapier    B. Lichtdruckpapier
C. Hartpostpapier  D. Tiefdruckpapier
E. Bibeldruckpapier

**64**
*Welches Papier ist im Stoff und zusätzlich oberflächengeleimt?*
A. Zeichenpapier   B. Tiefdruck-Rollenpapier
C. Holzhaltiges Papier   D. Zeitungspapier
E. Gestrichenes Papier

**65**
*Welches ist der Hauptzweck der Papierleimung?*
A. Das Papier staubt weniger.
B. Die Saugfähigkeit gegenüber wäßrigen Flüssigkeiten herabzusetzen.
C. Saugfähigkeit gegen Druckfarbe herabzusetzen.
D. Die Papierfestigkeit zu erhöhen.
E. Die Oberfläche wird glatter.

**66**
*Welche Aufgabe haben optische Aufheller im Papier?*
A. Sie machen das Papier lichtechter.
B. Sie machen das Papier durch ihre blaue Farbe weißer.
C. Sie übertönen das Gelb des Holzschliffs.
D. Sie wirken bleichend auf den Zellstoff und Holzschliff.
E. Sie machen das Papier weißer, weil sie UV-Strahlen in sichtbares Licht verwandeln.

**67**
*In welchem Teil der Papiermaschine erfolgt die Blattbildung?*
A. Im Stoffauflauf
B. Auf der Siebpartie
C. Nach dem Egoutteur
D. In der Pressenpartie
E. In der Trockenpartie

**68**
*Nennen Sie die richtige Reihenfolge des Papierdurchlaufs in der Papiermaschine!*
A. Naßpresse – Gautschpresse – Siebpartie – Trockenpartie
B. Siebpartie – Gautschpresse – Naßpresse – Trockenpartie
C. Naßpresse – Siebpartie – Gautschpresse – Trockenpartie
D. Gautschpresse – Siebpartie – Naßpresse – Trockenpartie
E. Siebpartie – Gautschpresse – Trockenpartie – Naßpresse

**69**
*Welche Angabe zur Produktion des Papiers auf einer Langsiebpapiermaschine ist falsch?*
A. Der Stoffauflauf erfolgt in einer Stoffdichte von ca. 1 - 2%.
B. Durch Wasserentzug werden auch Füllstoffe auf der Siebseite entzogen.
C. Die Siebseite ist die Seite, auf der sich die Siebstruktur leicht abzeichnet.
D. Am Ende des Langsiebs ist der Stoff so weit entwässert, daß die nasse Papierbahn in die Trockenpartie überführt werden kann.
E. Eine Leimpresse oder Maschinenstreichanlage kann innerhalb der Trockenpartie integriert sein.

**70**
*Auf welcher Maschine werden Pappen und Maschinenbüttenpapiere hergestellt?*
A. Langsiebpapiermaschine   B. Refiner
C. Kollergang   D. Papierkalander
E. Rundsiebpapiermaschine

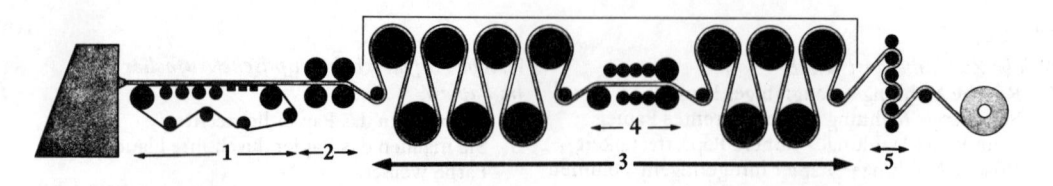

# 10 Herstellung von Papier und Karton

**71**

*Die Abbildung zeigt stark vereinfacht das Schema einer Papiermaschine. Welche Ziffer kennzeichnet die Naßpressenpartie?*

A. 1   B. 2   C. 3   D. 4   E. 5

**72**

*Die Abbildung zeigt stark vereinfacht das Schema einer Papiermaschine. Welche Ziffer kennzeichnet die Streichanlage?*

A. 1   B. 2   C. 3   D. 4   E. 5

**73**

*Während welcher Phase der Papiererzeugung entsteht das echte Wasserzeichen?*

A. Papierblattbildung auf der Siebpartie
B. Satinage auf dem Kalander
C. Passieren der Trockenpartie
D. Entwässerung auf der Filzpartie
E. In der Leimpresse

**74**

*Welche Maschine zeigt die untere Abbildung?*

A. Rundsiebpapiermaschine
B. Streichmaschine
C. Maschine zum Papierglätten
D. Stoffsortierer
E. Streichanlage mit Hochglanzzylindern

**75**

*Was wird mit dieser abgebildeten Maschine hergestellt?*

A. Handgeschöpftes Papier
B. Gestrichenes Papier
C. Hochglanzpapier
D. Karton und Pappe
E. Gereinigter und sortierter Halbstoff

**76**

*Welche Aufgabe hat der Egoutteur?*

A. Erzeugt echte Wasserzeichen
B. Erzeugt die Laufrichtung
C. Reguliert den Stoffauflauf
D. Streichvorrichtung in der Papiermaschine
E. Erzeugt unechte Wasserzeichen

**77**

*Wodurch entsteht in der Papiermaschine eine Längsorientierung der Papierfasern?*

A. Durch die Struktur des Siebes
B. Durch die Strömung des Ganzstoffes
C. Durch den Überdruck im Stoffauflaufsystem
D. Durch die Fibrillierung der Fasern
E. Durch die Vibration des Siebes

**78**

*Mit welcher Methode wird dem Papier in der Trockenpartie Wasser entzogen?*

A. Durch Filze und Preßwalzen
B. Durch Vakuumkästen   C. Durch Heißluft
D. Durch geheizte Zylinder   E. Durch Foils

**79**

*Wie entstehen echte Wasserzeichen?*

A. Durch Bedrucken mit Wasserzeichenfarbe oder einer anderen Fettfarbe
B. Durch Verdrängung des Stoffs mit dem Egoutteur auf der Siebpartie
C. Im Kalander durch Einpressen von Wasserzeichenwalzen in die trockene Papierbahn (Molette-Stahlwalzen-Prägung)
D. In der Naßpressenpartie durch Spezialfilze mit Wasserzeichenpräparierung
E. Durch Matrizen und Patrizen am Ende der Siebpartie

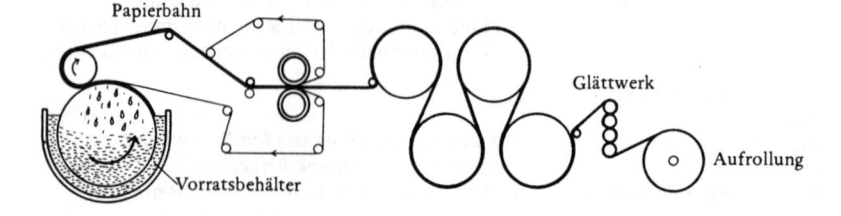

## Veredlung von Papier und Karton

**80**
*In welcher Phase der Papierherstellung entsteht die Laufrichtung des Papiers?*
A. Im Refiner
B. In der Trockenpartie
C. Auf dem Langsieb
D. Im Kalander
E. In der Naßpresse

**81**
*Wozu dient die unten im Bild mit 3 bezeichnete Maschine bei der Papierfabrikation?*
A. Glätten des Papiers
B. Prägen des Papiers
C. Längsschneiden der Papierrollen
D. Streichen des Papiers
E. Kleben mehrlagiger Papiere

**82**
*Wozu dient der Kalander?*
A. Zum Mahlen der Halbstoffe
B. Zum Glätten des Papiers
C. Um den Hochglanz von gußgestrichenem Papier zu erzielen
D. Zum Mahlen der Fasern
E. Zum Kalibrieren von Bogen

**83**
*Bei welchem Verfahren zur Ausrüstung von Papier sind Druck, Reibung und Wärme entscheidend wirksam?*
A. Lackieren und Heißkalandrieren
B. Streichen der Papiere
C. Erzeugen von Hochglanzpapieren
D. Satinieren    E. Oberflächenleimen

**84**
*Welche unten abgebildete Anlage dient zur Herstellung von satinierten Papieren?*
A. 1   B. 2   C. 3   D. 4   E. 5

**85**
*Wie heißt das Papier, das diese Maschine (Bild 1) durchlaufen hat?*
A. Bilderdruckpapier
B. Gußgestrichenes Papier
C. Maschinengestrichenes Papier
D. Naturpapier
E. Satiniertes Papier

**86**
*Woraus besteht die Streichmasse für gestrichene Papiere?*
A. Aus Füllstoff
B. Aus optischen Aufhellern
C. Aus Kreide und Firnis
D. Aus Farbstoffen und Bindern
E. Aus weißen Pigmenten und Bindemittel

**87**
*Was versteht man unter dem Fachbegriff „Ausrüsten" bei der Papierproduktion?*
A. Streichen des Papiers in separaten Streichmaschinen
B. Streichen des Papiers in der Papiermaschine
C. Nachträgliches Aufdrucken eines Wasserzeichens
D. Arbeitsgänge wie Satinieren, Schneiden, Verpacken
E. Anfertigen der endlosen Papierbahn

**88**
*Welche Arbeit gehört nicht zum Ausrüsten des Papiers?*
A. Rollenschneiden   B. Querschneiden
C. Streichen   D. Verpacken

**89**
*Welche Angabe zur Kartonherstellung ist unkorrekt?*
A. Einlagiger Karton kann auf Lang- und auf Rundsiebpapiermaschinen hergestellt werden.
B. Geklebter Karton: Faserschichten werden separat hergestellt und in trockenem Zustand miteinander verklebt.
C. Gegautschter Karton: Faserschichten werden separat hergestellt, in feuchtem Zustand zusammengeführt und gegautscht.
D. Durch Kombination mehrerer Papiermaschinen lassen sich Kartonsorten mit verschiedenen Deckschichten, Einlagen und Rückseiten herstellen.
E. Langsiebpapiermaschinen sind nur für Kartons bis zu einer flächenbezogenen Masse von 250 g/m$^2$ einzusetzen.

**90**
*Was ist ein Ries?*
A. Quergeschnittenes Rollenpapier, unverpackt auf Paletten
B. Überbreite Papierrolle
C. Verpackungseinheit für Formatpapiere mit z.B. 100, 250, 500 Bogen
D. Zu streichendes Rohpapier auf Rollen
E. Vakuumverpackte Papierstapel auf Paletten mit mindestens 1000 Bogen

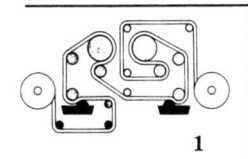

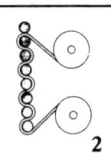

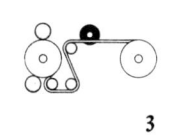

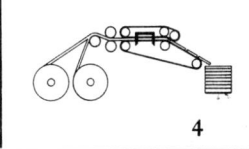

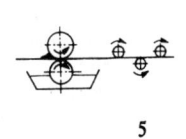

**91**

*Welcher Satz zur Papier- und Kartonproduktion ist falsch?*
A. Beim Gußstreichverfahren wird das Papier über einen geheizten Hochglanzzylinder geführt und getrocknet.
B. Durch Wärme, Reibung und Druck werden Papier und Karton satiniert.
C. Bei manchen Papiermaschinen ist innerhalb der Naßpartie eine Leimpresse integriert.
D. Ein genau rechtwinkliger Schnitt ist mit Rollenquerschneidern nicht zu erreichen.
E. Durch das Hintereinanderschalten mehrerer Langsiebpapiermaschinen sind Kartons mit verschiedenen Lagen herzustellen, die im feuchten Zustand zusammengepreßt werden.

**92**

*Welcher der nachstehenden Bedruckstoffe ist ein Naturpapier?*
A. Zeitungspapier
B. Bilderdruckpapier
C. Chromopapier
D. Maschinengestrichenes Papier
E. Recyclingpapier mit Pigmentschicht

**93**

*Wie nennt man ungestrichene Papiere, die nicht durch einen Kalander gelaufen sind?*
A. Naturpapiere
B. Werkdruckpapiere
C. Satinierte Papiere
D. Bilderdruckpapiere
E. Maschinenglatte Papiere

**94**

*Was ist LWC-Papier?*
A. Kunstdruckpapier   B. Florpost
C. Durchschreibepapier ohne Kohlepapier
D. Papier aus rein synthetischen Fasern
E. Leichtes, doppelseitig dünn gestrichenes Papier

**95**

*Welche Bezeichnung haben Papiere, die im Kalander geglättet wurden?*
A. Maschinenglatt   B. Satiniert   C. Bilderdruck
D. Kunstdruckpapiere   E. Hochglanzpapiere

**96**

*Welches Papier wird unter der Bezeichnung Chromopapier angeboten?*
A. Einseitig gestrichenes Papier
B. Satiniertes Papier
C. Kunstdruckpapier
D. Zweifarbiges Kunstdruckpapier
E. Gußgestrichenes Papier

**97**

*Wofür wird Chromopapier vorwiegend verwendet?*
A. Etiketten   B. Prospekte
C. Bildbände
D. Billige Werbeschriften
E. Luxusverpackungen

**98**

*Welche Papiersorte wird häufig mit zusätzlichen Eigenschaften wie „naßfest, laugenfest, rillbeständig" angeboten?*
A. LWC-Papier
B. Kunstdruckpapier
C. Chromopapier
D. Karteikartenkarton
E. Bilderdruckpapier

**99**

*Welche Angabe klassifiziert LWC-Papier?*
A. Papiere unter 60 g/m²
B. Doppelseitig gestrichene Papiere unter 72 g/m²
C. Doppelseitig gestrichene Papiere über 70 g/m²
D. Doppelseitig gestrichene Papiere unter 60 g/m²
E. Gestrichene Rollenpapiere

**100**

*Welches ist der Hauptgrund, daß LWC-Papier immer holzhaltig ist?*
A. Damit es genügend opak ist
B. Damit es möglichst billig ist
C. Um genügend Festigkeit zu erzielen
D. Um die Verdruckbarkeit zu verbessern

**101**

*Was versteht man unter Naturpapier?*
A. Holzfreies Papier   B. Holzhaltiges Papier
C. Büttenpapier   D. Ungestrichenes Papier
E. Hadernpapier

**102**

*Welche Papiersorte ist im Klassifikationsschema für gestrichene Formatpapiere die einfachste, billigste Sorte?*
A. Kunstdruckpapier
B. Spezialgestrichenes Papier
C. Chromopapier
D. Konsumgestrichenes Papier
E. Standardgestrichenes Papier

**103**

*Welche Papiersorte steht im Klassifikationsschema für beidseitig gestrichene Formatpapiere an oberster Stelle?*
A. Gußgestrichene Papiere
B. Kunstdruckpapiere
C. Konsumgestrichene Papiere
D. Standardgestrichene Papiere
E. Chromopapiere

# Papier- und Kartonsorten

**104**
*Welche Papiersorte hat nach dem Klassifikationsschema für beidseitig gestrichene Formatpapiere die höchste Qualität?*
A. Gußgestrichenes Papier
B. Kunstdruckpapier
C. Konsumgestrichenes Papier
D. Standardgestrichenes Papier
E. Chromopapier

**105**
*Welches Papier wird als Chromokarton angeboten?*
A. Mehrlagig geklebter Karton
B. Einseitig gestrichener Karton
C. Doppelseitig gestrichener Karton
D. Karton mit holzhaltiger Unterlage und holzfreier Decklage
E. Farbig gestrichener Karton

**106**
*Welches Papier zeigt bei starker mikroskopischer Vergrößerung eine feinkörnige Oberfläche, ähnlich dem Schmirgelpapier?*
A. Naturpapier   B. Mattgestrichenes Papier
C. Gußgestrichenes Papier   D. Bilderdruckpapier
E. Satiniertes Papier

**107**
*Was sind granulierte Papiere?*
A. Papiere mit matter Oberfläche
B. Papiere mit Glanzoberfläche
C. Geprägte Papiere
D. Gehämmerte Papiere
E. Papiere, aus Altpapier hergestellt

**108**
*Welche Beschreibung charakterisiert die Bilderdruckpapiere?*
A. Holzhaltige gestrichene Papiere
B. Beidseitig gestrichene Papiere in bester Qualität
C. Mattgestrichene Papiere
D. Einseitig gestrichene Papiere
E. Beidseitig gestrichene Papiere mittlerer Qualität

**109**
*Welche Kartonsorte zeigt die schematische Querschnittszeichnung?*
A. Chromokarton   B. Chromoersatzkarton
C. Kunstdruckkarton   D. Gestrichenen Karton
E. Geprägten Karton

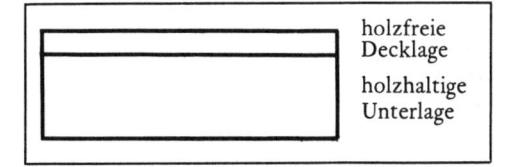

holzfreie Decklage
holzhaltige Unterlage

**110**
*Welche Papieroberfläche zeigt das Mikrofoto?*
A. Gußgestrichenes Papier
B. Kunstdruckpapier
C. Maschinenglattes Papier
D. Mattgestrichenes Papier
E. Barytpapier

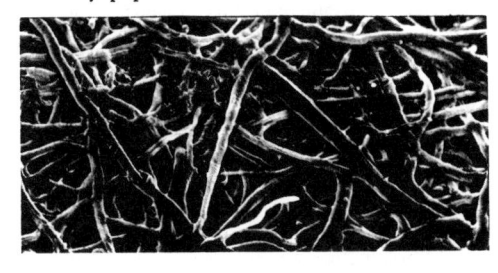

**111**
*Welches Papier ist für Rasterdruck im Buchdruck nicht geeignet (54er Raster)?*
A. Maschinenglattes Naturpapier
B. Bilderdruckpapier   C. Kunstdruckpapier
D. Gußgestrichenes Papier   E. Chromopapier

**112**
*Warum werden für den Druck von Schulbüchern häufig mattgestrichene Papiere eingesetzt?*
A. Die Farbbilder erhalten eine höhere Brillanz.
B. Diese Papiere weisen eine starke Opazität auf.
C. Texte sind gut zu lesen, da die Oberfläche nicht glänzt.
D. Die mattgestrichenen Sorten sind hoch strapazierfähig und reißfest.
E. Druckfarben haben auf diesen Papieroberflächen eine sehr hohe Scheuerfestigkeit.

**113**
*Ein Rasterbild wird mit hochglänzender Druckfarbe auf verschiedene Papiere gedruckt. Auf welchem Papier hat es am wenigsten Glanz?*
A. Mattgestrichenes Papier
B. Satiniertes Naturpapier
C. Maschinenglattes Offsetpapier
D. Gußgestrichenes Papier
E. Bilderdruckpapier

**114**
*Bei den meisten gestrichenen Papiersorten gibt es neben der glänzenden Sorte auch eine matte. Bei welchem Papier jedoch gibt es nur die glänzende Ausführung?*
A. Kunstdruckpapier
B. Bilderdruck standardgestrichen
C. Bilderdruck konsumgestrichen
D. Chromopapier
E. Gußgestrichenes Papier

**115**

*Auf welches Papier treffen die folgenden Abkürzungen zu: 80 g/m², m'fein, sat.?*
A. Holzhaltiges Löschpapier, Quadratmetergewicht 80g
B. Holzhaltiges Illustrationsdruckpapier, Gewicht des Bogens DIN A4 5 g
C. Holzfreies Schreibpapier, Grammgewicht 80
D. Fast holzfreies maschinenglattes Werkdruckpapier im Format A2, Bogengewicht 20g
E. Holzfreies satiniertes Papier, Quadratmetergewicht 80g

**116**

*Welche Angabe trifft auf LWC-Papier zu?*
A. Holzfreie, zweiseitig gestrichene, hochglänzende Papiere für den Rollendruck unter 80 g/m²
B. Leicht holzhaltige, einseitig gestrichene Papiere für Etikettendruck
C. Farbig gestrichene Kunstdruckpapiere
D. Holzhaltige Papiere mit geringem Rohpapier- und Strichgewicht unter 72 g/m²
E. Papier mit aufgeklebter holzfreier oder holzhaltiger Deckschicht

**117**

*Welche Beschreibung von verschiedenen Papiersorten bzw. Kartons ist falsch?*
A. Mittelfeine Papiere sind leicht holzhaltige Druck- und Schreibpapiere.
B. Florpostpapier ist satiniertes Durchschlagpapier, Flächengewicht zwischen 30 und 40 g/m².
C. Dickdruckpapiere sind Sorten mit einem höheren Volumen als 1.
D. Chromokarton ist zweiseitig gestrichener Faltschachtelkarton.
E. Naturpapiere sind alle ungestrichenen Papiere ohne oder mit Satinage.

**118**

*Was versteht man unter gegautschtem Karton?*
A. Mit Kunststoffolie kaschierten Karton
B. Mehrere Papierschichten, die in feuchtem Zustand zu einer Kartonbahn zusammengepreßt wurden
C. Stark satinierten und beidseitig beschichteten Karton aus Holzschliff
D. Wellig gewordenen Karton
E. Billigsten Karton aus Altpapier

**119**

*Was versteht man unter geklebtem Karton?*
A. Karton mit Oberflächenleimung
B. Mit Folie beklebten Karton
C. Karton, aus mehreren Schichten verleimt
D. Mehrere Papierbahnen, bei der Herstellung naß zusammengepreßt
E. Selbstklebenden Karton für Etiketten u.ä.

**120**

*Um welches Papier handelt es sich bei folgenden Eigenschaften: „Hochsatiniertes Naturpapier, glatte Oberfläche durch hohen Füllstoffanteil, schwach bis halb geleimt, Fasern überwiegend Holzstoff".*
A. Hartpostpapier
B. Illustrationspapier
C. Bücherdruckpapier
D. Offsetdruckpapier
E. Tauenpapier

**121**

*Was ist Elfenbeinkarton?*
A. Ein- oder mehrlagiger holzfreier Karton
B. Hochsatinierter, einseitig gestrichener Karton
C. Hochsatinierter, beidseitig gestrichener holzfreier Karton
D. Mehrlagiger Karton mit holzfreier Decke und weißer Einlage
E. Mehrlagiger Karton mit holzfreier Decke und grauer Einlage

**122**

*Wie erkennt man, ob ein Karton aus mehreren Lagen geklebt ist?*
A. Ins Wasser legen, dann lösen sich die Lagen.
B. In verdünnter Natronlauge lösen sich die Lagen.
C. Anfeuchten mit Tri, damit sich die Verklebung löst
D. Beim Anbrennen an einer Ecke spalten sich die Lagen auseinander.
E. In verdünnter Säure lösen sich die Lagen.

**123**

*Welche Papiere bezeichnet man als „holzfrei"?*
A. Papiere, die bis 5% verholzte Fasern enthalten
B. Papiere, die keine Holzzellulose und keinen Holzschliff enthalten
C. Papiere, die nur aus Hadern bestehen
D. Papiere, die neben Hadern höchstens 50% Zellstoff enthalten
E. Papiere, die nur aus synthetischen Fasern bestehen

**124**

*Welche alte Bezeichnung ist für Plakatpapiere vereinzelt noch gebräuchlich?*
A. Naturkunstdruck  B. Affichenpapier
C. PKP-Papier  D. Kalibriertes Papier
E. Tissue-Papier

**125**

*Welches der folgenden Papiere hat keine Laufrichtung?*
A. Kunstdruckpapier  B. Banknotenpapier
C. Löschpapier  D. Kalibrierte Papiere
E. Handgeschöpftes Büttenpapier

## Papier- und Kartonsorten

**126**

*Welche Angabe zu Papiersorten ist richtig?*
A. Chromopapiere sind beidseitig hochglänzend gestrichene Papiere.
B. Bristolkarton besteht aus mindestens drei holzhaltigen Lagen.
C. Maschinengestrichene Bilderdruckpapiere können sowohl in der Papiermaschine als auch auf separaten Streichmaschinen gestrichen sein.
D. Gußgestrichene Papiere und Kartons werden nach dem Auftragen der Streichmasse auf beheizten Zylindern getrocknet und danach stark satiniert.
E. Für den Offsetdruck sind gut saugfähige, schwach geleimte Papiersorten für den Bilderdruck erforderlich.

**127**

*Welche Erläuterung zu Druckpapieren ist falsch?*
A. Hartpostpapier: festes, zähes und klanghartes Papier mit guter Leimung
B. Kalibrierter Karton: Karton mit sehr geringen Toleranzen in der Dicke, hohe Festigkeit und Dimensionsstabilität
C. Durchschlagpapier: maschinenglattes Schreibmaschinenpapier, meist holzfrei, gut geleimt, ca. 30 bis 40 g/m²
D. Naturpapier: ungestrichenes Papier, welches überwiegend aus Altpapier hergestellt wird
E. Gußgestrichene Papiere: hochglänzend, meist einseitig gestrichen, nicht satiniert, hohes Volumen, beste Druckeigenschaften

**128**

*Für welche Druckaufträge werden LWC-Papiere vorwiegend eingesetzt?*
A. Faltschachteln, Lebensmittelverpackungen
B. Wertpapier- und Banknotendruck
C. Versandhauskataloge, Zeitschriften und Werbeprospekte mit hohen Auflagen
D. Werkdruck
E. Schulbücher und Druckaufträge, die besonders schwere und reißfeste Papiersorten verlangen

**129**

*Welches Papier oder welcher Karton ist als Unterlagematerial für den Platten- und Gummizylinderaufzug besonders geeignet?*
A. Kaschiertes Papier oder Karton
B. Dickdruckpapier
C. Leicht gestrichenes Papier oder Karton
D. Kalibrierte Papiere oder Kartons
E. Tauenpapier und leichte Pappen

**130**

*Welche Papiersorten sind in der Regel gering geleimt?*
A. Tiefdruckpapier   B. Hartpostpapier
C. Affichenpapier    D. Gestrichenes Papier
E. Naturpapier

**131**

*Welches Papier besitzt die geringste Saugfähigkeit?*
A. Filterpapier      B. Offsetdruckpapier
C. Tiefdruckpapier   D. Zeichenpapier
E. Werkdruckpapier

**132**

*Welcher Karton hat eine holzhaltige Einlage und beidseitig eine holzfreie Decke?*
A. Chromokarton      B. Chromoersatzkarton
C. Elfenbeinkarton   D. Postkartenkarton
E. Bristolkarton

**133**

*Was sind pigmentierte Papiere?*
A. Mit weniger als 5 g/m² gestrichene Papiere.
B. Farbige Naturpapiere
C. Farbig gestrichene Papiere
D. Marmorierte Papiere
E. Oberflächengeleimtes, radierfestes Zeichenpapier

**134**

*Welches Papier ist u.a. mit der Bezeichnung „Konsum" im Handel?*
A. Bilderdruckpapier   B. Kunstdruckpapier
C. Feinpapier          D. Mittelfeines Papier
E. Zeitungsdruckpapier

**135**

*Welche erwünschte Eigenschaft hat holzhaltiges Papier?*
A. Vergilbung
B. Rauhere Oberfläche
C. Geringeren Farbverbrauch
D. Größere Opazität
E. Höhere Reißfestigkeit

**136**

*Ein Papier enthält 30% Holzstoff. Wie wird ein solches Papier bezeichnet?*
A. Holzfreies Papier   B. Feinpapier
C. Mittelfeines Papier D. AP-Papier
E. Naturpapier

**137**

*Welche charakteristischen Merkmale treffen auf Büttenpapiere zu?*
A. Gut geleimt, zäh, mit sehr guter Planlage
B. Nur handgeschöpft, leicht satiniert, geringes Volumen
C. Sehr voluminöses, holzfreies oder holzhaltiges Papier
D. Hadernhaltiges oder holzfreies Papier ohne Laufrichtung
E. Maschinenglattes Papier, hadernhaltig oder holzfrei, mehrlagig gegautscht

**138**
*Was sind kaschierte Papiere?*
A. Papiere mit äußerst geringen Toleranzen in der Dicke
B. Papiere mit aufgeklebter gleichartiger oder andersartiger Deckschicht
C. Gußgestrichene Papiere
D. In separaten Streichmaschinen gestrichene Papiere
E. Rohpapier, das in feuchtem Zustand mit weiteren Lagen zu einem Karton zusammgepreßt wurde

**139**
*Was sind NCR-Papiere?*
A. Durchschreibepapiere ohne Kohlepapier
B. Naturpapiere mit besonders hohem Kohlenstoffanteil
C. Metallpapiere
D. Mit Chemikalien weitgehend fettdicht gemachte Papiere
E. Pack- und Einwickelpapiere

**140**
*Welches Papier wird mit folgender Beschreibung genau gekennzeichnet? „Hochsatiniertes, weitgehend fettdichtes, schmierig gemahlenes Zellstoffpapier, glasig und transparent".*
A. Syntosil          B. LWC-Papier
C. Pergamentpapier   D. Kunststoffpapier
E. Pergamin

**141**
*Welches Papier ist ein karbonfreies Durchschreibepapier?*
A. ZP-Papier    B. KAP-Papier
C. NKZ-Papier   D. NCR-Papier
E. LWC-Papier

**142**
*Welche Eigenschaften treffen auf gußgestrichene Kartons zu?*
A. Glänzende Oberfläche, Strichmenge 10 bis 20 g/m² pro Seite
B. Strichmenge 20 bis 30 g/m² pro Seite, nicht satiniert, hochglänzend
C. Hochglänzende Oberfläche, sehr scharf satiniert
D. Matte, stark gestrichene Oberfläche, nicht kalandriert
E. Mit Kunststoffolie überzogene, hochglänzende Kartons

**143**
*Es soll eine möglichst falz- und reißfeste, wasserabweisende Landkarte gedruckt werden. Welcher Bedruckstoff eignet sich besonders?*
A. Pergamentpapier      B. Synthetisches Papier
C. Holzfreies gestrichenes Papier
D. Kaschiertes Papier   E. Pergamin

**144**
*Was versteht man unter der Laufrichtung eines Papiers?*
A. Weg des Papiers durch die Druckmaschine
B. Reihenfolge der Weiterverarbeitung in der Buchbinderei
C. Hauptsächliche Faserrichtung
D. Die Richtung, in der das Papier bei Feuchtigkeitseinfluß auseinander „läuft"
E. Die auf Papierrollen aufgestempelte Abrollrichtung

**145**
*Was versteht man unter Maschinenrichtung des Papiers?*
A. Die Lage der meisten Papierfasern
B. Die Richtung der Papierdehnung bei Feuchtigkeit
C. Die Lage, in der es durch die Druckmaschine läuft
D. Die längere Seite bei Bogenpapieren
E. Die Seite, die parallel zur Achse der Druckzylinder läuft

**146**
*Ein Papier liegt in Schmalbahn. Was ist damit gemeint?*
A. Es handelt sich um ein handgeschöpftes Papier ohne Laufrichtung.
B. Die lange Formatseite liegt in Dehnrichtung.
C. Die lange Formatseite ist mindestens doppelt so lang wie die kurze Formatseite.
D. Die Laufrichtung ist die kurze Formatseite.
E. Die lange Formatseite liegt parallel zur Laufrichtung.

**147**
*Aus einer Papierrolle werden auf dem Querschneider Bogen geschnitten, wie die Abbildung es zeigt. Wie müssen die Bogen gekennzeichnet werden?*
A. Breitbahn
B. Schmalbahn
C. Das kommt auf die Laufrichtung des Rollenpapiers an
D. 70 cm x 100 cm
E. Pfeil parallel zur Rollenbreite

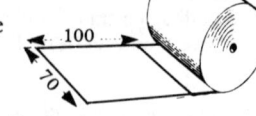

**148**
*Wie heißt die bessere Seite von Naturpapieren?*
A. Oberseite    B. Siebseite
C. Linke Seite  D. Unterseite   E. Rechte Seite

**149**
*Die Oberseite des Papiers heißt mit einer anderen Bezeichnung*
A. Filzseite    B. Siebseite
C. Unterseite   D. Widerdruckseite
E. Saugseite

## Papiereigenschaften und Papierprüfung

**150**
*Welche fachliche Bezeichnung ist für die Unterseite des Papiers üblich?*
A. Siebseite  B. Schönseite
C. Schöndruckseite  D. Filzseite
E. Vorzugsseite

**151**
*Woran erkennt man die Unterseite von Naturpapieren?*
A. Sie ist gelblicher als die Oberseite.
B. Sie ist fester als die Oberseite.
C. Sie zeigt die Siebstruktur als die Oberseite.
D. Sie ist wolkiger als die Oberseite.
E. Sie ist nicht so saugfähig wie die Oberseite.

**152**
*Wodurch entsteht die Zweiseitigkeit von Papieren?*
A. Durch die seitliche Schüttelung des Siebes
B. Wegen der unterschiedlichen Filze in der Pressen- und Trockenpartie
C. Durch das Ausschwemmen von Füllstoffen auf der Siebpartie
D. Durch ungleichmäßigen Stoffauflauf
E. Durch den Egoutteur

**153**
*Wodurch unterscheidet sich die Siebseite von der Filzseite?*
A. Die Siebseite ist rauher und füllstoffärmer.
B. Die Siebseite ist glatter und füllstoffreicher.
C. Die Siebseite ist weißer als die Filzseite.
D. Die Siebseite läßt sich besser bedrucken als die Filzseite.
E. Die Siebseite ist transparenter und naßfester.

**154**
*Ein einseitiger Prospekt wird auf Naturpapier gedruckt. Welche Aussage ist richtig?*
A. Es soll die Oberseite des Papiers bedruckt werden.
B. Es soll die Siebseite des Papiers bedruckt werden.
C. Es ist bei einem Prospekt gleichgültig, welche Seite bedruckt wird.
D. Es muß holzfreies Papier verwendet werden.
E. Es ist Schmalbahnpapier zu verwenden.

**155**
*Welche Aussage über die Zweiseitigkeit des Papiers ist falsch?*
A. Die Oberseite des Papiers hat mehr Füllstoffe.
B. Die Siebseite ist etwas saugfähiger als die Filzseite.
C. Satinierte Papiere haben keinerlei Unterschiede zwischen Oberseite und Siebseite.
D. Flächen drucken besser auf der Oberseite.
E. Beim Rasterdruck kann sich die Siebstruktur störend bemerkbar machen.

**156**
*Eine Prüfmethode für Papier ist die Nagelprobe. Was wird damit geprüft?*
A. Leimung
B. Rupffestigkeit
C. Papierdehnung
D. Holzhaltigkeit
E. Laufrichtung

**157**
*Wozu dient die Streifenprobe bei der Papierprüfung?*
A. Zur Bestimmung der Laufrichtung
B. Zur Bestimmung der Reißlänge
C. Zur Bestimmung der Saugfähigkeit
D. Zur Bestimmung der Opazität
E. Zur Bestimmung der Falzzahl

**158**
*Wie bezeichnet man die Undurchsichtigkeit des Papiers?*
A. Volumen  B. Transparenz
C. Opazität  D. Lüster
E. Dispersion

**159**
*Welches der aufgeführten Papiere hat die größte Transparenz?*
A. Holzfreies Papier
B. Leicht holzhaltiges Papier
C. Mittelfeines Papier
D. Stark holzhaltiges Papier
E. Gestrichenes leicht holzhaltiges Papier

**160**
*Welches Papier hat die größte Opazität?*
A. Holzfreies Papier
B. Leicht holzhaltiges Papier
C. Mittelfeines Papier
D. Stark holzhaltiges Papier
E. Pergaminpapier

**161**
*Welchen Papierbestandteil kann man mit Anilinsulfat nachweisen?*
A. Leim  B. Optische Aufheller
C. Füllstoffe  D. Holzzellulose
E. Verholzte Fasern

**162**
*Wodurch unterscheidet sich ein mittelfeines von einem stark holzhaltigen Papier?*
A. Durch bessere Leimung
B. Durch weniger Füllstoffe
C. Durch mehr Holzschliff
D. Durch weniger Holzschliff
E. Durch mehr Füllstoffe

**163**
*Welche Behauptung über holzhaltiges Papier ist falsch?*
A. Holzhaltiges Papier enthält Lignin.
B. Holzhaltiges Papier enthält Holzschliff.
C. Holzhaltiges Papier vergilbt schnell.
D. Holzhaltiges Papier enthält keine Füllstoffe.
E. Holzhaltiges Papier verfärbt sich mit Anilinsulfatlösung gelb.

**164**
*Mit welcher nachstehenden Prüfmethode kann Papier auf seine Holzhaltigkeit überprüft werden?*
A. Mit der Phloroglucinprobe
B. Mit der Tintenprobe
C. Probe mittels Indikatorpapier
D. Mit der Streifenprobe
E. Mit der Wasserprobe

**165**
*Mit welchem Test kann man feststellen, ob ein Papier holzhaltig ist?*
A. Test mit Phloroglucinlösung
B. Test mit Kaliumpermanganatlösung
C. Test mit destilliertem Wasser und Indikatorpapier
D. Test mit der Reißprobe
E. Beim Befeuchten quillt holzhaltiges Papier auf

**166**
*Welche Papiereigenschaft wird geprüft, wenn man Papierstreifen in gefärbtes Wasser hängt und nach einer festgelegten Zeit die Steighöhe mißt?*
A. Papierdehnung    B. Papierfeuchtigkeit
C. Reißlänge    D. Saugfähigkeit
E. Füllstoffgehalt

**167**
*Wozu werden Phloroglucin und Anilinsulfat verwendet?*
A. Als Wischwasserzusatz
B. Zur Papierprüfung auf Holzschliffanteil
C. Zur pH-Wert-Feststellung
D. Zur Papierprüfung auf Leimung
E. Zur Papierprüfung auf Saugfähigkeit

**168**
*Welche Färbung sieht man, wenn holzhaltiges Papier mit Phloroglucin geprüft wird?*
A. Intensiv rot    B. Intensiv gelb
C. Hellgrün    D. Hellrot    E. Hellgelb

**169**
*Welche Papiere vergilben schnell am Licht?*
A. Oberflächengeleimte, hadernhaltige Papiere
B. Klangharte Feinpapiere    C. Mittelfeine Papiere
D. Ungeleimte Zellstoffpapiere
E. Weißgefärbte Papiere aus Laubholzzellstoff

**170**
*Ein Offsetpapier trägt folgende Bezeichnung: $100 g/m^2$, holzfrei, weiß. Aus welchen Halbstoffen ist es hergestellt?*
A. Aus Zellstoff mit maximal 5% verholzten Fasern
B. Aus Zellstoff und bis zu 20% Holzschliff
C. Aus Hadern
D. Aus Stroh- oder Graszellstoff
E. Aus synthetischen Fasern

**171**
*Welche der aufgeführten Papiersorten ist für den Druck eines Schaufensterplakates nicht geeignet?*
A. Holzfreies Offsetpapier
B. Holzfreies, weißes Chromopapier
C. Synthetisches Papier
D. Holzhaltiges Offsetpapier
E. Fast holzfreies, weißes Offsetpapier

**172**
*Welches der aufgeführten Papiere läßt sich am häufigsten falzen, ohne zu brechen?*
A. Holzfreies Naturpapier
B. Hadernhaltiges Papier
C. Hadernpapier
D. Feinpapier
E. Synthetisches Papier

**173**
*Welcher Bedruckstoff ist am haltbarsten?*
A. Kunstdruckpapier
B. Holzfreies Papier für den Druck von Geldscheinen
C. Büttenpapier
D. Synthetisches Papier
E. Hadernhaltiges Papier

**174**
*Worin sind synthetische Papiere natürlichen Papieren aus Zellulosefasern überlegen?*
A. In der Bedruckbarkeit
B. Im Kilogramm-Preis
C. In der Saugfähigkeit
D. In Festigkeit und Haltbarkeit
E. Im schnellen Wegschlagen der Druckfarbe

**175**
*Worauf ist die Vergilbung mittelfeiner Papiere zurückzuführen?*
A. Auf Feuchtigkeitsaufnahme, wodurch sich die Leimung zersetzt.
B. Auf Lagerung bei Temperaturen über 25° C, wodurch die Zellulose gelb wird.
C. Auf Farbreaktion der Inkrusten bei Einwirkung von Licht und Wärme.
D. Auf Grund einer chemischen Reaktion zwischen Resten des Bleichmittels und der Leimung.
E. Infolge elektrostatischer Aufladung des Papiers.

## Papiereigenschaften und Papierprüfung

**176**
*Ein vierfarbiger Schaufensteraufsteller mit Werbung für Medikamente soll gedruckt werden. Welches Papier wird zweckmäßigerweise dafür verwendet?*
A. Hadernhaltiges Papier   B. h'f, weiß
C. lh'h, weiß   D. m'f, weiß   E. stark h'h

**177**
*Welches Papier wird für Außenplakate verwendet?*
A. Hadernhaltiges Papier
B. Holzhaltiges Papier   C. Kunstdruckpapier
D. Mittelfeines Papier   E. Holzfreies Papier

**178**
*Welche Eigenschaft müssen Papiere aufweisen, die beidseitig bedruckt werden sollen?*
A. Fettdichtigkeit   B. Hohe Opazität
C. Spiegelglätte   D. Hohe Saugfähigkeit
E. Beidseitiger Kreidestrich

**179**
*Welches ist nach DIN die unterste Grenze für den pH-Wert des Papiers?*
A. pH 7   B. pH 8   C. pH 5
D. pH 4,5   E. pH 3

**180**
*Welche Papiere haben meist einen pH-Wert im sauren Bereich?*
A. Gestrichene Papiere   B. Alle Kartonsorten
C. Holzhaltige Papiere   D. Gußgestrichene Papiere
E. Ungestrichene Papiere

**181**
*Welche Papiere sind häufig mehr oder weniger stark alkalisch?*
A. Naturpapiere   B. Gestrichene Papiere
C. Holzhaltige Papiere   D. Holzfreie Papiere
E. Alle Kartonsorten

**182**
*Wie kann der Drucker rasch eine Grobbestimmung des pH-Wertes von Papier vornehmen?*
A. 10 g Papier in 100 ml destilliertem Wasser auflösen und den pH-Wert messen
B. 10 g Papier in 10 ml Wasser auflösen, den pH-Wert messen und die Zahl 1 dazuzählen
C. Indikatorstreifen und Papierstreifen in eine flache Schale mit Wasser legen
D. Indikatorstreifen mit Wasser anfeuchten, auf das Papier legen und etwa 1 min anpressen
E. Papierstreifen in Indikatorflüssigkeit tauchen und die Verfärbung mit der Skala vergleichen

**183**
*Warum ist es für manche Druckarbeiten nicht gleichgültig, ob das Papier in Breit- oder Schmalbahn liegt?*
A. Weil die Siebseite sich stärker dehnt als die Filzseite
B. Weil sich Papier in Schmalbahn bei starkem Druck dehnt
C. Weil Papier in Dehnrichtung mehr arbeitet als in Laufrichtung
D. Weil die lange Formseite mehr arbeitet als die kurze
E. Weil Papier in Breitbahn weniger reißfest ist

**184**
*Welche Stichworte handeln von der Feststellung der Laufrichtung mittels der „Streifenprobe"?*
A. Mit dem Daumen und Zeigefinger streift man auf der Längs- und Breitseite streifenförmig entlang
B. Den Bogen an Längs- und Breitseite an einem schmalen Streifen befeuchten
C. Aus der Längs- und Querseite ein gleichbreites schmales Band ausschneiden
D. An beiden Kanten einreißen
E. Einen ca. 15 cm langen Streifen diagonal aus dem Bogen herausschneiden und einseitig befeuchten

**185**
*Bei welchem Papier erübrigt es sich, die Laufrichtung festzustellen?*
A. Bei Illustrationsdruckpapier für den Druck auf Flachformzylindermaschinen
B. Bei Formatpapier zum Druck auf der Bogenrotation
C. Bei Werkdruckpapier im Format DIN A2 oder größer
D. Bei Rollenpapier
E. Bei Kunstdruckpapier im Format 43 cm x 61 cm

**186**
*Beurteilen Sie folgende Aussagen!*
*a) 1 ist die Laufrichtung und 2 die Dehnrichtung.*
*b) 3 ist ein Breitbahnbogen und 4 ein Schmalbahnbogen*
A. Beide Aussagen sind richtig.
B. Beide Aussagen sind falsch.
C. Aussage a ist richtig, Aussage b falsch.
D. Aussage b ist richtig, Aussage a falsch.

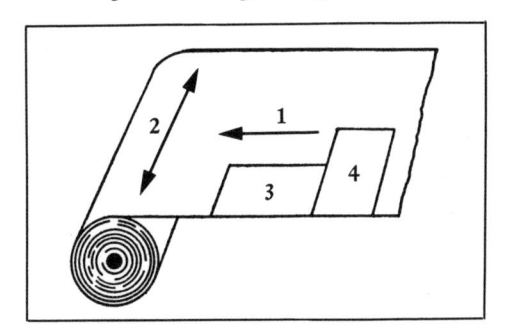

## 187
*Welcher Test (Probe) eignet sich nicht zur Ermittlung der Papierlaufrichtung?*
A. Reißprobe   B. Rupfprobe   C. Streifenprobe
D. Feuchtungsprobe   E. Fingernagelprobe

## 188
*Wie muß nach DIN der Bogen in der Abbildung gekennzeichnet werden?*
A. 61 M x 86   B. 61 x M 86   C. 61 x 86 M
D. 61 S x 86   E. 61 B x 86

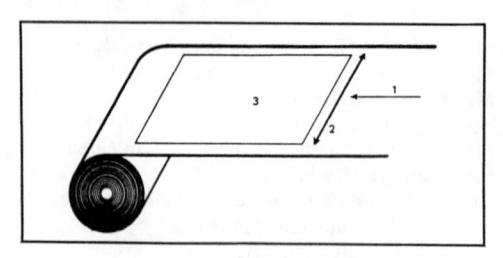

## 189
*Wie muß dieser Bogen bezeichnet werden?*

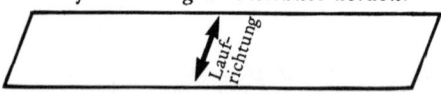

A. Breitbahn     B. Schmalbahn
C. Breitband     D. Schmalband

## 190
*Auf einer Zweifarben-Offsetmaschine sollen mehrfarbige Prospekte gedruckt werden. Welches Papier werden Sie wählen?*
A. Gleichgültig, welche Laufrichtung, nur holzfrei muß es sein.
B. Gleichgültig, welche Laufrichtung, nur holzhaltig muß es sein.
C. Breitbahnpapier   D. Schmalbahnpapier
E. Papier ohne Laufrichtung

## 191
*Für eine Zeitschrift im Format DIN A4 werden achtseitige Bogen gedruckt. Welche Angabe zur Papierbestellung ist richtig?*
A. 70 x 100   B. 61 x 86   C. 43 x 61
D. 43 x 61   E. 61 x 43

## 192
*Wie muß die Laufrichtung der hier abgebildeten Bogen nach der DIN-Vorschrift angegeben werden?*
A. 43 M x 61 cm
B. 43 S x 61 cm
C. 43 x 61 M cm
D. 43 x 61 B cm
E. 43 x 61 cm

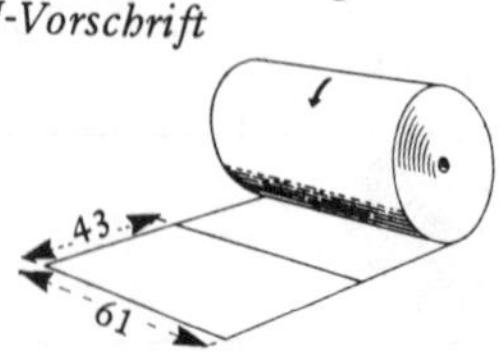

## 193
*Welche Bezeichnung hinsichtlich der Laufrichtung ist richtig?*

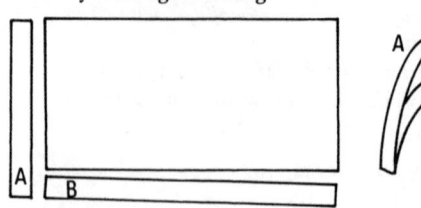

A. 61 x 86 cm   B. 61 x 86 cm   C. 61 x 86 LR
D. 61 x 86 cm   E. 61 LR x 86 cm

## 194
*Nebenstehende Karteikarten sollen gedruckt werden. Das Druckpapier ist 61 x 86 cm, Schmalbahn. Wieviel Nutzen geben aus einem Bogen?* 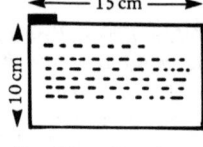
A. 32   B. 30   C. 36   D. 40   E. 48

## 195
*Welche Aussage kann aufgrund der nachfolgend dargestellten Probe gemacht werden?*
A. Das Papier ist schwach geleimt.
B. Das Papier ist holzhaltig.
C. Der Bogen liegt in Schmalbahn.
D. Der Bogen liegt in Breitbahn.
E. Die Luftfeuchtigkeit ist zu hoch.

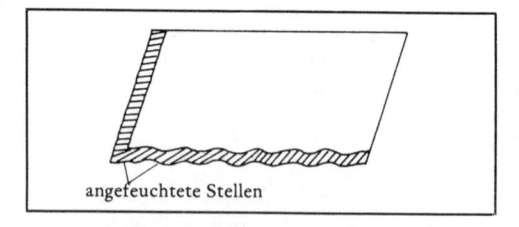

## 196
*Beim Biegen des Bogens in der zweiten Abbildung ist der Widerstand geringer. Welche Aussage trifft zu?*

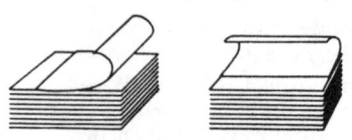

A. Das Papier ist für den Mehrfarben-Offsetdruck geeignet.
B. Das Papier ist nur für den Einfarbendruck verwendbar.
C. Das Papier kann im Offset nicht verwendet werden.
D. Das Papier ist nur für Werkdruck geeignet.

## Papiereigenschaften und Papierprüfung

**197**
*Ein gestrichenes Papier wurde an den Kanten angefeuchtet. Das Ergebnis zeigt die Abbildung. Welche Aussage kann man machen?*
A. Es handelt sich um ein Bilderdruckpapier.
B. Es handelt sich um holzhaltiges Papier.
C. Es handelt sich um holzfreies Papier.
D. Es handelt sich um Schmalbahnpapier.
E. Es handelt sich um Breitbahnpapier.
F. Es handelt sich um randwelliges Papier.

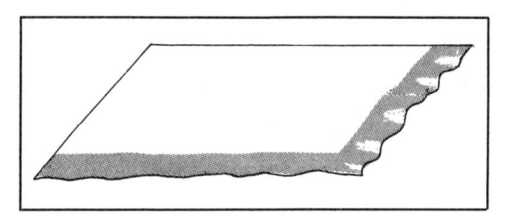

**198**
*Was prüft man auf diese Weise?*
A. Die Transparenz des Papiers 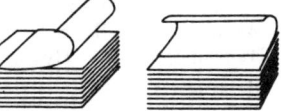
B. Die Dehnrichtung des Papiers
C. Die Laufrichtung des Papiers
D. Die Reißfestigkeit des Papiers
E. Die Falzzahl des Papiers (d.h., wie oft es sich falzen läßt, bis es bricht).

**199**
*Welche Laufrichtungskennzeichnung ist für den gezeigten Papierbogen falsch?*
A. 42 x 59,4 cm
B. Schmalbahnpapier
C. Pfeil auf der Verpackung entlang der langen Seite
D. 42 x 59,4 M cm
E. 42 M x 59,4 cm

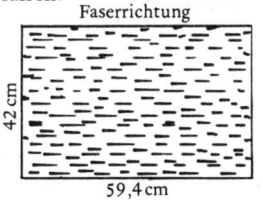

**200**
*Ein quadratisches Stück Karton wurde auf Wasser gelegt und rollt sich wie gezeigt ein. Was kann man damit feststellen?*
A. Es handelt sich um einen geklebten Karton.
B. Es handelt sich um einen nicht geklebten Karton.
C. Die Laufrichtung ist wie Pfeil A.
D. Der Karton ist holzhaltig.
E. Die Laufrichtung ist wie Pfeil B.

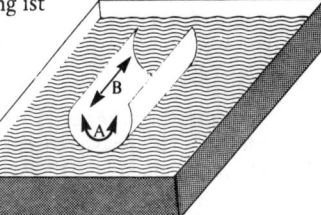

**201**
*Warum soll die Faserrichtung bei Karteikarten vom Kopf zum Fuß verlaufen?*
A. Damit die Karten nicht einknicken (Standfestigkeit)
B. Weil Karteikarten maßhaltig sein müssen
C. Damit sich die Karten nicht wellen und schlecht umblättern lassen
D. Damit die Karten sich seitlich dehnen können
E. Weil Karteikarten sich mit der Schreibmaschine beschriften lassen müssen

**202**
*Bei der Feuchtprobe rollt sich das Papier ein. Die Laufrichtung ist...*
A. bei Schmalbahn längs der Rollenachse.
B. bei Breitbahn längs der Rollenachse.
C. bei Schmalbahn quer der Rollenachse.
D. bei Breitbahn quer zur Rollenachse.
E. immer längs zur Rollenachse.

**203**
*Beim maschinellen Abkleben von Etiketten werden diese häufig naß. Dabei neigt das Papier zum Einrollen. Welche Regel gilt daher für die Wahl des Papiers?*
A. Es sind nur synthetische Papiere zu verwenden.
B. Das Etikett muß eine Laufrichtung parallel zur Bodenfläche haben.
C. Als Bedruckstoff eignen sich nur maschinenglatte Etikettenpapiere.
D. Alle Etikettenpapiere müssen gestrichen und gut saugfähig sein.
E. Die Laufrichtung des Etiketts muß parallel zur Flaschenachse (senkrechte Achse) sein.

**204**
*Welche Angabe zur Auswahl des Papiers für Flaschenetiketten ist richtig?*
A. Als Bedruckstoffe eignen sich naß- und laugenfeste Papiere. Laufrichtung des Etiketts: parallel zur Flaschenachse (senkrechte Achse).
B. Einseitig gestrichene, wenig saugfähige Papiere eignen sich besonders. Laufrichtung: quer zur Flaschenachse
C. Als Bedruckstoffe sind synthetische Papiere einzusetzen, da diese sich beim Kleben noch einrollen.
D. Geeignet sind alle holzfreien Offsetdruckpapiere ohne Laufrichtung, da diese nicht vergilben und sich nicht einrollen.
E. Da Etiketten beim Aufkleben auf die Flasche feucht werden, Schmalbahnpapier verwenden.

**205**
*Wie muß die Laufrichtung bei diesem Flaschenetikett sein?* 
A. senkrecht   B. diagonal   C. waagrecht
D. Die Laufrichtung ist ohne Bedeutung

### 206

Die Abbildung zeigt einen Druckbogen für einen einfarbigen Werkdruck, der im Offsetverfahren ausgeführt wird. Das Buch hat 96 Seiten und wird klebegebunden. Welche Aussage dazu ist richtig?

A. Es muß Schmalbahnpapier bestellt werden.
B. Es muß Breitbahnpapier bestellt werden.
C. Die Laufrichtung ist nicht wichtig.
D. Klebebindung ist bei 96 Seiten nicht möglich.

### 207

Für dieses Heft sollen 8seitige Bogen zum Umschlagen mit 1 Form gedruckt werden. Welche Bestellung ist richtig?

A. 80 g/m², sat., weiß, Schmalbahn
B. 80 g/m², sat., weiß, Breitbahn
C. 80 g/m², sat., weiß, Wechselbahn
D. 80 g/m², sat., weiß

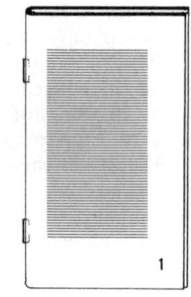

### 208

Ein Werk, einfarbig, wird in diesen Bogen gedruckt. Welche Laufrichtung soll das Papier haben?

A. Schmalbahn   B. Breitbahn
C. Eine bestimmte Laufrichtung ist nicht erforderlich
D. Diagonal zum Bund

### 209

Warum wird für mehrfarbige Aufträge Schmalbahnpapier bevorzugt?
A. Das Papier legt besser an.
B. Schmalbahnpapier dehnt sich weniger.
C. Weil die Papierdehnung durch Änderung des Plattenzylinderaufzugs ausgeglichen werden kann
D. Weil die Papierdehnung durch geteilte Plattenschienen ausgeglichen werden kann
E. Weil die Papierdehnung durch Änderung des Gummizylinderaufzugs geändert werden kann

### 210

Wie nennt man das Angleichen des Bedruckstoffes an das Klima im Produktionsraum?
A. Konditionieren   B. Kompensieren
C. Komplettieren    D. Kollationieren
E. Konservieren

### 211

Wie heißt das abgebildete Meßinstrument?
A. Manometer   B. Barometer
C. Hydrometer  D. Hygrometer
E. Sphärometer

### 212

Für welche Messung wird das Meßgerät eingesetzt?
A. Luftdruck   B. Raumklima   C. Temperatur
D. Papierfeuchtigkeit   E. Rel. Luftfeuchtigkeit

### 213

Womit kann man Papierfeuchtigkeit messen?
A. Mit Universalindikatorpapier
B. Durch Veraschen
C. Mit Pyrogallollösung als Testflüssigkeit
D. Mit dem Psychrometer
E. Mit dem Stechhygrometer

### 214

Welcher Abschnitt der Funktionsbeschreibung eines Hygrometers enthält einen sachlichen Fehler?
A. Bei steigender Luftfeuchtigkeit nimmt der Haarstrang Feuchtigkeit auf
B. und dehnt sich.
C. Dies wird mit großer Übersetzung auf einen Zeiger übertragen.
D. Am Hygrometer läßt sich die absolute Luftfeuchtigkeit ablesen.
E. Haarhygrometer müssen in gewissen Abständen gewartet und überprüft werden.

### 215

Was bedeutet hygroskopisch?
A. Flüssig   B. Wasserabgebend
C. Wasseranziehend   D. Wasserhaltig
E. Wasserfreundlich

## Papier und Klima

**216**
*Welche Aussage über Hygrometer ist falsch?*
A. Sie messen den tatsächlichen Wassergehalt der Luft.
B. Sie müssen von Zeit zu Zeit geeicht werden.
C. Die herkömmlichen, nicht elektronischen Hygrometer messen relativ ungenau.
D. Die Dehnung des Meßfühlers wird mit goßer Übersetzung auf den Zeiger übertragen.
E. Mit geeigneten Hygrometern kann man die Gleichgewichtsfeuchte im Papierstapel messen.

**217**
*Was meint man mit „Streckgang"?*
A. Das starke Anziehen der Druckplatte, um sie etwas zu dehnen
B. Den langsamen Maschinenlauf, z.B. zum Gummiwaschen
C. Papier umsetzen
D. Papierleerlauf durch die Maschine
E. Den schmalen Gang zwischen zwei Druckwerken

**218**
*Warum wird häufig empfohlen, angeliefertes Papier erst kurz vor dem Druck auszupacken?*
A. Damit es sich im Druckraum besser akklimatisiert
B. Damit es seine Planlage nicht verliert
C. Damit es nicht verstaubt
D. Durch diese Maßnahme wird eine bessere Bedruckbarkeit garantiert
E. Damit das Etikett mit der Papierbezeichnung sichtbar bleibt und keine Verwechslungen geschehen können

**219**
*Welcne Ursache hat das Tellern des Papierstapels?*
A. Die Raumtemperatur ist niedriger als die Stapeltemperatur.
B. Beim vorausgegangenen Druckgang wurde mit zu viel Feuchtung gearbeitet.
C. Beim vorausgegangenen Druckgang wurde mit zu viel Druckpressung gearbeitet.
D. Der Stapel hat eine niedrigere Feuchte als der Lagerraum.
E. Die Luftfeuchtigkeit des Raumes ist niedriger als die Stapelfeuchte.

**220**
*Warum liegt dieses Papier nicht mehr plan?*
A. Durch den Aufdruck großer Farbflächen verformte sich das Papier.
B. Es wurde mit zu viel Feuchtung beim ersten Druckgang gearbeitet.
C. Die Stapelfeuchte ist geringer als die Raumfeuchte.
D. Die Raumtemperatur ist niedriger als die Stapeltemperatur.
E. Die Raumfeuchte ist geringer als die Stapelfeuchte.

**221**
*Welches Klima ist für Drucksaal und Plattenkopie am geeignetsten?*
A. 18°C und 30% rel. Luftfeuchtigkeit
B. 20°C und 40% rel. Luftfeuchtigkeit
C. 25°C und 60% rel. Luftfeuchtigkeit
D. 20°C und 75% rel. Luftfeuchtigkeit
E. 20°C und 55% rel. Luftfeuchtigkeit

**222**
*Was zeigt ein Hygrometer an?*
A. Temperatur  B. Relative Luftfeuchtigkeit
C. Absolute Luftfeuchtigkeit
D. Wasserdampfgehalt der Luft
E. Temperatur und Luftfeuchtigkeit

**223**
*Was dient in herkömmlichen Hygrometern als Meßfühler?*
A. Haare  B. Zellstoffasern  C. Kunstfasern
D. Elektroden  E. Vakuumdose

**224**
*Was mißt man mit dem Stechhygrometer?*
A. Die Luftfeuchtigkeit im Druckraum
B. Die Luftfeuchtigkeit zwischen den Bogen des Papierstapels
C. Den Wassergehalt des Papiers
D. Die absolute Feuchtigkeit des Papiers
E. Prozentangabe der Feuchtigkeit im Papier

**225**
*Was bedeutet der Ausdruck „Akklimatisierung"?*
A. Die Maschine soll in einem warmen Raum stehen.
B. Das Papier soll warm sein.
C. Das Papier soll feucht sein.
D. Das zu bedruckende Material soll sich dem Klima im Druckraum anpassen.
E. Die Maschine läuft ohne Druck, um eine drucktechnisch günstige Temperatur zu erreichen.

**226**
*Welches der genannten Verfahren ist zur Papierkonditionierung nicht geeignet?*
A. Eingepackt stehen lassen
B. Streckgang
C. Aufhängen
D. Umsetzen und Lüften
E. Mit dem Stapelwender mehrmals durchblasen

**227**
*In welcher Jahreszeit ist die relative Luftfeuchtigkeit in einer Druckerei ohne Klimaanlage in der Regel am geringsten?*
A. Im Frühjahr  B. Im Sommer
C. Im Herbst  D. Im Winter

## 228

*Angeliefertes Papier hat eine Temperatur von 20°C und eine relative Feuchte von 35%. Der Druckraum ist vollklimatisiert. Das Papier wird am Freitag ausgepackt und vorgestapelt. Welche Situation wird sich am Montag bei Druckbeginn zeigen?*
A. Das Papier behielt seine Planlage.
B. Das Papier ist außen wellig, weil sich Kondenswasser am Stapel bildete.
C. Das Papier tellert.
D. Das Papier ist randwellig.
E. Das Papier ist elektrisch.

## 229

*Bei welcher klimatischen Situation ist am ehesten mit elektrostatischer Aufladung des Papiers zu rechnen?*
A. 20°C und 10% rel. Feuchte
B. 20°C und 50% rel. Feuchte
C. 20°C und 70% rel. Feuchte
D. 25°C und 50% rel. Feuchte
E. 30°C und 50% rel. Feuchte

## 230

*Welche Ursache hat es, daß dieser Papierstapel keine Planlage mehr hat?*

Papierbogen
Palette

A. Durch das Aufdrucken großer Farbflächen verformte sich das Papier.
B. Die Raumfeuchte ist höher als die Stapelfeuchte.
C. Der Stapel kam von einem warmen Lager in die kühlere Druckerei.
D. Die Raumfeuchte ist niedriger als die Stapelfeuchte.
E. Es wurde beim ersten Druckgang mit zu viel Feuchtigkeit gearbeitet.

## 231

*Welchen Zweck haben Wassersprühgeräte?*
A. Sie halten das Raumklima konstant.
B. Sie halten die absolute Luftfeuchtigkeit konstant.
C. Sie halten den Wasserdampfgehalt der Luft konstant.
D. Sie regulieren die relative Luftfeuchtigkeit.
E. Sie erhöhen den Taupunkt.

## 232

*Angelieferte Papierstapel mit einer relativen Feuchte von 55% kommen in einen Drucksaal, der mit einer Klimaanlage optimal klimatisiert ist. Welche Aussage ist richtig?*
A. Das Papier wird nach einiger Zeit tellern.
B. Das Papier wird nach einiger Zeit randwellig.
C. Das Papier kann sich elektrisch aufladen.
D. Das Papier wird sich nicht verändern, so daß keine der vorgenannten Aussagen zutrifft.

## 233

*Was besagt der Ausdruck „50% rel.Luftfeuchtigkeit"?*
A. Die Luft hat 50% der Wassermenge in sich, die sie bei der jeweiligen Temperatur aufnehmen kann.
B. In 1 m³ Luft sind bei 20°C 50g Wasser.
C. Der Wassergehalt beträgt 50% des Luftgewichtes.
D. In 10 m³ Luft sind 50g Wasser.
E. Die Wasserdampfmenge beträgt bei der jeweiligen Lufttemperatur 50% der Luftmenge.

## 234

*Wie hoch ist die relative Luftfeuchtigkeit, wenn absolute und maximale Luftfeuchtigkeit gleich groß sind?*
A. 0%   B. 1%   C. 10%   D. 50%   E. 100%

## 235

*Wie ist das Zahlenverhältnis der kurzen zur langen Seite bei den DIN-Formaten?*
A. 2 : 3   B. 1 : 1,414   C. 1,414 : 2
D. 5 : 8   E. 1 : 1,61

## 236

*Welchen Flächeninhalt hat ein Bogen DIN A2?*
A. 1 m²   B. 0,5 m²   C. 1000 cm²
D. 0,25 dm²   E. 2500 cm²

## 237

*Welchen Flächeninhalt hat ein Bogen DIN A0?*
A. 0,5 m²   B. 5000 cm²   C. 5000 dm²
D. 1000 cm²   E. 10000 cm²

## 238

*Welche Fläche hat ein Bogen DIN A4?*
A. 1/4 m²   B. 1/8 m²   C. 1/16 m²
D. 1/32 m²   E. 1/34 m²

## 239

*Wieviel Postkarten erhält man aus einem Kartonbogen DIN A1?*
A. 8   B. 16   C. 24
D. 32   E. 64

## 240

*DIN A3 hat das Format...*
A. 42 x 61 cm   B. 21 x 29,7 cm
C. 29,5 x 42 cm   D. 21,5 x 41 cm
E. 42 x 29,7 cm

# Papiereigenschaften und Papierprüfung

**241**
*Dies sind Aussagen über die Papier-DIN-Formate. Welche ist falsch?*
A. Ein Rohbogen ist 10% größer als das Endformat.
B. Das nächst kleinere Format erhält man durch Halbieren der langen Seite.
C. DIN A1 hat eine Fläche von 1/2 m².
D. DIN A2 ist 420 mm x 594 mm groß.
E. Das Seitenverhältnis aller Formate ist 1 : √2.

**242**
*Welches Format hat eine gewöhnliche Postkarte?*
A. DIN A4     B. DIN A5
C. DIN A6     D. DIN A7
E. Kein DIN-Format, sondern Sonderformat nach Angaben der Bundespost

**243**
*Um wieviel sind die Rohformate flächenmäßig größer als die Endformate?*
A. 2%   B. 5%   C. 10%   D. 15%
E. 20%

**244**
*Wie groß ist DIN A2?*
A. 420 mm x 594 mm     B. 430 mm x 610 mm
C. 610 mm x 860 mm     D. 594 mm x 841 mm
E. 630 mm x 880 mm

**245**
*Warum werden neben den DIN-Rohformaten auch sogenannte Überformate angeboten?*
A. Viele Offsetmaschinen haben Überformate und können so besser ausgenutzt werden.
B. Überformate sind für den Druck von Flächen besser geeignet.
C. Wenn mehrere Nutzen im DIN-Format mit zusätzlichem Beschnitt gedruckt werden, reichen dafür die DIN-Rohformate häufig nicht aus.
D. Die Überformate fallen in der Papierfabrik an, wenn aus den breiten Rollen die Rollen für die DIN-Formate geschnitten werden.

**246**
*Welche Angabe ist zum Papierformat 63 cm x 88 cm richtig?*
A. DIN A2     B. DIN A1     C. DIN B1
D. DIN A1 Rohformat     E. Überformat

**247**
*Welches DIN-Format stimmt nicht?*
A. DIN A5 = 148 x 205 mm
B. DIN A0 = 841 x 1189 mm
C. DIN A2 = 420 x 594 mm
D. DIN A3 = 297 x 420 mm
E. DIN A6 = 105 x 148 mm

**248**
*Bei den DIN-Formaten entsteht das nächst größere Format durch...*
A. Halbieren der kurzen Seite
B. Halbieren der langen Seite
C. Verdoppeln der kurzen Seite
D. Verdoppeln der langen Seite
E. Vervielfachen der kurzen Seite mit 1,4

**249**
*Welches DIN-Format ist 61 · 86 cm groß?*
A. DIN C1     B. DIN A1
C. DIN A2 Rohformat     D. DIN B1
E. DIN A1 Rohformat

**250**
*Wieviel wiegt ein Bogen DIN A0 eines Druckpapiers mit einer flächenbezogenen Masse von 100 g/m²?*
A. 25 g   B. 50 g   C. 100 g   D. 125 g
E. 150 g

**251**
*Welches Format hat DIN A4?*
A. 42 cm x 59,4 cm     B. 21 cm x 29,7 cm
C. 24 cm x 14,8 cm     D. 29,7 cm x 42 cm
E. 21,5 cm x 30,5 cm

**252**
*Wofür verwendet man das Format DIN A6?*
A. Briefbogen     B. Briefpapier für Damen
C. Visitenkarten     D. Kleinplakate
E. Postkarte

**253**
*Wieviel Blatt DIN A5 erhält man aus 12 Bogen DIN A2?*
A. 72   B. 96   C. 108   D. 64
E. 48

**254**
*Was bedeutet der DIN-Ausdruck flächenbezogene Masse?*
A. Wieviel Fasermaterial im Papier vorhanden ist
B. Wie schwer ein Bogen ist
C. Anderer Ausdruck für Volumen
D. Bezeichnung nach DIN für Flächengewicht
E. Anteil der Füllstoffe im Papier

**255**
*Welches Papier bezeichnet man als voluminös?*
A. Dicke Papiere und Karton
B. Dichte Papiere
C. Papiere mit hohem g/m²-Gewicht
D. Geklebte Papiere
E. Papiere, die im Verhältnis zum Flächengewicht dick sind

**256**
Was meint man mit „Flächengewicht"?
A. Masse des Druckbogens
B. Masse eines Bogens von 1 m²
C. Das Gewicht eines Bogens DIN A1
D. Das Papiervolumen
E. Das Strichgewicht auf 1 m² und Seite

**257**
Bei welchem Flächengewicht spricht man im deutschen Sprachraum von Karton?
A. 100 - 350 g/m²   B. 170 - 400 g/m²
C. 250 - 600 g/m²   D. 250 - 600 g/m²
E. 300 - 450 g/m²

**258**
Wie schwer ist ein DIN-A1-Bogen mit einer flächenbezogenen Masse von 100 g/m²?
A. 25 g   B. 50 g   C. 100 g
D. 150 g   E. 200 g

**259**
Ein Werkdruckpapier, 120 g/m², hat eine Dicke von 0,25 mm. Wie groß ist sein Volumen?
A. 0,2   B. 0,5   C. 1   D. 1,5   E. 2

**260**
Im Musterbuch einer Papierfabrik wird folgendes Papier angeboten: 90 g/m², weiß, Dickdruck, Volumen 2,5. Wie dick ist ein Blatt?
A. 0,5 mm   B. 0,2 mm   C. 0,23 mm
D. 0,36 mm   E. 0,45 mm

**261**
Ein Offsetpapier, Flächengewicht 90 g/m², hat eine Blattstärke von 0,13 mm. Welches Volumen hat das Papier?
A. 0,6   B. 1,2   C. 1,4   D. 1,8   E. 2

**262**
Ein Papier mit einfachem Volumen wiegt 90 g/m². Wie dick ist dieses Papier?
A. 0,045 mm   B. 0,018 mm   C. 0,09 mm
D. 0,18 mm   E. 0,9 mm

**263**
Ab welchem Flächengewicht beginnt nach DIN die Bezeichnung Pappe?
A. Ab 150 g/m²   B. Ab 170 g/m²
C. Ab 225 g/m²   D. Ab 450 g/m²
E. Ab 600 g/m²

**264**
Wie groß ist das Flächengewicht von sogenanntem Postkartenkarton?
A. 250 g/m²   B. 150 g/m²
C. 170 g/m²   D. 200 g/m²
E. 225 g/m²

**265**
Welche Papiere haben häufig ein Volumen deutlich über 1?
A. Briefpapiere   B. Gestrichene Papiere
C. Plakatpapiere   D. Werkdruckpapiere
E. Florpostpapiere

**266**
Welches Flächengewicht hat normalerweise Schreibpapier?
A. 50 g/m²   B. 75 g/m²   C. 80 g/m²
D. 100 g/m²   E. 120 g/m²

**267**
Welches Papier ist relativ weich und nachgiebig?
A. Stark satiniertes Papier
B. Werkdruckpapier mit 2fachem Volumen
C. Naturpapier mit 1fachem Volumen
D. Pergaminpapier
E. Transparentpapier

**268**
Welche Papiereigenschaft kann man mit Wischfest-Farbe prüfen?
A. Saugfähigkeit gegenüber Wasser
B. Staubneigung des Papiers
C. pH-Wert
D. Füllstoffgehalt
E. Saugfähigkeit gegenüber Öl und Druckfarbe

**269**
Was kann man mit diesem Test prüfen?

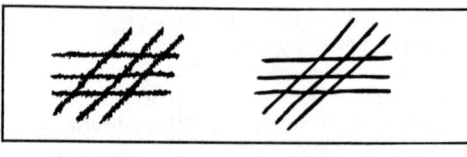

A. Wegschlagverhalten des Papiers
B. Oberflächenfestigkeit
C. Opazität bzw. Transparenz
D. Durchschlagen
E. Beschreibbarkeit mit Tinte

**270**
Wie schwer ist eine Postkarte, die auf 400 g/m²-Karton gedruckt wurde?
A. 12,5 g   B. 3,25 g   C. 1,25 g
D. 25 g   E. 6,25 g

**271**
Ein Papier ist 0,12 mm dick. Es hat ein eineinhalbfaches Volumen. Wieviel g/m² wiegt das Papier?
A. 120 g/m²   B. 180 g/m²   C. 80 g/m²
D. 60 g/m²   E. 100 g/m²

## Sonstige Bedruckstoffe

**272**
*Welcher Satzteil zur Beschreibung von Kunststoffen ist falsch?*
A. Kunststoffe sind synthetisch hergestellte Stoffe,
B. die aus anorganischen Rohstoffen,
C. durch Umwandlung von Naturprodukten
D. oder durch Synthese aus Grundrohstoffen wie Kohle, Erdöl, Kalk, Luft und Wasser
E. zu Makromolekülen vereinigt werden.

**273**
*Welches Element enthalten alle Kunststoffe?*
A. Kohlenstoff   B. Erdöl
C. Wasserstoff   D. Sauerstoff
E. Chlor

**274**
*Zu welchem Zweck wird bei Kunststoffen ein Extruder eingesetzt?*
A. Zum Bedrucken von Folien
B. Herstellen von Kunststoffolien
C. Kalandrieren von Folien
D. Vorbehandlung von Kunststoffolien vor dem Druck
E. Beschichten von Rohpapieren mit einer Kunststoffschicht

**275**
*Aus welchem Grundstoff bestehen Zellglas und Acetatfolien?*
A. Erdöl        B. Teer      C. Glasfasern
D. Harnstoffe   E. Zellulose

**276**
*Welches Verfahren wird nicht zur Herstellung von Kunststoffen eingesetzt?*
A. Polymerisation
B. Polyaddition
C. Veredeln von Zellulose
D. Polykondensation
E. Polyvariation

**277**
*Welcher Kunststoff wird mit der Abkürzung PE gekennzeichnet?*
A. Polyester      B. Polyäthylen
C. Acetatfolie    D. Zellglas
E. Polyvinylchlorid

**278**
*Welcher der folgenden Bedruckstoffe ist, chemisch gesehen, kein Kunststoff, sondern ein veredeltes Naturprodukt?*
A. Polyesterfolie       B. Acetatfolie
C. Polyäthylenfolie     D. Polycarbonatfolie
E. Polystyrolfolie

**279**
*Welchen wesentlichen Nachteil für die Drucktechnik haben Polyäthylen und Polypropylen?*
A. Diese Folien verursachen beim Bedrucken mit Spezialfarben eine sehr starke Geruchsbelästigung.
B. Ohne Vorbehandlung der Oberfläche haften auf den Folien die Farben nicht.
C. Die Folien reißen sehr leicht ein und liegen bei Temperaturschwankungen wellig.
D. Die Folien sind stark hygroskopisch und verziehen daher leicht bei Schwankungen der Luftfeuchtigkeit.
E. Die Folien müssen mit weißen Deckfarben vorgedruckt werden, da bunte Farben nicht auf der Oberfläche haften.

**280**
*Warum eignen sich Buch- und Offsetdruck nicht besonders gut zum Bedrucken von Kunststoffolien?*
A. Kunststoffe liegen nicht plan und verziehen sich leicht.
B. Foliendrucke lassen sich besonders gut durch Wärme trocknen, dafür sind Buch- und Offsetdruckmaschinen nicht eingerichtet.
C. Kunststoffolien lassen sich besonders gut mit lösemittelhaltigen Farben bedrucken, die in Walzenfarbwerken trocknen und die Walzen angreifen würden.
D. Folienfarben sind gesundheitsschädlich, giftige Dämpfe können nicht abgesaugt werden.

**281**
*Welche der folgenden Angaben zu Kunststoffen ist falsch?*
A. Thermoplastische Kunststoffe sind beim Erwärmen formbar.
B. Duroplastische Kunststoffe bleiben trotz Erwärmung formbeständig.
C. Kunststoffe sind synthetisch hergestellte makromolekulare, organische Verbindungen.
D. Durch Polymerisation entstehen vor allem Duroplaste.
E. Weichmacher verleihen dem spröden Kunststoff Geschmeidigkeit, können aber auch das Farbannahmeverhalten stören.

**282**
*Durch welches Verfahren ist ein Thermoplast von einem Duroplast zu unterscheiden?*
A. Thermoplaste brennen sehr leicht, Duroplaste nur sehr schwer.
B. Thermoplaste leiten Strom, Duroplaste sind nichtleitend.
C. Thermoplaste schmelzen beim Erhitzen, Duroplaste verkohlen (bei hoher Temperatur).
D. Thermoplaste sind elastisch, Duroplaste plastisch.
E. Thermoplaste sind wasserdampfdurchlässig, Duroplaste sind miteinander zu verschweißen.

## Sonstige Bedruckstoffe

**283**

Gleitmittel auf der Oberfläche von Folien erfordern eine Vorbehandlung vor dem Druck. Welches Verfahren ist dazu nicht geeignet?
A. Beflammen
B. Chemische Verfahren
C. Wasserdampfverfahren
D. Elektrische Vorbehandlung

**284**

Auf welchen Kunststoff trifft die folgende Beschreibung zu: „Milchig trüb, weich, dehnbar, wasserdicht, kräuselt sich beim Einreißen. Bei der Flammprobe erst blaue, dann gelbliche Flamme, tropft wie eine Kerze, riecht nach Paraffin. Weichmacherfrei, muß zum Bedrucken vorbehandelt werden".
A. Polyvinylalkohol
B. Polyäthylen
C. Polycarbonat
D. Polyvinylchlorid
E. Polyester

**285**

Welche Erkennungsmerkmale treffen auf Polyvinylchlorid-(PVC)Folien zu?
A. Glasklar, glänzend; Flamme leuchtend gelb, stark rußend, süßlicher Geruch nach Hyazinthen.
B. Fühlt sich fettig, paraffinartig an. Brennt erst mit blauer, dann in gelber Flamme, tropft wie eine Kerze.
C. Glatter Griff. Brennt in grüner Flamme mit gelblichem Saum. Rauch riecht stechend nach Salzsäure.
D. Sprühende, dunkelgelbe Flamme, schmilzt ohne zu tropfen. Riecht nach Veilchen.
E. Gelbgrüne Färbung beim Brenntest, funkensprühend und abtropfend. Starker Geruch nach Essigsäure und verbranntem Papier.

**286**

Was sind Verbundfolien?
A. Thermoplastische Folien mit Duroplasten kombiniert
B. Trägerfolien, die in zwei oder drei Schichten mit einer anderen Folie kaschiert oder beschichtet werden.
C. Besonders reißfeste, duroplastische Folien, die von der Rolle ohne Vorbehandlung bedruckt werden können.
D. In speziellen Kalandern hergestellte Folien mit hohem Füllstoffanteil, der bestimmte Eigenschaften verleiht.
E. Synthetische Papiere auf der Basis von synthetischen Fasern.

**287**

Mit welchem Fachwort wird die Wanderung von Weichmachern in Kunststoffen benannt?
A. Migration     B. Vulcanik
C. Thixotropie   D. Sealing
E. Flexibil

**288**

Welcher Bedruckstoff wird vor allem im Blechdruck eingesetzt?
A. Veredeltes Stahlblech
B. Zinkblech
C. Verchromtes Aluminiumblech
D. Verchromtes Kupferblech
E. Messingblech

**289**

Beim Warmwalzen des Bedruckstoffes für den Blechdruck entstehen auf der Oberfläche Zunderschichten. Was ist darunter zu verstehen?
A. Unebene Stellen
B. Rost
C. Korrosionen
D. Glänzende, farbabstoßende Stellen
E. Poröse Partien

**290**

Welches Verfahren wird heute überwiegend eingesetzt, um aus Schwarzblech ein höherwertiges Weißblech herzustellen?
A. Verchromen     B. Feuerverzinnen
C. Verzinken     D. Verbleien
E. Elektrolytisches Verzinnen

**291**

Druckfertig bearbeitetes Blech verläßt in Rollen oder Tafeln die Produktion. Wie werden die Blechrollen in einem Fachausdruck genannt?
A. Dock      B. Eurobrock     C. Coil
D. Walze     E. Euroring

**292**

Warum wird Stahlblech für den Blechdruck verzinnt?
A. Das Blech wird dadurch farbannahmefähig.
B. Das Blech wird weitgehend rostunempfindlich und porenfrei.
C. Das Blech wird härter und absolut rostunempfindlich.
D. Das Blech erhält dadurch einen weißen Untergrund, der für einen Farbdruck erforderlich ist.
E. Das Blech wird dadurch vor mechanischen Beschädigungen geschützt und weicher.

# 11 Grundlagen der Druckverarbeitung

**1**
*Bei welcher Maschine gibt es den Trichterfalz?*
A. Bogenrotationsmaschine
B. Rollenrotationsmaschine
C. Schwertfalzmaschine
D. Stauchfalzmaschine
E. Kombinierte Falzmaschine

**2**
*Welche Abbildung zeigt einen Wickelfalz?*

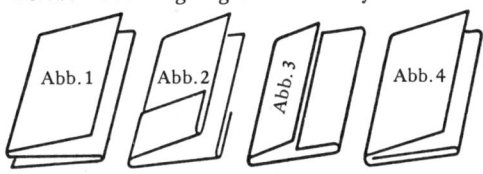

A. Abbildung 1   B. Abbildung 2
C. Abbildung 3   D. Abbildung 4

**3**
*Wie heißt die in Abb. 3 dargestellte Falzung?*
A. Parallelmittenfalz   B. Fensterfalz
C. Wickelfalz   D. Leporellofalz
E. Zickzackfalz

**4**
*Wie heißt die abgebildete Falzart?*
A. Parallelmittenfalz
B. Zickzackfalz
C. Wickelfalz
D. Kreuzbruch
E. Fensterfalz

**5**
*Wie oft muß ein 32seitiger Werkdruckbogen gefalzt werden?*
A. Zweimal   B. Dreimal   C. Viermal
D. Fünfmal   E. Achtmal

**6**
*Ein Blatt DINA4 wird für einen sechsseitigen Prospekt zickzackgefalzt. Wie groß ist der Prospekt?*
A. 21 cm x 4,95 cm   B. 21 cm x 9,9 cm
C. 7,0 cm x 4,95 cm   D. 14,0 cm x 21 cm
E. 10,5 cm x 29,7 cm

**7**
*Welche Bezeichnung ist für diese Falzung richtig?*
A. Wickelfalz
B. Fensterfalz
C. Leporellofalz
D. Kreuzbruchfalz
E. Kombinierter Parallel- und Kreuzbruchfalz

**8**
*Die Striche stellen ein Falzdiagramm dar. Welche der abgebildeten Falzarten entsteht nach diesem Falzdiagramm?*

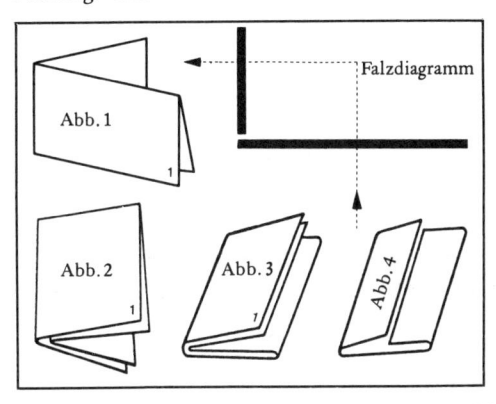

A. Nur Abb. 1   B. Nur Abb. 2   C. Nur Abb. 3
D. Abb. 2 und 3   E. Abb. 1 und 2

**9**
*Welche der oben abgebildeten Falzungen entsteht nach diesem Falzdiagramm?*
A. Abbildung 1   B. Abbildung 2
C. Abbildung 3   D. Abbildung 4
E. Abbildungen 3 und 4

**10**
*Wieviel Kreuzbrüche sind erforderlich, um 16 Seiten zu falzen?*
A. 1 Bruch   B. 2 Brüche
C. 3 Brüche   D. 4 Brüche
E. 5 Brüche

**11**
*Wieviel Seiten hat ein Parallelmittenfalz mit zwei Brüchen?*
A. 4 Seiten   B. 6 Seiten
C. 8 Seiten   D. 12 Seiten
E. 16 Seiten

**12**
*Welche Falzung entsteht nach diesem Falzdiagramm?*
A. Dreibruch-Zickzackfalz
B. Dreibruch-Wickelfalz
C. 8 Seiten Kreuzbruch
D. 16 Seiten Kreuzbruch
E. 32 Seiten Kreuzbruch deutsches Falzschema

## 11 Grundlagen der Druckverarbeitung

**13**
Welches Falzdiagramm trifft für den Maschinenfalz eines 16seitigen Bogens im Hochformat zu?

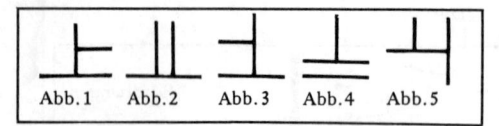

Abb.1   Abb.2   Abb.3   Abb.4   Abb.5

A. Abbildung 1   B. Abbildung 2
C. Abbildung 3   D. Abbildung 4
E. Abbildung 5

**14**
Ein Autoprospekt ist in 2-Bruch zickzackgefalzt. Wieviel Seiten hat er?
A. 2 Seiten   B. 4 Seiten   C. 6 Seiten
D. 8 Seiten   E. 12 Seiten

**15**
Ein Bogen für ein Buch in 3-Bruch kreuzgefalzt hat...
A. 4 Seiten   B. 8 Seiten   C. 12 Seiten
D. 16 Seiten   E. 32 Seiten

**16**
Welches Falzprinzip zeigt die Zeichnung?

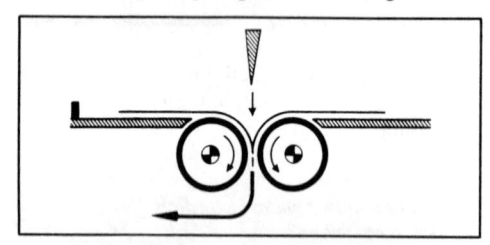

A. Schwertfalzung   B. Stauchfalzung
C. Trichterfalzung   D. Kombifalzung
E. Taschenfalzung

**17**
Ein Prospekt ist in 3-Bruch wickelgefalzt. Wieviel Seiten hat er?
A. 16 Seiten   B. 4 Seiten
C. 6 Seiten   D. 8 Seiten
E. 12 Seiten

**18**
Ein Prospekt mit Einbruchfalz hat...
A. 4 Seiten   B. 2 Seiten   C. 6 Seiten
D. 8 Seiten   E. 12 Seiten

**19**
Ein Bogen DINA2 wird im zweifachen Kreuzbruch gefaltet. Welches Format hat der gefalzte Bogen?
A. DINA1   B. DINA3   C. DINA4
D. DINA5   E. DINA6

**20**
Ein Planobogen erhält im ersten Falzwerk einen Zweibruch-Zickzackfalz und im zweiten Falzwerk einen Kreuzbruch. Wieviel Seiten hat der Falzbogen?
A. 4 Seiten   B. 8 Seiten   C. 16 Seiten
D. 24 Seiten   E. 12 Seiten

**21**
Wovon hängt in erster Linie die Zahl der möglichen Falzbrüche ab?
A. Von der Papierleimung
B. Von der Papierlaufrichtung
C. Von der Papierdicke
D. Ob Kunstdruck- oder Naturpapier verwendet wird
E. Ob der fertige Falzbogen Hoch- oder Querformat hat

**22**
Was versteht man unter einem Greiffalz?
A. Den Raum am Druckbogen, der von den Greifern gehalten wird.
B. Beim gefalzten Bogen steht die vordere oder hintere Bogenhälfte über die andere vor.
C. Das sind Brüche, die auf einer Messerfalzmaschine ausgeführt werden.
D. Das ist ein anderer Name für Fensterfalz.

**23**
Wie heißt die Falzmaschine, die nach dem Stauchprinzip arbeitet?
A. Messerfalzmaschine
B. Kombinierte Falzmaschine
C. Taschenfalzmaschine
D. Schwertfalzmaschine
E. Parallelfalzmaschine

**24**
Was fällt unter den Begriff „Werkdruckfalzung"?
A. Kreuzbrüche
B. Parallelbrüche
C. Alle mit Falzmaschinen ausgeführten Brüche
D. Gemischte Falzungen
E. Fensterfalz

**25**
Wann soll ein Greiffalz (Vor- oder Nachfalz) eingeplant werden?
A. Wenn die Bogen im Sammelhefter verarbeitet werden
B. Wenn die Bogen auf einer Zusammentragmaschine zusammengetragen werden
C. Wenn auf einer Messerfalzmaschine gefalzt wird
D. Wenn auf einer Taschenfalzmaschine gefalzt wird
E. Wenn auf dem Druckbogen volle Flächen gedruckt werden

Grundlagen der Druckverarbeitung

**26**
Ein Planobogen wird zweimal wickel- und dann noch einmal im Kreuz dazu gefalzt.
Wieviel Seiten hat der Falzbogen?
A. 4 Seiten   B. 8 Seiten   C. 12 Seiten
D. 16 Seiten  E. 24 Seiten

**27**
Ein Planobogen wird nach diesem Falzdiagramm gefalzt. Welches Ergebnis erhält man?
A. 4 Seiten
B. 8 Seiten
C. 12 Seiten
D. 16 Seiten
E. 24 Seiten

**28**
Welche Abbildung zeigt einen 24seitigen Falzbogen?

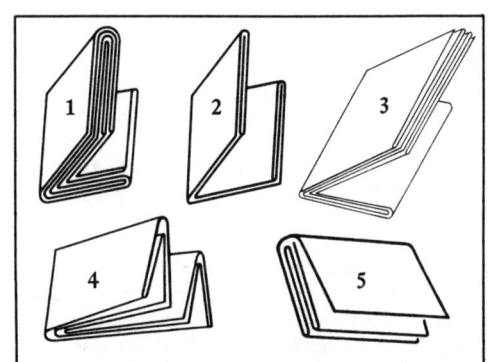

A. Abbildung 1   B. Abbildung 2
C. Abbildung 3   D. Abbildung 4
E. Abbildung 5

**29**
Wieviel Seiten erhält man, wenn ein Planobogen nach diesem Falzdiagramm gefalzt wird?
A. 4 Seiten
B. 8 Seiten
C. 12 Seiten
D. 16 Seiten
E. 24 Seiten

**30**
An welchen Seiten ist die Falzanlage eines zweifachen Kreuzbruchs?
A. Seite 1/2   B. Seite 2/3
C. Seite 3/4   D. Seite 4/5
E. Seite 5/6

**31**
Was stellt die Abbildung schematisch dar?

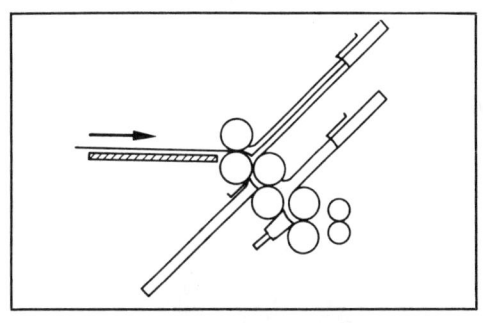

A. Messerfalzmaschine   B. Planschneider
C. Dreimesserautomat    D. Trimmer
E. Taschenfalzmaschine

**32**
An welchen Seiten ist die Falzanlage eines dreifachen Kreuzbruchs?
A. Seite 5/6   B. Seite 2/3   C. Seite 3/4
D. Seite 4/5   E. Seite 7/8

**33**
Wie wird ein 12seitiger Bogen gefalzt?
A. Zweimal Kreuzbruch
B. Dreimal Kreuzbruch
C. Viermal parallel
D. Zweimal parallel und einmal kreuz
E. Dreimal parallel und einmal kreuz

**34**
Welche Stichworte kennzeichnen ein Buch?
A. Flexibler Einband, nicht überstehend
B. Fester Einband, nicht überstehend, gerader Rücken
C. Fester Einband, gewölbter Rücken, Einband überstehend
D. Am Kopf verleimt, perforiert

**35**
Welcher Arbeitsgang der Druckverarbeitung ist hier dargestellt?

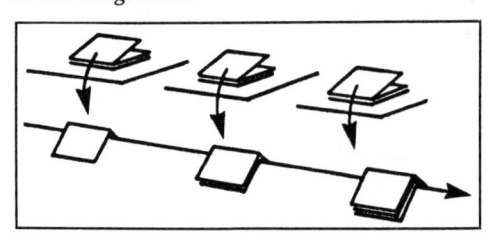

A. Sammeln   B. Zusammentragen
C. Kollationieren
D. Heften    E. Binden

## Grundlagen der Druckverarbeitung

**36**
*Was meint man mit fadenloser Heftung?*
A. Heften mit Drahtklammern
B. Heften auf Gaze
C. Klebeheftung
D. Den Umschlag am Broschurrücken ankleben
E. Heften mit Spiralen oder Klemmschienen

**37**
*Was stellt die Abbildung dar?*

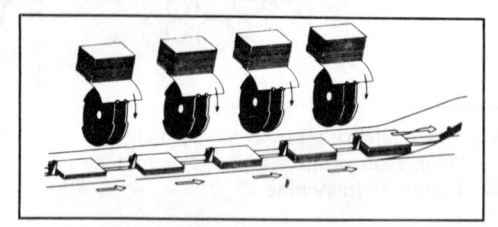

A. Zusammentragmaschine
B. Maschine zum Sammeln der Bogen
C. Sammelhefter
D. Falzmaschine mit mehreren Stationen
E. Verpackungsmaschine

**38**
*Was bezeichnet man als Lumbecken?*
A. Fadenheftung      B. Blockklebebindung
C. Klammerheftung    D. Fächerklebebindung
E. Ankleben von Umschlägen

**39**
*Eine Zeitschrift besteht aus vier achtseitigen Bogen, die eingesteckt werden. Welche Seiten gehören in den inneren Falzbogen?*
A. Seite 1 bis 8      B. Seite 25 bis 32
C. Seite 1 bis 4 und 21 bis 24
D. Seite 13 bis 16 und 17 bis 20
E. Seiten 1-4, 12-16, 20-24, 28-32

**40**
*Wie nennt man in der Druckverarbeitung das Verbinden einzelner Blätter, gefalzter Bogen, Lagen sowie anderer Teilprodukte durch Drahtklammern, Faden oder andere Verbindungselemente?*
A. Heften     B. Heißsiegeln     C. Binden
D. Zusammentragen     E. Kollationieren

**41**
*Welches Bindeverfahren wird heute überwiegend für hochwertige Bücher eingesetzt?*
A. Fadenheftung auf Gaze
B. Fadenheftung auf Leder
C. Blockklebebindung
D. Holländern
E. Sammelheftung

**42**
*Mit welcher Bindetechnik werden überwiegend Taschenbücher gefertigt?*
A. Holländern     B. Lumbecken
C. Klebeheftung   D. Fadensiegeln
E. Drahtheftung mit Fälzeln

**43**
*Welcher der folgenden Arbeitsgänge wird nicht auf Klebebindeanlagen ausgeführt?*
A. Zusammentragen      B. Sammeln
C. Rückenfräsen        D. In Umschlag einhängen
E. Leimauftragen

**44**
*Wie unterscheiden sich Rillen und Nuten?*
A. Beim Rillen wird das Material gedehnt, beim Nuten wird ein Span herausgetrennt.
B. Beim Rillen erfolgt ein Schnitt in das Material, beim Nuten wird das Material wulstartig verdrängt.
C. Beim Rillen wird ein Span des Materials herausgetrennt, beim Nuten wird dagegen das Material nur wulstartig verdrängt.
D. Beim Rillen wird das Material wulstartig verdrängt, beim Nuten erfolgt ein senkrechter Schnitt in das Material.
E. Die beiden Ausdrücke Rillen und Nuten bezeichnen in der Praxis den gleichen Arbeitsgang.

**45**
*Was ist ein Fließdreischneider?*
A. Anlage zum Schneiden von Rollenpapier in Bogenoffsetdruckmaschinen mit Dreiseitenbeschnitt
B. Anlage zum Schneiden von Rollenpapier im Rollenrotationsdruck mit zwei Längsschnitten und einem Querschnitt
C. In Fertigungsstraßen der Druckverarbeitung integrierter Dreimesserautomat
D. Programmschneider mit drei Messern
E. Spezialschneidemaschine für Kartonagen mit drei Kreismessern

**46**
*Welche Abbildung zeigt eine Rückstichbroschur (Heft)?*

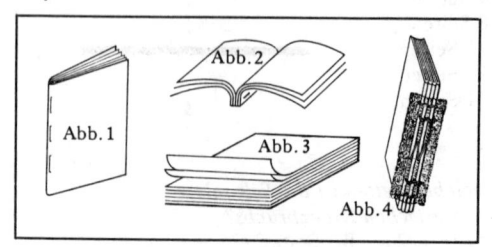

A. Abbildung 1     B. Abbildung 2
C. Abbildung 3     D. Abbildung 4

Grundlagen der Druckverarbeitung

**47**
*Was versteht man unter dem Sammelheften?*
A. Ineinanderstecken der Bogen und mit Klammern durch den Rücken heften
B. Zusammentragen der gefalzten Bogen und Klebebinden
C. Zusammentragen von Hand und manuelles Fächerklebebinden
D. Einstecken der einzelnen Falzbogen, mit Drahtklammern seitlich durch den Block
E. Fadenheftung des Buchblocks auf Gaze

**48**
*Für welches Produkt wird keine Zusammentragmaschine eingesetzt?*
A. Bücher   B. Taschenbücher
C. Umfangreiche Versandhauskataloge
D. Illustrierte mit Rückstichheftung
E. Mehrlagige Broschuren

**49**
*Was ist eine Broschur?*
A. Einfache, preiswerte Bindetechnik, bei der der Buchblock einen Papier- oder Kartonumschlag erhält
B. Bücher mit einer Kunststoffdecke
C. Klebegebundenes Buch mit mehrteiliger Buchdecke
D. Bucheinband ohne Gazestreifen im Rücken des Buchblocks
E. Schönster, handwerklich gefertigter Einband für Bücher

**50**
*Welche Abbildung(en) zeigt (zeigen) eine Broschur?*

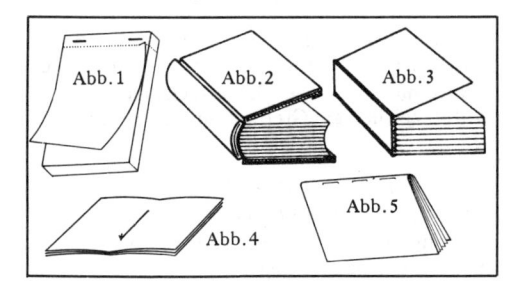

A. Abbildung 1   B. Abbildung 2
C. Abbildung 3   D. Abbildung 4
E. Abbildung 4 und 5

**51**
*Was meint man mit dem Ausdruck Planobogen?*
A. Einen unbedruckten Bogen
B. Den Einteilungsbogen
C. Den Revisionsbogen
D. Flachliegende Bogen
E. Ungefalzte Bogen

**52**
*Warum soll die Papierfaserrichtung bei Büchern parallel zum Bund verlaufen?*
A. Damit der Buchblockrücken für die Klebebindung schlitzperforiert werden kann
B. Damit sich das Papier beim Leimen nicht wellt
C. Damit das Papier nicht so leicht einreißt
D. Damit das Papier am Rand nicht so schnell vergilbt
E. Damit ein sauberer Beschnitt des Buchblocks gewährleistet ist

**53**
*Wie bezeichnet der Buchbinder das am vorderen und hinteren Buchdeckel befestigte Papier, das mit einer Hälfte zur Verkleidung der inneren Deckelseite dient?*
A. Vorsatz   B. Versatz   C. Deckelblatt
D. Kapital   E. Herausschnitt

**54**
*Welche Zuordnung ist falsch?*

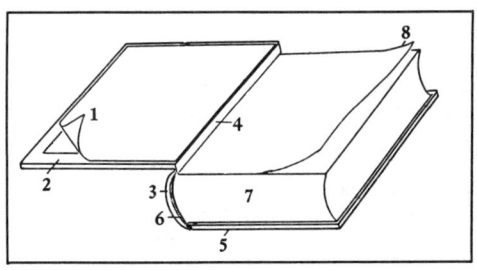

A. 4 = Gelenk   B. 2 = Vorsatz (Spiegel)
C. 7 = Buchblock   D. 3 = Buchrücken
E. 6 = Kapitalband

**55**
*Welche Teile bzw. Angaben gehören zur Bogensignatur?*

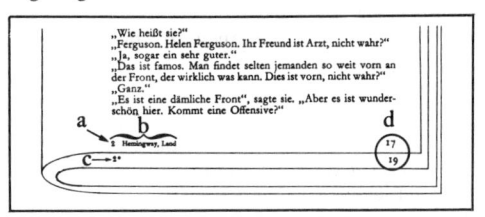

A. Alle Teile von a bis d   B. Alle Teile von a bis c
C. a und b   D. a und c   E. Nur b

**56**
*Gerader Rücken, flexibler Umschlag, der mit dem Buchblock bündig ist, ist das Merkmal...*
A. eines Buches   B. eines Blocks
C. eines Heftes   D. einer Broschur
E. einer Zeitung

# 11
## Grundlagen der Druckverarbeitung

**57**
*Was versteht der Druckfachmann unter „Kollationieren"?*
A. Überprüfen zusammengetragener Bogen auf Vollständigkeit und richtige Reihenfolge
B. Aussortieren fehlerhaft gedruckter und gefalzter Bogen eines Werkes
C. Fadenlose Klebebindung mit Dispersionsklebern
D. Leimen des Buchblocks auf zähe Gazestreifen
E. Überprüfen der richtigen Reihenfolge bei der Sammelheftung

**58**
*Bei welchen Druckerzeugnissen wird der Umschlag mit dem Block dreiseitig beschnitten?*
A. Nur bei Büchern
B. Nur bei Broschuren
C. Bei Broschuren und Heften
D. Bei Büchern, Heften und Broschuren
E. Bei Büchern und Broschuren

**59**
*Wozu dienen Flattermarken?*
A. Zur Passerkontrolle beim Druck
B. Zur Kontrolle, ob die Ziehmarke den Bogen einwandfrei zieht
C. Zur Kennzeichnung der Seitenanlage des Druckbogens
D. Zur Kontrolle der Reihenfolge und Vollständigkeit der Falzbogen vor dem Binden
E. Zur Kennzeichnung des Anlagewinkels am Druckbogen für den Buchbinder

**60**
*Zur Erleichterung der Weiterverarbeiten sollen auf dem Druckbogen verschiedene Kennzeichnungen vorhanden sein. Welches ist nicht für den Buchbinder nötig?*
A. Seitenanlage   B. Falzmarken
C. Farbmarken    D. Schneidezeichen
E. Bogensignatur

**61**
*Welche Papiereigenschaft ist beim Buch hinsichtlich der Weiterverarbeitung besonders wichtig?*
A. Zweiseitigkeit: Filz- und Siebseite
B. Holzschliffgehalt
C. Saugfähigkeit
D. Laufrichtung
E. Satinage

**62**
*Wie heißen ungefalzte Bogen?*
A. Blankobogen   B. Formatbogen
C. Falzbogen     D. Rohbogen
E. Planobogen

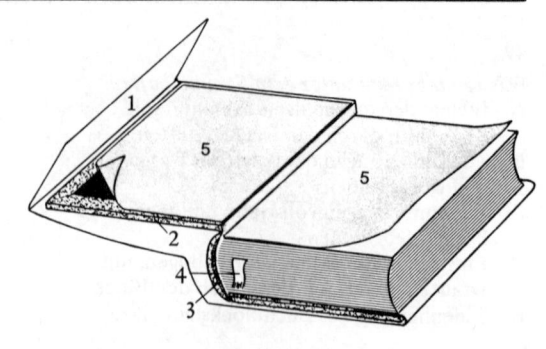

**63**
*Welches Teil des abgebildeten Buches heißt Vorsatz?*
A. 1   B. 2   C. 3   D. 4   E. 5

**64**
*Welches Teil des abgebildeten Buches heißt Kapitalband?*
A. 1   B. 2   C. 3   D. 4   E. 5

**65**
*Welches Teil des abgebildeten Buches heißt Schutzumschlag?*
A. 1   B. 2   C. 3   D. 4   E. 5

**66**
*Welche Hilfen erleichtern das Zusammentragen von gefalzten Bogen?*
A. Register
B. Flattermarke und Bogensignatur
C. Impressum und Register
D. Passermarken und Falzmarken
E. Kolumnenziffern

**67**
*Welches Zeichen ist zum Kollationieren wichtig?*
A. Seitenmarke als Stufenzeichen   B. Paßkreuze
C. Flattermarke   D. Schnittzeichen
E. Mittenzeichen am Greifer und Bogenende

**68**
*Welche Heftart erlaubt ein müheloses Auswechseln einzelner Blätter?*
A. Klammerheftung    B. Fadenheftung
C. Klemmschienenheftung
D. Spiralenheftung    E. Kammheftung

**69**
*Was macht der Buchbinder beim Kollationieren?*
A. Die gefalzten Bogen zusammentragen
B. Die gefalzten Bogen ineinanderstecken
C. Die eingesteckten Bogen zusammenheften
D. Den Rücken ableimen
E. Überprüfen, ob richtig zusammengetragen wurde
F. Die Fertigerzeugnisse in bestimmten Mengen verpacken

## Grundlagen der Druckverarbeitung

**70**
*Welches Gerät zeigt die schematisch vereinfachte Zeichnung?*

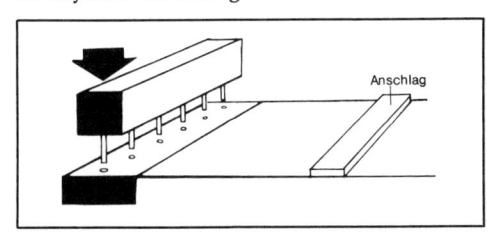

A. Registerstanze für Folien und Offsetplatten
B. Gerät zum Rillen   C. Gerät zum Nuten
D. Bürolocher   E. Gerät zum Perforieren

**71**
*Welche Arbeit wird nicht von der Buchbinderei gemacht?*
A. Strichperforation   B. Zusammentragen
C. Goldprägedruck   D. Lochperforation
E. Sammelheften

**72**
*Wozu dient der Greiffalz?*
A. Der Buchbinder kann damit die Bogen von Hand besser zusammentragen.
B. Der Buchbinder kann damit die Bogen besser heften.
C. Der Greiffalz dient für das Lumbecken.
D. Der Greiffalz ist da für das maschinelle Zusammentragen der Bogen.
E. Der Greiffalz ist da für das maschinelle Ineinanderstecken der Bogen.

**73**
*Welche(s) Schneidezeichen ist (sind) richtig angebracht?*

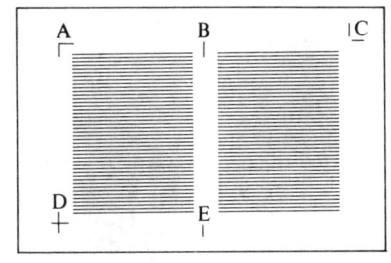

A. Zeichen A   B. Zeichen B   C. Zeichen C
D. Zeichen A und B   E. Zeichen C und E

**74**
*Was ist Laminieren?*
A. Drucklackieren   B. Maschinenlackieren
C. Maschinenlackieren und Heißkalandrieren
D. Folienkaschieren   E. Heißkalandrieren

**75**
*Welches Veredelungsverfahren gibt einem Taschenbuchumschlag den besten Schutz?*
A. Maschinenlackieren mit Spirituslack
B. Maschinenlackieren mit Nitrolack
C. Drucklackieren
D. Heißkalandrieren
E. Folienkaschieren

**76**
*Welcher buchbinderische Fachausdruck ist falsch erläutert?*
A. Bogensignatur: Falzbogennummer mit Angabe des Autors und des Kurztitels auf der ersten Seite eines jeden Bogens, meist im Beschnitt plaziert
B. Bogennorm: Angabe des Verfassers und des (gekürzten) Werktitels hinter der Bogensignatur
C. Anschmieren: Bestreichen eines Werkstoffes mit Klebstoff
D. Ausschießen: Falzgerechtes Anordnen der Kolumnen für die Druckform
E. Nuten: Eindrücken einer Rille in einen Karton, um das Biegen oder Falzen des Kartons zu erleichtern

**77**
*Welche buchbinderische Angabe ist sachlich korrekt?*
A. Kreisscheren werden vor allem für das Schneiden von Kunststoffen eingesetzt.
B. Eine Buchdecke besteht aus zwei Deckeln, der Rückeneinlage und dem Deckenüberzug.
C. Nutzen: Anzahl der Seiten, die in einem Druckgang gedruckt werden können.
D. Bei Kombinationsfalzmaschinen ist der letzte Falz immer der Taschenfalz.
E. Vorsatz: Fachausdruck für den bedruckten Schutzumschlag

**78**
*Überprüfen Sie die folgenden Erläuterungen aus dem Bereich der Druckverarbeitung:
Welche Angabe ist falsch?*
A. Bei einem Halbgewebeband sind der Rücken und evtl. die Ecken mit Überzugsgewebe, die Deckel mit Überzugspapier beklebt.
B. Das Kapitalband hat die Aufgabe, am Kopf und Fuß des Buchblocks die Bogenlagen zu verdecken.
C. Unter Blindprägen versteht man einen Prägedruck ohne Farbübertragung.
D. Der Buchblock besteht aus einzelnen Falzbogen oder Blättern, die geheftet oder klebegebunden sind.
E. Ein Heft ist ein mehrlagiges Produkt mit Faden- oder Drahtheftung.

# 12 Arbeitssicherheit und Umweltschutz

**1**
Welche Angabe zu Sicherheitsfarben nach DIN 4818 ist falsch?
A. Gelb: Vorsicht! Gefahr! Aufpassen! Mögliche Gefahr!
B. Rot: Verboten! Stop! Halt! Warnung vor unmittelbarer Gefahr! Kennzeichnung von Feuerlöschern.
C. Rotes Kreuz: Erste Hilfe
D. Blau: Gebotszeichen
E. Grün: Keine Gefahr! Rettung! Hinweis auf Einrichtungen für Sicherheit und Hilfe

**2**
Die meisten Lösungsmittel mischen sich nicht mit Wasser und schwimmen wegen ihrer geringeren Dichte auf dem Wasser. Womit kann ein Lösemittelbrand gelöscht werden?
A. $CO_2$-Feuerlöscher   B. Schaumlöschgerät
C. Wasserlöschgerät   D. Löschdecken
E. Regneranlage an der Decke

**3**
Welcher wesentliche Gesichtspunkt gilt für die Einteilung brennbarer Flüssigkeiten in Gruppen und Gefahrenklassen?
A. Flammpunkt und Löslichkeit in Wasser
B. Gesundheitsschädlichkeit und Flammpunkt
C. Löslichkeit in Wasser und Gesundheitsschädlichkeit
D. Explosionsgefahr und Flammpunkt
E. Gesundheitsschädlichkeit und Löslichkeit in Wasser

**4**
Was besagt dem Verbraucher das Flammensymbol auf einem Lösemittelbehälter?
A. Lösemittel kann sich bei Temperaturen zwischen 21°C und 55°C selbst entzünden.
B. Lösemittel entzündet sich bei Mischen mit Wasser bereits bei Temperaturen unter 21°C.
C. Lösemittel hat einen Flammpunkt unter 21°C.
D. Lösemittel ist feuergefährlich, Lösemitteldämpfe können nur mit Wasser gelöscht werden.
E. Explosions- und Gesundheitsgefahren

**5**
Welchen Hinweis gibt das sogenannte Andreaskreuz?
A. Ätzende Stoffe
B. Gesundheitsschädlich! Reizend!
C. Erste Hilfe! Rettungsraum! Notausgang!
D. Explosionsgefährlich!
E. Warnung vor elektrischen Spannungen!

**6**
Welche Sicherheitsfarbe müssen Warnzeichen haben?
A. Gelb   B. Rot   C. Grün
D. Blau   E. Schwarz

**7**
Welche Sicherheitsfarbe haben Gebotsschilder?
A. Blau   B. Grün   C. Gelb
D. Rot   E. Schwarz

**8**
Welche Sicherheitsfarbe haben Hinweis- und Rettungszeichen?
A. Gelb   B. Rot   C. Grün
D. Blau   E. Schwarz

**9**
Was bedeutet dieses Zeichen?
A. Gesundheitsschädlich
B. Reizend
C. Giftig
D. Radioaktive Stoffe
E. Achtung drehende Teile

**10**
Was bedeutet dieses Zeichen?
A. Entzündlich
B. Leicht entzündlich
C. Brandfördernd
D. Rauchverbot
E. Kein offenes Licht und Feuer sowie Rauchverbot

**11**
Was bedeutet dieses Zeichen?
A. Gesundheitsschädlich oder reizend
B. Rauchverbot
C. Giftig
D. Brennbar
E. Radioaktive Stoffe oder ionisierende Strahlen

**12**
Was bedeutet dieses Zeichen?
A. In diesem Bereich entsteht Lärm
B. Anweisungen erfolgen über Kopfhörer
C. Gehörschutz ist ratsam
D. Gehörschutz muß getragen werden
E. Hier werden Gehörschutze aufbewahrt

**13**
Welche Bedeutung hat Gelb als Sicherheitsfarbe?
A. Verbot   B. Gebot   C. Hier Erste Hilfe
D. Hinweis   E. Vorsicht, mögliche Gefahr

Arbeitssicherheit und Umweltschutz

**14**

*Wann muß dieses Zeichen angebracht werden?*
A. Bei allen brennbaren Flüssigkeiten
B. Bei allen brennbaren Stoffen
C. Bei Flüssigkeiten mit einem Flammpunkt unter 21° C
D. An Arbeitsplätzen mit brennbaren Stoffen
E. Bei Flüssigkeiten mit einem Flammpunkt über 21° C

**15**

*Für welche(s) Material(ien) muß dieses Zeichen verwendet werden?*
A. Für alle Lösemittel
B. Für Säure, Laugen und starke Lösemittel
C. Für Säuren
D. Für Laugen
E. Für Säuren und Laugen

**16**

*Welche Angabe berücksichtigt die gesundheitsschädigende Wirkung eines Lösemittels?*
A. Flammpunkt   B. Verdunstungszahl
C. Trocknungsgeschwindigkeit
D. MAK-Wert   E. Flammensymbol

**17**

*Bei welchem Reinigungsmittel kann bei Zimmertemperatur Explosionsgefahr entstehen?*
A. Bei Testbenzin
B. Bei Spezialbenzin
C. Bei Tri
D. Bei Chlorkohlenwasserstoffen
E. Bei jedem Lösemittel

**18**

*Ordnen Sie das Walzenwaschmittel in die richtige Gefahrenklasse ein!*
A. A I (Flammpunkt unter 21° C)
B. A II (Flammpunkt von 21° C - 55° C)
C. A III (Flammpunkt von 55° C - 100° C)
D. B I (Flammpunkt unter 21° C, mit Wasser zu mischen)

**19**

*Bei welchen Druckfarben ist die Beachtung des MAK-Wertes für den Drucker wichtig?*
A. Golddruckfarben für Buchdruck
B. Zeitungsdruckfarben
C. Tiefdruckfarben
D. Foliendruckfarben für Offsetdruck
E. IR-Druckfarben

**20**

*Welche Angabe trifft nicht auf Testbenzin (Waschbenzin, Petroleum u.a.) zu?*
A. Testbenzin ist ein Gemisch aus Kohlenwasserstoffen mit einem Flammpunkt über 21° C.
B. Längere Einwirkung auf die Haut führt zur Entfettung, Versprödung und zu Hautschäden.
C. Testbenzin brennt bei Zimmertemperaturen nicht; es kann jedoch jederzeit brennen, wenn es sich auf Geweben befindet.
D. Testbenzin ist auch bei richtiger Handhabung gesundheitsschädlich und explosionsgefährlich.
E. Testbenzin zerstäubt leicht, wenn es auf erwärmte Gegenstände – z.B. eine heißgelaufene Welle – gelangt oder auch an heißen Sommertagen.

**21**

*Welche Angabe nach den Unfallverhütungsvorschriften zum Umgang und zur Lagerung von Lösemitteln auf der Basis von Testbenzin trifft nicht zu?*
A. Gebrauchte Putzlappen sind leicht entzündlich, sie sind daher in Behältern mit dicht schließendem Deckel aufzubewahren.
B. Lösemittelabfälle dürfen nicht in den Ausguß geschüttet werden.
C. Im Arbeitsraum darf nur der Bedarf an Lösemitteln für eine halbe Arbeitsschicht bereitgehalten werden.
D. Brennbare Flüssigkeiten dürfen im Arbeitsraum nicht gelagert werden.
E. Testbenzinhaltige Wasch- und Reinigungsmittel müssen das Flammensymbol tragen.

**22**

*Welche Stoffe gehören in die Gefahrenklasse A I?*
A. Alle brennbaren Materialien
B. Alle brennbaren Flüssigkeiten
C. Alle entzündlichen Flüssigkeiten
D. Alle leicht entzündlichen Flüssigkeiten
E. Alle leicht entzündlichen Flüssigkeiten, die sich nicht mit Wasser mischen lassen

**23**

*Welches Zeichen muß auf einen Behälter mit Spezialbenzin kommen?*

A. Das Zeichen A   B. Das Zeichen B
C. Die Zeichen A und B   D. Die Zeichen A oder B
E. Weder das Zeichen A noch das Zeichen B

## Arbeitssicherheit und Umweltschutz

**24**
Welche Flüssigkeiten gelten als leicht entzündlich?
A. Alle brennbaren Flüssigkeiten
B. Alle Flüssigkeiten mit einem Flammpunkt unter 0° C
C. Alle Flüssigkeiten mit einem Flammpunkt unter 10° C
D. Alle Flüssigkeiten mit einem Flammpunkt unter 21° C
E. Alle Flüssigkeiten mit einem Flammpunkt unter 45° C

**25**
Welches ist das wesentliche Unterscheidungsmerkmal für das Schild, das an einem Raum angebracht ist, in dem giftige Stoffe lagern, und dem Schild, das auf dem Behälter mit giftigem Stoff angebracht ist?
A. Die Farbe      B. Die Größe
C. Das Symbol   D. Die Form
E. Das Raumschild ist aus Blech, das Behälterschild aus Klebefolie

**26**
Welche Angabe muß zur Kennzeichnung gefährlicher Arbeitsstoffe nicht auf dem Etikett stehen?
A. Name des Stoffes   B. Sicherheitshinweise
C. Gefahrenhinweise   D. Hinweise zur Ersten Hilfe
E. Name des Herstellers oder Vertreibers

**27**
Welche Flüssigkeiten gehören in die Gefahrenklasse A II?
A. Flüssigkeiten mit einem Flammpunkt über 21° C
B. Flüssigkeiten mit einem Flammpunkt unter 21° C
C. Flüssigkeiten mit einem Flammpunkt über 55° C
D. Flüssigkeiten mit einem Flammpunkt unter 21° C, die sich in Wasser lösen
E. Flüssigkeiten mit einem Flammpunkt über 21° C, die sich in Wasser lösen

**28**
Was gibt der Flammpunkt an?
A. Der Flammpunkt gibt an, bei welcher Temperatur die Flüssigkeit genügend Dampf entwickelt, um brennbar zu sein.
B. Der Flammpunkt gibt an, wie heiß eine Flamme oder ein Funke sein muß, um die Flüssigkeit zu entzünden.
C. Der Flammpunkt gibt an, bei welcher Temperatur sich die Flüssigkeit von selbst entzündet.

**29**
Welches Waschmittel ist für Reinigungsarbeiten an Druckmaschinen zu empfehlen?
A. Testbenzin       B. Leichtbenzin
C. Spezialbenzin  D. Tri
E. Alle blau gefärbten Lösemittel, unabhängig ihrer Eigenschaften

**30**
Welches Waschmittel sollte für Reinigungsarbeiten an Druckmaschinen bevorzugt werden?
A. Grundsätzlich sind alle Lösemittel geeignet, die nicht giftig sind
B. Lösemittel mit einem Flammpunkt über 21° C
C. Lösemittel mit einem Flammpunkt unter 21° C
D. Lösemittel, die gut und schnell reinigen
E. Lösemittel mit einem Flammpunkt über 45° C

**31**
Wie heißt der genaue Wortlaut zu diesem Zeichen?
A. Feuer verboten
B. Rauchen verboten
C. Feuer, offenes Licht verboten
D. Feuer, offenes Licht und Rauchen verboten
E. Nicht mit dem Streichholz anzünden.

**32**
Wer darf kleinere Reparaturen an elektrischen Anlagen durchführen?
A. Jeder, der von Elektrik etwas versteht
B. Der Drucker der jeweiligen Maschine
C. Der Abteilungsleiter
D. Der ausgebildete Elektro-Facharbeiter
E. Jeder, wenn der Strom abgeschaltet wurde

**33**
Was bedeutet dieses Zeichen?
A. Verbot der Wasserentnahme
B. Nicht mit Wasser löschen
C. Kein Wasser verwenden
D. Kein Trinkwasser
E. Verbot, Wasser einzufüllen

**34**
Was bedeutet dieses Zeichen?
A. Warnung vor elektrischer Spannung
B. Achtung Hochspannung
C. Warnung vor elektrischem Strom
D. Warnung vor gefährlicher elektrischer Spannung
E. Strom nicht einschalten, es wird an der elektrischen Anlage gearbeitet

**35**
Bei welchem genannten Beispiel ist dieses Zeichen anzubringen?
A. Am Notausgang       B. An einer Aufzugtür
C. Am Giftschrank      D. Am Erste-Hilfe-Kasten
E. An einem vorstehenden Maschinenteil

Arbeitssicherheit und Umweltschutz

## 36
*Welche Aussage über die Gefährlichkeit des Stromes ist richtig?*
A. Die übliche Netzspannung ist nicht gefährlich.
B. Die übliche Netzspannung ist dann nicht gefährlich, wenn man nur kurzzeitig mit ihr in Berührung kommt.
C. Die Netzspannung ist nicht gefährlich, wenn man auf einem isolierenden Holz- oder Teppichboden steht.
D. Spannungen von etwa 60 Volt können schon tödlich sein.
E. Spannungen ab 10 Volt können schon tödlich sein.

## 37
*Welches der aufgeführten Mittel gehört nicht in den Erste-Hilfe-Kasten?*
A. Verbandmaterial
B. Wund-Desinfektionsmittel
C. Arterienabbinder
D. Schmerztabletten
E. Sterile Kompressen

## 38
*Was ist im Sinne der Unfallverhütungsvorschriften ein Ersthelfer?*
A. Wer sich mit dem Erste-Hilfe-Material auskennt
B. Wer Erste Hilfe bei einem Unfall leistet
C. Wer als erster bei einem Unfall Hilfe bringt
D. Wer in Erster Hilfe ausgebildet ist
E. Der Notarzt

## 39
*Wie darf ein Butzen auf einer Offsetdruckplatte bei laufender Maschine beseitigt werden?*
A. Mit einem weichen Kunststoffstreifen, damit die Platte nicht verkratzt wird
B. Mit dem Fingernagel und größter Vorsicht
C. Mit einem fest zusammengelegten Putzlappen
D. Überhaupt nicht oder mit eingebautem Schmutzfänger
E. Mit einem weichen und sauberen Tuch

## 40
*Was ist bei der Maschinenpflege zu beachten?*
A. Maschinenteile, die sich nicht bewegen, dürfen auch bei laufender Maschine gereinigt werden.
B. Das Reinigen darf nur von dem verantwortlichen Drucker erfolgen.
C. Das Reinigen von Hand darf nur bei stillstehender Maschine erfolgen.
D. Das Reinigen darf nur nach Beendigung eines Auftrags geschehen.
E. Zur Reinigung dürfen keine brennbaren Flüssigkeiten verwendet werden.

## 41
*Bestimmen Sie eine Körperschutzmaßnahme bei Lärmeinwirkung durch Druckmaschinen!*
A. Installation von raumschalldämpfenden Verkleidungen
B. Schalldämmende Lagerungen von Druckmaschinen
C. Einlegen von Lärmpausen
D. Das Tragen von Sicherheitsschuhen mit weichen Sohlen zur Absorbierung des Körperschalls
E. Das Tragen von persönlichen Gehörschutzmitteln

## 42
*Ab welcher Lärmbelästigung muß der Unternehmer Schallschutzmittel zur Verfügung stellen?*
A. Ab 50 dB (A)   B. Ab 75 dB (A)
C. Ab 85 dB (A)   D. Ab 90 dB (A)
E. Ab 100 dB (A)

## 43
*Ab welchem Schallpegel muß der Arbeitnehmer ein persönliches Schallschutzmittel tragen?*
A. Ab 50 dB (A)   B. Ab 75 dB (A)
C. Ab 95 dB (A)   D. Ab 90 dB (A)
E. Immer, wenn er sich durch den Lärm belästigt fühlt.

## 44
*Welcher der genannten Aushänge ist im Betrieb unbedingt erforderlich?*
A. Schichtplan
B. Tarifverzeichnis
C. Pausenordnung
D. Rufnummern von Notarzt, Feuerwehr
E. Vereinbarungen zwischen Geschäftsleitung und Betriebsrat

## 45
*Welche Arbeitskleidung schreiben die Unfallverhütungsvorschriften für die Bedienung von Druckmaschinen vor?*
A. Blaue Arbeitskleidung
B. Gut luftdurchlässige Arbeitskleidung
C. Bequeme Kleidung
D. Arbeitskittel oder -mäntel
E. Anliegende Kleidung

## 46
*Was ist vor dem Anlaufenlassen einer Maschine zu beachten?*
A. Der Stapel muß sich in vorschriftsmäßiger Höhe befinden.
B. Mit dem Ruf „Achtung" oder dem Klingelzeichen ist zu warnen.
C. Die Feuchtwalzen müssen angestellt sein.
D. Die Maschine muß entsichert werden.
E. Nur der Drucker darf die Maschine anstellen.

## 12 Arbeitssicherheit und Umweltschutz

**47**
Nach den Unfallverhütungsvorschriften darf während der Arbeit kein Schmuck getragen werden. Was zählt in diesem Sinn auch zum Schmuck?
A. Armbanduhr
B. Kopftuch zum Haareeinbinden
C. Ledergürtel
D. Buntes Stirnband
E. Vergoldete Knöpfe

**48**
Welche Anweisung ist für Drucker an kleinen Bogenmaschinen nicht zwingend vorgeschrieben?
A. Anliegende Kleidung
B. Keinen Schmuck und keine Uhr tragen
C. Warnzeichen vor Maschinenlauf geben
D. Lange Haare einbinden
E. Sicherheitsschuhe

**49**
Welchen Gegenstand darf man nach Vorschrift der Unfallverhütung nicht in der Kleidung mit sich herumtragen?
A. Benzinfeuerzeug   B. Gasfeuerzeug
C. Typometer   D. Meßband
E. Schraubendreher

**50**
Ab wann darf an Rollenrotationsmaschinen gearbeitet werden?
A. Ab 14 Jahren   B. Ab 16 Jahren
C. Ab 17 Jahren   D. Ab Volljährigkeit
E. Ab 21 Jahren

**51**
Sie sollen eiligst eine Kiste auspacken, deren Inhalt dringend gebraucht wird. Den Kistendeckel haben Sie abgehebelt und abgehoben. Was machen Sie mit diesem Deckel, an dessen Rand die Nägel stecken?
A. Kistendeckel beiseite stellen
B. Kistendeckel beiseite stellen, dabei die Nagelspitzen gegen die Wand stellen, damit sich niemand verletzt
C. Kistendeckel beiseite legen, nachdem die Nagelspitzen mit Hartschaumstoff (z.B. Styropor) abgedeckt wurden
D. Kistendeckel beiseite stellen, nachdem die Nägel entfernt wurden

**52**
Was sollten Sie tun, wenn Sie einen hervorstehenden Nagel an einer Holzpalette sehen?
A. Unbekümmert vorbeigehen
B. Den Hilfsarbeiter bitten, den Nagel herauszuziehen
C. Sofort beseitigen
D. Bei einer günstigen Gelegenheit Nagel umschlagen
E. Ballenbrett umdrehen

**53**
Was ist auch bei geringsten Unfällen in jedem Fall zu tun?
A. Dem Unfallvertrauensmann oder dem Abteilungsleiter ist der Unfall sofort zu melden
B. Mitteilung an die Polizeibehörde
C. Information an das Ordnungsamt
D. Benachrichtigung an den Gewerbearzt
E. Versicherungsamt anrufen

**54**
Wo muß das Erste-Hilfe-Material nach Vorschrift der UVV aufbewahrt werden?
A. Beim Saalmeister
B. In der Nähe der gefährlichsten Maschine (Unfallschwerpunkt)
C. Direkt an der Druckmaschine
D. Leicht zugänglich und geschützt
E. In der Mitte des Drucksaals in einem fest verschlossenen Kasten
F. Im Sanitätsraum

**55**
Bei manchen Arbeiten – beispielsweise beim Ätzen von Mehrmetallplatten – entstehen giftige Dämpfe. Welche Maßnahme ist unbedingt erforderlich?
A. Klimaanlage mit guter Luftumwälzung
B. Anbringen eines Frischluftgebläses
C. Von Zeit zu Zeit gründlich lüften
D. Schutzkleidung und Gummihandschuhe tragen
E. Absaugvorrichtung an der Entstehungsstelle

**56**
Welche Maßnahme ist nicht geeignet, Vergiftungserscheinungen zu verhindern oder zu verringern?
A. Gutes Händewaschen nach dem Benutzen von giftigen Stoffen
B. Kennzeichnen der Chemikalien nach den entsprechenden Vorschriften
C. Aufbewahren der Chemikalien im Giftschrank
D. Benutzung von Gummihandschuhen oder Atemschutzmasken
E. Regelmäßiges Trinken von Milch in ausreichender Menge

**57**
Eine Glasflasche mit 5 Liter konzentrierter Schwefelsäure soll in den Keller gebracht werden. Welche Arbeitsweise ist richtig?
A. Tragen der Flasche mit Gummihandschuhen
B. Gummihandschuhe und Schutzbrille sind anzuziehen
C. Am besten ist es, die Säure in ein unzerbrechliches Gefäß umzufüllen und dann erst wegzutragen
D. Transport der Flasche in einem Kunststoffeimer
E. Transport der Flasche mit einem Hubwagen o.ä.

**58**
*Welche Vorschrift gilt für Arbeiter, die mit gesundheitsschädlichen Lösemitteldämpfen in Berührung kommen?*
A. Sie müssen längere Arbeitspausen einlegen.
B. Sie müssen Schutzanzüge tragen.
C. Sie dürfen keine Überstunden machen.
D. Sie dürfen regelmäßig Milch trinken.
E. Sie müssen regelmäßig vom Arzt untersucht werden.

**59**
*Wie würden Sie Säure aus einem Ballon abfüllen?*
A. Mit einem Ballonkipper oder Heber
B. Mit einem Heber, der mit dem Mund angesaugt wird
C. Ballon kippen, bis Säure in den bereitgestellten Behälter fließt
D. Mit einem Schöpflöffel
E. Zunächst mit Lauge neutralisieren und dann vorsichtig in den bereitgestellten Behälter kippen

**60**
*Aus einem Behälter mit 20 Liter Inhalt wurde der Rest des Spezialbenzins entnommen. Welche Aussage ist richtig?*
A. Der Behälter kann im Druckraum offen stehen bleiben, weil er leer ist.
B. Der Behälter kann stehen bleiben, muß aber wieder verschlossen werden.
C. Der Behälter muß aus dem Druckraum entfernt werden, wenn es länger als einen Tag dauert, bis er abgeholt wird.
D. Der Behälter muß grundsätzlich aus dem Druckraum entfernt werden.
E. Darüber gibt es in der UVV keine Vorschrift.

**61**
*Worauf hat man zu achten, wenn man Säuren mit Wasser verdünnt?*
A. Daß man keinesfalls Leitungswasser, sondern immer nur destilliertes Wasser verwendet
B. Daß man mit temperiertem Wasser von mindestens 20° C mischt
C. Daß man stets Säure zu Wasser gibt, nie umgekehrt
D. Daß man in braunen Glasgefäßen mischt, nie in klaren
E. Daß man einen Mundschutz trägt, um die Schleimhäute zu schützen

**62**
*Wie muß nach der UVV der Erste-Hilfe-Kasten gekennzeichnet werden?*
A. Rotes Kreuz auf weißem Grund
B. Weißes Kreuz auf rotem Grund
C. Gelbes Kreuz auf weißem Grund
D. Grünes Kreuz auf weißem Grund
E. Weißes Kreuz auf grünem Grund

**63**
*Welche Folgen hat es, wenn an einem Gerät der Schutzleiter nicht angeschlossen ist?*
A. Es entsteht Kurzschluß.
B. Der Motor des Gerätes läuft nicht.
C. Das Gerät erhält keinen Strom.
D. Am Gerät kann bei Defekten eine gefährliche Spannung entstehen.
E. Das Gerät ist voll funktionstüchtig und gebrauchsfähig, weil der Schutzleiter nur große Maschinen gegen Überspannung absichert.

**64**
*Wozu dient ein Schutzschalter?*
A. Um einen Kurzschluß zu verhindern
B. Er schaltet bei Stromausfall die Notbeleuchtung ein.
C. Er schaltet bei Überstrom den Strom ab.
D. Er löst vor dem Einschalten der Maschine das Warnzeichen aus.
E. Er dient in Feuchträumen zum Lichteinschalten und ist gegen Feuchtigkeit geschützt.

**65**
*Was sagt das VDE-Zeichen auf Elektrogeräten aus?*
A. Das Gerät entspricht den Schutzvorschriften
B. Das Gerät darf nur nach Einweisung durch einen Fachmann betrieben werden
C. Beim Umgang ist die VDE-Vorschrift 1100 zu beachten
D. Das Gerät wurde im VDE-Konzern hergestellt
E. Der Betrieb ist von der vereinigten deutschen Energiebehörde genehmigt

**66**
*Womit löscht man Brände an elektrischen Anlagen?*
A. Wasser
B. Ummanteln mit Decken
C. Schaumlöscher
D. $CO_2$-Löscher
E. Abschalten des Stromes

**67**
*Welche Farbe hat der Leitungsdraht des elektrischen Schutzleiters?*
A. Braun   B. Grau   C. Blau
D. Grün   E. Gelb/Grün

**68**
*Wodurch wird verhindert, daß Metallteile bei Masseschluß Strom führen?*
A. Gedruckte Schaltungen anstelle von Drahtverbindungen
B. Einbau eines Stufenwiderstandes
C. Erdung   D. Entelektrisatoren
E. Verwendung von Spannungskonstanthaltern

**69**

*Was sagt das VDE-Zeichen auf Elektrogeräten aus?*
A. Das Gerät entspricht den Schutzvorschriften.
B. Das Gerät darf nur nach Einweisung durch einen Fachmann betrieben werden.
C. Beim Umgang ist die VDE-Vorschrift 1100 zu beachten.
D. Das Gerät wurde im VDE-Konzern hergestellt.
E. Der Betrieb ist von der vereinigten deutschen Energiebehörde genehmigt.

**70**

*Wie werden Schmelzsicherungen gekennzeichnet, um das Einsetzen von Sicherungen mit falscher Ampere-Zahl zu vermeiden?*
A. Durch verschiedenfarbige Fußsockel
B. Durch farbige Kopfplättchen und verschiedene Fußsockel
C. Durch farbige Gehäuse und Ziffern
D. Durch farbige Aufdrucke auf dem Gehäuse mit Ampere-Angabe
E. Durch verschiedene Farben und Formen des Gehäuses

**71**

*Welche Aufgabe hat die elektrische Sicherung?*
A. Ein elektrisches Gerät vor Überlastung zu schützen
B. Ein elektrisches Gerät vor Kurzschluß zu schützen
C. Einen Kurzschluß zu verhüten
D. Die Leitung von der Sicherung zum Verbraucher vor Überlastung zu schützen
E. Die Leitung von der Sicherung vom E-Werk an vor Überlastung zu schützen

**72**

*Welche wichtige Regel gilt für Sicherungen?*
A. Sicherungen dürfen nur durch einen Fachmann eingesetzt werden.
B. Alle Sicherungen sind spätestens nach einem Jahr auszutauschen.
C. Eine Sicherung schützt vor einem Kurzschluß.
D. Das Flicken von Sicherungen ist verboten.
E. Bei Verwendung von ,,schwachen" Sicherungen besteht Brandgefahr.

# 13 Naturwissenschaftliche Grundlagen

Physikalische Grundlagen ● Licht- und Farbenlehre ● Chemische Grundlagen

## 1
*Welche Angabe zu den Arbeitsbereichen der Physik ist falsch?*
A. Optik: Lehre vom Licht
B. Mechanik: Lehre von Kräften und Kraftwirkungen
C. Akustik: Lehre vom Schall
D. Kalorik: Lehre von der Wärme
E. Atomphysik: Lehre von der Elektronik

## 2
*Welcher der beschriebenen Vorgänge ist ein chemischer Prozeß?*
A. Benetzung der Nichtbildstellen auf einer Offsetdruckplatte
B. Herstellen von Farbauszügen in der Reproduktionstechnik mit dem Einsatz von Farbfiltern
C. Elektronische Gravur eines Tiefdruckzylinders
D. Produktion von Kunststoffen
E. Umformen von elektrischer Energie in Licht

## 3
*Welche der folgenden Einheiten ist keine Basiseinheit des internationalen Einheitensystems (SI-System)?*
A. Kilogramm   B. Volt
C. Kelvin      D. Sekunde
E. Candela

## 4
*Welche der genannten Größen ist eine abgeleitete Größe des SI-Systems?*
A. Elektrische Stromstärke
B. Mechanische Arbeit
C. Masse   D. Zeit   E. Länge

## 5
*Welcher physikalische Grundbegriff ist falsch erläutert?*
A. Messen = Vergleich einer bestimmten Größe mit der dazugehörenden Einheit
B. Die Einheit der Stoffmenge ist das Mol.
C. Jede physikalische Größe wird durch eine Meßzahl und eine Maßeinheit ausgedrückt.
D. Die Gewichtskraft eines Körpers ist – unabhängig vom Ort – immer konstant.
E. Das Verdunsten von Flüssigkeiten ist ein physikalischer Vorgang.

## 6
*Wieviel Meter sind ein Nanometer?*
A. $10^{-3}$   B. $10^{-4}$   C. $10^{-6}$
D. $10^{-9}$   E. $10^{-10}$

## 7
*Wieviel Mikrometer (µm) hat ein Millimeter?*
A. 10 Mikrometer (µm)
B. 100 Mikrometer (µm)
C. 1000 Mikrometer (µm)
D. 10000 Mikrometer (µm)
E. 100000 Mikrometer (µm)

## 8
*Was versteht man unter kinetischer Energie?*
A. Bewegungsenergie
B. Wirkungsgrad einer Maschine
C. Durch Kernspaltung frei werdende Energie
D. Durch Fotoelemente aus Licht gewonnene elektrische Energie
E. Optische Energie

## 9
*Ergänzen Sie den folgenden Text sachlich richtig: Im Unterschied zur Masse ist die Gewichtskraft ....*
A. bei allen Stoffen gleich groß.
B. abhängig vom jeweiligen Ort, an dem sich der Körper befindet.
C. physikalisch nicht eindeutig zu bestimmen.
D. eine vom Ort unabhängige Größe.
E. vom Aggregatzustand des Körpers abhängig.

## 10
*Welche Aussage über die Masse ist richtig?*
A. Masse ist dasjenige Merkmal eines Körpers, das bei allen physikalischen Veränderungen unverändert bleibt.
B. Masse eines Körpers hängt von seinem Ort (z.B. Erde, Mond) ab.
C. Masse bezeichnet die Gewichtskraft eines Körpers auf der Erde.
D. Auf dem Mond ist die Masse eines Körpers geringer als auf der Erde.
E. Die Einheit der Masse ist das Newton (N).

## 11
*Wie lautet die Definition der mechanischen Arbeit w (w = work, engl. Arbeit)?*
A. Kraft · Zeit      B. Zeit : Kraft
C. Kraft · Weg       D. Joule · Kraft
E. Kraft : Weg

## 12
*Welche Definition trifft auf die mechanische Leistung zu?*
A. Masse · Fallbeschleunigung
B. Weg : Zeit      C. Kraft · Weg
D. Arbeit : Zeit   E. Weg · Zeit

## 13

*Welche physikalische Angabe zu einem Vergleich zwischen Tiegeldruckmaschinen und Flachformzylinderdruckmaschinen ist richtig?*
A. Tiegeldruckmaschinen benötigen einen Druck bis zu $800 N/cm^2$, Flachformzylindermaschinen dagegen bis zu $400 N/cm^2$.
B. Tiegeldruckmaschinen benötigen eine wesentlich höhere Kraft als Flachformzylinderdruckmaschinen, um den gleichen Druck zu erreichen.
C. Tiegeldruckmaschinen benötigen einen geringeren Druck bei gleichem Druckformat.
D. Tiegeldruckmaschinen benötigen eine 25mal größere Kraft als Flachformzylinderdruckmaschinen.
E. Tiegeldruckmaschinen drucken die gesamte Druckfläche gleichzeitig, daher ist eine geringere Kraft erforderlich.

## 14

*Mit welcher SI-Einheit wird der Druck angegeben?*
A. $\frac{N}{cm^2}$  B. $\frac{kp}{cm^2}$  C. $\frac{kg}{m^2}$
D. $\frac{bar}{m^2}$  E. $\frac{Pa}{m^2}$

## 15

*Berechnen Sie den Druck, und kennzeichnen Sie die richtige Lösung: $F = 20 kN$, $A = 100 cm^2$*
A. $p = 200 N/cm^2$
B. $p = 2000 N/cm^2$
C. $p = 5 cm^2/N$
D. $p = 0,005 N/cm^2$
E. $p = 200 cm^2/N$

## 16

*Wie nennt man mit einem Fachausdruck die drei Zustandsformen von Stoffen: fest, flüssig, gasförmig?*
A. Adhäsionszustand
B. Aggregatzustand
C. Verbindung
D. Atombindung
E. Polymerisationsgrad

## 17

*Welche physikalische Kraft ist besonders wirksam, wenn Druckfarbe von der Druckform auf einen Bedruckstoff übertragen wird?*
A. Adhäsion   B. Dichte
C. Kohäsion   D. Oxidation
E. Chemische Verbindung

## 18

*Was versteht man unter dem Begriff Adhäsion?*
A. Zusammenhangskraft
B. Lichtreflexion   C. Ionenbindung
D. Aggregatzustand   E. Anhangskraft

## 19

*Was versteht man unter dem Begriff Kohäsion?*
A. Benetzungsfähigkeit einer Flüssigkeit
B. Die an den Grenzflächen wirkenden molekularen Spannungen
C. Anziehungskräfte zwischen den Molekülen des gleichen Stoffes
D. Randwinkel bei Messungen der Benetzung
E. Molekularkräfte zwischen verschiedenartigen Molekülen

## 20

*Welche Formel zur Ermittlung der Dichte ist richtig?*
A. Masse · Volumen   B. Volumen : Gewicht
C. Gewicht · 0,1   D. Masse : Volumen
E. Keine der vorstehenden Formeln stimmt

## 21

*Bei welcher Temperatur hat Wasser die größte Dichte?*
A. 374,1 Grad C   B. 100 Grad C
C. 4 Grad C   D. 0 Grad C
E. Als Eis, unter 0 Grad C

## 22

*Was wird mit einem Aräometer gemessen?*
A. Dichte von Flüssigkeiten
B. Luftfeuchtigkeit   C. Luftdruck
D. Viskosität der Druckfarben   E. pH-Wert

## 23

*Welcher Fachbegriff ist falsch erläutert?*
A. Adhäsion ist die molekulare Anziehungskraft zwischen verschiedenen Molekülen.
B. Der dH-Wert gibt den Härtegrad des Wassers an.
C. Dichte: die in der Volumeneinheit enthaltene Masse
D. Digital: in der Datenverarbeitung und Meßtechnik das Anzeigen der Ergebnisse durch Ziffern
E. Die Shore-Härte gibt den Härtegrad von Metallen an.

## 24

*Mit welchem Begriff steht die Oberflächenspannung von Flüssigkeiten in einem unmittelbaren Zusammenhang?*
A. Kohäsion   B. Adhäsion   C. dH-Wert
D. pH-Wert   E. Konsistenz

## 25

*Welche der folgenden Gleichungen gibt das Ohmsche Gesetz wieder?*
A. Watt = Ampere · Volt
B. Elektrische Arbeit = Leistung · Zeit
C. Stromstärke = Spannung · Widerstand
D. Spannung = Stromstärke · Widerstand
E. Leistung = elektrische Arbeit · Zeit

## Physikalische Grundlagen

**26**
*Eine Spannungsquelle hat in einem geschlossenen Stromkreis die Aufgabe,*
A. Elektronen zu erzeugen
B. Elektronen zu bewegen
C. Ionen zu erzeugen
D. Atome zu bewegen
E. Arbeit zu leisten

**27**
*Wovon hängt der elektrische Widerstand eines Leiters nicht ab?*
A. Von seiner Länge
B. Vom Luftdruck zur Zeit der Messung
C. Von der Temperatur des Leiters
D. Von seinem Querschnitt
E. Vom Werkstoff, aus dem er besteht

**28**
*Berechnen Sie den Strom in Ampere:*
$U = 10\,V, R = 10\,Ohm$
A. 10 A   B. 100 A   C. 1 A
D. 0,1 A   E. 20 A

**29**
*Nennen Sie den Werkstoff, der ein Isolierstoff ist!*
A. Wasser   B. Kupfer   C. Papier
D. Gold   E. Aluminium

**30**
*Welcher Stoff leitet elektrischen Strom nicht?*
A. Gummi
B. Lösungen von Salzen
C. Lösungen von Säuren und Hydroxiden
D. Kohle
E. Metalle

**31**
*Mit welcher Maßeinheit wird die Frequenz des Wechselstromes angegeben?*
A. Hertz (Hz)   B. Ampere (A)
C. Joule (J)   D. Nanometer (nm)
E. Kelvin (K)

**32**
*Die elektrische Arbeit wird angegeben in*
A. Voltsekunden   B. Wattsekunden
C. Kilowatt   D. Amperesekunden
E. Ampere

**33**
*Durch ein 6-Volt-Birnchen fließt ein Strom von 0,35 A. Wie groß ist die elektrische Leistung?*
A. 2,1 Watt   B. Etwa 17 Watt
C. Etwa 1,7 Watt   D. 0,058 Watt
E. 0,2 Watt

**34**
*Welche der folgenden Angaben zur Elektronik ist falsch?*
A. Fotoelemente wandeln Lichtenergie in elektrische Energie um.
B. Fotomultiplier wandeln Licht in schwachen Strom um und verstärken ihn anschließend (Sekundärelektronenvervielfacher).
C. Fototransistoren, Fotodiode und Fotowiderstand ändern unter Lichteinwirkung ihren inneren Widerstand und damit den Stromfluß.
D. Elektronische Schalter arbeiten im Gegensatz zu elektrischen Schaltern ohne Massebewegung.
E. Elektronenröhren sind in ihrem Aufbau wesentlich einfacher als Transistoren und werden daher heute überwiegend eingesetzt.

**35**
*In welchem physikalischen „Baustein" kommt ein Emitter vor?*
A. Generator   B. Transistor   C. Fotozelle
D. Optik im Fotoapparat
E. Elektronenröhre

**36**
*Welches ist das zur Zeit wichtigste Halbleiterbauelement der Elektronik?*
A. Diode   B. Triode   C. Multiplier
D. Transistor   E. Fotozelle

**37**
*Was bezeichnet man als einen Chip in der Elektronik?*
A. Miniaturisierten Träger elektronischer Schaltungen
B. Kleinste Speicherstelle in der Datenverarbeitung
C. Minicomputer
D. Digitalrechner aller Art
E. Lichtpunkt zur Stellenbestimmung auf einem Bildschirm

**38**
*Welcher der nachstehend genannten Stoffe ist ein Halbleiter?*
A. Porzellan   B. Silber   C. Aluminium
D. Silizium   E. Gummi

**39**
*In der Technik wird von einem Output gesprochen. Was ist darunter zu verstehen?*
A. Ausgabe von Daten, Produkten u.ä.
B. Originalgetreue Nachbildung einer Vorlage
C. Zweitstück, Duplikat, Nachfertigung
D. Lichtgriffel zur Steuerung von Befehlen auf einem Bildschirm
E. Speicher für Daten in der EDV-Anlage

## 13 Physikalische Grundlagen · Licht- und Farbenlehre

**40**
Wie wird die kleinste Informationseinheit in einer Datenverarbeitungsanlage genannt?
A. ROM  B. Sektor  C. Bit
D. Byte  E. RAM

**41**
Wie werden mit einem Fachausdruck Codes in einer Datenverarbeitungsanlage genannt, die 8 kleinste Einheiten umfassen?
A. Botes  B. Bit  C. Band
D. Byte  E. RAM

**42**
Was versteht man unter einem binären System?
A. Ein System der EDV, das analoge Daten ausgibt
B. Ein automatisch arbeitendes System
C. Ein ferngesteuertes System mit zwei Steuerfunktionen
D. Ein aus nur zwei Zeichen aufgebautes Zahlensystem
E. Ein zusätzliches Speichersystem für eine EDV-Anlage mit zwei Zusatzanlagen

**43**
Welches Begriffepaar ist identisch?
A. Transparenz = Remission
B. Opazität = Absorption
C. Remission = Diffuse Reflexion
D. Dichte = Transparenz
E. Dichte = Absorption

**44**
Ergänzen Sie das Reflexionsgesetz: Einfallender Strahl, Einfallslot und ausfallender Strahl...
A. liegen in drei Ebenen. Einfallswinkel und Reflexionswinkel haben dieselbe Größe.
B. liegen in unterschiedlichen Ebenen. Einfallswinkel und Ausfallswinkel verhalten sich 1 : 2.
C. bilden ein virtuelles Bild von einem Gegenstand.
D. liegen in zwei Ebenen. Einfallswinkel und Ausfallswinkel sind gleich groß.
E. liegen in einer Ebene. Beide Winkel haben die gleiche Größe.

**45**
Welchen Bereich in nm umfaßt das sichtbare Licht?
A. ca. 300 - 800 nm  B. ca. 300 - 750 nm
C. ca. 400 - 700 nm  D. ca. 500 - 700 nm
E. ca. 700 - 1000 nm

**46**
In welcher Maßeinheit werden die Wellenlängen des Lichtes angegeben?
A. Millimeter  B. Nanometer
C. Lux  D. Lumen  E. Candela

**47**
Welche Aufzählung gibt die richtige Reihenfolge der Farben im Spektrum?
A. Gelb, Rot, Grün, Cyan, Blau
B. Rot, Gelb, Grün, Cyan, Blau
C. Rot, Gelb, Grün, Cyan, Blau, Magenta
D. Magenta, Rot, Grün, Gelb, Cyan, Blau
E. Rot, Grün Gelb, Blau, Magenta

**48**
Mit welchem Hilfsmittel kann man Licht in seine Einzelfarben zerlegen?
A. Objektiv  B. Spiegel  C. Prisma
D. Sammellinse  E. Zerstreuungslinse

**49**
Welche Farbe liegt am kurzwelligen Ende des Spektrums?
A. Magenta  B. Rot  C. Grün  D. Blau
E. Cyan

**50**
Wie heißt die Strahlung, die an das kurzwellige Ende des Spektrums direkt anschließt?
A. Röntgenstrahlung  B. Ultraviolett
C. Ultrakurzwelle  D. Infrarot  E. Ultrarot

**51**
Welche Farbe liegt am langwelligen Ende des Spektrums?
A. Magenta  B. Grün  C. Rot
D. Blau  E. Cyan

**52**
Wie heißt die Strahlung, die an das langwellige Ende des Spektrums direkt anschließt?
A. Infrarot  B. UV-Strahlung  C. Radar
D. Langwelle  E. Elektronenstrahlung

**53**
Welche Farbe tritt im Spektrum nicht auf?
A. Cyan  B. Rot  C. Blau
D. Gelb  E. Magenta

**54**
Was bedeutet der Fachausdruck absorbieren?
A. Licht verschlucken  B. Licht zurückstrahlen
C. Lichtstrahlen ablenken
D. Licht spiegelartig zurückstrahlen
E. Licht ungerichtet zurückstrahlen

**55**
Was bedeutet der Fachausdruck remittieren?
A. Licht verschlucken
B. Licht zurückzustrahlen
C. Lichtstrahlen filtern  D. Licht brechen
E. Licht teilweise verschlucken

Licht- und Farbenlehre

**56**
*In welcher Farbe sehen wir eine Fläche, die alle Lichtstrahlen absorbiert?*
A. Schwarz   B. Weiß   C. Grau
D. Braun     E. Gelb

**57**
*Die Summe der Lichtfarben bei der additiven Farbmischung ergibt...*
A. Schwarz   B. Weiß   C. Gelb
D. Braun     E. Dunkelgrau

**58**
*Was ergibt sich als Summe der Grundfarben bei der subtraktiven Farbmischung?*
A. Schwarz   B. Weiß   C. Braun
D. Grau      E. Violett

**59**
*Wie sehen wir eine Farbfläche, die alle Lichtstrahlen gleichmäßig zur Hälfte absorbiert und zur Hälfte remittiert?*
A. Schwarz   B. Weiß   C. Grau
D. Gelb      E. Braun

**60**
*In welcher Farbe sehen wir eine Fläche, die alle Lichtstrahlen remittiert?*
A. Schwarz   B. Weiß   C. Grau
D. Braun     E. Gelb

**61**
*Welche beiden hintereinander angeordneten Filter absorbieren alles Licht?*
A. Grünfilter und Orangefilter
B. Cyanfilter und Magentafilter
C. Cyanfilter und Rotfilter
D. Blaufilter und Gelbfilter
E. Blaufilter und Grünfilter

**62**
*Die gestrichelte Linie stellt die Remission einer Farbe dar.*
*Für welche Farbe gilt diese Linie?*

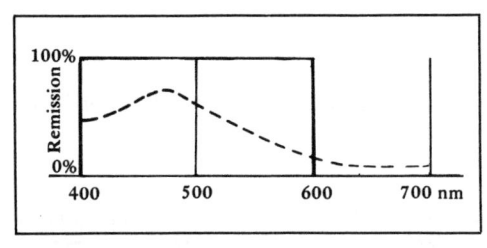

A. Idealfarbe Magenta    B. Realfarbe Magenta
C. Idealfarbe Cyan       D. Realfarbe Cyan
E. Realfarbe Gelb

**63**
*Welche Linie zeigt die Remission der Idealfarbe Gelb?*

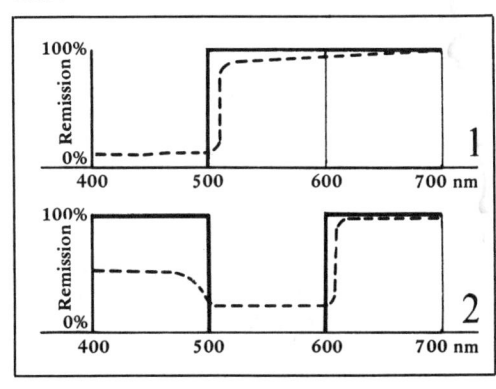

A. Die durchgezogene Linie von Nr. 1
B. Die gestrichelte Linie von Nr. 1
C. Die durchgezogene Linie von Diagramm Nr. 2
D. Die gestrichelte Linie von Diagramm Nr. 2

**64**
*Die Remissionskurve einer Farbe zeigt eine Remission im Wellenbereich von 500 bis 600 nm.*
A. Blau       B. Rot       C. Grün
D. UV-Licht   E. Gelb

**65**
*Welche Lichtfarbe(n) wird (werden) von Magenta remittiert?*
A. Rot              B. Rot und Grün
C. Grün und Blau    D. Rot und Blau
E. Rot und Gelb

**66**
*Welche Lichtgrundfarbe(n) wird (werden) von Gelb remittiert?*
A. Grün             B. Grün und Rot
C. Rot und Blau     D. Blau und Grün
E. Gelb

**67**
*Welche Lichtfarbe(n) wird (werden) von Cyan remittiert?*
A. Grün und Blau    B. Grün und Gelb
C. Rot und Blau
D. Magenta und Blau
E. Rot und Grün

**68**
*Welche Lichtfarbe(n) wird (werden) von Rot remittiert?*
A. Magenta und Gelb
B. Gelb und Grün    C. Cyan und Rot
D. Blau und Rot     E. Rot

## Licht- und Farbenlehre

**69**
Wie heißt die Fachbezeichnung für den Sachverhalt:
Licht wird von einem Körper verschluckt?
A. Adsorption   B. Transparenz
C. Reflektion   D. Remission
E. Absorption

**70**
Wie heißt der Gegensatz zu transparent?
A. Dicht   B. Opak   C. Metamer
D. Komplementär   E. Reflektieren

**71**
Was versteht man unter subtraktiver Farbmischung?
A. Mischung der Grundfarben, die Weiß ergibt
B. Mischung der Grundfarben, die Gelb ergibt
C. Mischung von Lichtfarben
D. Mischung von Spektralfarben
E. Mischung von Körperfarben

**72**
Welches Farbpaar ergibt bei gleichwertiger
subtraktiver Mischung Schwarz?
A. Rot - Cyan
B. Cyan - Grün
C. Gelb - Braun
D. Magenta - Blau
E. Braun - Gelb

**73**
Welche Zeile nennt alle subtraktiven Grundfarben?
A. Blau, Rot, Grün
B. Schwarz, Weiß, Grau
C. Cyan, Rot, Gelb
D. Blau, Rot, Gelb
E. Magenta, Cyan, Gelb

**74**
Welche der folgenden Angaben
zur Farbenlehre ist falsch?
A. Die subtraktiven Zweitfarben sind
   Blau, Rot, Grün.
B. Ideales Schwarz absorbiert alle Wellenlängen
   des Lichtes.
C. Wir sehen eine Farbfläche cyanfarbig, wenn
   grüne und blaue Lichtstrahlen reflektieren.
D. Ein Farbfilter ist für Lichtstrahlen
   der Eigenfarbe transparent.
E. Die Wellenlänge einer bestimmten Strahlung
   wird gemessen in Schwingungen pro Sekunde.

**75**
In welcher Farbe ist eine Fläche zu sehen, die
Blau absorbiert, Grün und Rot jedoch remittiert?
A. Braun   B. Gelb   C. Magenta
D. Cyan   E. Oliv

**76**
Sie mischen subtraktiv die Farben Cyan und
Magenta. Welcher Farbton entsteht?
A. Blau   B. Rot   C. Schwarz
D. Grün   E. Braun

**77**
Sie mischen gleichwertig die Druckfarben Magenta
und Grün. Welches Mischergebnis erhalten Sie?
A. Schwarz   B. Blau   C. Weiß
D. Rot   E. Gelb

**78**
Sie mischen Cyan und Gelb subtraktiv.
Welcher Farbton entsteht?
A. Magenta   B. Grün   C. Schwarz
D. Grau (unbunter Ton)   E. Weiß

**79**
Welcher der folgenden Sätze zur Farbenlehre
stimmt nicht?
A. Ohne Licht sind keine Farben sichtbar.
B. Die Farbwahrnehmung wird durch die
   Farbtemperatur der Lichtquelle beeinflußt.
C. Weißes Licht ist durch additive Mischung von
   Blau, Grün und Rot zu „erzeugen".
D. Körper werden sichtbar, wenn sie auftreffende
   Lichtstrahlen remittieren.
E. Alle Lichtquellen strahlen nur *eine* Wellenlänge
   aus dem elektromagnetischen Spektrum ab.

**80**
Welcher Farbeindruck wird von der grafischen
Darstellung wiedergegeben?

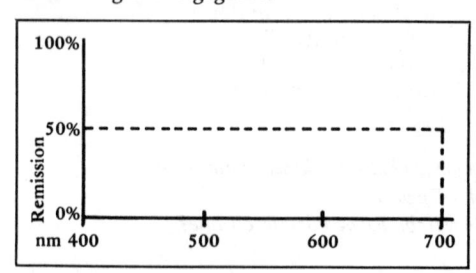

A. Schwarz   B. Grau
C. Grau-Braun   D. Weiß
E. Darstellung hat nichts mit dem Farbempfinden
   zu tun.

**81**
Mit zwei Projektoren projizieren Sie blaues und
rotes Licht übereinander. Welcher Farbeindruck
entsteht?
A. Cyan   B. Magenta   C. Schwarz
D. Gelb   E. Grün

Licht- und Farbenlehre

**82**

*Es wird eine gelbe Vollfläche über eine blaue Vollfläche gedruckt. Welche Aussage über die Farbmischung ist richtig?*
A. Es handelt sich um subtraktive Farbmischung.
B. Es handelt sich um additive Farbmischung.
C. Es handelt sich um eine Kombination von additiver und subtraktiver Farbmischung.
D. Es handelt sich um eine autotypische Farbmischung bei lasierenden Farben.

**83**

*Welche Farbmischung wirkt beim vierfarbigen Rasterdruck?*
A. Nur subtraktive Mischung
B. Nur additive Mischung
C. Autotypische Farbmischung
D. DIN-Farbmischung
E. Europäische Farbmischung

**84**

*Was meint man mit autotypischer Farbmischung?*
A. Subtraktive Mischung
B. Additive Mischung
C. Zusammenwirken von subtraktiver und additiver Mischung

**85**

*Wann spricht man von autotypischer Farbmischung?*
A. Beim mehrfarbigen Rasterdruck
B. Beim Mischen von lasierenden Druckfarben
C. Beim flächigen Übereinanderdruck von lasierenden Farben
D. Wenn farbige Rasterpunkte nebeneinander liegen und sich „im Auge" des Betrachters mischen

**86**

*Welche Farbmischung kommt beim Farbfernsehen zur Anwendung?*
A. Subtraktive Farbmischung
B. Additive Farbmischung
C. Kombination von additiver und subtraktiver Farbmischung
D. Elektronische Farbmischung
E. Autotypische Farbmischung

**87**

*Wie heißen die Grundfarben für den Vierfarbendruck?*
A. Spektralblau, Magenta, Gelb
B. Spektralblau, Grün, Rot
C. Magenta, Blau, Rot
D. Magenta, Cyan, Gelb
E. Weiß, Gelb, Cyan

**88**

*Wie wird die „rote" Grundfarbe nach DIN 16538/39 bezeichnet?*
A. Orange   B. Purpur   C. Purpurrot
D. Magenta   E. Nagra-Rot

**89**

*Welche Farbskala ist nach DIN 16539 genormt?*
A. Europäische Farbskala für Buchdruck
B. Europäische Farbskala für Offsetdruck
C. DIN-Skala für Buchdruck
D. DIN-Skala für Offsetdruck
E. Farben zum Farbmischen für Buchdruck

**90**

*Welche Nummer hat die DIN-Skala für den Offsetdruck?*
A. 16509   B. 16508   C. 16538
D. 16339   E. 16520

**91**

*Auf einem Andruck steht: Farben nach HKS-Skala. Was ist damit gemeint?*
A. Grundfarben für den Vierfarbendruck
B. Sonderfarben für den Vierfarbendruck
C. Mischfarben nach der DIN-Skala
D. Mischfarben nach einem nicht genormten Farbmischsystem
E. Farben nach einer Haus-Kunden-Skala

**92**

*Warum enthalten die Farbmischsysteme wie HKS, Pantone mehr als drei bunte Ausgangsfarben?*
A. Weil sich nur so reine Zweitfarben mischen lassen
B. Damit man deckende, halbdeckende und lasierende Farben zur Auswahl hat
C. Nur mit diesen Farben lassen sich Brauntöne mischen.
D. Nur mit diesen Farben lassen sich aufgehellte Farben mischen.
E. Diese Farben sind lichtechter als die Eurofarben.

**93**

*Welche der aufgeführten Farben sind am meisten verschwärzlicht?*
A. Die Erstfarben   B. Die Zweitfarben
C. Die Drittfarben
D. Die aufgehellten Farben

**94**

*Wie heißen die Farben im sechsteiligen Farbkreis?*
A. Rot, Orange, Gelb, Grün, Blau, Magenta
B. Gelb, Orange, Rot, Violett, Cyan, Grün
C. Gelb, Rot, Magenta, Violett, Cyan, Grün
D. Gelb, Rot, Magenta, Blau, Cyan, Grün
E. Grün, Braun, Oliv, Weiß, Schwarz

## 95
*Welche der aufgeführten Farben gehört nicht in einen vielteiligen Farbkreis?*
A. Oliv  B. Gelb  C. Orange
D. Magenta  E. Violett

## 96
*Wie nennt man Farben, die sich im Farbkreis gegenüberstehen?*
A. Tertiärfarben  B. Sekundärfarben
C. Grundfarben  D. Diagonalfarben
E. Komplementärfarben

## 97
*Was ist eine Komplementärfarbe?*
A. Eine besonders intensive, gut gesättigte Farbe
B. Eine additive Grundfarbe
C. Eine subtraktive Grundfarbe
D. Eine Farbe, die eine andere zu Weiß bzw. Schwarz ergänzt
E. Eine aus Farbpigmenten bestehende Farbe

## 98
*Was versteht man unter Sekundärfarben?*
A. Alle Buntfarben, die sich nicht aus den Grundfarben der Euro-Skala mischen lassen
B. Farben, die sich aus den Farben der Euroskala mischen lassen
C. Farben, die aus zwei Grundfarben gemischt sind
D. Farben, die mit Schwarz gebrochen sind
E. Farben, die mit der Komplementärfarbe gebrochen sind

## 99
*Welcher Unterschied besteht zwischen Sekundär- und Tertiärfarben?*
A. Tertiärfarben sind reiner als Sekundärfarben.
B. Sekundärfarben sind weniger verschwärzlicht als Tertiärfarben.
C. Sekundärfarben sind verweißlicht, Tertiärfarben nicht.
D. Tertiärfarben bestehen aus zwei Grundfarben, Sekundärfarben aus drei Grundfarben.

## 100
*Welche Aufzählung enthält eine Farbe oder mehrere Farben, die nicht in einen vielteiligen Farbkreis gehören?*
A. Cyan, Magenta, Grün, Gelb
B. Blau, Cyan, Rot, Orange, Violett, Gelb
C. Rot, Blau, Grün, gelbliches Rot, Orange, gelbliches Grün
D. Rot, Gelb, rötliches Blau, grünliches Blau, rötliches Gelb
E. Magenta, Cyan, Braun, Grün, Blau, Gelb

## 101
*Wie heißt die Komplementärfarbe zu Magenta?*
A. Grün  B. Gelb  C. Violett  D. Rot
E. Blau

## 102
*Wie heißt die Komplementärfarbe zu Rot?*
A. Grün  B. Cyan  C. Gelb  D. Violett
E. Magenta

## 103
*Welche Farbe ist die Komplementärfarbe zu Blau?*
A. Gelb  B. Rot  C. Grün  D. Violett
E. Orange

## 104
*Welche Formulierung stimmt nicht? Komplementärfarben sind Farben,...*
A. die bei der subtraktiven Farbmischung Schwarz ergeben
B. die bei der additiven Farbmischung Weiß ergeben
C. die bei der subtraktiven Farbmischung eine Zweitfarbe ergeben
D. die im Farbkreis gegenüberliegen

## 105
*Welche Farben können in einen vielteiligen Farbkreis eingeordnet werden?*
A. Alle Farben
B. Alle Farben, außer den unbunten Farben
C. Die unbunten Farben
D. Nur die reinen und vollgesättigten Buntfarben
E. Nur die Erst- und Zweitfarben erster Ordnung

## 106
*Welche zwei hintereinander angeordneten Filter absorbieren weißes Licht fast völlig?*
A. Gelbfilter - Blaufilter
B. Gelbfilter - Magentafilter
C. Rotfilter - Magentafilter
D. Orangefilter - Grünfilter
E. Graufilter - Grünfilter

## 107
*Welche der aufgeführten Farben ist eine Tertiärfarbe (Drittfarbe)?*
A. Blau  B. Rot  C. Braun  D. Orange
E. Violett

## 108
*Welche Farben werden als unbunte Farben bezeichnet?*
A. Tertiärfarben
B. Weiß, Grau und Schwarz
C. Alle bunten Farben, die mit Schwarz gemischt sind
D. Alle bunten Farben, die mit Deckweiß gemischt sind
E. Sekundärfarben zweiter Ordnung

Licht- und Farbenlehre

## 109
*Sie mischen Lasurgelb und Lasurrot. Welcher Satz über die Farbmischung ist richtig?*
A. Es handelt sich um eine autotypische Farbmischung.
B. Es handelt sich um eine Kombination von additiver und subtraktiver Farbmischung.
C. Es handelt sich um eine subtraktive Farbmischung.
D. Es handelt sich um additive Farbmischung.

## 110
*Die folgenden Sätze beschreiben Funktionen der Druckfarbe. Welcher der folgenden Sätze dazu ist richtig?*
A. Schwarz reflektiert alle auftreffenden Lichtstrahlen.
B. Eine ideale Cyan-Farbe absorbiert blaues Licht.
C. Ein Farbdruck ist nur mit lasierenden, additiven Grundfarben zu drucken.
D. Die Druckfarben entsprechen nicht den Idealfarben.
E. Die Qualität des Farbdrucks hängt nicht von den verwendeten Druckfarben ab, es spielen nur reprotechnische Faktoren eine Rolle.

## 111
*Sie betrachten unter einem Grün-Filter eine Farbtafel mit den Farben Cyan, Blau, Magenta, Rot, Gelb, Grün, Weiß und Schwarz. Welche dieser Farben sehen Sie bei idealen Bedingungen hell?*
A. Gelb, Magenta, Cyan, Weiß
B. Gelb, Rot, Magenta, Schwarz
C. Cyan, Gelb, Grün, Weiß
D. Cyan, Blau, Gelb, Weiß
E. Magenta, Grün, Gelb, Rot

## 112
*Mit welchen drei Begriffen ist eine Farbe genau zu bestimmen?*
A. Buntton, Farbkraft, Helligkeit
B. Farbtyp, Sättigung, Farbkraft
C. Buntton, Sättigung, Dunkelstufe
D. Helligkeit, Sättigung, Farbtyp
E. Buntwert, Grauwert, Helligkeitswert

## 113
*Welche Bezeichnung wird teilweise gebraucht für eine „Farbe mit geringer Sättigung"?*
A. Tonfarbe   B. Komplementärfarbe
C. Zweitfarbe   D. Reine Farbe
E. Gedunkelte Farbe

## 114
*Welche Bezeichnung ist in der Druckpraxis üblich für gedunkelte Farben?*
A. Aufgehellte Farben
B. Komplementärfarben   C. Zweitfarben
D. Verschmutzte Farben

## 115
*Was sind bunttongleiche Farben?*
A. Farben in gleicher Sättigung und Dunkelstufe
B. Farben mit gleicher Sättigung
C. Farben unterschiedlicher Sättigung und Dunkelstufe aus einem Buntton
D. Farben, die durch Mischung aus verschiedenen Bunttönen den gleichen Farbeindruck ergeben
E. Farben, die aus zwei Bunttönen gemischt worden sind

## 116
*Die Abbildung zeigt den Farbkörper nach DIN 6164. An welcher Stelle liegt Weiß?*

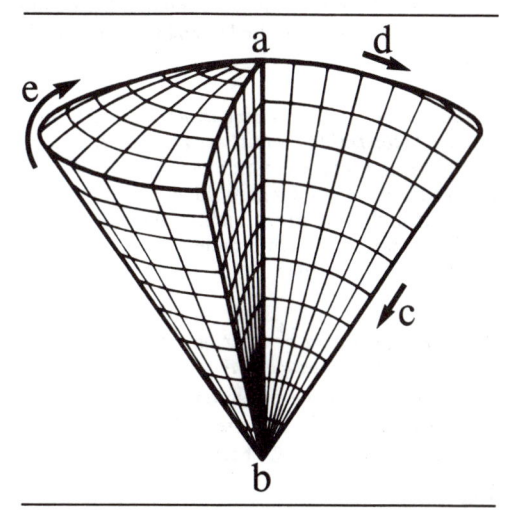

A. a   B. b   C. c   D. d   E. e

## 117
*An welcher Stelle liegt Schwarz?*
A. a   B. b   C. c   D. d   E. e

## 118
*In welcher Pfeilrichtung nimmt die Farbsättigung zu?*
A. a   B. b   C. c   D. d   E. e

## 119
*In welcher Pfeilrichtung liegen die reinen Buntfarben?*
A. a   B. b   C. c   D. d   E. e

## 120
*Was versteht man in der Farbenlehre unter dem Begriff Sättigung?*
A. Lichtundurchlässigkeit eines Filters
B. Grad der Buntheit (Farbkraft) einer Farbe
C. Helligkeit einer Farbe
D. Auge an die Beleuchtungsbedingungen anpassen
E. Stärke der Reflexion einer Druckfarbe

## Licht- und Farbenlehre

**121**

*Eine Lichtquelle ist der Sender sichtbarer Strahlen. Wie nimmt der Mensch die Farbe wahr?*
A. Zäpfchen auf der Netzhaut im Auge empfangen Farbreize, die über Nerven an das Gehirn weitergeleitet werden.
B. Die Iris im Auge ist der Empfänger für Farbreize, die diese an das Gehirn weiterleitet.
C. Die auf der Netzhaut befindlichen Stäbchen geben die Farbreize über den Sehnerv an das Gehirn weiter.
D. Durch Lichtbrechung in der Augenlinse werden auf der Netzhaut des Auges unterschiedliche Farben wahrgenommen.
E. Die Pupille filtert die auftreffenden Farblichter, diese gelangen über die Netzhaut an das Gehirn.

**122**

*Weißes Licht beleuchtet eine ideale gelbe Fläche. Welche Lichtstrahlen remittieren von dieser Fläche?*
A. Blaue und rote Lichtstrahlen
B. Grüne und gelbe Lichtstrahlen
C. Rote und cyanfarbige Lichtstrahlen
D. Grüne und rote Lichtstrahlen
E. Blaue Lichtstrahlen

**123**

*Welcher Begriff wird benutzt, um die Lichtart einer Lichtquelle anzugeben?*
A. Spektrale Energieverteilung
B. Spektrum   C. Nichtselbstleuchter
D. Additive Farbe   E. Farbtemperatur

**124**

*Welches Meßgerät ist zur genauen Bestimmung einer Farbe erforderlich?*
A. Spektralfotometer
B. Aufsichtsdensitometer
C. Durchsichtsdensitometer
D. Spectracolorpsychrometer
E. Colorvariograph

**125**

*Welcher Begriff steht in einem engen Zusammenhang mit der Farbtemperatur?*
A. Lichtbrechung   B. Schwarzer Körper
C. Körperfarbe   D. Reflexion
E. Thixotropie

**126**

*Was versteht man unter dem Begriff monochromatisch?*
A. Lichtfarbe einer selbstleuchtenden Lichtquelle
B. Farbwahrnehmung
C. Licht nur einer Wellenlänge
D. Farbe eines beleuchteten Körpers
E. Unbunte Farben

**127**

*Welche Angabe zu Licht und Farbe ist falsch?*
A. Licht ist eine bestimmte Form von Energie.
B. Wenn Lichtfarben sich mischen, vermehrt (addiert) sich die Lichtintensität.
C. Das Spektrum entsteht, wenn weißes Licht durch Lichtbrechung in einem Prisma zerlegt wird.
D. Aus den additiven Grundfarben Blau, Gelb und Rot ist weißes Licht optisch zu mischen.
E. Ein Körper erscheint dem Menschen gelb, wenn rote und grüne Lichtstrahlen reflektieren.

**128**

*Mit welchem Farbordnungssystem sind 1000 Farben durch Zahlenkombinationen anzugeben?*
A. Koordinatensystem nach Mayer
B. Farbmaßsystem nach DIN 16 539
C. Hickethier-System
D. Farbordnung nach Goethe
E. Farbkörper nach Oswald

**129**

*Welcher Farbton ist mit der Kennzeichnung 606 nach dem Hickethier-System gemeint?*
A. Dunkles Blau   B. Mittleres Rot
C. Mittleres Grün   D. Helles Rot
E. Helles Gelb

**130**

*Welcher der folgenden Vorgänge ist chemischer Natur?*
A. Papierschrumpfung infolge absinkender Luftfeuchtigkeit
B. Ätzen von Zink mit Säure
C. Statische Elektrizität auf Kunststoffolien beim Bedrucken
D. Konsistenzänderung einer Druckfarbe infolge Temperaturerhöhung
E. Speicherung elektrischer Ladung in Batterien

**131**

*Wodurch unterscheiden sich chemische von physikalischen Vorgängen?*
A. Physikalische Vorgänge bewirken qualitative Stoffänderungen, chemische Vorgänge quantitative
B. Physikalische Vorgänge unterscheiden sich von chemischen nur in der Reaktionsdauer.
C. Physikalische Vorgänge sind im Gegensatz zu chemischen mit bloßem Auge nicht sichtbar.
D. Physikalische Vorgänge bewirken Zustandsänderungen, chemische Vorgänge Stoffumwandlungen.
E. Physikalische Vorgänge sind irreversibel (nicht umkehrbar), chemische reversibel (wieder rückgängig zu machen).

# Chemische Grundlagen

**132**
*Welche der folgenden Angaben zur Chemie ist richtig?*
A. Das Auflösen von Zucker ist ein chemischer Vorgang.
B. Die Chemie befaßt sich mit Zustandsänderungen der Stoffe.
C. Das Rosten von Eisen ist kein chemischer Vorgang.
D. Bei chemischen Vorgängen wandeln sich die beteiligten Stoffe in andere Stoffe um.
E. 4 Gramm Schwefel und 7 Gramm Eisenpulver werden in einer Reibschale miteinander gemischt und verrieben. Das Produkt ist eine chemische Verbindung.

**133**
*Was sind chemische Elemente?*
A. Stoffe, die beim Aufnehmen von Sauerstoff oxidieren
B. Stoffe, die beim Abgeben von Sauerstoff oxidieren
C. Stoffe, die nicht durch chemische Reaktionen zerlegt werden können
D. Stoffe, an deren Aufbau der Kohlenstoff beteiligt ist
E. Stoffe, die in der Natur nur in Verbindungen vorkommen

**134**
*Welcher der folgenden Stoffe ist kein Element?*
A. Aluminium    B. Kohlenstoff    C. Brom
D. Stickstoff    E. Wasser

**135**
*Welches Element hat das chemische Kurzzeichen „O"?*
A. Quecksilber    B. Osmium    C. Kobalt
D. Sauerstoff    E. Kupfer

**136**
*Welche Zuordnung eines chemischen Kurzzeichens zu einem Stoff ist falsch?*
A. Cu = Kupfer    B. Al = Aluminium
C. Fe = Eisen    D. O = Sauerstoff
E. Si = Silber

**137**
*Wie lautet die korrekte chemische Summenformel für die lichtempfindliche Substanz Silberbromid eines Reprofilmes?*
A. ArBg    B. BgAr    C. BrSi
D. SiBo    E. AgBr

**138**
*Die kleinsten Teilchen eines Elementes, die noch alle Eigenschaften des Elementes zeigen, sind...*
A. Atome    B. Kristalle    C. Elektronen
D. Ionen    E. Moleküle

**139**
*Was ist ein Atom?*
A. Der kleinste Teil einer Verbindung
B. Der kleinste Teil eines Elementes
C. Ein Atom besteht aus mehreren Molekülen
D. Ein Atom ist ein elektrisch geladenes Teilchen
E. Ein Atom besteht nur aus Protonen

**140**
*Kleinster Baustein einer chemischen Verbindung ist...*
A. ein Molekül    B. ein Atom    C. ein Radikal
D. ein Edelgas    E. ein Wasserstof-Ion

**141**
*Jedes Atom besteht aus Atomkern und...*
A. Protonen    B. Neutronen    C. Nukleonen
D. Ionen    E. Elektronenhülle

**142**
*Welche Ladung besitzen Elektronen?*
A. Positive Ladung    B. Negative Ladung
C. Neutrale Ladung    D. Chemische Ladung

**143**
*Die chemische Formel $H_2O$ sagt aus, ...*
A. daß ein Molekül der Verbindung Wasser aus einem Wasserstoffatom und zwei Sauerstoffatomen besteht.
B. daß ein Molekül der Verbindung Wasser aus zwei Wasserstoffatomen und einem Sauerstoffatom besteht.
C. daß Wasserstoff zweiwertig und Sauerstoff einwertig ist.
D. daß zwei Wasserstoffatome die gleiche Masse wie ein Sauerstoffatom besitzen.
E. daß die Verbindung ungesättigt ist.

**144**
*Bei der Herstellung der Druckzylinder im Tiefdruck, aber auch bei einigen Offsetdruckplatten, wird zum Ätzen von Kupfer Eisen(III)chlorid verwendet. Geben Sie die richtige Formel von Eisen(III)chlorid an!*
A. $Fe(OH)_3$    B. $Fe_3Cl$    C. $Fe(OH)_2$
D. $FeCl_3$    E. $Cl_2Fe$

**145**
*Wie lautet die chemische Summenformel für die Salzsäure?*
A. HS    B. HCl    C. HF
D. $HNO_3$    E. $H_3PO_4$

**146**
*Eine unbeschichtete Offsetdruckplatte aus Aluminium liegt vor Ihnen. Bezeichnen Sie korrekt mit einer chemischen Summenformel die zu beschichtende Fläche!*
A. CrAl    B. Al    C. AlmOx
D. $Al_2O_3$    E. $Al_3CO_6$

**147**

*Säuren zerfallen in wäßriger Lösung in elektrisch geladene Atome oder Moleküle. Wie heißen diese Zerfallsprodukte?*
A. Elektronen    B. Neutronen    C. Ionen
D. Oxide    E. Isotope

**148**

*Zerfallen Moleküle in elektrisch unterschiedlich geladene Teilchen, so spricht man von einer...*
A. Dissoziation    B. Reduktion    C. Elektrizität
D. Normallösung    E. Synthese

**149**

*Um welche Reaktion handelt es sich, wenn aus Säure und Lauge ein Salz entsteht?*
A. Ätzen    B. Neutralisation    C. Polymerisation
D. Elektrolyse    E. Hydrolyse

**150**

*Welche Maßeinheit gibt an, wie sauer oder alkalisch eine Lösung ist?*
A. Dichte    B. mol    C. dH-Wert
D. Lackmus    E. pH-Wert

**151**

*Mit welcher Meßmethode ist der pH-Wert einer Flüssigkeit genau festzustellen? Messung mit ...*
A. Lackmuspapier
B. Indikatorpapier
C. Universalindikatorpapier
D. Aräometer
E. elektrometrischem Meßgerät

**152**

*Welche Salze verursachen die Härte des Wassers?*
A. Kupfer-, Natrium-, Kaliumsalze
B. Calcium-, Magnesiumsalze
C. Chloride
D. Kalium- und Bariumsalze
E. Carbonate

**153**

*Was ist eine Oxidation?*
A. Verbindung von Gemengen
B. Verbindung eines Stoffes mit Sauerstoff
C. Verbindung einer Säure mit einem Metall
D. Jede chemische Reaktion ist eine Oxidation
E. Chemische Reaktion: Aufnahme von Elektronen

**154**

*Wie nennt man eine Reaktion, bei der einer sauerstoffhaltigen Verbindung Sauerstoff entzogen wird?*
A. Oxidation    B. Synthese
C. Exotherme Reaktion
D. Reduktion    E. Neutralisation

**155**

*Wie nennt man Verbindungen, die durch Reaktion mit Sauerstoff entstehen?*
A. Säuren    B. Laugen    C. Chloride
D. Oxalate    E. Oxide

**156**

*Was verstehen wir unter Reduktion?*
A. Abgabe von Atomen
B. Abgabe von Elektronen
C. Aufnahme von Elektronen
D. Reaktion mit Sauerstoff
E. Reaktion mit Wasserstoff

**157**

*Welcher Stoff ist ein wesentlicher Grundstoff für die Herstellung von Kunststoffen?*
A. Sauerstoff    B. Kohlenstoff    C. Wasserstoff
D. Helium    E. Luft

**158**

*Ein Kunststoff wird beim Erwärmen flüssig und läßt sich verformen. Um welche Kunststoffart handelt es sich?*
A. Duroplaste    B. Plastoprinte
C. Thermoplaste    D. Durotherme
E. Plastotherme

**159**

*Welche Angabe zu Kunststoffen ist richtig erläutert?*
A. Kunststoffe sind anorganische Werkstoffe.
B. Kunststoffe entstehen aus Monomeren, die sich zu Mikromolekülen zusammenschließen.
C. Duroplaste verformen sich bei Wärme nicht, sondern zersetzen sich bei hohen Temperaturen.
D. Kunststoffe leiten elektrischen Strom.
E. Kunststoffe sind gegen Säuren, Laugen und Witterungseinflüsse unbeständig, sie lösen sich.

**160**

*Welcher Begriff hat nichts mit der Herstellung von Kunststoffen zu tun?*
A. Polymerisation    B. Monomere
C. Kohlenstoff    D. Makromoleküle
E. Oxidation

**161**

*Welcher Vorgang ist charakteristisch für die Herstellung von Kunststoffen?*
A. Monomere schließen sich zu Makromolekülen zusammen.
B. Kohlenstoff verbindet sich mit Sauerstoff.
C. Einem Stoff wird Sauerstoff und Kohlenstoff zugefügt.
D. Flüssige Atome verbinden sich zu Feststoffen.
E. Elektrische Energie wird in chemische Energie umgewandelt.

# Teil C

**Anforderungen in der Zwischenprüfung**

Die Zwischenprüfung erfolgt in der Regel nach zwei Ausbildungsjahren. Sie umfaßt Aufgabenstellungen über Kenntnisse und Fertigkeiten, die in den ersten beiden Jahren im Betrieb und in der Berufsschule vermittelt wurden. Mit der Zwischenprüfung soll der Ausbildungsstand festgestellt werden, um insbesondere schwerwiegende Ausbildungslücken noch rechtzeitig vor der Abschlußprüfung durch gezielte Ergänzungsmaßnahmen zu schließen.

Eine abgelegte Zwischenprüfung ist Voraussetzung für die Zulassung zur Abschlußprüfung.

**Kenntnisprüfung**

Die Prüfung erfolgt in den Fächern Technologie (Fachkunde), Technische Mathematik (Fachrechnen), Diktat sowie Wirtschafts- und Sozialkunde. Die Gewichtung der Fächer ist 4 : 3 : 2 : 1. Die Umrechnung der Punkte in Noten geschieht nach dem gleichen Schlüssel wie bei der Abschlußprüfung.

**1. Technologie (Fachkunde) (Zeit 90 Minuten)**

Es werden 15 Fragen gestellt, die schriftlich zu beantworten sind. Die Aufgaben beziehen sich in erster Linie auf die Bereiche Papier, Druckverfahren, Druckfarbe, Farbenlehre, Druckformherstellung (Einteilung, Montage, Kopie) und Arbeitssicherheit.

Beispiele:
1. Zu welchen Hauptdruckverfahren gehören der a) Flexodruck, b) Blechdruck, c) Filmdruck?
2. Erläutern Sie kurz wichtige Unterscheidungsmerkmale des Buchdrucks vom Flexodruck!
3. An welchen Merkmalen sind a) Buchdruck, b) Offsetdruck, c) Siebdruck zu erkennen?
4. Erläutern Sie den Druckvorgang im a) Offsetdruck, b) Tiefdruck, c) Siebdruck!
5. Welche drei Funktionsprinzipe gibt es für Druckmaschinen? Fertigen Sie jeweils eine Skizze an!
6. Welche Aufgaben hat im Buchdruck a) der Aufzug, b) die Ausgleichszurichtung, c) die Kraftzurichtung?
7. Welche beiden verschiedenen Anlegersysteme gibt es? Nennen Sie jeweils einen Vorteil!
8. Erläutern Sie die Funktion des Anlegerkopfes bei einem Schuppenanleger!
9. Nennen Sie drei wichtige Angaben, die in den Einteilungsbogen eingezeichnet werden müssen!
10. Nennen Sie fünf wichtige Grundregeln für die Montage, damit eine einwandfreie Kopie möglich ist!

11. Nennen Sie wichtige Hilfszeichen, die in der Montage mitmontiert werden sollen, und geben Sie deren Aufgaben an!
12. Nennen Sie Ursachen für eine Unterstrahlung bei der Kopie!
13. Beschreiben Sie mit Hilfe einer Skizze die Wendearten des Bogens beim zweiseitigen Bedrucken!
14. Schießen Sie 8 Seiten Hochformat zum Umschlagen in einer Form aus. Falz- und Druckanlage einzeichnen!
15. Schießen Sie den 3. Bogen für 16 Seiten Hochformat zum Umschlagen in zwei Formen aus. Falz- und Druckanlage einzeichnen!
16. Welche Offsetkopierverfahren gibt es?
17. Welche Kopiervorlage wird benötigt a) für die Offset-Negativkopie, b) für die Offset-Positivkopie, c) für die Tiefdruckkopie, d) für die Kopie einer Auswaschdruckplatte für den Flexodruck?
18. Welche Druckformen werden für die genannten Druckverfahren eingesetzt? Ordnen Sie diese den Druckverfahren zu!
    Druckformen: Strichätzung, Gummidruckplatte, Druckformzylinder, Fotoschablone, Einmetallplatte.
    Flexodruck –
    Buchdruck –
    Offsetdruck –
    Tiefdruck –
    Filmdruck –
19. Warum müssen einmetallische Offsetdruckplatten gekörnt (angerauht) sein? Welche Verfahren werden heute prinzipiell eingesetzt?
20. Aus welchen Gründen werden Offsetdruckplatten gummiert?
21. Welche Näpfchenform ergibt die elektronische Zylindergravur für den Tiefdruck? Skizzieren Sie schematisch unterschiedliche Tonwerte!
22. Welche Aufgabe hat der Tiefdruckraster bei der Herstellung eines Tiefdruckzylinders?
23. Welche drucktechnischen Vorteile hat der Siebdruck gegenüber dem Buchdruck und dem Offsetdruck?
24. Erläutern Sie die Begriffe seitenverkehrt und seitenrichtig bei Kopiervorlagen!
25. Warum muß nach dem Entwickeln eines fotografischen Films noch fixiert werden?
26. Erläutern Sie, warum Halbtonvorlagen für die drucktechnische Wiedergabe im Buchdruck und im Offsetdruck aufgerastert werden müssen.
27. Skizzieren Sie prinzipiell den Weg des Lichtes von der Vorlage- zur Aufnahmeebene in a) einer Zweiraum-Vertikalkamera, b) einer Horizontalkamera!
28. Welches Gerät wird für die Herstellung von Nutzenkopien von Filmen eingesetzt?
29. Wie unterscheiden sich unterschiedlich farbsensibilisierte Reprofilme in ihrer spektralen Empfindlichkeit?
30. Welche Rohstoffe werden heute für die Papierherstellung eingesetzt?
31. Beschreiben Sie die Blattbildung des Papiers in einer Langsiebpapiermaschine.

32. Was sind echte Wasserzeichen und wie entstehen sie?
33. Warum spielt das Raumklima bei der Papierproduktion und in der Druckerei eine bedeutende Rolle?
34. Erläutern Sie die Fachbegriffe aus der Papierherstellung: a) Naturpapier, b) maschinenglatt, c) satiniert, d) Leimung, e) Ries.
35. Geben Sie das Format für DIN A5 und für einen Bogen DIN A0 an!
36. Wie unterscheiden sich Filz- und Siebseite des Papiers?
37. Welchen Einfluß hat eine Erhöhung der Luftfeuchtigkeit a) auf ein Blatt Papier und b) auf einen Stapel Papier?
38. Mit welchem Test kann man feststellen, ob ein Papier holzfrei oder holzhaltig ist?
39. Mit welchen Prüfmethoden kann man die Laufrichtung feststellen? Beschreiben Sie zwei Proben!
40. Wie heißen die Erst- und die Zweitfarben a) für die additive Farbmischung, b) für die subtraktive Farbmischung?
41. Welche Farbechtheiten werden auf dem Dosenetikett ausgewiesen? Nennen Sie jeweils ein Druckerzeugnis, für das die Echtheit zu berücksichtigen ist.
42. Auf welche Weise trocknet eine „normale" Offsetdruckfarbe?
43. Wie unterscheiden sich Offsetdruckfarben von Tiefdruckfarben?
44. Erläutern Sie, für welche Arbeiten eine a) Zusammentragmaschine und b) ein Sammelhefter eingesetzt werden!
45. Welche Klebebindeverfahren unterscheidet man grundsätzlich nach der Verarbeitungstechnik? Erläutern Sie bei diesen beiden Verfahren den wesentlichen Unterschied sowie besondere Vorteile!
46. Welche beiden Falzmaschinensysteme gibt es? Beschreiben Sie die Arbeitsweisen!
47. Nennen Sie drei Fertigprodukte aus Druckerei oder Buchbinderei, bei denen die Laufrichtung zu berücksichtigen ist!

48. Was bedeutet das abgebildete Sicherheitszeichen? Nennen Sie ein Beispiel, wo es angebracht werden muß!

49. Nennen Sie fünf Sicherheitsmaßnahmen, die beim Arbeiten an Druckmaschinen zu beachten sind!
50. Was versteht man unter dem pH-Wert, und welche Bedeutung hat diese Angabe für den Offsetdruck?

## 2. Technische Mathematik (Fachrechnen)

Es werden sechs Aufgaben gestellt; zur Bearbeitung stehen 90 Minuten zur Verfügung. Als einziges Hilfsmittel ist der Taschenrechner zugelassen. Für jede Aufgabe muß der Lösungsweg eindeutig erkennbar sein, sonst wird mit 0 Punkten bewertet. Die Aufgaben umfassen hauptsächlich folgende Bereiche: Anwenden der Grundrechenarten einschließlich Prozentrechnen, bezogen z.B. auf Materialverbrauch, Stromkosten, Lohnberechnung, Druckzeit.
Die Aufgaben sind vergleichbar mit denen der Abschlußprüfung; der Schwierigkeitsgrad ist jedoch geringer. Beispiele für Aufgaben finden Sie in der ,,Aufgabensammlung Fachrechnen für die Berufe der Druckindustrie''.

## 3. Diktat

Das Diktat ist in Umfang und Schwierigkeit weitgehend identisch mit dem der Abschlußprüfung; auch die Bewertung ist die gleiche. (Siehe dazu Seite 13.)

## 4. Wirtschafts- und Sozialkunde

Wie in der Fachkunde, werden auch für die Wirtschafts- und Sozialkunde 15 Fragen gestellt, die schriftlich zu beantworten sind.
Zeit 90 Minuten.

Beispiele:

1. Nennen Sie fünf Bestimmungen aus dem Berufsbildungsgesetz!
2. Was sagt das Jugendarbeitsschutzgesetz über a) die Dauer der Arbeitszeit, b) die tägliche Freizeit, c) die Nachtruhe, d) den Berufsschulbesuch, e) die gesundheitliche Betreuung?
3. Welche rechtliche Bedeutung haben die Vollendung des a) 6. Lebensjahres, b) 7. Lebensjahres, c) 12. Lebensjahres, d) 30. Lebensjahres, e) 63. Lebensjahres?
4. Wer gilt nach dem Erbrecht als a) Erblasser, b) Erbe 1. Ordnung, c) Erbe 2. Ordnung, d) Erbe 3. Ordnung, e) Fiskus?
5. Welche Regelleistungen gewährt die Krankenkasse ihren Mitgliedern?
6. Welche Gründe berechtigen einen Arbeitnehmer, sein Arbeitsverhältnis fristlos zu kündigen?
7. Was versteht man unter a) Tariflohn, b) Akkordlohn, c) Bruttolohn, d) Nettolohn?
8. Wie heißen die Volksvertretungen auf der Ebene a) der Gemeinde, b) des Kreises, c) der meisten Bundesländer, d) der Bundesrepublik Deutschland, e) der Europäischen Gemeinschaft?
9. Nennen Sie fünf Aufgaben, die dem Bundespräsidenten der Bundesrepublik Deutschland obliegen!
10. Nennen Sie fünf Freiheitsrechte, die dem Bürger der Bundesrepublik Deutschland nach dem Grundgesetz garantiert sind!
11. Welche Staaten gehören gegenwärtig der Europäischen Gemeinschaft an?

12. Wer wählt a) den Bundespräsidenten, b) den Bundeskanzler, c) den Bundesratspräsidenten, d) den Wehrbeauftragten, e) den Regierenden Bürgermeister von Berlin?
13. Nennen Sie fünf europäische Staaten, deren Staatsform die parlamentarische Monarchie ist!
14. Was versteht man a) unter halbbarer Zahlungsweise, b) unter bargeldloser Zahlungsweise?
15. Welche Staaten grenzen an die Bundesrepublik Deutschland?

---

1. Nennen Sie fünf Bestimmungen aus dem Jugendarbeitsschutzgesetz, die den Jugendlichen vor Überforderung schützen sollen!
2. Vor welchen Gefahren und gesundheitlichen Schäden will das Gesetz zum Schutze der Jugend in der Öffentlichkeit Kinder und Jungendliche schützen?
3. Welches sind a) die Pflichten, b) die Rechte, die sich für Auszubildende aus dem Ausbildungsvertrag ergeben?
4. Aus welchen Gründen darf der Arbeitgeber einen Arbeitnehmer fristlos entlassen?
5. Welche Aufgaben hat der Betriebsrat?
6. Nennen Sie fünf Vereinbarungen, die im Manteltarifvertrag festgelegt sind!
7. Welches sind die fünf mitgliederstärksten Einzelgewerkschaften des Deutschen Gewerkschaftsbundes?
8. Wer ist Träger der a) Krankenversicherung, b) Rentenversicherung der Arbeiter, c) Rentenversicherung der Angestellten, d) Arbeitslosenversicherung, e) Unfallversicherung?
9. Welche Rechte und Pflichten erhält man mit Vollendung des 18. Lebensjahres?
10. Nennen Sie fünf Selbstverwaltungsaufgaben der Gemeinden!
11. Welche Steuern fließen ausschließlich der Gemeinde zu?
12. Welche fünf Grundsätze gelten für die Wahlen zu den Volksvertretungen in der Bundesrepublik Deutschland?
13. Welche Parteien sind zur Zeit im Deutschen Bundestag vertreten?
14. Erläutern Sie stichwortartig: a) Arbeitsteilung, b) Rationalisierung, c) Roboter, d) EDV, e) Automation!
15. Welche Ursachen kommen für das Waldsterben in Mitteleuropa in Frage?

---

Seit etwa 1980 werden statt 15 nur 10 Fragen gestellt, und zwar untergliedert z.B. in die Teilfragen a bis e.

Beispiel:

Erläutern Sie die folgenden Begriffe aus der parlamentarischen Arbeit: a) Immunität, b) Fraktion, c) Gesetzesinitiative, d) Lesung, e) Opposition!

## Praktischer Teil

### Arbeitsprobe 1: Farbmischen (Zeit 2 Stunden)

Es werden drei Farbtöne vorgegeben, die aus den Farben der Europäischen Farbskala 16 538/39 nachzumischen sind, ohne Verwendung von Schwarz oder Transparentweiß. Die ermischten Farben sind auf Kunstdruckpapier aufzutragen und in die Vorlage einzukleben. Vorgegeben werden meist Zweitfarben. Es wird empfohlen, die Farben aufzuwalzen.
Für die Bewertung gilt das gleiche wie für die Abschlußprüfung.

### Arbeitsprobe 2: je nach Schwerpunkt unterschiedlich

#### Drucker mit dem Schwerpunkt Flachdruck (Zeit 6 Stunden)

Der Prüfling soll eine Arbeit mit zwei Nutzen DIN A4 selbständig einrichten und auf Kunstdruckpapier drucken. Die Arbeit besteht aus einem Strich- und einem Rasterbild. Die Strichabbildung ist mit einer Schmuckfarbe paßgenau zu unterlegen. Die Abbildungen sind auf Mitte zu stellen. Der betriebsübliche Farb- und Druckkontrollstreifen ist mitzudrucken. Der Druck erfolgt in Schwarz und einer Schmuckfarbe.
Der Prüfling hat folgende Arbeiten selbständig auszuführen: Einrichten und Drucken auf Kunstdruckpapier. Das Schwarz ist ohne Hilfe abzustimmen, wobei auf optimale Farbführung, also nicht zu wenig und nicht zu stark, zu achten ist. Für den Farbdruck wird häufig eine Farbe vorgegeben, beispielsweise nach der HKS-Skala.
Der Betrieb erhält den Strich- und Rasterfilm und fertigt davon für den Prüfling die Druckplatten an.
Vorzulegen sind: die gelieferten Filme, der auslinierte Standbogen (nicht Einteilungsbogen!), eine Andruckskala, bestehend aus den Einzeldrucken der beiden Farben und einem Zusammendruck sowie 20 Fortdruckbogen.
Die Bewertungskriterien sind ähnlich wie bei der Abschlußprüfung.

#### Drucker mit dem Schwerpunkt Hochdruck (Zeit 6 Stunden)

Der Prüfling soll eine Druckarbeit im Format DIN A3, die aus Satz-, Strich- und Rasterteilen besteht, selbständig ein- und zurichten.
Für die Rasterätzung ist eine mechanische Kraftzurichtung zu machen. Gedruckt wird auf Kunstdruckpapier, 115 - 135 g/m².
Vorzulegen sind: 1 auslinierter Standbogen, 1 Abzug vor der Zurichtung, 1 Abzug nach jeder Zurichtung, 3 Fortdruckbogen in normaler Druckstärke und der Aufzug mit den aufgeklebten Zurichtungen.

#### Drucker mit dem Schwerpunkt Tiefdruck (Zeit 6 Stunden)

Bei Prüfungen im **Bogentiefdruck** muß eine mindestens DIN A2 große einfarbige Druckform mit Bild und Schrift selbständig eingerichtet werden. Prüflinge an **Rollenrotationsmaschinen** müssen unter Aufsicht des Maschinenführers eine drei- oder vierfarbige ca. 70 cm breite Form mit Bild und Schrift im Rahmen des Andrucks passergenau einrichten.